对世界说话
公共关系与传播

[美] 丹尼斯·L.威尔科克斯（Dennis L. Wilcox）
格伦·T.卡梅伦（Glen T. Cameron）
布莱恩·H.雷伯（Bryan H. Reber） 著
申才和（Jae-Hwa Shin）

尚京华 张毓强 郭 娟 译

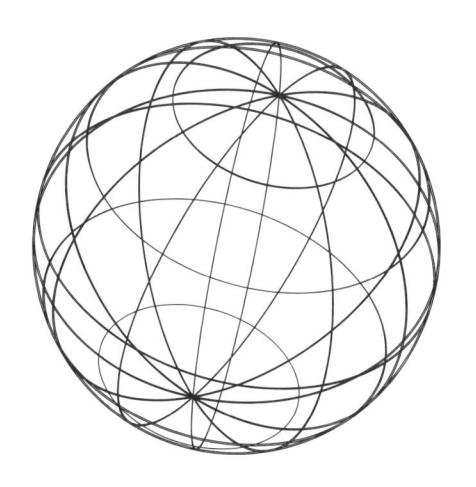

THINK
PUBLIC RELATIONS

中国人民大学出版社
·北京·

译者序

如果按照本书的说法，将1906年美国公共关系先锋艾维·李发布第一份新闻通稿当作现代公关元年的话，那么，现代公关诞生至今已经走过了一百多年的历程。当然，远在现代公关诞生之前的古巴比伦、古希腊和古罗马文明时期，人类就已经在使用公关手法来增强政府和宗教的权威性了，而"公共关系"首次出现是在1807年美国第三任总统托马斯·杰斐逊的国会演说中。但这些早期的公关手法，多是为了实现一定的政治目的和宗教目的的自发传播活动，并没有对公共关系进行理论化的思考和有意识的运用。

从字面上看，"公共关系"是由"公众/公共"（public）和"关系"（relations）两个词构成的，其核心是组织机构及其各种公众之间的关系。关于公共关系的定义，学界莫衷一是，并没有公认的统一定义，且其内涵外延也一直处在发展之中。爱德华·伯尼斯将公共关系定义为一项管理功能，即组织机构制定政策及程序来获得公众的谅解和接纳。本书的作者承继了这种"管理说"，将公共关系定义为"从组织机构本身的利益角度出发所进行的对于竞争和冲突的战略管理，并在可能时兼顾该机构与其股东或公众之间的互利关系"，并将其描述为一个包含了调研、策划、传播和测量四个步骤的动态过程。

在公关的四个步骤中，传播是最为核心的一个步骤。我们甚至可以说，调研和策划都是为有效的传播服务的，而测量当然也是测量传播的效果。这就是公关和传播始终密不可分的原因——因为在大众传播时代，维护组织机构同各种公众之间关系的最重要手段就是传播，这也是现代公共关系在发展之初基本等同于媒体关系，而公共关系实践的基础是新闻通稿，第一批公关实践者也多来自新闻界的原因。毫无疑问，在讨论公共关系的理论基础时，新闻传播的理论，特别是其中涉及公众舆论、说服和态度改变的理论，也成为公共关系实践的理论基础。从现实学科的发展来看，在世界各国的学术体系和高等教育体系中，公共关系往往是作为传播学的一个子学科存在的。从各种意义上说，公共关系的实现都有赖于新闻传播媒体，所以公关的发展离不开新闻传播媒体的发展。

不过，现代公关的发展首先是为了适应资本主义商业运营的需要，这使得现代公关的发展也与广告以及市场营销的发展互相交织、密不可分，并最终形成了"整合传播／营销"的概念。不管是被称为"第一个公关顾问"的艾维·李，还是被称为"现代公关之父"的爱德华·伯尼斯，都是从为企业服务起家的。虽然现代公关发展到今天，服务对象已经远远超出企业，其作用也不再仅仅是为了实现企业的商业利益，但商业属性或者说市场属性始终是公共关系的核心特点之一，而强调商业价值也是公关区别于新闻的特点之一。

其次，现代公关的发展也是为了满足国家公共外交的需要。现代公关的这一功能起源于其塑造形象的作用。在实践发展的过程中，公关和广告／营销从早期的混杂不分逐渐向着泾渭分明的不同路线发展——广告／营销侧重于直接宣传企业的产品和服务，以提高销售量为目标；而公关则向着树立企业良好的社会形象，增进公众对企业的好感，并间接促进企业的产品和服务销售的方向发展。公关在树立形象方面的重要作用被国家看中并加以利用，使得现代公关成为公共外交的重要理论维度。虽然"公共外交"先是作为传统外交的补充手段出现的，其理论来源首先是外交学／国际关系学，但由于公共外交旨在处理公众态度对政府外交政策的形成和实施所产生的影响，所以便不可避免地与新闻传播／公共关系发生了联系。

再者，公共关系也是理解现代社会的一把钥匙。我们所面对的社会，已经是现代传媒塑造出来的过度商业化、过度包装化和过度符号化的消费社会。在这个镜像社会的形成中，公关是一只"看不见的手"，它通过大众媒体发挥着"润物细无声"的作用。正如本书提到的老虎伍兹（泰格·伍兹）的婚外情以及许多其他丑闻一样，在一般媒体受众看来，这只是媒体的报道而已，但是在媒体面前究竟应该保持缄默，还是站出来认错，究竟如何选择面对媒体的姿态，又如何选择面对媒体的时机，这些都是公关策略的体现，都会在一定程度上影响公众舆论，从而影响公关当事人的形象。而这种所谓的"形象"，又是一种包装的结果，是公关控制的结果。了解一些公关知识，可以帮助我们拨开笼罩在事实上的云雾，更接近事实的真相。这对于从事新闻传播的专业人员，以及普通的新闻受众而言，都是有意义的。这样，下次我们再看到类似的事件时，除了把它当作新闻来看之外，或许我们还可以洞悉其后面的公关操作，并为自己未被满天飞的消息和流言蒙蔽双眼而感到庆幸。在巴纳姆"没有宣传是坏宣传"的格言的指导下，现代社会充满了各种炒作、假消息和吸引眼球的噱头，具备一定的媒介素养，不被错误的信息误导，也是现代人一项重要的生存技能，而公共关系恰好提供了观察这个光怪陆离的现代社会的一面镜子。

本书先从介绍公关的定义入手，描述了公关的职业生涯和公关的历史发展以及实践现状，接下来详细阐述了公关的四个步骤，并论述了公关同说服的关系、公关所涉及的伦理和法律问题，以及公关受众的人口统计学特征，然后重点介绍了新兴的网络媒体和社交媒体。本书的后半部分侧重于实践，先介绍了各种公关手法和策略，然后分领域介绍了活动和推广，全球公关，企业公关，娱乐、体育、旅游中的公关，可以说几乎涵盖了现代公关的方方面面。同时，本书并没有满足于介绍公关的理论，而是结合大量公关实例，生动说明了公关在实践中的运用方式。我认为，看完了本书，读者基本可以对现代公关了解个大概，并且知道如何在实践中运用各种公关手法和策略。

本书得以翻译完成，首先是各位译者辛勤劳动的结果，应先对这些译者表示感谢。具体说来，本书的译者如下：

第 1 章，刘亦心；

第 2 章至第 6 章，郭娟、张毓强；

第 7 章，张毓强；

第 8 章，于东科；

第 9 章至第 10 章，张毓强；

第 11 章，尚京华、张毓强；

第 12 章至第 15 章，尚京华；

全书统筹、校译，尚京华、张毓强。

其次，本书得以面世，还要感谢中国人民大学出版社，是它决定引进本书，才使读者有了见到本书的机会。在整本书的翻译出版过程中，人大出版社编辑翟江虹、胡颖、汤慧芸、岳娜的耐心沟通和细致工作，保证了本书的出版质量。

鲁迅先生曾说："我向来总以为翻译比创作容易，因为至少是无须构想。但到真的一译，就会遇着难关，譬如一个名词或动词，写不出，创作时可以回避，翻译上却不成，也还得想，一直弄到头昏眼花，好像在脑子里面摸一个急于要开箱子的钥匙，却没有。"在翻译本书的过程中，我也时时感到这种"戴着镣铐舞蹈"的难处。本书是一本实践性很强的书，提到了大量的人名、地名、公司名、政府机构、传播组织以及非政府组织的名字，其中有些国内已经有相对固定的译法，有些则因为影响力仅限于美国，还没有出现相对固定的译名，对于这些专有名词的查阅和翻译，是本书一项繁重的任务。此外，作为本书的校译，我也时常感到双重的困难——翻译已属不易，要校对别人的译稿，必须同时弄懂原文的逻辑和译者的逻辑，这对我而言，是加重而不是减轻了任务，更别提我还需统一全书的译名和语言风格，并提供相应的注释。总体而言，本书的语言比较平实、活泼，在翻译和校译的过程中，我已经努力呈现原书的语言和写作风格了。当然，由于我自身水平的限制，在翻译的过程中也难免挂一漏万，出现一些错误，欢迎读者朋友们批评指正。

当前，传受双方的边界日益消融，传播活动日益去中心化，想要自己的声音被听见已经变得更加困难。公共关系只需借助传统的大众传媒对于传播活动的垄断就可以达成自己目的的时代，已经一去不复返了。在这个社交媒体网络联结的国际传播的世界，公共关系的实践变得更为广泛、更为复杂了，了解公共关系的基本原理、作用、手段、策略，并主动适应新时代的需求，创新自己的传播手法，变得更为重要。本书虽然提到了新媒体的公关实践，但是更多的创新方法，还有待于公关人员和本书的读者在公关的实践中不断摸索。

张毓强
2019 年 1 月
中国传媒大学

目录

第 1 章　什么是公共关系　001

第 2 章　公关职业生涯　025

第 3 章　竞争和冲突管理　039

第 4 章　行业发展　065

第 5 章　今日实践：公关部门与公关公司　089

第 6 章　调研和活动策划　117

第 7 章　传播和测量　151

第 8 章　舆论和说服　183

第 9 章　抵达多元受众　215

第 10 章　互联网和社交媒体　235

第 11 章　公关策略　261

第 12 章　活动和推广　287

第 13 章　全球公关　315

第 14 章　企业公关　325

第 15 章　娱乐、体育和旅游中的公关　351

第 1 章

什么是公共关系

- 什么是公共关系?
- 公共关系有哪些组成部分?
- 公共关系与新闻有哪些区别?
- 公共关系与广告有哪些区别?
- 公共关系与市场营销有哪些区别?
- 整合公关方式可以给组织机构带来哪些好处?

繁忙的一天

早上 7 点，圣路易斯一家公关公司的客户代表安妮·玛丽的一天开始了。她一边享用早餐咖啡，一边在家里的电脑上查看公关专题的 RSS 订阅，浏览自己客户所在行业的专业博客以及客户的网站。上午 9 点，安妮已经在市中心的办公室了，正在为客户新推出的软件产品写新闻稿。她写完了这篇新闻稿，粗略地看了一遍，然后电邮给客户核准。邮件中她还留言告诉客户，一家电子新闻公司当天晚些时候就可以把这篇新闻稿发送给全国各地的报纸。两分钟以后，她又在着手解决公司的实习生提醒她的一个潜在的严重问题，这个实习生一直在收集另一家客户的新闻剪报，以便公司可以对突发问题做出快速、积极的反应。她写了几封需要优先发送的邮件，然后和客户召开了一个电话会议，协商下一步的解决方案。

接下来，安妮和公司的其他员工开了一个集体讨论会，来为当地艾滋病基金会想出一些有创意的筹款活动。安妮觉得这是她最具挑战性的客户之一，因为非营利行业的竞争异常激烈。等她回到办公室，电话上已有不少留言待她处理。一个行业出版物的记者想要一些背景资料，来完成他正在撰写的文章；一个平面设计师刚完成了一份宣传手册的初样；一个餐饮经理想敲定画廊的接待安排；还有一个视频公司问她下周是否可以参加一个视频新闻的摄制。

安妮中午和一个客户吃饭，这名客户想向她咨询在另一个州宣布关闭一家工厂的事宜，这可是个充满道德难题的危机传播任务。午饭后，安妮让助手核对了下周将在纽约举行的一个新闻发布会的安排。她打电话给一名主编，向其推介一位客户的新产品。打完这个电话，她又联系了团队的另外几位员工，他们正忙于一个 12 座城市的媒体巡回展览，让一位奥运冠军为一家生产运动鞋的公司代言。

下午4点，安妮查阅了几个电脑资料库，收集一名新客户所在行业的信息。她还上网查阅了最新的新闻，看看有没有涉及或者影响她的客户的新闻。下午5点，她从一天的忙碌中放松下来，浏览了新闻剪报公司提供的一些关于一家草莓供应商协会的新闻，这个协会也是她的客户。她很高兴地发现自己写的一篇带有食谱和彩图的专题报道刊登在了150家日报上。

公关面临的挑战

正如本章开头的场景展示的那样，公关工作面临的挑战是多层面的。一名公关专业人士必须同时擅长书面沟通、人际交流、调查研究、谈判协商、创意创造、后勤管理、提供便利和解决问题。

事实上，如果一个人有志于在现代组织机构的中心环节中找到一份具有挑战性的工作，那么他一定会喜欢公关工作。由于工作的多样性——从宣传册的版式设计到专项小组讨论和调查数据分析——以及同各种营利非营利公司和政府部门等客户打交道的可能性，每年都有越来越多像安妮·玛丽这样的人选择从事公共关系领域的工作。

美国有线电视新闻网（CNN）将"公关专家"列为具有工作机会和高薪潜力的前五十种职业之一。美国劳工统计局的数据显示，近十年公共关系领域的就业增长率呈现出24%的良好势头。

> **思考**
> 一个成功的公关专家需要哪些技能？

全球视野

公共关系是一门体系完善的学科，世界各国都设有公关课程。全球各地很多学生将公共关系作为一门职业来学习。在美国，将近200所高校开设了公共关系专业或者系列课程；在欧洲，约有100所高校开设了公共关系的学科研究；在亚洲，特别是在泰国、新加坡、马来西亚这些国家，大学也开设了公关专业。

公关行业在美国发展得最完善。据传媒领域专业投资机构（Veronis Suhler Stevenson）估计，美国各种组织机构每年在公关上投入的资金约有43亿美元。

欧洲的公司每年在公关活动上的投入约为30亿美元。这一数字还在持续增长，反映了欧盟的不断扩张，以及苏联解体后俄罗斯及其他已独立的前苏联加盟共和国市场经济的发展。

在多种因素的影响下，亚洲的公关行业也在突飞猛进。中国正在逐渐成为该领域的"新前沿"，公关行业也搭上了经济增长的顺风车。

其他亚洲国家，如马来西亚、韩国、泰国、新加坡、印度尼西亚和印度，也在快速发展自由市场经济，这为公关活动的增长提供了肥沃的土壤。拉丁美洲和非洲的公关行业也提供了增长的良机。在第13章中，我们会详细讨论国际公共关系发展的现状。

各种公关定义

人们通常用公共关系中最明显的技巧和策略来给公共关系下定义，如报纸上的新闻报道、某机构发言人的电视采访，或者特别活动上名人的出席。了解专业人士的日常工作可以为给公共关系下定义提供重要的基础，但还不足以构成定义。

要掌握高效公关中最核心的要素，必须重视以下关键方面：深思熟虑、缜密计划、表现执行、公共利益、双向沟通以及竞争和冲突的战略管理——这些共同构成了公关活动。

深思熟虑 公关活动具有目的性。其目的是形成影响、赢得理解、提供信息和获取反馈。

缜密计划 公关活动是有组织的。问题的解决方案得到发掘、后勤保障需要思考，活动也会持续一段时间。公关活动是系统的，需要进行调查和分析。

表现执行 高效的公关建立在实际的策略和执行的基础上。如果一个组织机构对于群体关注不闻不问，那么再多的公关也无法为其赢得善意和支持。

公共利益 公关活动应当实现组织机构和公众利益之间的双赢，它应使组织自身的利益与公众的关注和利益趋向一致。

双向沟通 公关不仅仅是信息材料的单向传播，获取反馈也同样重要。

竞争和冲突的战略管理 当公关成为高管决策过程中不可或缺的一部分时，其效果也最佳。公关也包括高层的顾问咨询和问题解决，而不仅仅是在领导决策之后进行信息传播。

记住公共关系的某个特定定义并不重要，重要的是要记住那些定义中构成现代公共关系的关键方面。

很多人并不理解，除了媒体报道之外，公共关系是一个涉及许多微妙而影响深远的层面的过程。它涵盖了调查分析、政策形成、程序规划、沟通交流以及来自大量公众群体的反馈。公关从业人员在两个不同的层次上工作——一是作为客户或者组织机构高管的顾问，二是作为使用多媒体渠道制作和传播信息的技术人员。

多年来，有数种公共关系的定义被提出。在《有效的公共关系》一书中，斯科特·卡特里普、艾伦·森特和格伦·布鲁姆提出："公共关系就是在一个组织机构和决定其成败的各

> **思考** 公共关系如何促进组织机构和公众之间的互利关系？

种公众群体之间确定、建立并维持互利关系的一种管理职能。"这种定义方式代表了目前对公共关系不仅仅是劝导说服的普遍认识。公共关系应该促进公开、双向的交流和互相理解，同时顺应组织机构在管理过程中会出现的态度和行为改变的原则——因为组织机构本身也会出现变化以适应形势，而不仅仅是组织机构的目标群体会这样。

公关案例：多力多滋借助立体脆公关偷走了百威啤酒的超级碗

2009年，多力多滋的经理们都很沮丧：两年来，多力多滋立体脆的广告在《今日美国》最受欢迎的超级碗①赛事广告的排名中总是位列第四，而百威啤酒的排名连续十年来却总是保持第一。为了扭转局势，多力多滋市场部和广告部的经理同凯旋公关的专家们一起制定了一项策略，来争取16到24岁的目标市场群体。

他们鼓励消费者自制广告，目的是把百威啤酒从第一的宝座上拉下来。如果哪个消费者的广告能达成这个目标，多力多滋就会向其提供100万美元的奖金。该公司公关代表的任务就是为这项活动扩大影响力，促进消费者参与比赛，并在比赛前后收集相关的正面新闻报道。

公关从业人员研究了立体脆消费者的态度，观察了消费者自制内容的趋势，在公司网页和博客圈中"听取"了与立体脆有关的评论，并了解了新闻周期的趋势以获取被媒体报道的机会。他们的研究表明，抵达其主要目标受众的最佳渠道是博客、社交网络和一些病毒视频网站。当然，传统媒体也不能忽视，因为它们可以用来争取次级受众，即18到45岁的群体。据此，公司制定了两个公关目标：（1）鼓励消费者在公司网站的竞赛专页上上传和浏览比赛作品；（2）维持新闻媒体对竞赛长达6个月的报道。

---

① 超级碗（Super Bowl）是美国国家橄榄球联盟的年度冠军赛，一般在每年1月最后一个星期天或2月第一个星期天举行，那一天称为"超级碗星期天"（Super Bowl Sunday）。超级碗是比赛的名称，其奖杯名称为文斯·隆巴迪杯（Vince Lombardi Trophy）。超级碗多年来都是全美收视率最高的电视节目，超级碗星期天逐渐成为一个非官方的全国性节日。另外，超级碗星期天是美国单日食品消耗量第二高的日子，仅次于感恩节。——译者注

立体脆的公关团队要求超级碗和立体脆的粉丝自己制作和上传广告作品，并投票选出五个他们最喜欢的作品。多力多滋将高校报纸、一流影视学院和综合大学锁定为可能提交作品的目标群，并利用 Flickr 和 YouTube 视频来提升活动的知名度，还鼓励群众中参赛作品的支持者举办地区性活动来为网络投票拉票。多力多滋的公关伙伴还向全美一千余家最受欢迎的青年广播节目发送了广播新闻稿。

这项公关活动最终获得了巨大成功，《公关周刊》是这样描述的：

匹兹堡钢人队并不是今年这个超级碗星期天的唯一赢家。印第安纳州的一对兄弟乔·赫伯特和戴夫·赫伯特赢得了立体脆"打碎超级碗"的比赛，他们的"自由立体脆"广告在比赛时播出。但这还不是他们所得的全部：当他们的广告在《今日美国》超级碗广告浏览量统计中赢得第一时，这对兄弟再次得分——将 100 万美元收入囊中。接下来他们就成了媒体焦点：48 小时之内，这对兄弟参加了包括《杰·雷诺今夜秀》《今日秀》《今日美国》和 CNN 在内的 50 多家媒体机构的采访。

这次公关活动的成功远远超出了预想。它带来了超过 14 亿的媒体转发量，总价值约 4 000 万美元，竞赛专页的点击量达到了 250 万次。公关活动换来了大量传统媒体和电子媒体的报道——《今日美国》五篇，《纽约时报》和《华尔街日报》各三篇，还有 360 余篇网络新闻。这项活动也在 Facebook、YouTube 和 Twitter 上赢得了极大的参与热情。

多力多滋的公关主管克里斯·库兴迈斯特在《公关周刊》的采访中说："这无疑是我们花得最值的一百万。"

1. 在这项活动中，多力多滋和凯旋公关运用了哪些公关技巧？
2. 在这个案例中，公关、市场和广告是怎样融会贯通的？它们各自起到了什么作用？
3. 为什么运用消费者自媒体是公关专家应该了解的一项重要技能？

资料来源：Frito-Lay and Ketchum 2009 PRSA Silver Anvil winning entry.

公共关系的定义一直在强调建立组织机构与其各种公众群体之间的互利关系，过去十年来基于此出现了一个更为准确的公共关系的定义，这也是这本书的基础。密苏里新闻学院的格伦·T.卡梅伦将公共关系定义为:"从组织机构本身的利益角度出发所进行的对于竞争和冲突的战略管理,并在可能时兼顾该机构与其股东或公众之间的互利关系。"这个定义,将公关专业人员首先定位为雇主或客户利益的维护者,同时也承认了在条件允许的情况下互惠互利的重要性。这并不意味着公关专业人士可以抛开诚信、正直和组织透明性,而只为其雇主的切身利益服务。事实上,公关专业人员的工作始终有一个伦理框架的指导。

> "一名公关顾问的首要职责就是(为管理层)提供全面的公众舆情把握。"
>
> 加拿大贝尔集团前公众事务副总裁
> 吉姆·奥斯本

公关过程

公关是一个过程,即一系列导致某一结果的行为、变化或者活动。学者们做了许多努力来阐释这个过程,在这里我们总结了其中一部分,以使大家对公关工作是如何展开的有所了解。约翰·马斯顿在其著作《公共关系的本质》一书中首先提出了一种描述公关过程和记忆公关要素的方式,即首字母缩略词 RACE。

思考:调查研究是怎样为公关人员采取的行动提供信息的?

知识传播理论家将公关人员称为"联系中介"(linking agents),而社会学家则倾向于叫他们"跨界人员"(boundary spanners),因为他们的作用是在两个体系之间传递信息。美国公共关系协会(PRSA)关于公共关系的官

调查研究(Research):遇到的问题或者面临的形势是什么?
行动规划(方案设计)(Action):对此需要采取什么行动?
沟通交流(执行)(Communication):如何告知公众?
评估评价(Evaluation):信息是否传递给了受众?效果如何?

方声明的结束语是,"公关人员利用一系列专业传播技巧,同时在组织机构内部以及组织机构与外部环境之间发挥整合作用"。

> **美国公共关系协会 关于公共关系的官方声明**
>
> 公共关系通过促进群体和机构之间的互相理解,帮助我们在多元化的复杂社会里达成决策和更加有效地运转。公关的作用是使私人和公共政策走向和谐统一。
>
> 作为一项管理功能,公共关系包含以下内容:
>
> - 预测、分析和阐释公众的意见、态度以及可能对组织机构的运营和计划造成或积极或消极的影响的问题。
> - 为机构的各层管理人员提供政策制定、行动方案和沟通交流方面的建议,并对上述活动可能在公众中造成的后果以及组织机构的社会责任或者公民责任予以考虑。
> - 对活动和传播项目进行持续的研究、指导和评估,从而实现对公众的了解,这是一个组织机构达成其目标的必要条件。这可能包括营销、金融、筹款、员工、社区或者政府关系项目以及其他项目。
> - 策划并实施一些机构活动以影响或改变公共政策。
> - 确立目标、计划策划、做预算、招聘和训练员工、开发设备——总之,对完成上述所有工作所需的资源进行管理。
> - 在公共关系专业实践中可能用到的知识有传播艺术、心理学、社会心理学、社会学、政治科学、经济学、管理学原理以及伦理道德。需要技术性知识和技巧的领域包括民意调查、公共问题分析、媒体关系、直邮广告、机构广告、出版物、电影或视频制作、特别活动、演讲和展示。
>
> 在协助确定和实施政策的过程中,公关人员利用一系列专业传播技巧,同时在组织机构内部以及组织机构与外部环境之间发挥整合作用。

公关的组成部分

美国公共关系协会基金会发布的一篇专文指出，公共关系包含下列组成要素：

- **咨询服务**——为管理层提供关于政策、关系和传播方面的建议。
- **调查研究**——确认各个群体的态度和行为，用以制定公关战略。这种调研也可以用于达成相互理解，或影响和说服公众。
- **媒体关系**——与大众媒体合作，以寻求公开宣传，或回应媒体对组织机构的兴趣。
- **公开宣传**——通过选定的大众媒体传播经过策划的信息，以促进组织机构获益。
- **员工/成员关系**——回应组织机构员工或成员的关切，向他们提供信息，并激发他们的积极性。
- **社群关系**——与社群联手开展一些活动，以维持对组织机构和社群双方均有利的外部环境。
- **公共事务**——积极参与公共政策的制定，帮助组织机构迎合公众的期望。政府机构也使用"公共事务"一词来描述其公关活动，而很多企业则用"公共事务"来统称其各种公关活动。
- **政府事务**——代表组织机构与立法机关和管理机构进行直接联系。政府事务也包括游说。

查尔斯顿（南卡罗来纳州）动物协会（CAS）与公关公司合作，组织了一场"尖刺对饼干"的模拟竞选来提高这个动物收容所的知名度。小狗尖刺和小猫饼干都宣布了竞选协会主席的纲领。"竞选双方"制作了海报，提出了主要政策主张，出席了竞选活动，在 Facebook 上更新日志，还在 YouTube 上做了广告。这次活动提高了斥资 1 100 万美元新修的动物领养中心的影响力，并提高了查尔斯顿地区的动物领养率。

公共关系的过程亦可以被概念化为几个步骤。
第 6 页 "公关案例"中的例子可以用以下步骤详细表示。

步骤 A： 多力多滋利用初步和进一步的调查，发现了媒体趋势，并确定了引起 16～24 岁年龄段目标受众注意的方法。在这一过程中，该公司实际上进行了一个形势分析：从目标受众处获取反馈，观察媒体目前对该行业的报道，研究之前的超级碗广告活动，并进行其他形式的调查。

步骤 B： 公关人员运用研究结果来确定目标，并以此来设计公关策略和给管理层提供建议，这就是公关的顾问职能。

步骤 C： 管理层作出决策后，公关人员便充分设计完成了"打碎超级碗"这一活动，其中包括确定可量化目标、战略策略、日程表、预算以及评价指标。

第一层次

A 多力多滋的公关专家对包括网站论坛和博客评论在内的大量信息来源进行了调查和分析，从而对问题有了深入了解。

B 公关团队对这些信息进行分析，发现博客、社交网络和视频网站是最关键的媒体，并建议将其涵盖在活动中。

C 公关团队依据公司的策略，制定出"打碎超级碗"的立体脆竞赛活动，并确保其获得管理层的认可。

公关是一个循环的过程。利用反馈对项目进行评估，这是项目完善和发展过程中的重要环节。

公关团队实施了叫作传播步骤的行动方案。在立体脆的活动中，传播步骤包括邀请粉丝对广告进行网络投票，以及将目标锁定在大学媒体上。**D**

多力多滋为了获取对传播环节及其影响的正式和非正式反馈，密切关注着与这一过程及其影响有关的参赛作品。**E**

通过媒体报道量、网站点击率、参赛作品数量等来评估这一公关活动，以此来评定传播方案的效果，并据此做出必要的调整。**F**

第二层次

步骤 D： 项目开始实施了。消费者应邀在 crashthesuperbowl.com 网站上制作、提交广告和为广告投票，公关人员向青年广播节目发布音频新闻、向生活类记者发送新闻稿、在社交网络上推广活动等等。

步骤 E： 依据立体脆活动获得的参赛作品数量、选票数量和媒体报道量这些指标对上述措施的效果进行评估。

步骤 F： 公司对公关项目进行后期分析和调整。如果有需要额外决策和执行的问题，这一循环就会再度启动，以解决相关问题。

- **议题管理**——识别和处理对组织机构造成影响的公众议题。

- **财务关系**——建立和维护投资者的信心，并与金融界建立良好的关系。公关的这个领域也被称为投资者关系或者股东关系。

- **行业关系**——与组织机构行业内的其他公司和行业协会联系。

- **开发/筹款**——说明组织机构的需要，并鼓励公众主要通过资金捐献的方式为组织机构提供支持。

- **跨文化关系/职场多元化**——与不同文化群体中的个体或团体进行联系。

- **特别活动**——利用焦点"事件"以及旨在与公众互动并听取公众意见的活动来激发公众对某个个人、产品或组织机构的兴趣。

- **营销传播**——运用广告、宣传材料、公开宣传、促销推广、直邮广告、贸易展会和特殊活动相结合的方式来推销产品、服务或者理念。

公关与新闻的区别

写作是公关人员和记者都会做的日常工作，他们的工作方式也有很多重合之处：采访、收集和整合大量信息，使用新闻体裁写作，而且都得有在截稿日前交出成稿的本领。事实上，很多记者最终都改行从事了公关业。

这也许让包括新闻记者在内的很多人都误以为公关和新闻无甚差别。很多人认为公关只不过是非媒体组织中的"驻场记者"而已。事实上，除了工作方法有类似之处以外，这两个领域在范围、目的、受众和渠道这四个方面有着本质的差异。

> **思考**　为什么保持客观对记者来说十分重要？

公关人员使用的渠道可能包括一些大众媒体——报纸、杂志、广播和电视，也可能包括直邮广告、宣传手册、海报、时事通讯、行业刊物、特殊活动，以及博客、社交网络和网站上分享的信息。

范围

如前所述，公共关系有许多组成要素，职责范围从顾问咨询、议题管理一直到特别活动。新闻写作和媒体关系虽然十分重要，但也只是其中的两个要素。另外，高效的公关实践活动还需要战略思考能力、问题应对能力以及其他管理能力。

目的

新闻记者收集和挑选信息的主要目的是向公众提供新闻和信息。大卫·多齐尔和威廉·埃林两位教授指出，在新闻中"传播活动本身就是终极目的"。公关人员也会为了向公众提供信息而收集事实和信息，但其目的不同。公关传播活动只是达成目的的手段，即一种最符合雇主利益的竞争和冲突管理手段。换句话讲，公关的目的并不仅仅是提供信息，而且还包括改变人们的态度和行为，以此推进组织机构的目的和目标。

新闻记者是客观的观察员，而公关人员则是利益维护者。博雅公关的董事长夏博新提出了下列观点：

> 为了实现高效率和可信度，公关信息必须以事实为基础。即便如此，我们仍是利益维护者，我们必须谨记这一点。我们倡导某一特定观点——我们的雇主或者客户的观点。尽管我们承认服务于公众利益是服务于客户利益的最佳方式，但我们并不是新闻记者，服务于公众利益不是我们的工作。

受众

新闻记者的写作面向他们所在媒体的大众受众——读者、听众或者观众。从定义上看，大众受众所指并不明确。例如，日报记者写的文章，受众就是普通的大众。与此相反，一名公关专业人士则会依据人口统计学和心理学特征仔细地选择受众。这种调研使其可以根据受众的需求、关注点和兴趣来定制信息，从而实现最佳传播效果。

补充说明……

在《公关周刊》对市场经理的年度调查中,参与调查者被要求对广告、直销和公关在完成市场营销目标时的效果进行评级。调查对象给出的反馈表明,公共关系在完成如下几类目标时"最为有效":

- 上市前的调节。
- 战略开发。
- 形成口碑。
- 信息开发。
- 建立品牌声誉。
- 建立公司声誉。
- 培养行业思想领袖。
- 危机应对。

直销在下列领域最为有效:(1)推出一项新的产品或服务;(2)促销一项新的产品或服务;(3)争取消费者;(4)消费者维护;(5)针对小众市场。

广告只在一个领域最为有效:提高知名度。

资料来源:"Marketing Professionals Reveal the Role PR Plays in the Marketing Mix: Marketing Management Survey 2004." PRWeek, May 17, 2004, 1, 13–21.

渠道

大部分新闻记者受其职业性质所限,只能通过一种渠道——出版和播发其新闻作品的媒介——抵达受众,而公关人员则会利用多种渠道去抵达目标受众。

公关与广告的区别

正如一些人会误将公关和宣传画上等号一样,宣传(公共关系的一个领域)和广告也存在一些混淆。

尽管宣传和广告都利用大众媒体来散播信息，两者的形式和内容却不尽相同。宣传——有关活动、个体、团体以及产品的信息——是以新闻或专题报道的形式出现在大众媒体上的。公关人员准备好这些材料并提交给新闻部门，由新闻部门来考虑是否刊发。其中，记者和编辑起着决定性的把关作用，决定这些资料是会被采用还是会被丢在一边。

> **思考** 与广告相比，公关的性价比更高吗？

与此相反，广告则拥有付费获得的版面空间和播出时长。例如，组织机构和个人会联系大众媒体的广告部，获取一个整版广告或者60秒的商业广告时长。组织机构自行撰写广告词，决定广告字体和图样，并控制广告投放的位置和播出时段。换句话说，广告就是在媒体上租得的空间，广告方可以在很大程度上控制最终的信息传播。所有大众媒体的绝大部分收益都来自广告销售。

公关和广告的其他区别总结如下表。

广告	公关
广告几乎只通过大众传播媒介起作用。	公共关系依赖多种传播手段——社交媒体手册、特别活动、演说、新闻发布、专题报道等等。
广告针对外部受众——主要是产品和服务的消费者。	公关将消息传递给特定的外部受众（股东、销售商、社团领袖、环保组织等等）和内部受众（员工）。
广告易被认定为一种特殊的传播活动。	公关的范围更加广泛，涉及从员工的士气到接线员如何接电话等一系列组织机构整体的政策和绩效。
广告经常被用作公关的一种传播手段。	公关活动经常为广告宣传提供支持。
广告的主要功能是推销产品和服务。	公关的功能是创造出可以让组织机构在复杂而充满竞争力的环境中得以兴旺发达的条件。这一目标要求公关应对那些能够影响组织的经济、社会和政治因素。

毋庸置疑的是，广告最主要的缺点在于成本。例如，每周随470种报纸分发，发行量高达3 300万份的全国版《赏阅》杂志，一个彩色整页广告的价格约为96万美元。电视网的广告活动更是要花掉几百万美元。因此，越来越多的公司开始使用公关手段——产品宣传——来替代广告。产品宣传一方面性价比更高，另一方面通常更具说服力，因为信息出现在新闻语境中。比如，一项全国性的调查就发现，70%的消费者在决定是否信任一家公司以及是否购买一个产品或一项服务时，相比广告而言，更加注重媒体报道。

公关与市场营销的区别

公共关系与市场营销的不同之处体现在很多方面，尽管它们在边界上也时有重合。两者都要处理组织机构的多方关系，并采用相似的手段来抵达公众。两者的终极目标都是保证组织机构的成功和经济存活。然而，公共关系和市场营销完成这项任务的出发点却稍有不同。

> ● 公共关系是一个管理过程，其目的是在组织机构达成其使命所依赖的社会群体中获得并维持理解和积极行为，其基本的职责是为组织机构构建和维护一个友好的环境。
>
> ● 市场营销是一个管理过程，其目的是长期吸引和满足消费者（或客户），以实现组织机构的经济目标，其最基本的职责是为组织机构的产品和服务构建和维护市场。
>
> ● 上述对公关关系和市场营销两个领域的描述，是一个由公共关系和市场营销领域杰出的教育和实践工作者组成的座谈小组在美国圣地亚哥州立大学的一次研讨会上总结出来的，它阐释了二者的区别。

公共关系涉及为组织机构建立良好关系并获得好感，而市场营销则更注重消费者与产品和服务的销售。公关确实可以为销售提供支持，但是公关面对的是比消费群体更广的一系列公众群体。《卓越的公共关系与传播管理》一书的编者詹姆斯·格鲁尼格是这样解释的：

市场营销要做的是与这个组织机构的产品和服务的市场进行沟通，公共关系则涉及该组织机构的所有公众群体。市场营销的主要目标是让需求曲线越来越陡，从而令组织机构赚更多的钱；而公共关系则要通过与那些限制和促进这个组织机构目标达成的群体建立联系，从而为组织机构省钱。

格鲁尼格还指出了市场营销和公共关系在定义"公众"方面的根本差异。市场营销和广告人员倾向于使用"目标市场""消费者"和"顾客"，而公关人员则倾向于使用"公众群体""受众"以及"利益相关者"，也就是可以影响一个组织机构或被这个组织机构影响的群体。格鲁尼格说："公众群体可以产生于利益相关者内部，比如雇员、社群、股东、政府、成员、学生、供应商、捐赠方，也可以产生于消费者之中。"

公关如何助力市场营销

一本重要营销学教材的作者、美国西北大学营销学教授菲利普·科特勒将公共关系（PR）称为营销战略中的第五个"P"。原本的四个"P"分别是产品（product）、价格（price）、地点（place）和促销（promotion）。正如他在《哈佛商业评论》中所写的那样："公共关系需要更长的时间来培养，但它一经激发，便可以将整个公司推向市场。"

> "公共关系在市场支持方面可以完成数个目标，其中最重要的有提高知名度、提供信息、进行教育、获取理解、建立信任、发展友谊、给人们提供购买的理由，以及最终创造一个消费者接纳的氛围。"
>
> 托马斯·哈里斯
> 《营销人员公共关系指南》

当公共关系被用于直接支持组织机构的营销目标时，便被称作营销传播。这一功能在本章前面部分谈及公关的组成部分时已经提到。

为了获取"驻留度假"（staycation）潮流带来的经济效益，可可凯水上度假村组织了一项征文比赛。几百名参与者撰文描述了他们过去的驻留度假的经历，并阐释了为什么他们需要举家逃离到一个热带岛屿。这一比赛最终带来了超过 6 200 万次的媒体关注。

托马斯·哈里斯在他的《营销人员公共关系指南》一书中给出了"营销公共关系"这个提法。他说：

我明确区分了为市场营销提供支持的公关功能，即我所说的营销公共关系（MPR），以及其他确立一个公司与其非客户群体之间关系的公关活动，即我所说的公司公共关系（CPR）。

丹尼斯·威尔科克斯在《公共关系写作与媒体技巧》（第六版）中列出了公关活动助力营销目标达成的 8 种途径：

- 为新的市场发展新的客户，如在新闻媒体上看到或听到产品发布之后前来询购的人。
- 通过发布一家公司的产品、服务、社区活动、发明和新计划的新闻，在报纸、杂志、广播和电视等渠道上为其提供第三方代言。
- 通过行业刊物上关于新产品、新服务的文章来创造销售机会。
- 为电话销售铺路。
- 通过对组织机构及其产品进行及时的、支持性的新闻发布来扩大其广告和促销的回报。
- 提供廉价的销售文案——有关公司及其产品的文章可以印成供潜在顾客阅读的信息页。
- 将一家公司塑造成某一特定产品的权威消息源。
- 助力广告预算少的次要产品的销售。

整合概念的发展：战略传播

尽管广告、市场营销和公关几个领域的区别十分清晰，人们现在却越发意识到想要完成组织机构的目标，最好的方式是通过整合的方式：不只是利用市场营销，而是动用所有的传播手段。这种认识导致 20 世纪 90 年代出现了一些术语，如"整合营销传播""聚合传播"和"整合传播"等。

一些因素推动了整合的潮流：

- 组织机构的精简和再造使得各个部门更加统一，也使得从事各个传播学科的员工数量减少。随之而来的结果是，机构部门的员工越来越少，但要完成的传播工作却越来越多。
- 组织机构中的营销和传播部门面临着预算紧缩。为了规避广告的高额成本，很多组织机构都在寻找其他的信息传播途径，包括利用口碑来制造轰动，瞄准有影响力的人物（即"意见领袖"或者"时尚领袖"），使用网络营销、基层营销、媒介关系和产品宣传以及赞助活动。
- 现在人们越发意识到，成本极高的广告已经不再是从前的"银子弹"了。部分原因在于广告的疲劳轰炸（有估计显示，美国消费者平均每天要看到237条广告，即每年要看到86 000条广告），以及广告在消费者中公信力的普遍缺乏。
- 目前人们普遍认识到，产品和服务的营销可能受到公共政策和社会政策的影响。比如，环境立法会影响产品的包装和内容，向昂贵的汽车征收奢侈品税的提议会影响此类汽车的销售。

这些一般不为市场经理所考虑的因素，促使许多专家建议组织机构应该更多地将公共关系和公共事务整合到整体的市场营销计划中。

西门子公司企业事务与市场营销高级副总裁杰克·贝尔根也认同上述观点。他在《公关周刊》的一次采访中提到，公共关系是引领营销战略的最佳

战略传播需要勇气和决心——更确切地说是GRRIT——来成功地整合广告、市场营销和公共关系。

G：（global/multicultural）全球的、多元文化的。
R：（research based）建立在研究之上的。
R：（relationship focused）以关系为中心的。
I：（internet/ new media oriented）以互联网、新媒体为导向的。
T：（toolbox-driven tactics）以工具箱为驱动的策略。

GRRIT使得公关人员能够代表组织机构在一系列目标上获得成功——从增加销售量或促进社区关系到建立品牌忠诚度或获取对崇高事业的长期捐助。

方式："在战略开发中有许多利益相关者。公关人员了解与公司利益相关联的受众群体的多样性，而广告仅仅着眼于消费群体。战略就是为了达成一个目标而找到各种方案，而公关人员恰恰可以通过各种渠道接触多样的受众，从而找到多种方案。"

相对于整合的概念而言，其执行过程更具争议。对于一个组织机构来说，要协调信息和传播战略这一点是毫无争议的，但是具体如何实现这种协调则颇具争议。

奥斯古德·奥唐奈 & 沃尔什咨询公司表示，"唯一的最大障碍是公司的结构"。这家公司的负责人在《战略家》的一篇文章上写道："传播职能——企业传播、广告、投资者关系和政府事务——总是分散在公司的各个部门之中，而这些部门领导间的互动通常是自发（即不在高层管理要求的范围内）且非正式的。"

> "我们开始看到一些研究，证实了公关在推出品牌方面相对于广告的优越性。最近一项对91个新产品的推广的研究发现，相对于一些不太成功的产品，那些成功的产品更倾向于利用公关手段……公关创造品牌，广告维护品牌。"
>
> 阿尔·里斯、劳拉·里斯
> 《广告的没落，公关的崛起》

在一些组织机构中，市场营销部门有着支配性的发言权，而公关则被降到了提供技术性支持，而不是参与整体战略开发的位置上。这通常意味着公关只负责一些技巧性的工作，如设计产品宣传，策划促销活动，在展销会上安排媒体采访。在另外一些组织机构中，由广告机构来负责整合方案，这同样会产生问题。在大多数上述情况下，90%的传播预算花在了广告上，而只有10%或者更少的比例花在公关上。

所幸，随着越来越多的组织机构开始强调整合传播的团队合作方式，这种情况变得越来越少。现在，不同学科领域（广告、公关、直销、营销）的专家一般会在项目的最开始就在一个团队中协作。在这样的营销组合体中，公关的职能基本是由市场上的竞争决定的——这些竞争包括品牌之间的竞争、市场占有率的竞争，甚至是消费者忠诚度的竞争。本书第3章将讨论公关在管理组织机构和群体乃至多种公众群体之间的冲突时所发挥的作用，这也是公关对营利性公司和非营利性机构的生存能力造成影响的关键。

公关促进企业盈利的9种方式

人们常说公关是一个管理过程,而不是一项活动。帕特里克·杰克逊是美国公共关系协会高层领导中的一名长期活跃分子,也是美国最负盛名的公关咨询师之一。他列出了下表来阐述公关可以促使组织机构成功的方式。

过程	主要活动	效果
1 知名度与信息	宣传、促销、受众定位	为销售、筹款、股票发行铺路
2 组织动力	内部关系与沟通	鼓舞士气、促进团队协作、提高生产效率、发展企业文化
3 问题预测	调查研究、联系受众	对问题、顾客不满、企业的社会政治期望提出预警
4 机会识别	与内部、外部受众进行互动	发现新的市场、产品、受众、方法、盟友和问题
5 危机管理	应对(或防止)问题、建立联盟	保障局势稳定、维护盟友和顾客、在竞争中保证日常运转
6 克服管理者的孤立	为高层经理提供建议	促进制定符合实际的、有竞争力的、开明的决策
7 变革动力	与内部、外部受众进行互动、调查研究	减轻变革阻力、推动平稳过渡
8 社会责任	调查研究、增加公益活动、加强公众联系、发扬志愿精神、提倡慈善事业	赢得名誉、取得信任
9 影响公共政策	推进顾客关系、建立联盟、进行游说、推动基层活动	确保公众支持其活动、产品和政策,移除政治障碍

公关策略 《经济学人》

2010 年 1 月 14 日　纽约　印刷版

其他公司的遭遇推动了公关业的发展

所有的宣传都是好宣传，这个观点在近两年得到了验证，至少是在商业方面。在一系列的痼疾中，不应得的巨额奖金、大跌的股价、政府的救市措施，导致媒体和公众怒火中烧——也使公关公司财运亨通。分析人士称，经济萧条导致公司的公关需求增加，这也使得公关行业的地位有所提升。全球最大的独立公关公司爱德曼的老板理查德·爱德曼说："我们以前就是小狗的尾巴。"不过现在，他接着说，公共关系成为了很多商业决策背后的"组织原则"。

私募基金公司维罗尼斯·舒勒·史蒂文森（VSS）的数据显示，2008 年美国花在公关上的费用增长超过了 4%，到 2009 年则增长了近 3%，达到了 37 亿美元。这一增长与其他形式的市场营销相比是很显著的。广告方面的花费 2008 年缩减了近 3%，2009 年则缩减了 8%。如果把公关公司经常运作的口碑营销如请博主推荐算在里面，公关的形势看起来更为乐观，此类花费 2009 年的增长超过了 10%。

跨国集团 IPREX 公司的财政收入去年增长了 14%，但不是所有的公关公司都取得了该公司这样的业绩。许多公司不得不裁员，一些估计也显示公关业的整体收入在下滑，虽然其下滑程度不像其服务的大多数行业那样厉害。传播业咨询公司 SGP 的一项调查显示，在接受调查的公关公司当中，大约有 64% 的公司 2009 年的财政收入出现滑坡，只有 23% 的公司财政收入出现增长，这可能是因为商业企业只把资金投给那些规模和名气都大的公关公司。

公关的表现不错，部分是因为它比大众媒体广告廉价，其影响力也更容易以媒体和网络上的正面报道的形式来测算。此外，公关也正在蚕食曾经属于广告公司的业务，这也是其影响力增强的标志。公关使用的主要手段是向媒体机构推销新闻点子，并想方设法让其客户出现在报纸上。现在，公关人员还挖空心思地设计和组织一些现场活动、网络产品发布之类的事情。奥美公关的老板克里斯托弗·格瑞斯说："当你看到广告和公关大战时，要想分清彼此并非易事。有些时候，双方的界限可能不是那么容易区分的。"

公关行业也从媒体版图的改变中获利。传统媒体机构的衰落导致从事新闻报道的媒体公司和记者的数量越来越少，这使公关行业变得愈发重要。比如，这既可以使公关公司吸收到记者人才，又有助于商业企业集体另辟蹊径，通过在其网站上发布新闻的方式传播信息。

公关人员说他们在危机时刻对管理人员最具影响力。出现问题时，公关人员的战略传播和媒体关系技能绝对是至关重要的。反过来说，危机也可以为公关活动及其影响力的增强提供新的机会。

从花费的增长来看，公关作为一项职业正在扩张。

第 1 章提到，公关很难定义，部分是因为它涉及的传播领域实在是太广阔了。当你想到公关时，要考虑到它在抵达主要受众群体时使用的所有方式——媒体关系、消费者关系、社交媒体、活动、调查研究等等——这一点非常重要。

现如今，要越过媒体把关人很容易，但这不一定总是最佳选择。只在公司官网上发布消息可能会失去第三方代言的机会和主流媒体上的新闻所具有的公信力。

互联网和社交媒体的兴起极大地促进了公关业的发展。在公关人员的管理下，很多大公司都在 Facebook 和 Twitter 这样的社交网站上设立了官方账号。公关公司越来越多地被客户请去追踪消费者的网上评论，以及对负面评论做出直接回应。在达美乐披萨连锁店的两名员工上传了一段他们故意将正在准备的食物的配料粘在鼻子上的视频之后，该公司做出了回应，在其官网上发布了一段视频，公司高管亲自为这次意外事件道歉。

公关行业在经济衰退期保持增长和稳定的一个重要原因是它在社交媒体方面具有优势。通过对社交网站进行监管，公关人员能够快速高效地回应负面信息，并发现未来可能发生的问题。

吹干博客的水分

博客这种内容形式正在迅速蔓延。凯旋公关公司帮助 IBM 公司开设了一个有关计算机维护的博客，内容由这家技术公司管理人员发的帖子组成，也包括跟该公司上传到 YouTube 网站上的视频相关的卡通插画。爱德曼公司最近和 eBay 网站合作推出了一本网络杂志《内部消息》，这本杂志为读者提供购物指南，也告诉读者在 eBay 这个大型购物网站上卖什么赚钱。

媒体控股公司 MDC 的总裁迈尔斯·纳达尔说，经济萧条时数字公关领域的投资加快，"而且会一直增长"，因为客户更加注重对其付出产生的效果进行测算。网络可以提供各种测算工具——从啦啦队网站的访问量到 Facebook 的粉丝数量——而对看到一则传统广告的人数测量起来则要难得多。

"一直"和"永远"是同义词。这可是一段很长的时间！如果迈尔斯·纳达尔没说错的话，这对公关业可是好消息！

公关活动制胜的关键是调查研究，以及对信息的传达和效果做有意义的测算。

也许，公关的重要性不断增强的最佳体现是它从监管人员那里吸引到的注意力。他们对于公关公司没有明确表明自己是一些看起来独立的博客和社交网站评论背后的推手这一点感到忧心忡忡。10月，美国联邦贸易委员会公布了针对博主的新规定，要求博主披露其博文中的广告是否接受了公司的资助，或者得到了公司的免费礼品。进一步的规范也有望出台。VSS 公司的吉姆·鲁斯福德说这不会阻挡公关行业的发展，毕竟，那些违规的公司还需要公关公司来拯救。

不管信息的传播媒介是什么，透明性都很重要。透露消息来源对公关来说总归是必要的。隐瞒消息来源不仅会招致更多的监管，而且会销蚀公众的信任。

第 2 章

公关职业生涯

- 公共关系领域正在发生怎样的改变?
- 哪些个人资质、态度和能力有助于公关人员在公关行业取得成功?
- 公关领域有哪些类型的职业?
- 公关从业人员的薪资是多少?

做好准备

乔丹在念大学之前就想成为一名公关从业人员，所以他一进大学就开始寻找和把握住各种机会。他是自己所在的联谊会的公关主席、大学生非营利性公关公司的主管以及他所在大学的美国学生公共关系协会（PRSSA）分会的主席。乔丹通过激烈的竞争获得了亚特兰大市可口可乐公司的实习机会。他还曾在一些地方公关公司实习，其中一家的客户遍及地方和全国，还有一家则主要针对当地客户。等乔丹从新闻学院拿到公共关系的学位，并从商学院获得商业领导能力方面的证书后，他受到多个优质雇主的争抢。

因为乔丹在企业和公关公司均有过实习经历，所以他能够为自己的职业生涯做出明智的规划。他认为虽然公关公司的多样性和工作节奏对自己最具吸引力，但他不想成为庞大公司的一员。他向几家公司递交了工作申请后收到了录用通知，并最终选择了一家地区性公司，因为这家公司的工作环境备受赞誉——位列州内最适合工作的十个地方之一。而且，在面试当中，乔丹得知自己可以在这份工作中运用自己在调查研究和社交媒体方面的技能。

乔丹接受了这份工作，并因为他优异的背景和丰富的经验获得了超过起步阶段平均工资的年薪——40 000美元。像大多数起步阶段的公关公司员工一样，乔丹起初担任客户助理，但他很快就得到了升职。他被雇用的一部分原因是他在社交媒体方面的技巧和能力，所以他很快成了所在公司里社交媒体问题方面的行家里手。因为他的大多数同事已经大学毕业很久了，所以他的年轻以及他对社交媒体在公关活动中的潜力的认识，为他赢得了许多为客户制定网络策略的机会，他甚至开始为他的同事们举办社交媒体讲座。乔丹在公司中的角色很快就从初级技术人员上升到管理层，他的未来以及他所选择的职业的前景看起来一片光明。

公关焦点的变化

一个踏入公关领域的人有机会在这个日益多元化且涵盖众多领域的行业发展自己的职业生涯。同样，拥有多种多样的个人特质和技能将有助于你在这个领域获得成功。虽然某些能力，比如好的文笔，对于所有领域来说都是必需的，但是许多公关从业者也注重培养自己在某些特定领域的专业技能，比如投资者关系、政府事务或是品牌管理。

在这个错综复杂的世界中，公众的接受和支持是一家公司或非营利性群体取得成功的关键，因此竞争和冲突的管理对于组织机构来说比以往任何时候都更为重要。现如今，这种竞争已经空前地在世界舞台上展开。因此，日常新闻报道中对这些白热化的竞争或是意识形态和世界观的冲撞所造成的冲突的报道，体现了公关技巧的重要性。

传统观念一般认为，公关从业者应该首先从事报纸或通讯社记者的工作，以此提升自己的写作技能，并获得有关媒体运作的一手知识。以前，公关从业者的确大多有过报纸或是广播的从业经历。

许多公共关系的先驱人物原本是实打实的记者，不过现如今，出于几个方面的原因，情况已经发生了改变。首先，公共关系的领域早已大大超出了"媒体关系"和在大众媒体上进行宣传的概念。现今的公关写作有很多是针

> UPS[①]公司的车队有99 000辆车，每年的行驶里程达到了20亿英里[②]，它想让客户和环保主义者知道公司在减少碳排放方面所做出的努力。公司发起了一个名为"棕转绿"的媒体关系活动。在活动中，UPS高度强调了自己的环保项目，让客户知道公司做了哪些努力来减少其街头巷尾的棕色货车所造成的碳排放。

---
① UPS（联合包裹速递服务公司）1907年成立于美国，是世界上最大的快递承运商与包裹递送公司，同时也是专业的运输、物流、资本与电子商务服务的领导者。——译者注
② 1英里相当于1.6千米。——译者注

对特定媒体的，比如公司刊物、针对主要受众群体的直销邮件、演讲稿、宣传册以及发布在公司网站上的素材。在这种情况下，了解媒介和接触媒介都不再是必要的了。写作技能和关于媒体的知识仍然至关重要，但是，管理、后勤、活动组织、建立联盟、做预算以及员工管理等方面的训练同样不可或缺。《公关周刊》的一项调查显示，目前只有不到三分之一的公关从业人员从事过记者工作。

> **思考**
> 哪种类型的实际经验和课程作业对于在公共关系领域取得成功来说是最好的训练？

记者仍然会转入公关行业，主要是因为公关行业薪资收入更高，也有机会胜任更丰富的工作职责，但是只有拥有很强的适应能力和学习能力的人才能成功转型。博雅公关的执行副总裁皮特·希姆勒对《公关周刊》说，很多记者在向公关领域转型时遭遇了失败。他说："他们在向公关领域转型时，可能不知道怎样使公关团队和客户达成一致；他们或许知道如何写作，但他们也许不知道如何恰当地使用公关工具。比如，他们可能不知道什么时候使用新闻通稿，什么时候开新闻发布会，或者什么时候使用视频新闻通稿。"

补充说明……

作为一项与新闻业明显不同的职业，公关行业的发展催生了大量的公共关系课程、衍生学科和大学专业。越来越多的大学建立了公关和广告的综合课程，部分原因在于第1章中所提到的整合营销传播的发展趋势。美国学生公共关系协会现在有304个分会，10 000个大学生会员。一个由公关教育工作者和所有主要职业机构代表组成的公共关系教育委员会，设立了理想的公共关系课程大纲标准。在2006年修正的报告中，委员会推荐了七门基础课程：

（1）公共关系导论；（2）公关案例研究；（3）公关研究、测量和评估；（4）公关法律和伦理；（5）公关写作和制作；（6）公关策划和管理；（7）公关实习指导。

公关工作的领域

据专家估计，公关行业的某些特殊领域未来五年将会出现特别多的就业机会。制药业和生物技术行业是最常被提及的两个增长领域；金融服务、传媒公司、医疗健康以及科技行业的安全环节也同样受到了关注。

公关实践中另一个正在扩张的领域是危机传播咨询。这一重要领域提升了公关工作在组织机构中的影响力，但是这个领域需要相当多的专业经验。危机管理产生于对冲突进行战略管理的背景之下，许多公关从业人员从中得到了最大限度的职业满足感，因为他们能对机构发挥影响力，并为他们所在的部门增添巨大的存在价值。

进入公关行业的人可以在这个行业的不同工作单位找到就业机会，包括公关公司，商业企业，非营利性组织，娱乐、体育、旅游公司，政府与政界，教育，以及国际公关。最大的雇主群体是公关公司，它们为数量众多的客户处理各种各样的事务。

> "了解政府的法规与程序会赋予生物科技和金融行业的公关人员以某种优势，因为在安然[①]时代，对上市公司及其会计业务的审计需要这种专业知识。"
>
> 伯林达·胡林在《战略》中这样写道。

个人资质和态度

要想找到某一种适合公关的性格类型是毫无意义的，因为这个领域实在是太多元了，需要不同性格的人。有的公关从业人员经常与客户和公众打交道；有的人主要在办公桌边做策划、写文案和搞调查；还有许多人两种工作类型都会涉及。无论是从事创造性的工作，或是需要大量社交技巧的工作，还是作为"驻场记者"向媒体提供稿件，抑或是作为高级管理者为雇主制定外部传播环境中的策略与方向，重点始终是帮助组织机构实现其目标——管理竞争与冲突。

---

① 安然公司（Enron Corporation）曾是美国最大的综合性天然气和电力公司之一。2001年该公司爆出一系列会计欺诈丑闻，导致这个拥有上千亿资产的公司在2002年宣布破产。该公司雇用的会计师事务所安达信也因卷入安然的财务丑闻而一同破产。——译者注

五项基本能力

准备从事公关行业的人，不管其最终从事哪种类型的工作，都应该具备五个方面的知识与能力。

写作能力

能够在书面文件中清楚扼要地表达信息与观点的能力是一项基本能力。准确的语法和无误的拼写至关重要。

调研能力

论点必须有事实支撑，而不是一概而论。公关从业者必须有锲而不舍的精神，并有能力从繁多的消息来源中收集信息，同时还要具备设计和实施意见调查或审查和进行原始调查的能力。熟练运用网络和电脑数据库对于调查研究工作来说非常重要。阅读报纸和杂志也同样重要。

> **思考**
> 为什么坚实的经济学基础知识对于在公关行业取得成功是必不可少的？

策划能力

传播手段和活动必须精心地设计和组织。一个人只有成为优秀的策划者，才能确保材料可以及时地散发出去，活动可以圆满进行，同时花费也不超过预算。公关从业者必须具有高度的组织性并重视细节，同时还应具备大局观。

解决问题的能力

创新的点子和新鲜的方法能解决复杂的问题，让公关活动显得独特和难忘。那些向高管证明他们可以创造性地解决问题的人，会获得更高的薪水和更频繁的升职。

"公关人员最需要的是了解商业是怎样运作的，尤其重要的是了解上市公司的运作。"

芝加哥 CKPR 公司高级副总裁

乔尔·卡伦

商业/经济能力

由于公共关系日益强调管理职能，这要求公共关系专业的学生去学习商业和经济的"基础知识"。那些打算从事公关行业的学生应该通过选修经济学、营销学特别是管理学的课程，使自己在这方面打下坚实的基础。

当然，并不是公共关系领域的每一项工作都等比例地需要全部的五种能力，恰当的比例通常取决于具体的工作职责与任务。

雇主们需要的十项能力

就今天的就业市场上需要哪些技能和经验这一问题，美国公共关系协会（PRSA）出版的月刊《公关策略》请教了多位就业专家。伯林达·胡林根据最热门的答案整理出了下面的清单。

良好的写作水平

良好的写作水平在今天尤为重要。

智力

尽管描述不同（如"明智""聪明""机灵"），但人事部门的主管们一致认为，现代公关行业不是资质平庸和毫无个性之人的庇护所。

文化素养

雇主希望雇员们在艺术、人文科学和时事方面受过全面而良好的教育。《公关策略》杂志表示，"如果你们没有共同的知识框架，你就别指望管理层接受你的建议"。

发现好故事的能力

在大大小小的事情上管理你所在机构的形象的能力是从发现和运用好的故事入手的，这些故事能够给予组织机构关注度，建立品牌认知，并增强组织机构的声誉。

媒介知识

媒介融合意味着，当今的公司可通过多种平台——社交媒体、平面媒体、网络广播、在线新闻网站、广播和电视等等——发布信息。每种平台均有不同的截稿时间、版式等要求。了解每种传播媒介的特性，并能和每个领域的编辑进行合作是不可或缺的能力。

人脉

与媒体、政府、工业集团、非营利性组织中的工作人员以及其他公司里的同行们维护好关系，对公关从业者来说是有益的。进行电话联系、获取关键信息或是促使事情发生的能力是必不可少的。

灵敏的商业嗅觉

最好的公司都将公共关系纳入公司的整体商业策略之中。然而，为了在这一层次上展开工作，公关从业者需要清楚地了解公司运营的一般知识，以及雇主所在行业运营的专业知识。

丰富的传播经验

为了取得成功，公关从业者必须熟悉从机构内部通讯到投资者关系文件在内的传播的各个方面。

专长

在拥有了一些基本的经验后，从业者们应该考虑培养一项自己的专长。在当下，医疗保健、金融、科技是一些最具发展前景的领域。

抛弃职业成见

如果你进入公关行业的理由仅仅是因为你"喜欢与人打交道"且喜欢组织活动，那你应该考虑其他领域。雇主们寻找的是那些具备多种传播技能和解决问题能力的人才。

公关案例 百事公司用 Amp 手机应用引爆舆论

公关从业者需要身怀各种技能，其中包括写作、调研、策划、解决问题的能力以及商业竞争力。百事公司涉足流行的 iPhone 手机应用领域时，曾借助一款手机应用向其目标群体——年轻人——推销 Amp 功能饮料。此时，上述所有的技能，外加冲突管理能力，就都是必不可少的了。

"泡妞之前来一点 Amp"手机应用在 2009 年 10 月发布，引得喝彩声和嘘声混作一片。这款 App 利用百事公司所宣称的戏谑方式来抵达其目标群体。《公关周刊》在 2009 年 10 月 16 日的评论中这样描述这款 App：

如果你还没有注意到这款 App 的话，它是用来帮助男人们"泡妞"的——出现在这款 App 中的女性都是身材火辣的类型，包括"学霸""联谊会女生""俏军妞""公主"以及亮眼的"商务白领"，这就已经足够糟糕了。同时，这款 App 还鼓励用户对其"征服过程"进行注解，通过 Facebook 吹嘘自己的经历，甚至为如何更好地"泡妞"提供建议。

百事公司通过 Twitter 和 Amp 的 Facebook 主页致歉，做了如下声明："我们的 App 想以幽默的方式展现男生追女生的具体过程，如果这意味着品位低下，我们为此道歉并衷心感谢您的反馈。"但是百事公司并没有马上撤下这款 App，一些评论者说这抵消了道歉的效果。广告研究基金会社交媒体部高级副总裁蕾妮·约翰逊向《广告周刊》表示："这款 App 并没有下线，所以道歉一点儿也不诚恳，不是吗？"

社交网站博客 Mashable 用恶搞的方式批判了这款 App，模拟 iPhone 广告的口吻刊登了一条标语："想要疏远你的女性顾客吗？百事有款 App 适合你。"Mashable 在其网站首页写道："Amp 居然给其应用添加了一些功能，让人觉得一个人可以利用女性的天真而从容地泡妞。此外，它还积极鼓励用户通过社交网络炫耀'征服过程'。"Mashable 称，尽管这款 App 的目标是男人，但却让女性觉得不舒服。

另一些人则对百事公司引发的这场公关争议给予了赞赏。《广告周刊》在同一篇文章当中引用卡斯卡达公关公司高级合伙人比尔·西佩尔的评论说："问题的关键在于，这是推广 Amp 的另一种前卫的方法。为他们让美联社和每个人都在谈论这个话题而喝彩，这是突破重围的好方法。毕竟，我们只是在谈论一种软饮料，而不是核废料。"即便是 Mashable 也承认，这款 App 在制造轰动方面是大获成功的。

百事公司的发言人妮可·布拉德利女士向美联社表示，这款应用只允许 17 岁以上且"想要选择这种体验"的用户使用。她说："这款 App 旨在吸引和取悦 Amp 的目标消费群。我们会继续关注各方面的反馈并采取相应的行动。"

但是经过一周的争论之后，百事公司总部决定撤下这款 App。百事公司的一位发言人在一份声明中表示："我们决定撤销 Amp 的 iPhone 手机客户端。我们听取了各方意见，认为这是最恰当的行为。"

公关从业者、广告精英以及市场营销人员可能会继续争论推出 Amp 客户端是明智的还是愚蠢的，但有一些事情是明白无误的：百事公司借助市场调查和社交媒体经验，锁定了它的目标群体。这一手段并不张扬，公司只是承认了争议并保证会控制形势，但却宣传了 Amp 的品牌，而这个品牌当时在能量饮料中只排在第四位。不过，百事公司可能在短时间内疏远了公司其他产品的重要客户——女性。

1. 百事和 Amp 是否恰当地处理了这次争议？
2. 百事公司本可以如何应对因未撤销 App 而引发的担忧？
3. 你是否认为这款 App 只是一个宣传噱头？为什么？

公关职位

系统的研究显示，在公关工作的实践当中，职位之间存在等级制度。圣迭戈州立大学教授格伦·布鲁姆和大卫·多齐尔是首批对公关机构中的职位——从负责沟通的技术人员到管理者——进行界定的学者。

例如，技术职位的首要职责是制作传播产品，并执行其他人做出的决定。他们负责拍照、撰写手册、准备新闻稿、组织活动。这些人的工作属于公关工作的"技术"层面；他们并不参与决策，也不为结果承担责任。许多公关入门级别的职位都是技术层面的，但也有很多经验丰富的公关从业者擅长技术工作，比如写作和编辑新闻稿件，维护公司内网或官网上的信息，乃至主要就宣传事宜与媒体合作。

就业链的另一端是传播管理者。这部分的公关从业者被看作组织机构的公关专家，他们制定传播策略，并对公关项目的成败负责。经理们向高层提供咨询建议，监管各种传播策略，并负责管理执行技术任务的众多雇员。

布鲁姆和多齐尔之后的另一项研究显示，管理人员和技术人员的差别并非泾渭分明。在一些小型机构当中，一个公关从业者的日常工作可能同时涉及管理与技术两个层面。

实习经历的价值

在传媒业中，实习经历尤为重要。简历中既有实习经历又有优秀学业成绩的大学生，在寻找一份稳定的工作时会更具优势。公关关系教育委员会非常看重实习经历，所以将它列入该协会向优质高等院校公关专业推荐的七门基础课程之中。

实习对于学生和机构来说是一种双赢。多数情况下，学生不仅拿到了学分，而且在专业领域中收获了第一手知识，这给学生毕业后获得至关重要的第一份工作带来了优势。雇主在大多数情况下通常会招收在自己公司实习过的应届毕业生。《公关周刊》的记者莎拉·卡拉布罗是这样说的：

> 思考：为什么机构更青睐有实习经历的职位候选人？

机构和公司的传播部门都将实习生看作公司的未来。几年前，不付薪的实习生还很常见，但是在今天，不给薪水的实习几乎不存在了。许多重要工作都交给实习生，比如媒体监管、新闻稿写作、财务估算和现状报告撰写。在很多情况下，实习生会参与所有团队和客户会议，以及集体讨论会。

许多大型公关公司有正式的实习项目。比如在爱德曼，学生们可以注册参加该公司的"Edel-U"项目，这一实习训练项目会让学生们接触机构工作的方方面面。万博宣伟在波士顿举行的暑期实习项目被称为"万博大学"。卡拉布罗援引高级客户经理简·杜兰的话称高管们总是对实习生们对公司最终项目的贡献印象深刻。杜兰表示："看到他们在短短几个月的时间里从零到一百分，真是让人难以置信。"

公共关系中的工作等级

高管：领导和管理组织机构，职责包括拓展组织机构的前景，确定组织机构的使命，拓展业务，制定战略目标、年度目标以及各种策略、政策和制度。

总监：客户工作和问题性向分析，以及部门传播和运营策划，职责包括策划、组织、领导、控制、评估和解决问题。

经理：客户工作和问题性向分析，以及部门管理，职责包括组织、做预算、领导、控制、评估和解决问题。

主管：项目监管，包括策划、安排日程、做预算、组织、领导、控制、解决问题。

入门级技术人员：运用各种技能技巧传播信息、劝说客户、收集数据、征求反馈。

资料来源：Adapted from the Public Relations Professional Career Guide. Public Relations Society of America, 33 Maiden Lane, New York, NY 10038.

伟达公关的纽约分公司也有大规模的实习训练项目，每年从 600 ～ 700 名申请实习的学生当中选拔出 40 个人。在该公司看来，实习计划是"目前最省钱、最有效的招聘工具"。凯旋公关也尤为重视寻找优秀的实习生，并保证他们积极参与到客户工作中去，而不是把大多数时间花在跑去复印资料或是分装宣传资料袋上。

当然，一个学生并不总是能够有机会去芝加哥或纽约实习。尽管如此，在地方性的公关公司、商业企业和非营利性机构中也有许多可资利用的机会。然而，重要的是组织机构当中要有至少一名经验老到的公关从业者，可以对学生进行指导并保证他们有机会完成不同类型的任务，从而最大限度地丰富其学习经验。

补充说明……

尽管通常来说，全国性的公司和跨国公司会支付薪水给实习生，但是地方性的公司未必会这样做。许多小型公司声称它们并没有能力给实习生提供薪水，或是认为实习生得到训练和经验的机会超过了足够的金钱补偿。斯普林特公司个人通信服务（PCS）部高级公关经理戴夫·德沃瑞斯并不赞同这一点。他在美国公共关系协会出版的《公关策略》当中指出"无薪资的实习很大程度上限制了有潜力的实习备选人"，因为，正如他指出的那样，那些最好最聪明的学生总是被吸引到支付薪水的雇主那里去。前《财富》500 强企业高管汤姆·哈格里也在《公关策略》中提到，给实习生提供薪资可以保证学生专注于努力工作和保持高水准的表现，这样公司提供薪资也会收获不错的回报。

实际上，公关行业的实习生薪资和工作起薪有着密切的关联。一方面，大多数公关公司和公关部门给实习生提供薪水，其工作起薪也相对较高；另一方面，电视台在不给实习生薪水方面臭名远扬，而电视台的工作起薪（24 000 美元）在传媒行业中也是最低的。

公关的价值

这个世界从未像今天这样不仅仅需要更多的信息，而且需要高明的传播者和引导者，他们可以通过一种反应敏捷的社交方式将个人、组织以及政府的目标与愿望解释给其他人。

公共关系为商业企业和社会提供了一种至关重要的服务。在实践层面，羚邦公司董事长兼首席执行官劳伦斯·莫斯科威茨表示，公共关系是"提供信息的。它可以是新闻、节目、文章、读者和观众们想要的东西。这些与公关是相互关联的。通过新闻进行的积极的信息传播也带动了其他形式的市场营销。出色的公关能够提升广告、直邮、赞助和其他所有形式的'许可'营销的效果"。

"明晰而持续的信息传播能够帮助组织机构达成目标，能够让雇员充分发挥潜能，让消费者做出明智的选择，让投资人对组织机构做出准确的评估，让社会对行业、组织和问题做出准确的判断。"

汤姆·格洛弗在英国公共关系研究院的杂志《形象》中这样写道。

但是公共关系最新的发展使这一领域超出了信息传播的范畴。无论雇主是营利性还是非营利性组织，今天的公关从业者必须清楚信息和传播活动会给雇主的竞争能力带来何种影响。通过帮助现代组织机构管理竞争和冲突，21世纪的公关专业人士将给他们的雇主带来附加价值。因此，他们有机会在开展公共关系实践的领域对组织机构的命运发挥更大的影响。这种影响将给他们带来更大的尊重以及从薪水到个人满足感等方面更多的回报。

> **思考**：公关为现代组织机构提供了哪些重要服务？

第3章
竞争和冲突管理

- 竞争和冲突在公共关系中有什么作用?
- 冲突管理周期有哪些阶段?
- 公关人员怎样才能更好地控制冲突管理周期?

危机管理的一个经典案例

1989年在美国阿拉斯加州威廉王子湾发生的埃克森石油泄漏事件仍被当作世界上最大的石油泄漏事件之一。在埃克森·瓦尔迪兹号油轮触礁并溢出将近24万桶油到周围原本洁净的海域之后,埃克森对此采取了防御性的公关策略。这场灾难是史上最严重的环境事故之一,而该公司从一开始就对这次事故采取了不恰当的处理方式。

埃克森的管理层以找借口的方式启动了他们的危机传播策略。该公司的管理人员声称公司没有错,原因如下:(1)天气不理想;(2)美国海岸自卫队提供的海洋地图已经过时了;(3)这艘轮船的船长玩忽职守,在驾驶轮船时饮酒了。清理工作开始之后,埃克森又试图转移公众的指责,宣称政府的官僚体制以及对使用特定化学用品的禁令阻碍了清理工作更好地展开。

为了减少事故给公司造成的损害,埃克森还使用了辩解的策略,说政府中的环保主义者夸大了石油泄漏对鸟类以及海洋生物的破坏力。而当时,针对该公司的负面报道层出不穷,公众的愤怒情绪也在持续升温。福特汉姆大学的威廉·J.斯莫研究了当时的新闻报道,他写道:"可能没有其他哪个公司被大众媒体描绘得(比埃克森)更糟糕了。"超过18 000名消费者取消了埃克森的信用卡,晚间脱口秀节目的主持人对该公司冷嘲热讽,国会委员会也启动了听证程序。埃克森公司在《财富》杂志最受尊敬的公司的排名则由第8名下降到了第110名。

埃克森对上述所有事态的发展再次做出了几乎无效的回应。公司试图通过投放整页广告来讨好公众。在广告中,该公司对石油泄漏事件进行了道歉,但仍然没有表示要承担事故的责任。这种做法不但没有平息风暴,反而加剧了公众的愤怒。当然,埃克森也采取了纠正措施,清理了石油泄漏,并为此花费了将近30亿美元。但该行动并未使公司得到任何赞扬,因为大部分的公众认为埃克森这样做仅仅是迫于政府的压力。在清理工作结束以后,公众对于埃克森的态度已经成型了。

一种新的思考方式：冲突和竞争

公共关系（PR）可以被定义为，**按照组织机构的最佳利益，并在可能的情况下也按照组织机构关键公众的最佳利益，对冲突和竞争进行的战略管理**。成功的公关从业者信任他们的雇主，并且为了雇主的利益同他人竞争，并解决可能因此而产生的冲突。只要雇主和客户的目标是崇高且合乎道德的，公关从业人员的首要任务就是按照它们的利益管理传播，以增强它们的竞争优势和有效地处理冲突。

这个定义比那些强调在组织机构及其各种利益相关人之间建立互利关系的定义更权威一些。建立关系是公关的重要目标，但在公关确保组织机构获得成功的巨大作用中，它仅仅只是一部分。

公共关系使营利和非营利组织都能参与有限资源（如顾客、志愿者、雇员、捐赠、拨款）的竞争，并且在如何使社会变得更好方面，与持不同意见的人进行良性的、诚实的观点碰撞。这些目标的达成可以提升公共关系对组织机构的价值。这也是公关从业者获取影响力的方式，这种影响力使公关赢得了高管更大的认可和社会对公关领域更多的尊重，并最终使公关从业人员总体上获得了更高的收入和更稳固的地位。

虽然竞争和冲突是密切相关的，但本书要谈二者的区别。大多数的公关活动和公关项目处理的是组织机构之间在销售和顾客方面的竞争，而冲突通

> 当塔吉特超市决定禁止救世军组织[①]在假日购物季里在其门口收集捐赠物时，它立刻发现自己和各种社会团体发生了冲突。这些团体指责塔吉特"小气"，并且不顾穷人和无家可归的人的需要。塔吉特不得不处理这些针对公司慈善声誉的攻击，并应对可能的消费者抵制行为以及收入减少的威胁。

---

① 救世军组织是美国一个基督教组织，其成员身着军服，做各种工作来帮助穷人。——译者注

常涉及组织机构与各种利益相关人或者公众之间的对抗和攻击。

诚然，竞争和冲突的区别一部分是程度的不同，但另一部分也是关注点的不同。例如，在竞争中，所有人的目光都聚焦在收获上，如销量或者政治支持；而在冲突中，所有人的目光都聚焦在对立面上，即应对或者发起这样或那样的威胁。无论在哪种情况下，争取共同利益都是极端重要的。这个过程涉及雇主或顾客的利益与一系列利益相关人的利益之间的平衡。通常，公关人员可以兼顾组织机构及其各种公众的利益，但是有些时候因为世界观的差异，组织机构可能无法让其所有公众满意。沃尔玛或许可以通过提供更多员工福利来让工会满意，但是希望买到低价商品的消费者可能会反对这一政策，如果这意味着沃尔玛要提高商品价格的话。环保主义者可能希望关闭一家钢铁厂，但是钢铁厂的雇员和地方团体可能会不顾环境影响而强烈支持维持这家工厂。有鉴于这种对立的议程和议题，公关从业人员必须首先考虑组织机构的需求，然后再管理出现的那些无法避免的冲突。

> 思考
> 谁是公关从业者的首要忠诚对象？

公关在冲突管理中的作用

公关从业者需要制定传播策略和程序去影响冲突的进程，以使其服务的组织机构受益，并在可能的情况下使组织机构的客户群体受益。这种刻意施加的影响力即战略冲突管理。

公共关系可能涉及减少冲突，尤其是在危机管理中。有些时候，一些维权分子为了达到其目的会使冲突升级，例如反对堕胎的支持者会在医疗诊所外抗议，并袭击顾客、医生和护士。还有些维权分子采取的策略没有这么激烈，例如支持石油工业的人开展游说活动希望开放阿拉斯加州的一部分荒野开采石油时，他们会努力争取公众以及国会的最终批准。

> 思考
> 冲突总是对组织不利吗？

现实世界中的战略冲突管理

下列情景有着共同主题：冲突的战略管理。

冲突管理是公共关系中最有趣、最有生气和最基本的功能之一。

- 在一家工厂发生爆炸的地点附近，一位公关人员在临时搭建的新闻发布室里工作，负责应对从四面八方汇集到此处的媒体和家属的询问，并为蜂拥而至的记者提供传真、电话和网络服务。
- 华盛顿特区的一位游说人员意识到在一个充满不确定性的世界里，人们需要本国的能源，所以他和他的公关公司努力推动舆论，支持政府向美国玉米产区的乙醇制造商提供联邦津贴。
- 随着美国人的肚腩日渐突出，美国国家卫生研究院呼吁建立健康中心来减少肥胖及与肥胖相关的疾病。
- 在新闻媒体曝光某工作单位的一起性骚扰丑闻之后，该机构的发言人表示在她的公司发生这种有失伦理的事情是非常丢脸的，并保证公司将改革企业文化。

冲突也经常出现在某个商业企业或行业与政府监管者或维权团体出现分歧时：政府监管者或维权团体出于一些安全或者环境标准坚决要限制企业或行业的经营，而企业或行业又认为来自政府监管者或维权团体的监管有些过度。工业企业间经常组成统一战线或者行业团体对此予以回击。例如，美国清洁煤电联盟打算花费 6 000 万美元在电视上投放广告，声称产业创新已经使煤炭变成了清洁和充足的能源。该机构发布的演讲和新闻也警告说，过多的规章制度会削弱煤炭在美国能源前景中的地位。而另外一边，像塞拉俱乐部这样的环境组织又在国会和监管机构游说，要求限制烧煤，宣称"清洁煤炭"的概念是一个说不清道不明的概念。太阳能的倡导者为了从清洁煤炭的争议中获利，采取了一个有趣的策略。有一个组织的网站在其 URL 地址中使用了"清洁煤炭"的字眼，而游客一旦进入这个网站，就会发现网上所有的内容都是推销太阳能的。这种游击策略被称为借位（anti-site）。

有时候，一个组织能够在较早的阶段抓住冲突，并采取一种危机管理专家称为"抢风头"的策略来减少冲突对组织的伤害。在其他情况下，一个问题可能会在突然爆发前慢慢发酵。例如，过去十年中企业高管高额的薪酬和奢侈的待遇时不时会成为争议的焦点；然而直到2009年，银行和保险业高薪管理层肆无忌惮的投机行为造成美国经济崩溃之后，民众日益高涨的愤怒才促使奥巴马政府出台工资上限，并启动对这些公司的刑事调查。如果企业董事会提前制定限制薪酬的政策，就可以防止这个问题的发生。

> 肯德基不会因为善待动物组织（PETA）在其门店外抗议其非人道的宰杀方式就放弃鸡肉业务。但是，肯德基通过采取额外步骤保证其供应商采取人性化的方式进行宰杀，化解了动物保护主义者的担忧。

不幸的是，大多数的冲突情况并不能找到理想的解决方案。在很多情况下，因为一些因素，包括与组织机构继

行为道德　道德冲突带来的特殊挑战

当组织机构就热点问题或者道德冲突如胚胎干细胞研究或者死刑发生争议时，争议双方经常互相指责和质疑对方的道德。通常这种指责的大意是"我们在努力说出真相，而他们在撒谎和扭曲事实"。有时这种"说出真相"与对方所说的"欺骗"形成了反差，尽管争议双方采取了相同的策略，且都使用了全方位的公关说服技巧。当辩护双方以这种方式接受绝对道德价值时，他们却无法理解对方或者让对方理解自己。

大多数的新闻发布会以组织者事先准备好的开场白开始。请就目前世界某地的一场道德冲突拟写一个新闻发布会的开场白。你可以就在阿富汗部署更多军队一事为奥巴马政府拟写一个开场白；也可以为和平组织拟写一个开场白，表达对总统使冲突升级的失望。先为你支持的一方写一个开场白，然后试着去理解另一方的观点，并为对方写一个开场白。

这项练习是否证明了在没有绝对对错的情况下，公关从业人员力挺他们所认为正确的行为是愚蠢的？还是说那句经典的格言"你总得支持点什么，否则你会为任何事折腰"在你听来更加中肯？

续经营能力相关的因素在内，公关从业人员无法满足维权团体或者特定公众的关切。在这种情况下，公关从业人员必须作出艰难的选择，代表他们的组织进行呼吁。

酌情处理：影响冲突管理的因素

公关人员或公关团队要与组织机构的管理人员一起决定该组织机构将对冲突涉及的每个利益相关方采取什么样的立场，而这个立场将决定组织机构所使用的策略——做什么及为什么这样做。这种以立场为中心的公关方法来自这样一个发现：几乎所有公关从业者在管理冲突和竞争时都遵循一条不成文的潜规则——"酌情处理"。实际上，采取什么立场取决于很多因素，而且这个立场会随着不断变化的环境而变化。

威胁评估模型

好的公关从业者能发现威胁、评估威胁、为组织确定立场，并从这个立场出发开始有效的传播。公关从业者需要对一系列复杂的力量进行监控和思考，一种方法是建立威胁评估模型。评估威胁的大小需要判断威胁对组织提出了多少要求，也需要判断组织可以用来处理该威胁的资源有多少。已经确定的威胁迫使公关从业者必须考虑多种因素：组织机构有对抗威胁的知识、时间、财力和管理层的承诺吗？在另一个层面上，判断威胁的严重性的最好方法是什么？这个威胁是一个可能持续很长一段时间的困境，还是一个很快就可以解决的相对简单的问题？

在对威胁进行仔细评估之后，公关从业者有时会决定忽略某个问题或者某个施压团体，从而为自己和客户节省时间、精力，避免麻烦。例如，亚特兰大奥运会传播总监理查德·亚伯勒通过小道消息得知一些当地居民打算抗议官方使用一个保守谈话电台来发布奥运会的音频新闻。他派工作人员调查了该抗议团体，发现只有少数当地居民参与抗议活动，而且他们既没有被很好地组织起来，跟亚特兰大的媒体和政治掮客也没有什么瓜葛。

了解了这些信息后，亚伯勒对一些威胁评估模型里的因素进行了考量：什么才是对亚特兰大的形象和声誉有影响的真正威胁？这个抗议活动是否会被媒体报道并获得民众支持，从而导致尴尬局面？一旦抗议活动发生，处理起来是否需要大量的时间和金钱？在这个事件中，亚伯勒了解到该团体不大可能被更好地组织起来或者影响关键公众，他也就不那么担心了。因此，他对威胁的评估使他明确了自己的立场，并根据这个立场做出了决定：不理会这个团体。结果证明这是一个正确的决定，这场"运动"悄悄地消失了。

> 思考：哪些因素决定了公关人员应对冲突的方式？

正如现实生活中发生的情况一样，公关从业者也会随着各种事件和因素的出现改变立场。

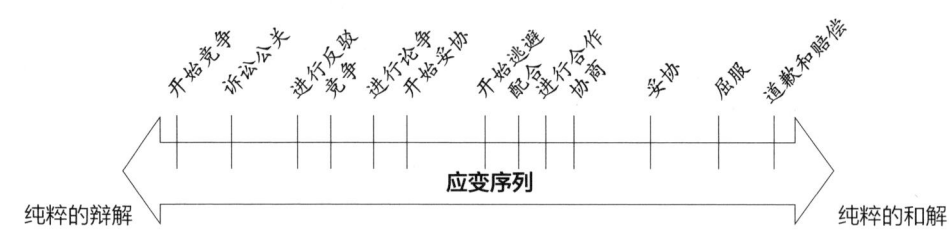

应变序列：开始竞争 — 诉讼公关 — 进行反败竞争 — 进行论争 — 开始妥协 — 开始逃避 — 配合进行合作协商 — 妥协 — 屈服 — 道歉和赔偿

纯粹的辩解 ←——————————————————→ 纯粹的和解

当有人宣称在百事可乐易拉罐里发现使用过的注射器时，该公司采取的立场是声称这只是一个恶作剧，而且百分之百地支持自己的产品，并拒绝了召回产品的建议。	在奥德瓦拉①饮料公司发现生产过程中的一个问题与食物中毒有关联之后，该公司立刻召回了它的产品。奥德瓦拉还替受害者支付了所有医疗费用，并向公众进行了诚恳的道歉。

🎙 权变理论

两个基本原则支撑着公关作为竞争和冲突的战略管理的定义。第一个原则是在处理冲突和可感知的威胁时，许多因素决定了一个组织机构的态度和立场。第二个原则是公共关系对待特定的观众或公众的立场必须是动态的。这一立场必须随着事件的展开而变化，从纯粹的辩解到纯粹的和解有一个持

---

① 一种果汁饮料品牌。——译者注

续的序列。这两个原则构成了权变理论的基础。

补充说明……

密苏里大学的格伦·卡梅伦和他的同事们发现了至少86个可以从两个层次影响组织机构在冲突中采取的特定立场的权变变量，这些变量可以分成11组。其中5组为外部变量：（1）外部威胁；（2）行业的特定环境；（3）总体的政治/社会环境；（4）外部公众的特征；（5）有待解决的问题。另外6组为内部变量：（1）企业/组织的总体特征；（2）公关部门的特征；（3）高层管理者的特征；（4）内部威胁；（5）企业/组织成员的性格特征；（6）关系的特征。

权变因素

对"应变于"许多因素的公关方法，公关人员必须予以考虑。在一项对1 000名美国公共关系协会成员的调查中，大部分的公关从业者表示，公共关系的知识和经验在制定适当的冲突或问题应对策略方面发挥了重要的作用。不过，组织机构层面的变量也很重要。同样，组织机构高层管理人员的价值观和态度显然也对一个组织机构如何应对冲突和威胁有很大的影响。

应变序列

根据不同的情况，高级管理层的态度和公关专业人士的判断等因素可以使组织趋向于或者远离于与公众达成和解，因此组织机构对冲突和威胁的反应就形成了一个从纯粹的辩解到纯粹的和解的持续序列。

纯粹的辩解是以一种蛮横的姿态完全不赞同或反驳竞争对手或相关团体的观点、声明或者威胁。这个序列的另一个极端是纯粹的和解。在这种情况下，组织机构接受批评者的批评，改变政策，做出赔偿，甚至对行为进行全面的、公开的道歉。当然，在这两种极端的态度中间组织也有别的立场可以采纳。从这个意义上讲，这种序列也体现了冲突管理策略的动态性。在很多情况下，一个组织机构最初会采用纯粹辩解的立场，但随着形势的变化，新的信息披露出来，公众舆论发生了变化，组织机构的态度

"我们所认为的理性和真实是由我们所生存的组织文化和构造这种文化的经济和政治现实决定的……出现不确定性和危险的时候，组织又会重新采取否认、老套和僵化的态度，并以自己对现实的理解为基础，抵御外部的证据或攻击。"

拉洛希学院　阿斯特里德·克斯登

也就朝着纯粹的和解转变，只要采取这样的举动不违背普遍公认的原则。

冲突管理的周期

成功的公关从业者不仅仅是传播技术人员，执行组织活动、撰写新闻通稿、召开新闻发布会和制定向新闻媒体推介新闻的各种策略，他们也承担组织内部管理冲突以及应对危机状况的责任，而冲突和危机是所有的组织机构时不时都必须面对的情况。

冲突管理周期阐明了如何管理冲突的"大图景"。战略冲突管理可以大致分为4个阶段，但是需要记住的是，这些阶段之间的界限不是绝对的，有些技巧在实际操作过程中也有重叠。此外，在精彩的公关世界，忙碌的公关实践者可能会在每个阶段同时管理不同的竞争状况和冲突。

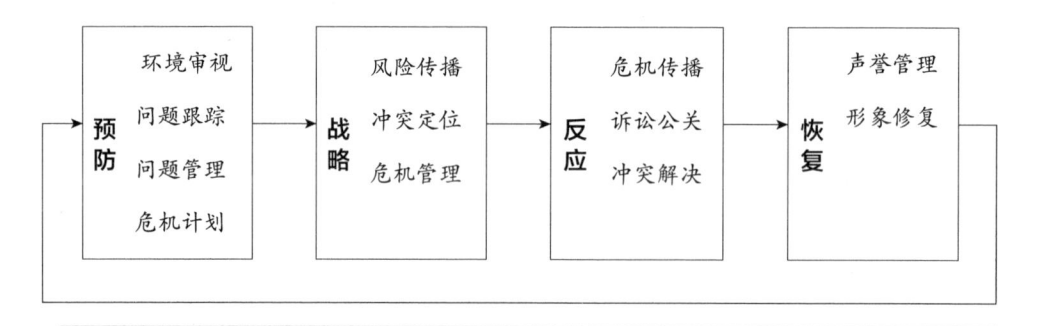

预防	→	战略	→	反应	→	恢复
环境审视 问题跟踪 问题管理 危机计划		风险传播 冲突定位 危机管理		危机传播 诉讼公关 冲突解决		声誉管理 形象修复

△ 这个图展示了冲突管理周期的四个阶段和公关人员处理冲突时采取的多种技巧。通常，事件是按照时间沿着冲突管理周期图示由左至右发展的。在整个周期结束以后，这个过程又从这个周期的左边重新开始。

预防阶段

冲突管理周期的预防阶段包括一些避免冲突发生或失控的活动和思考过程。这个阶段的第一步是环境审视——不断地阅读、收听和观看时事报道，看其是否符合组织机构的利益。出现新问题后，通过查看博客和浏览日常新闻等过程，来更加集中和系统地追踪问题。当组织机构做出行为改变或制定战略性计划来解决新出现的问题时,问题管理就出现了。即使在预防阶段,管理良好的组织机构也会制定一个总体的危机应对计划,作为防患于未然——避免问题或事件升级为危机——的第一步。

公关案例　瓶装水供应商面临冲突和竞争

瓶装水产业在市场上面临着要同时处理竞争和冲突的挑战。有的竞争来自一些推广使用自来水龙头滤水器的公司(如碧然德[①]),其他的竞争来自一些推广使用自己公司生产的可重复使用的水瓶的公司(例如耐洁[②]或希格[③])。Tappening公司是一家生产可重复使用的水瓶的公司,其广告直接拿瓶装水开刀。其中一个广告甚至宣称"瓶装水导致了落在地面上的酸雨"。碧然德也不甘示弱,该公司的广告使用了一些照片,照片中油不断地从人的嘴里冒出来,下面还配有文字:"去年,有1 600万加仑[④]的原油被用于制造瓶装水的塑料瓶。"

冲突则来自各种环保组织,它们宣称饮用瓶装水对环境造成了破坏。这些环保组织解释说,塑料瓶增加了温室气体,填满了垃圾掩埋场,而且造成了大量的碳排放量,因为它们是从斐济和冰岛这种有异域风情的地方运过来的。

显然,产值高达120亿美元的瓶装水产业遭到了来自竞争对手和环保组织的攻击。事实上,受2009年的经济危机以及碧然德和自来水瓶这类公司发起的运动的部分影响,那一年瓶装水的销量下降了10%。当然,主要的问题是瓶装水公司是否能够改变消费者的看法以及扭转下滑的销量。

国际瓶装水组织和自然水化委员会等行业组织代表瓶装水产业坚称上述批评是不公正的。自然水化委员会的主任杰瑞米·克拉克反驳了上述批评,他说:"瓶装水是货架上最便宜、最环保、最健康的饮料。这是一个有包装的产品,我们必须从这个意义上去理解它。"国际瓶装水组织的总裁约瑟夫·多斯说:"在市场上,瓶装水认为其竞争对手是软饮料、苏打水、果汁和茶。把瓶装水和自来水摆在一起争来争去看起来似乎没什么用。"

---

① 碧然德(Brita),德国滤水壶品牌,滤水壶行业的领军企业之一。——译者注
② 耐洁(Nalgene),美国一家生产户外太空杯的企业。——译者注
③ 希格(SIGG),瑞士一家户外水瓶生产商。——译者注
④ 1加仑相当于3.8升。——译者注

1. 你认为瓶装水产业受到了不公正的批评吗?
2. 如果你是纯水乐①或者达萨尼②的公关顾问,你会采取什么样的冲突管理策略?

🎙 战略阶段

在战略阶段,一个新出现的问题被确定需要公关人员采取协调一致的行动来解决。这一阶段将实施三个主要的策略。通过风险传播,对人或组织机构的危险或威胁得以传达,以防止个人伤害、健康问题和环境破坏。冲突定位策略可使组织机构在设想的破坏行为如法律诉讼、产品抵制、不利立法、选举或将在"舆论的法庭"上受审等类似事件出现之前获得有利地位。为了做好最坏的打算也就是问题抵消了风险传播的努力,发展成了危机级别的冲突,需要制定一个具体的危机管理计划。

> **思考**：一旦冲突解决,公关从业者的工作是不是就结束了?

🎙 反应阶段

一旦问题或即将发生的冲突对组织的影响达到临界水平,公关从业者就必须随着事件在外部传播环境的展开而对事件作出反应。危机传播包括实施危机管理计划以及做出全天候的努力来满足诸如灾民、员工、政府官员和媒体等公众的需求。如果冲突已经出现但还没有失控,公关从业者就会使用冲突解决技巧,来把激烈的冲突例如破裂的工资谈判引向一个有利的解决方案。通常,最棘手的冲突最后以对簿公堂结束。这时诉讼公关就会使用传播策略和宣传活动来支持法律诉讼或审判。

---

① 纯水乐(Aquafina),百事公司旗下的瓶装水品牌。——译者注
② 达萨尼(Dasani),可口可乐公司旗下的瓶装水品牌。——译者注

恢复阶段

在危机或者组织机构与公众之间备受关注的激烈冲突之后,组织机构会采取策略来提升或修复其声誉。声誉管理包括进行系统的调查,了解组织机构的声誉状况,再采取措施提高声誉。在损害极其严重时,形象修复策略可以有所帮助,只要组织机构愿意做出真正的改变。

冲突周期的管理

冲突管理虽然充满了挑战性,但也并非完全不可能。以下四个系统的步骤为公关人员作为竞争和冲突的管理者这个非常重要的角色提供了架构和指导:(1)问题管理;(2)战略定位和风险传播;(3)危机管理;(4)名誉管理。

问题管理

及时地识别和处理问题是冲突管理周期预防阶段非常重要的功能之一。问题管理是一种系统地预测问题、预测威胁、减少意外、解决问题和预防危机的手段。

问题管理是预防性地规划。菲利普·冈特和杰夫·奥伦伯格在《公共关系评论》中写道:"问题管理是预防性的,因为它试图在问题对公司造成损害之前就识别问题,并对与问题有关的决定施加影响。"

冈特和奥伦伯格对比了问题管理与风险管理的方式,其中风险管理在本质上是被动的。他们写道:"风险管理更多倾向于被动回应,它是在问题被公众认知并对公司产生影响之后再处理问题。"而问题管理中的积极规划和预防措施往往决定了危机是否会出现,或者用某个公关人员的话来说就是几乎没有或根本没有新闻报道与头版头

> "有效的问题管理需要双向的沟通、正规的环境监测以及积极有意义的策略。"
>
> 圣迭戈州立大学 玛莎·罗赞

条的区别。这一点特别重要，因为研究表明大多数组织机构的危机是自己造成的，是由于其管理层忽视了早期的预警信号。

> **思考** 早期的问题识别可以怎样防范危机的发生？

使用恰当的手法，公关从业人员可以在事件变成危机或者给组织机构造成重大损失如名誉损失、重要出资人撤离、财产损失等之前，就将问题和情况处理好，或者防止问题和情况的出现。

公共关系顾问霍华德·蔡斯和巴里·琼斯是第一批专攻问题管理的公关实践者。他们认为问题管理包括5个主要的步骤：（1）问题识别；（2）问题分析；（3）策略选择；（4）行动策划；（5）结果评估。

步骤1　问题识别

组织机构需要跟踪主流媒体、非主流媒体、网络聊天团体和各种社会活动团体的时事通讯来了解公众讨论的问题及公众的关注点。掌握报道的趋势特别重要。

步骤2　问题分析

一旦一个新出现的问题被确定下来，下一步就是评估其对组织机构潜在的影响和威胁。另外需要考虑的是判定组织机构在这个问题上是否容易受到攻击。

步骤3　策略选择

如果组织机构认为这个新出现的问题可能会给自己造成损失，就必须考虑如何处理它。要权衡利弊，选择对公司最实用和最经济的方法。

步骤4　行动策划

一旦特定的策略（立场）确定下来，第四步就是将其传达到所有利益相关的公众。

步骤5　结果评估

当新的政策出台并得到广泛传播后，最后一步就是评估结果。新闻报道是正面的吗？公司是否被定位为行业的领导者？公众对公司或者整个行业的看法是否改观了？如果公司采取行动的速度足够快，避免了当问题成为危机时才被媒体报道，这或许便是最大的成功了。

战略定位和风险传播

战略定位是旨在传播信息，以使组织在面对竞争或预期的冲突时处于有利地位的口头或者书面交流。理想状态下，公关从业人员的传播方式不仅可使组织在应对竞争和迫在眉睫的冲突时处于有利位置，还可以对组织机构的实际行为施加有利影响。例如，面对巨额经济损失和需要裁减几千名雇员时，通用汽车公司宣布冻结行政人员的工资。这个措施直接减轻了舆论对该公司随后进行的裁员的批评程度。

传播建议

苏珊娜·卓达在《传播世界》杂志一篇有关风险沟通的文章里，给传播者提出了以下建议：

- 早准备，主动展开对话。

  不要等到反对者集结兵力时才开始行动。早点联系那些可能涉及或受影响的人对于建立信任至关重要。

- 积极地寻求和识别关注点。

  非正式的讨论、调查、采访和焦点小组讨论在评估问题和确定愤怒诱因方面非常有效。

- 将公众看作过程中的正当伙伴。

  让感兴趣的团体参与双向交流，并使主要的舆论领袖加入。

- 处理受到关注的问题。

  即使它们与当时的状况没有直接关联。

- 预测敌意并为此做好准备。

  为了缓解敌对情况，应使用解决冲突的方式。确定双方意见一致的领域，努力达成共识。

- 理解媒体的需要。

  提供准确、及时的信息，并及时地回应各种要求。

- 保持诚实，即使并不好受。

通常，公关从业人员能够以一些方式进行沟通，既降低受影响公众的风险，也降低雇用公关人员的公司的风险。传播有关公众健康、安全以及环境方面的风险的信息是公关从业人员一个特别重要的作用。

包括大型公司在内的组织机构，正越来越多地使用风险传播来告知公众各种风险，如食品安全、化学品泄漏、放射性废物处置、居住小区里戒毒中心或者中途之家①的安置等方面的风险。这些问题值得公众关注，而且这样才对一般大众公平。再者，如果组织机构不披露潜在的危险，也可能会招致高昂的诉讼费用、限制性的立法、消费者的抵制行为和公开辩论。通常情况下，对冲突进行正确的管理从长远来看也被证明是最稳妥的策略。但是，当风险传播失败时，组织机构可能就会面临真正的危机。

> 有些风险可能会自然而然地发生，比如海水逆流和激流，需要竖立警示牌或者在酒店房间里留下宣传页；有些风险则可能与某个产品有关系，如安全气囊或割草机。

🎙 危机管理

在公共关系中，在重大的事件如事故、恐怖袭击、流行疾病和自然灾难面前，即使最佳的战略定位和风险管理策略的效果都会显得微不足道，这时就该危机管理登场了。危机状况下存在着高度的不确定性，这时冲突管理的过程，包括正在进行的问题管理和风险传播活动在内，将经受严峻的考验。遗憾的是，即使是最精心设计的冲突管理过程也无法使组织机构做好处理某些危机如飞机撞向世贸中心的准备。而且有些时候，即使是采取了风险传播来防止一个问题演变成更大的问题，这个问题依然会演变成一场危机。在这种情况下，有关正在发生或者已经发生的事情的可靠信息就会缺乏。

不确定性导致人们更主动地寻找信息，而且研究表明此时人们更多地依赖于媒体的信息来满足其希望事情尽快结束的欲望。换句话说，危机状况给

---

① 中途之家是为出狱者或者离院病人设立的短期停留场所，便于他们在重返社会或者自立之前有个过渡之处。——译者注

组织机构带来了很大压力，要求其尽快以完整和准确的信息来做出回应。公关专家表示，组织机构在最初 24 个小时内进行回应的方式通常决定了当时的情境是会保持一种"事件"状态，还是会演变成全面爆发的大危机。

危机也不总是不能预测的。危机管理研究院的一项调查发现，只有 14% 的商业危机是预料之外的，剩下 86% 的危机是危机管理研究院所称的"缓慢发酵的危机"，即组织机构早在公众发现问题之前就意识到了的潜在的商业危机。研究还发现管理或者在某些情况下的管理不善导致了 78% 的危机。

> **思考**：为什么发生危机后的最初 24 小时对公关这么重要？

研究院的院长罗伯特·厄文说："大多数组织机构有一个危机管理计划来应对突发的危机，例如事故之类。但是，我们的数据表明，许多企业都否认或者回避严重的问题，这将最终导致危机的爆发，并造成数百万美元的经济损失和管理时间的损失。"

与厄文的观点相呼应，由史蒂文·芬克所做的一项研究发现，《财富》500 强公司的首席执行官中，有 89% 表示商业危机几乎是难以避免的，然而也有 50% 承认他们并没有危机管理计划。这一状况促使危机咨询师肯尼斯·迈尔斯这样写道："如果说经济学是悲观的科学，那么权变策划则是糟糕的科学。"

正如学者唐纳德·齐泽姆和马丁·兰德里所说的那样："当人们坚信现在没有问题，以后就不会有问题时，他们就是在自寻灾难。每一个系统和设计中都有不和谐的音符，如果忽视这个事实，自然很快就会告诉我们自己有多愚蠢。"

> 恰当的问题管理和冲突规划或许可以防止很多正在发酵中的危机突然爆发。

各种组织机构如何应对危机

近期的研究显示，不是所有的组织机构都以同一种方式来应对危机。实际上，东伊利诺伊大学的蒂莫西·库姆斯提出，一个组织机构可能采取从防御到和解等一系列的应对方式。以下是一个组织机构可能使用的危机传播策略：

补充说明……

什么是危机？

凯瑟琳·弗恩－班克斯在其著作《危机传播：案例研究方式》中将危机定义为"重大突发事件，具有潜在的负面后果，会对该组织机构、公司、产业及其客户、产品、服务与声誉造成影响"。换句话说，一个组织机构的危机可能包括多种状况。《公关周刊》的一篇文章在危机情景清单上列出的状况有：产品召回，飞机坠毁，人尽皆知的性骚扰官司，办公室成员被持枪者当作人质，由大肠杆菌污染引发的慌乱，市场崩溃并导致公司股票暴跌，工会组织工人罢工，对医院玩忽职守的起诉。

许多公关专业人士提供了一些在危机期间该做什么的建议。
这里是一些好建议的汇编：

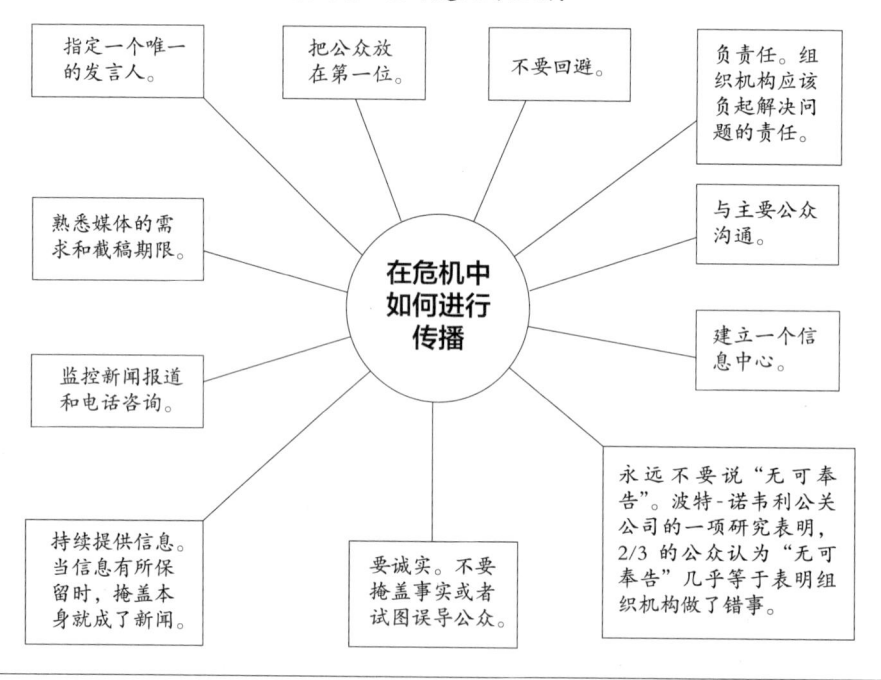

在危机中如何进行传播

- 指定一个唯一的发言人。
- 把公众放在第一位。
- 不要回避。
- 负责任。组织机构应该负起解决问题的责任。
- 熟悉媒体的需求和截稿期限。
- 与主要公众沟通。
- 建立一个信息中心。
- 监控新闻报道和电话咨询。
- 持续提供信息。当信息有所保留时，掩盖本身就成了新闻。
- 要诚实。不要掩盖事实或者试图误导公众。
- 永远不要说"无可奉告"。波特-诺韦利公关公司的一项研究表明，2/3 的公众认为"无可奉告"几乎等于表明组织机构做了错事。

- **攻击责难者**：与声称危机存在的一方对峙，称其逻辑和列举的事实错误，有时组织机构还会威胁说要对责难者提起诉讼。
- **否认**：组织机构出面解释说没有危机。
- **找借口**：组织机构通过否认其有意造成伤害，声称自己没有能力控制那些造成危机的事件，以此减轻其在危机中的责任。这一策略通常用在发生自然灾害或者产品变造①时。

- **合理化其行为**：通过声明没有造成严重的伤害或损失来缩小危机。有时，将责任转向受害者。这一策略通常用于消费者误用了产品或者发生工业事故时。

> 支持生命权和支持选择权的两股力量不大可能达成互相理解和和解，更不可能在每年实施的堕胎的数量和性质上进行实质性的妥协。

- **迎合**：组织机构采取措施来平息受到影响的公众。给予发起投诉的消费者优惠券，或者组织机构给慈善组织捐款。

- **纠正措施**：组织机构采取行动弥补危机造成的损失，并防止危机再次发生。

- **公开道歉**：组织机构宣布承担责任并请求公众原谅，通常伴有某些金钱或补助形式的补偿。

经典的危机管理活动

库姆斯提出的危机传播策略在评估一个组织如何应对危机时十分有用。例如，1994年英特尔公司一开始否认该公司新开发的奔腾处理器存在问题。随着危机的加剧，主流媒体进行了大量的报道，英特尔又采用了"合理化其行为"的策略，声称问题并没有严重到必须替换处理器。该公司尽量减轻工程师和电脑程序员等终端用户的担忧。直到英特尔公司的名誉已经遭受了严重损害，且IBM公司暂停了对奔腾处理器的订购以后，公司才采取了纠正措施，替换了该处理器，英特尔公司的总裁安迪·格鲁夫也才发布了公开道歉。

当然，危机传播策略想要获得成功，并非都得是和解性的才行。软饮料公司百事可乐面临一场全国范围的骗局造成的严重但短暂的危机时，就采取了有效的防御性危机传播策略，避免了产品召回。

---

① 产品变造（product tempering）是指在产品制造商或终端用户不知情的情况下擅自对产品做出改变，如三鹿"毒"奶粉这一国人熟知的产品变造事件。——译者注

危机始于一场媒体报道。报道称,华盛顿州塔科马市的一位男子宣称在一罐轻怡百事可乐中发现了一枚注射器。随着新闻的传播,美国很多人都发出了类似的指责,说自己在百事可乐罐中发现了破碎的缝衣针、螺丝钉、弹壳甚至麻醉剂瓶。结果,一些人要求百事公司召回所有的百事产品——这一举措会对该公司造成严重的经济后果。

公司的高层人员十分自信,在高速、严格控制的装瓶生产线上将异物装入可乐罐中几乎是不可能的,因而他们选择了为其产品辩护。那么最紧迫的问题就是要使公众相信百事可乐的产品是安全的,任何异物都只可能是在可乐罐被打开后才放入其中的。

公司的管理人员和公关人员采取了一些策略,其中之一是攻击责难者。公司管理人员称,异物可能是在可乐罐被打开后才被放入其中的。他们甚至解释说,许多人发出这种指责只是为了从百事公司获得赔偿。百事公司同时宣布将会对任何对该公司产品声誉做出虚假指责的人采取法律手段。

百事公司同时还采取了否认策略,称该事件并没有造成任何危机。百事公司的总裁克雷格·威勒普立刻在全国电视节目中现身,并接受报纸采访,谈论这件事情,说明其装瓶生产线十分安全。美国食品药品管理局专员大卫·卡斯勒也加入了说服公众的队伍,说百事公司没必要召回产品。

这些快速的行动打消了公众的顾虑,调查显示百事公司宣称这个问题是场骗局的说法得到了广泛的接受。事件发生一周后,百事公司打出了整页的广告,标题是:"百事公司很高兴地宣布……无事。"广告中说:"美国人现在知道了,关于轻怡百事可乐的传言仅仅是一场骗局……"

此处强调的这个经典案例说明了权变理论中的一个重点:没有哪个危机传播策略是在各种情况下都适用的。实际上,正如库姆斯所说:"只有理解了危机的状况,危机管理人员才能选择合适的策略来应对危机。"

库姆斯的分类为危机传播管理提供了选择,采用哪种方式取决于组织机构面临的形势和采取的立场。正如库姆斯指出的那样,如果防御性策略(攻击责难者、否认和找借口)不起作用,组织机构就必须考虑更加和解性的策略(迎合、纠正措施和公开道歉)。更加和解性的策略不仅仅满足了即时危机传播的需求，而且有助于随后修复组织机构的名誉，或者恢复以往的销售水平。

然而，由于企业文化和冲突管理模型权变理论中其他因素的限制，组织机构常常不会采取和解性的策略。面对一场危机或与特定公众发生冲突时，组织没有、有时也不能进行双向传播和采取和解性的策略。在有些情况下，权变理论认为没有出现互相理解和达成和解的理想状况，是因为双方都表明了泾渭分明的强硬立场，且都不愿意在其强烈的道德立场上做出让步。采取这种僵化的立场可能是一种愚蠢的策略，也是缺乏职业精神的表现。

其他时候，冲突是竞争的利益双方之间的自然状态。比如说，石油利益集团希望开放阿拉斯加州的野生动物保护区来进行石油开发，但环保团体则希望阻止这一开发。通常，某一组织机构采取的冲突管理的立场和策略牵涉到对多种因素的评估和平衡。

> 公关学者丽莎·莱昂指出，企业声誉不同于企业形象，是由公众所有的。企业声誉不是由包装和口号建立的。良好的企业声誉的建立和破坏取决于企业从管理雇员到处理与外部力量冲突的方式在内的一切行为。

🎙 名誉管理

名誉是一家组织机构过去表现的综合，它体现了该机构给诸多利益相关人带来有价值的产出的能力。用简单的话来说，名誉是公众心中对一家组织机构的追踪记录。

名誉的三大基础

研究名誉的学者描述名誉有三大基础：（1）经济表现；（2）社会回应力；（3）向利益相关人提供有价值的产出的能力。公共关系在名誉的三大基础中都起着作用，而能有效管理冲突的公关专业人士尤其能增强后两大基础的作用。一家组织机构的社会回应力来自细致的问题追踪和有效的组织定位。当风险传播令人信服、打动人心的时候，这一能力得到了进一步增强。向依赖组织机构的利益相关人提供有价值的产出的能力部分来自该机构抵挡可能损害这一威胁的能力。

> **思考**
> 哪些因素决定了道歉的效果？

除了追踪和积极地应对问题、向公众传达风险、在危机出现时进行管理以外，公关人员还需要肩负在所有危机管理的努力都失败时进行道歉的任务。组织机构未来的信任和信誉所面临的风险，取决于该组织机构在危机管理恢复阶段的处理方式。

在后风险传播方面的老生常谈是公关从业人员需要承认过失、道歉并且尽快让事件过去。实际上，莱昂发现，由于虚伪这一因素的存在，道歉并不总是有效。当一家组织机构过去的记录（比如坏名声）出现疑点时，该机构的道歉可能会被当作是虚伪的、不真诚的。库姆斯提出了一种关联方法，这种方法认为危机是更广泛意义上的利益相关人与组织相互关系中的一系列环节。运用权变理论，考虑利益相关人看待该状况的方式能够帮助传播者决定哪一种策略能更好地重建利益相关人与组织的相互关系和恢复组织机构的声誉。

形象恢复

名誉的恢复和维持是一个长期的过程，但是这一过程的第一步是冲突管理周期的最后一步。一家组织机构所选择的形象恢复策略很大程度上取决于具体情况，或者我们已经讨论过的"酌情处理"的理念。如果这个组织机构确实是清白无辜的，那么简单地否认就是很好的策略。然而像这样清晰明了的情况并不多见。所以，更加常用的策略是承认问题存在，但是清楚地表明这一状况是个意外，或者是某个决定无意中带来的后果。俄亥俄州立大学的威廉姆·贝努瓦教授将这一方式称为"规避"责任策略。

另一个恢复组织机构名誉的策略旨在降低企业对外的冒犯程度。最终，最具和解性的回应是组织机构向公众及其众多利益相关人进行诚挚的道歉。

有时尽管公关从业人员尽了最大努力，但是某一策略或者某一套策略仍不一定能够恢复组织机构的名誉。这在很大程度上取决于公众以及其他利益相关人的看法：他们是不是认为组织机构的解释可信？他们是不是相信组织机构在讲述真相？他们是不是认为组织机构的行为符合公众利益？在很多情况下，一家组织机构可能在开始时采用了防御性的策略，却发现事情最终需要纠正措施或者公开道歉才能挽回声誉。

🎤 似曾相识—从头再来

按照尤吉·贝拉的观点，冲突管理就像似曾相识—从头再来一样。好的组织机构，在好的公关人员的带领下，会努力从冲突管理周期图示的左侧——含有环境审视、问题跟踪等工作——再次开始，来努力改善其表现。那些组织机构认为重要的问题将受到注意，并被纳入危机策划和风险传播之中。一旦预防性措施失效，危机必须在精确平衡所有牵涉方的最佳利益之后得到处理。接下来，恢复和提升组织机构的名誉必须得到应有的重视。在任何情况下，公关人员的目标都是通过最大限度地减轻具有破坏力的冲突的方式来改变组织机构的行为，这不仅仅是为了组织机构自身的利益，也是为了其众多利益相关人的利益。

公关策略 《纽约》杂志

西蒙·杜门寇

也许老虎伍兹①十分清楚自己在干什么

> 这篇评论不赞成那种简单化的、公式化的建议:承认错误做法,道歉,然后继续向前。

许多人认为伍兹搞砸了整件事。他从一开始就搞砸了整件事——从避而不见到在网站上发布心不在焉的责任声明("我并不完美"),再到声明他将从职业生涯中离开一段时间。一年里,另一位花花公子大卫·莱特曼却在同样的境遇中展示了一个近乎完美的损害控制途径:早早就干脆利落地披露整件事,这样就不会留下一个真空让小报去填补。那么,为什么伍兹采取了截然相反的行为呢?难道这个世界上最知名的个人品牌也是世上最愚蠢的品牌管理者吗?

也许并不是这样,也许泰格·伍兹非常清楚自己在干什么。让我们来思考一下他到目前为止所采取的四点计划,这四点计划或许真的等同于一项策略。

> 研究表明,发生公关危机时,一个通常比较奏效的策略是让争议的中心人物——在此案中即老虎伍兹——通过在媒体报道之前公开问题来"抢风头"。传统的观点表明这会减少爆炸性新闻的报道量,并迫使新闻记者不得不与事件的主人公分享镁光灯,并用没什么进展的消息来填满24小时的新闻版面。通过"抢走媒体的风头",引发争议的中心人物能够掌控全局、决定新闻的步调,而不是让媒体来控制一切。

1. 让小角色登场

莱特曼快速、利落地揭示事件的策略,只有在你十分清楚你所要揭示的事情时才能起作用。大卫的婚外情事件发生在严密控制的环境内——在他制作节目的办公室(环球短裤公司)中。和他私通的显然是受他信任的(且小心谨慎的)同事。他能够控制整件事的说法是因为他的情人(和妻子)允许他这么做。而伍兹的情况则比较复杂,牵涉的范围太广,事件中的人物明显不够谨慎,而且难以预料。他没有任何方法可以对谣言做出部分解释但却不制造一百万个新问题。他既不能控制混乱,也不能使不可翻转的东西翻转——伍兹一定是在其调情短信被泄露给小报的时候就已经意识到了这一点。因此,他只是在等待接下来可能发生的事情——他知道接下来会发生许多事情。目前发生的事情对伍兹来说有益的一点是他的情人们开始互相拆台。在人们的印象中,俱乐部组织人员和鸡尾酒女招待是分不开的,和别的鸡尾酒女招待是分不开的,和想象之中的妓女是分不开的,和其他等等也是分不开的。

> 记者有时候会过高估计公共关系在影响形势或"翻转"信息从而以某一种方式神奇地抵挡现实状况方面的能力。和你的同学或者客座专家讨论一下这个问题:翻转有作用吗?

---

① 老虎伍兹即泰格·伍兹(Tiger Woods),是美国高尔夫名将,因为 Tiger 在英语中是"老虎"的意思,因此也有很多人把泰格·伍兹叫作老虎伍兹。本案例的标题使用"Tiger"一词可谓一语双关,所以翻译成"老虎",但正文中有时也根据情况音译成"泰格"。——译者注

2. 进行"无限期的休假"

这个策略太聪明了！特别是不给自己的休假确定明确的期限，这等于给了人们对他何时复赛的期望或者说是绝望心情一个全新的说法。显然整个高尔夫产业因为伍兹的消失而受到了重创，像上周末《周六夜现场》讽刺的那样，从耐克到职业高尔夫巡回赛，无一不受到影响，而前者更是把整个高尔夫生意都建立在了伍兹身上。

大家都期待伍兹只被禁赛几场，因为他仍然处于"沙坑"模式。然而宣布"无限期休假"则翻转了剧本，使伍兹重新掌握了主动权。实际上，他的表现像是说："好吧，既然你们都这么讨厌我，那么，就继续讨厌我，离开我活下去吧！"霎时间，他从高尔夫的罪人成为了高尔夫未来的救世主（伍兹重回公众视野）。

> 不管使用"无限期休假"这一表述方式是伍兹及其员工有意的选择还是碰巧选对了词，选择这个十分恰当的词语可以在很大程度上影响某一事件在媒体上展开报道的方式。

3. 向耐克致歉，just **** it！

昨天有消息称，艾琳决心与伍兹离婚。伍兹说过将会努力挽救婚姻，然而没有人质疑离婚也许对每个人，尤其是对伍兹而言，是最好的选择（尤其是当我们相信美国名人新闻网TMZ的报道时，该网说艾琳滥用暴力）。坦率地说，当你考虑到伍兹的情史是这么丰富和无所顾忌时，你几乎可以断定他是在自己策划自己的跌倒。这听起来像是陈词滥调，但是伍兹也许希望自己被逮个正着。正如查尔斯·皮尔斯近期在《时尚先生》中写的那样，在伍兹职业生涯的早期，"他有点像只猎犬"（"每个人都知道，每个人的说法都不一样"）。赚钱的广告代言带来的金钱枷锁使得伍兹不得不扮演婚姻幸福的好男人，然而他的幸福显然在别处。可怜的伍兹只想要过乔治·克鲁尼那样的生活！他选择了婚后继续那样生活，而且十分清楚他精心经营的形象早晚会像纸牌屋一样坍塌。伍兹也许像迈克尔·杰克逊一样，因为被告知无法承担拒绝的后果而无法拒绝他的经纪人，所以只好选择另一种更迂回但却更有力的拒绝方式。

> 尽管记者可能会在一段时间内持续报道同一条新闻，或是出于保护明星隐私，或是出于共同维护对该明星性格描述整体的一致性（以及该明星在增加杂志销售、产品代言等方面的商业价值的目的），但是一旦水闸打开，报道立刻就会变得毫不留情。

4. 自作自受——忏悔的另一种形式

一个人因为自己鲁莽的行为而成为众矢之的时，人们有可能同情他吗？有的，绝对有这个可能性。实际上，伍兹救赎最终的关键转折点是周一的《邮报》的封面，标题为"伍兹的苦恼"，内容是伍兹如何"快要撑尽管我们愿意相信记者可以实现绝对的客观性，但由于写作新闻的记者背景、经历和文化的不同，每条新闻都不可避免地存在着偏见或者不同的视角。我们将之称为新闻的"框架"。当记者开始从最初对老虎伍兹婚姻不忠和绯闻的报道上转移开来的时候，新闻报道的框架就转向了对这位高尔夫明星形象的修复乃至同情。

不下去了"。看到没？变化已经出现了。伍兹已经承受了媒体几周来的轰炸，现在媒体（甚至是默多克的媒体）也开始将它们折磨的对象描述为寡欲的、忍耐的人。这就像是"斯德哥尔摩综合征"的反面。

伍兹策略的绝妙之处在于他不需要考虑如何出好牌的问题——因为从技术层面来讲他并不在游戏局内。当你不愿意按照正常的损害控制程序出牌时，也就不用担心脱离程序了。媒体报道累积到一定的量时就会出现反转，到那个时候，以前因为受到煎熬而变得崇高的伍兹也就做好重返高尔夫赛场的准备了。

在一滴汗都没流的情况下，伍兹就可以走出这一事件，并成为一个全新的运动员：媒体面前的钢铁侠。

第3章中讨论过的权变理论提到了这种可能性：在冲突状况下，一种有效的对抗策略是无视或者拒绝理睬他人的抨击，不管这种抨击是来自媒体还是来自对手。这一案例就是这种策略发挥效用的典型，而这一策略违反了传统的公共关系理论。这一事件说明，公共关系绝不是一成不变的：只有富有创造力和灵活性的从业者才能真正取得成功。

正如这篇文章所指出的那样，每个危机都是不同的（想想作者对老虎伍兹和大卫·莱特曼出轨事件的比较）。一个应该牢记的要点是公共关系是复杂的，而且通常是棘手的，但同时是富有魅力的。

第 4 章

行业发展

- 哪些重要的事件和人物塑造了公共关系史?
- 当今的公关实践中有哪些趋势?
- 公关作为一种职业实践正以何种方式演进和增长?
- 主要的公关专业组织有哪些? 都是做什么的?

快速发展的公关行业

像所有的历史一样,公共关系史也不断地被审视、解读、再解读。2006年9月,美国商业新闻社——一家全球领先的新闻通讯社——举办了一系列活动,庆祝公共关系先驱艾维·李发布第一份新闻通稿100周年。艾维·李被普遍誉为现代公关之父。然而,公关业内分析人士斯图亚特·布鲁斯在其博客《一个公关人员的思考》中写道:"我可以接受艾维·李……在1906年发布了他的第一份新闻通稿这一说法,但是由此就认定2006年是新闻通稿的100周年却有点言过其实。"公共关系史学家凯伦·米勒·罗素是美国商业新闻社举办的庆祝活动中一个专题讨论小组的成员,她指出:"新闻通稿的历史不止100年。"她确定地说政客们至少在李1906年那篇稿件发布前10年就已经使用过新闻通稿了,而且新闻编辑早在1800—1810年间就已经在抱怨宣传人员"偷占空间"了。不过,罗素肯定地说大约在1906年前后,艾维·李确实是大规模地进行他称之为"宣传册"的发行的第一人。

没什么比过去变化得更快了!用另一句老话说,过去也是将来的序幕。爱德华·伯尼斯是公关领域另一位关键人物。在20世纪中期,在他忽悠完妇女吸好彩牌香烟,孩子用象牙牌肥皂雕刻动物之后,他又开始推销给公关人员颁发许可证的想法。如今,该行业还没有发放许可证的标准,有关许可证的价值的讨论也仍在持续。虽然公关行业协会有一些培训项目,通过这些项目从业人员可以"获得资质",但支持发放许可证的人认为这两者还是有区别的。

公关关系发展史上这些人物、问题和论争仍是今日公关实践的基础。学习历史有助于我们熟悉公共关系,最终成为更好的公关从业人员。

公关简史

古代公共关系的起源

公关活动并非新鲜事物。即使是在古老的年代，从业者就已经使用公关手法来处理冲突，获取超越竞争对手或对立观点的优势了。

公共关系的渊源可以追溯到古巴比伦、古希腊和古罗马文明时期。这些文明古国使用说服的方式来提升政府和宗教的权威性。当然，这些活动在那时并不叫"公共关系"，但那时人们使用的技巧——与舆论领袖的人际交流、公开演说、文字和视觉传播、舞台演示活动、公开宣传以及其他的策略——对于当今的公关从业人员而言肯定不会陌生。

人们常说，对于翻译和理解古埃及象形文字起着重要作用的罗塞塔石碑[①]，实质上就是用来颂扬法老成就的宣传品。同样，古代奥林匹克运动会的举办者使用宣传技巧来强化运动员的英雄形象，这一做法和当代奥林匹克运动会几乎一模一样。当时的运动员也同现在一样，利用公开露面和媒体采访等公关技巧，在赛场内外争夺体育迷的感情和理智。

> 人们常说，对于翻译和理解古埃及象形文字起着重要作用的罗塞塔石碑，实质上就是用来颂扬法老成就的宣传品。

---

① 罗塞塔石碑是一块制作于公元前196年的大理石石碑，发现于埃及港口城市罗塞塔。石碑上用希腊文字、古埃及文字和当时的通俗体文字刻有埃及国王托勒密五世（Ptolemy V）的诏书。由于这块石碑上的文字有三种不同语言版本，使得近代的考古学家有机会对照各语言版本的内容，解读出已经失传千余年的埃及象形文字的意义与结构，而成为今日研究古埃及历史的重要里程碑。——译者注

古代政治家尤利西斯·恺撒渴望成为罗马帝国的皇帝，他每次凯旋时都会精心组织游行，以提升自己作为一名杰出的指挥官和领导人的形象。公元前59年，恺撒成为古罗马的执政官之后，他命令书记官记录元老院的活动和其他公共事务，并把它们张贴在全城的围墙上。这些构成的《每日纪闻》是世界上最早的报纸之一。

> **思考**
> 你能举出现代社会宗教组织和政府机构运用公关向公众推广某一观点的例子吗？

第3章讨论的冲突这一概念在公关实践中也不是新话题。教皇乌尔班二世说服成百上千的追随者参加反对十字军东征的活动，以此来服务上帝和获得对他们罪恶的赦免。六个世纪以后，教皇格里高利十五世创建了万民福音部（College of Propaganda）来监管外国传教使团和训练传教士传教，教会是最早使用宣传（propaganda）一词的机构之一。

在文艺复兴时期，15、16世纪的威尼斯银行家实践了投资者关系这一精妙的艺术。通过资助米开朗基罗这样的艺术家，他们和当地天主教的主教可能是最早一批实践企业慈善这个概念的人。

新闻广告代理员成功地将大卫·克洛科特美化为拓疆英雄，以获得安德鲁·杰克逊总统的政治支持，并把拓荒者丹尼尔·布恩塑造成一个传奇。约翰·伯克是把"野牛比尔的西大荒演出"变得美国家喻户晓的新闻代理员。野牛比尔[①]和安妮·奥克利是那个时期的摇滚巨星。

美洲殖民地时期的公共关系

为了劝说英国人移民到美洲，1584年沃尔特·雷利爵士在发回英国的叙述中将罗阿诺克岛描绘得像个天堂，而实际上该岛屿大部分是沼泽地。红发

[①] 野牛比尔（Buffalo Bill）即威廉·弗雷德里克·科迪（Willian Frederick Cody），是美国蛮荒西部（Wild West）的代表人物。他组织了一场名为"野牛比尔的西大荒及世界驯马师大会"的演出，这场演出享誉全球并为美国西部创造了一个永恒不变的荒蛮形象。——译者注

埃里克①也采用了同样的说服方法。大约在公元985年，他发现了一块布满了冰和岩石的陆地，却给该岛取名为格陵兰②。西班牙探险家大肆宣扬了根本没发现的黄金七城和传说中的青春之泉，来吸引潜在的冒险家和殖民者去"新世界"③。

公共关系在为美国独立战争获取支持方面扮演了重要角色——在导致战争的冲突中使用了现代公关人员称为"冲突定位"的手法。波士顿倾茶事件被《公关周刊》誉为"史上最伟大和最广为人知的宣传秀"，这个事件是塞缪尔·亚当斯的杰作。塞缪尔深知象征符号可以左右公共舆论，殖民地居民将不得不拥护唯一可行的解决方案——拒绝英国统治。当地居民把英国商船上的几百箱茶叶全部倒入波士顿港，以反抗英国对茶叶等物品过度课税，接下来的部分就是历史了。

托马斯·潘恩的议论文在鼓动不温不火的居民投身革命运动方面也非常有用。他的宣传小册子《常识》在三个月之内销量就超过了12万册。《联邦党人文集》影响了美国政治制度的构建，该文集是由亚历山大·汉密尔顿、詹姆斯·麦迪逊和约翰·杰伊的85篇论文构成的。

🎙 新闻广告代理时期

19世纪前十年是美国快速发展和扩张的时期，对消费者注意力和忠诚度日渐增强的争夺是这一时期的特点。这也是新闻广告代理员——帮助某一组织机构或个人获得公众认可的宣传员——的黄金时代。这个时代是一个新闻炒作的时代，各种组织机构运用媒体和各种宣传方式大肆吹捧个人、事业，甚至产品和服务。

---

① 红发埃里克（950—1003），也称"红胡子埃里克""红魔埃里克""红毛埃里克"或"红衣埃里克"，维京探险家，他发现了格陵兰，并在那里建立了一个斯堪的纳维亚人的定居点。——译者注
② 格陵兰的英文拼写为Greenland，意即"绿色的土地"。——译者注
③ 新世界是西半球，尤其是美洲大陆的旧称。在美洲大陆被发现以后，东半球被相应地称为旧世界。——译者注

> 补充说明……
>
> 费尼尔司·泰勒·巴纳姆是19世纪美国最成功的演出经理人。他善于制造"假事件"。历史学家丹尼尔·布尔斯廷将"假事件"界定为经过人为策划、意在引起媒体报道的事件。在公众极度渴望娱乐的年代,巴纳姆使用华丽的辞藻和夸张的手法来推广各种演出。
>
> 在巴纳姆的各种媒体炒作中,汤姆·拇指将军成为了那个世纪轰动一时的人物。汤姆身高虽然只有30英寸①左右,但他非常擅长唱歌、跳舞和表演戏剧独白。巴纳姆甚至通过把汤姆介绍给伦敦的上层人士,使汤姆名扬欧洲。紧接着白金汉宫也邀请汤姆表演,从那以后汤姆每晚的表演都场场爆满。巴纳姆显然明白舆论领袖和第三方代言的价值。
>
> 巴纳姆另一个成功的案例是对号称"瑞典夜莺"的女高音歌手珍妮·林德的宣传。巴纳姆为她举办全美巡回音乐会,推广珍妮和她美妙的歌声,使她在美国内战之前就成为了流行巨星。通过将部分收入捐给慈善机构,巴纳姆使珍妮在美国的首场演出就异常火爆。作为一次民间活动,该事件吸引了城里很多的舆论领袖。于是,在珍妮接下来的演出中,公众蜂拥而至。这一策略至今仍被娱乐公关人员运用。

这些旧时期的新闻代理员及其代表的客户利用大众易受骗的特点和对娱乐的渴望来愚弄公众。广告和新闻稿极为夸张,差不多是在赤裸裸地说谎。为推广景点做铺垫时,新闻代理员会把景点门票和宣传通告一起放在报纸编辑的办公桌上。然后,大规模的宣传就会接踵而至,而记者及其家人也涌向这些免费的娱乐场所,对伦理道德几乎不管不顾。这样的行为在今天已基本为伦理道德所禁止。

今日的公关从业人员使用评估、咨询、传播以及对管理决策施加影响等高度复杂的技巧,因此他们对于公关产生于新闻广告代理这一说法感到不寒而栗也就不足为奇了。不过,现代公关的某些方面确实来源于新闻广告代理时期的做法。

公共关系随着美国的发展而发展

正如17世纪宣传推广被用于吸引欧洲殖民者来到美国一样,19世纪宣传推广也被用于吸引美国人到西部居住。土地投机分子到处分发宣传手册和宣传材料,把每个社区都描述为"西部的花园"。同时期的一位批评家称之为

---

① 1英寸相当于2.5厘米。30英寸约合76厘米。——译者注

"彻头彻尾的吹捧，充满各种夸张的陈述和高度歪曲和虚假的描述"。例如，一本描述内布拉斯加州的小册子把该地描述为"移民的墨西哥湾暖流……北与'北极光'相邻，南与'最后的审判日'接壤"。其他的宣传册则更接地气，描述了该地肥沃的土地和丰富的水源，并向外兜售发家致富的机会。

美国铁路公司在运用大量的公关和新闻炒作吸引开拓者、扩大经营方面尤为突出。只有美国西部地区存在民众和社区，铁路公司才能获得商业机会。因此，像柏林顿和密苏里铁路公司这样的公司就以促进英国和其他地方的民众向西部移民为己任。例如，柏林顿和密苏里铁路公司在英国利物浦设立了咨询处来分发资料简报和地图，并在当地报纸刊登相关报道。此外，这家铁路公司还举办了有关向美国西部移民的讲座。

19世纪末，艾奇逊－托皮卡－圣菲铁路公司发起了一项活动，吸引游客到美国西南部去。该公司委托多位画家和摄影师来描绘该地区多姿多彩的地貌，以浪漫的方式展现美洲印第安人纺织、磨玉米面和跳舞的场景。

内战过后，工业化和城镇化风潮席卷美国。新的财富积聚导致人们对企业行为产生担忧。1888年，互惠人寿保险公司雇用了一位记者，通过写新闻稿来减少对该公司的批评和改善公司形象。1889年，西屋电气公司设立了被认为是最早的企业内部宣传部门。1897年，美国铁路协会在其公司名录中第一次使用了"公共关系"这一术语。

政治和社会活动的兴起

19世纪，公关策略也在政治和社会运动前线得到了发展和运用。阿莫斯·肯德尔曾是肯塔基州一份报纸的编辑，后来成为安德鲁·杰克逊总统"厨房内阁"①的一名亲密成员。他可以被看作第一位总统新闻秘书。

肯德尔负责就一些议题调查民意、给总统提供建议，并巧妙地诠释总统尚未成形的政治理念，再将这些想法变成具有影响力的演讲稿和新闻稿。他同时也担任杰克逊总统出行的先遣人员，写一些热烈赞扬总统的文章并将它们发给支持总统的报纸。他被认为是第一个在公关活动中翻印报纸的人。几

---

① 政府首脑的参谋团。——译者注

乎有关杰克逊总统的每一篇赞扬性报道和评论都被翻印并被广泛传播。翻印文章在今天的公关实践中仍是一种标准方法。

整个19世纪，废奴、争取选举权以及禁酒等运动的支持者和领导者也都运用公关宣传来扩大影响。废奴运动最有影响的一次宣传活动是哈利耶特·比彻·斯托夫人的小说《汤姆叔叔的小屋》的出版。女权主义者阿梅利亚·布卢姆通过身穿宽松灯笼裤来抗议紧身内衣，被媒体大量宣传报道。著名的戒酒斗士嘉莉·内森[①]因闯入沙龙，用斧子砸毁酒瓶和酒柜而闻名全国。

在历史进程中，社会活动家一直在使用公共关系策略。19世纪60年代，自然主义者约翰·缪尔在《纽约时报》和其他出版物上撰文，谈论保护加利福尼亚州约塞米蒂谷的重要性。1889年，他和《世纪杂志》的编辑罗伯特·安德伍德·约翰逊一起发起了一项运动来寻求国会支持，建立约塞米蒂国家公园。这项运动成功了，几代美国人享受了约塞米蒂保护地带来的福利。

🎙 现代公关日趋成熟

由于宣传的效果得到认可，第一个宣传机构即宣传局于1900年在波士顿成立，哈佛学院是其最有名望的客户。1904年，乔治·帕克和艾维·莱德贝特·李在纽约创办了一家宣传事务所。随着商业领袖和政客越来越多地使用公共关系策略，公关业在20世纪不断发展，这种发展也给独立咨询人带来了崛起的机会。

尽管古往今来的公关从业人员都非常注重传播方法，但是公共关系作为一种战略行为的概念直到20世纪早期才真正固定下来。出生于佐治亚州、毕业于普林斯顿大学的艾维·莱德贝特·李是第一个公共关系顾问。他一开始是个记者，之后成为一名宣传员，但很快就拓展了这个角色，成为了第一个公共关系顾问。

[①] 嘉莉·艾米莉亚·摩尔·内森（Carrie Amelia Moore Nation）（1846年11月25日—1911年6月9日），美国著名的戒酒斗士，以携斧头袭击酒馆而著称。她还拒绝穿塑身衣，并呼吁妇女抛弃塑身衣，称其对女性身体有害。——译者注

> 亨利·福特是美国首位大工业家,也是最早使用公共关系中两个基本概念的人。第一个是市场定位,即荣誉和宣传总是留给那些第一个吃螃蟹的人;第二个是接受新闻采访的重要性。
>
> 1900年,福特通过向《底特律论坛报》的一位记者展示T型车的模型而获得媒体关注。到了1903年,福特通过赛车这一至今仍被汽车制造商使用的做法("周日赢,周一卖")获得了广泛的媒体宣传。他雇用自行车赛冠军、名人巴尼·沃德菲尔德驾驶T型车,以每小时60英里的速度打破了纪录。有关这些竞速比赛的报道给福特带来了经济支持和现成的市场。
>
> 因为福特愿意接受媒体有关各种主题的采访,包括金本位制、进化论、酒、外交事务,甚至是死刑,所以成为了美国家喻户晓的人物。

在艾维创办公关公司之时,发表了一份"原则宣言",这标志着一种新的实践模式——公共信息——的诞生。他强调应该向公众传播准确无误的信息,而不是媒体炒作时代惯用的那种歪曲、炒作和夸大的信息。艾维的这一宣言主要来源于他新闻记者的基本信仰,其中的部分表述为:

> 这不是一个秘密的新闻机构,我们的全部工作都是公开进行的。我们的目的是提供新闻……简而言之,我们的目标是代表企业和公共机构,开诚布公地向美利坚合众国的新闻界和公众提供一些公众感兴趣且对公众有价值的议题的迅速、准确的信息。

> 西奥多·罗斯福总统十分擅长宣传。他是第一个大量使用新闻发布会和新闻采访的总统,以此来获取公众对他喜欢的项目的支持。在一次去约塞米蒂国家公园的途中,大量的随行文字记者和摄影记者写了很多颂扬罗斯福总统宠物计划的报道。这个计划旨在设立保护区,为公众提供娱乐休憩的场所。玩具"泰迪熊"就源于罗斯福的一次狩猎之旅,这次旅行也有记者随行。狩猎期间,西奥多·罗斯福将一头小熊放生,这给记者留下了深刻印象,他们进行了广泛报道。一家玩具制造商看到了报道,然后推出了毛绒玩具"泰迪熊"[1],来赞扬总统的人道主义行为。

---

[1] 泰迪是西奥多·罗斯福的昵称。——译者注

艾维是从为宾夕法尼亚铁路公司处理媒体关系起家的，但却是以替小洛克菲勒"漂白"而广为人知的。洛克菲勒家族的科罗拉多燃料和钢铁公司（CF&I）的工厂发生了镇压罢工的勒德罗大屠杀，几乎使小洛克菲勒身败名裂。事件发生后，小洛克菲勒雇用艾维为其提供策略咨询。

> 小洛克菲勒被媒体刻画成一个非常重视工人困苦的人物。他到科罗拉多州的视察导致了公司政策的改变和工人福利的增加。

公关案例　纽约地铁的建设性公关

1916年，纽约地铁系统聘请艾维·李来培育公众的理解和支持。

跨区捷运公司（IRT）在跨入运营的第二个十年遇到了很多新的挑战。公司正在完成施工和扩大服务范围，却遇到了竞争对手布鲁克林捷运公司（BRT）的竞争。

在艾维·李的建议下，跨区捷运公司采取创新步骤，通过宣传册、资料册和海报直接与乘客交流，"以获得乘客对其工作和政策的理解"。艾维发起的宣传活动中最著名、影响最大的作品就是同时发布的两个系列海报：《地铁太阳》和《高架地铁》。

从1918年该系列海报首次问世到1932年完结期间，它们已经成了纽约的风俗习惯/制度。一战以及整个经济大萧条时期，这些海报给数百万的地铁通勤者带来了娱乐和信息。海报宣布了投币旋转闸门已投入使用，称这将使数百万人的日常习惯发生革命性的变化。海报还解释了20世纪20年代票价提高的原因，盛赞了扬基体育场和波罗球场快速直达线的开通，还提供如何到达其他城市公共机构的信息。

《地铁太阳》和《高架地铁》的设计与报纸的头版类似，它们告知乘客纽约中央火车站和时代广场之间42街地铁接驳线的开通，要求乘客不要挡住车门，鼓励乘客去城市的免费泳池游泳。当地铁变得越来越挤时，跨区捷运公司则使用海报向乘客推广其更加舒适的"露天"轻轨。

> 90多年过去了，艾维·李通过海报、宣传册和资料册直接向乘客传播的理念至今仍为世界各地的公共交通系统所使用，其中很多主题与艾维所处的年代依然相同，如公共安全、系统升级、旅游信息、地铁礼仪、公共服务通知。
>
> 1. 假设你是一家现代公共交通公司的公关代表，为了增加乘客数量你会怎么做？什么样的主题可以吸引乘客？
>
> 2. 你在哪里可以看到直接向顾客推广产品、议题或服务的海报？你认为怎样可以使这些海报的传播效果更好？
>
> 3. 你是否乘坐过公共交通工具？如果有，什么给你留下了深刻印象？假设你和其他乘客正在参加一个焦点小组讨论，你想和发起讨论的研究人员谈论公共交通的哪些优缺点？这些信息将如何影响公共交通公司对现有及潜在乘客的传播活动？

为了完成工作，艾维采用了冲突管理周期（见第3章）的一些核心策略。在冲突管理预防阶段，他通过到科罗拉多州采集事实（调查研究）、与冲突双方对话的方式进行环境审视。他发现工人领袖能够有效地在媒体上自由地表达他们的观点，而该公司的行政人员却守口如瓶，不愿接受媒体采访。结果，一连串的负面报道和公众批评直接指向科罗拉多燃料和钢铁公司以及洛克菲勒家族。艾维同时也了解了矿工的不满以及他们制造冲突的方式。

在战略阶段，艾维建议发布一系列的新闻公报，让科罗拉多州及该州以外的舆论领袖了解洛克菲勒家族的情况。在反应阶段，艾维说服科罗拉多州州长撰文支持科罗拉多燃料和钢铁公司。他还说服小洛克菲勒去工厂参观，与矿工及他们的家人交谈，并确保媒体记录下小洛克菲勒在矿工食堂吃饭，在矿上挥镐劳动，以及在工人下班后和他们共饮啤酒的场面。媒体非常喜欢这种做法，这使这场危机进入了冲突管理周期的恢复阶段。

艾维·李通过运用公共关系这一强有力的手段——精心设计的策略和大量技巧的组合——阻止了美国矿工联盟介入洛克菲勒家族的煤矿。通过战略咨询，艾维为其客户和矿工均带来了一定程度的成功，使他们都感到满意，并最终平息了双方的冲突。

> **思考**
> 艾维·李和爱德华·伯尼斯所使用的方法最主要的区别是什么？

艾维继续为洛克菲勒家族及其旗下的公司担任公关顾问，但他同时也为许多其他客户提供咨询服务。例如：他建议美国烟草公司发起一项利润分享计划；提议宾夕法尼亚铁路公司装修车站；建议电影业停止夸大宣传，主动建立一套审查机制。本章的公关案例介绍了艾维对纽约第一条地铁线的推广工作。

艾维·李因对公共关系的下列四大贡献而被人们铭记：

- 推进了工商业应使自己的利益同公众利益保持一致的观念。
- 与企业高层管理人员打交道，并且只有在获得其积极支持的情况下才实施计划。
- 与新闻媒介保持公开的信息交流。
- 强调企业人性化管理的重要性，并把公关工作做到员工、顾客和邻居中去。

另一位公关先驱是乔治·克里尔，他也曾做过新闻记者。在一战期间，克里尔应伍德罗·威尔逊总统的要求组织了大规模的公关活动，以团结美国民众和影响世界舆论。威尔逊接受了克里尔提出的淡化反德情绪、强调信任和忠于美国政府的宣传建议。美国公共情报委员会也宣传了战争目标和威尔逊的理念，那就是让世界变得民主和平，让一战"结束所有的战争"。

这些技巧的成功，使得这场大规模的宣传活动对公共关系的发展产生了深远影响。这场宣传活动同时也使美国人意识到媒体传播的信息在改变公众态度和行为方面的威力。这种意识，以及战后对英国宣传机构的分析，催生了该领域的许多学术著作和大学课程。沃尔特·李普曼1992年的著作《公众舆论》就是其中的一本。在此书中，李普曼指出了人们如何受到"我们脑海中的图像"的鼓动采取行动。

一些人曾就职于公共情报委员会，之后成为了成功的、闻名于世的公共关系顾问。爱德华·伯尼斯就是其中之一。通过成功的宣传活动以及自我推销，1995年伯尼斯103岁去世时，被誉为"现代公关之父"。

> **爱德华·伯尼斯在其漫长的职业生涯中成功策划过很多成功的活动（有些具有争议性），这些已经成为经典的公关案例。**
>
> **好彩牌香烟**
>
> 伯尼斯发现，吸烟主要被视为男性的活动，女性吸烟则是为了表达女性解放和权力。依据他的研究，伯尼斯把香烟称为女性"自由之火炬"，并且将他的观点灌输给一群社交名媛，说她们在1929年纽约的复活节游行中展示其时装时应该吸好彩牌香烟。新闻记者报道了复活节游行，从此吸烟更被女性接受，甚至成为了一种时尚。
>
> **宝洁公司象牙牌肥皂**
>
> 伯尼斯提出赞助学龄儿童肥皂雕刻比赛的主意后，宝洁公司的象牙牌肥皂销量达到了几百万。仅在第一年，就有2 200万学龄儿童参加了该比赛，这一赛事一直持续了35年。
>
> **灯光金禧年**
>
> 1929年，为了纪念托马斯·爱迪生发明电灯泡50周年，伯尼斯组织策划了举世瞩目的"灯光金禧年"活动。正是他提出了全世界的公共事业单位都应该同时切断电源一分钟，以示对爱迪生的纪念。赫伯特·胡佛总统和许多名流政要出席了活动，美国邮政局还专门为此发行了一枚面值两美分的纪念邮票。

伯尼斯是著名心理学家西格蒙德·弗洛伊德的外甥。他提出了一个公共关系模式，强调运用社会科学研究和行为心理学来规划可以改变人们观念、鼓励某些行为的宣传活动和信息。与艾维·李强调传达准确信息的模式不同，伯尼斯的模式主要集中于倡导和科学说服手段。倾听受众是他的模式的一部分，但反馈的目的是规划更加具有说服力的信息。1923年，伯尼斯的著作《制造舆论》出版，他成为"新"公共关系的主要代言人。该书的第一句话宣称："在写这本书时我试着记录指导公关咨询这一新兴职业的各种原则。"在接下来的篇幅中，伯尼斯提出了公关咨询的范围、功能、方法、技巧和社会责任。之后，公关咨询这一术语成为了公关业务的核心。

1990 年，美国《生活》杂志把伯尼斯列为影响 20 世纪社会进程的 100 个重要人物之一，新闻记者赖瑞·泰伊也高度赞扬伯尼斯，认为他找到了一种解决问题的独特方法。伯尼斯总是先想出激发人们行动的创意，而不是先考虑技巧。例如，培根产业想要推销自己的产品，伯尼斯就想出了一个主意，让全国各地的医生来提倡早餐要吃得丰盛。广告里并没有提到培根，但是当人们听取这一建议开始吃培根和鸡蛋组成的传统早餐后，培根的销量迅速增加。

> 一位历史学家认为伯尼斯"无疑是第一位一流的公共关系理论家"。

伯尼斯的妻子多丽丝·弗雷奇曼也是一位非常有影响力的人物。她是一位有才气的作家和一位热诚的女权主义者。她曾担任《纽约论坛报》周日刊的编辑。多丽丝也是伯尼斯公关咨询公司的合伙人，负责采访客户、写新闻通稿、编辑公司的内部简讯以及编写书籍和杂志文章。

🎙 战后美国公关事业的扩张

20 世纪下半叶，公关业务已经成为美国经济、政治和社会发展不可分割的一部分。

二战之后繁荣的经济引起公关各领域的飞速发展。各公司或设立了新的公关部门，或扩大了原有的公关部门。政府的公关人员数量增加，教育、健康和福利机构等非营利性组织的公关职员数量也增加了。20 世纪 50 年代早期，电视成为全国性的媒介，这也给公关人员提出了新的挑战。新的公关咨询公司如雨后春笋般在美国遍地萌生。

补充说明……

20 世纪中叶，在大公司中运用公关活动方面，美国铝业公司（ALCOA）颇具代表性。负责公关活动的是公司的公关－广告副总裁，公关总监助理和广告经理提供协助，参与协助运作的有社群关系、产品宣传、电影和展览、员工出版物、记者站、讲稿写作等部门。《美国铝业公司新闻》杂志面向所有员工出版，而且该公司在全美国的 20 家工厂都有独立的出版物。该公司最主要的广播电视活动是赞助爱德华·默罗的电视栏目《现在请看》。

经济发展是公关事业扩张的一个原因，其他因素也起着重要作用：

- 城市和郊区人口数量激增。
- "大企业""大工会""大政府"的出现。
- 科技发展，包括自动化和信息化。
- 传播革命和大众媒体的激增。
- 新的以经济收益为本的决策方式的出现，取代了过去那种更注重体面和更加个人化的思维方式。

快速的变化让很多人措手不及，也让人不再有前几代人那样的社区感。人们只能通过大量的施压团体来寻求权力，关注环境保护、工作环境及公民权利等事业。通过新的、更复杂的民意测验新方法，公众舆论得以表达，它们在反对和影响变革时的威力越来越大。

由于美国的工商业从物理和心理上与大众愈加分离，为了销售产品和服务，越来越依赖于公关专家来进行受众分析、战略策划、问题管理甚至是创造有利的舆论环境。大众媒介也变得更加复杂，对处理媒介关系的专家的需求随之加大了。

公共关系的四种经典模式

1984年，詹姆斯·格鲁尼格和托德·亨特合著的《公共关系管理》一书问世，在书中他们对公共关系实践进行了分类研究。尽管公共关系的四种模式在今日都得到了不同程度的运用，但最理想的模式还是双向对称模式。

第一种 新闻代理/宣传模式（Press Agentry / Publicity）

这种模式是单向传播，主要是通过大众媒体传播可能被夸大、扭曲甚至是不完整的信息，来炒作某项事业、某个产品或是某种服务。这一模式的主要目的是宣传，几乎不需要调查研究。在这种模式的黄金时代，巴纳姆是历史领军人物。如今，这种模式主要用于体育、戏剧、音乐、电影（想一想典型的好莱坞电影宣传员吧！）领域。

第二种　公共信息模式（Public Information）

公共信息模式建立在准确、完整地传播信息的新闻理念之上，旨在单向地传播信息，不一定带有说服意图。大众媒体是传播信息的主要渠道。这一模式有新闻内容的真实性调查，但很少涉及受众态度和喜好的研究。前记者艾维·李推动了这一模式的发展，是该模式的历史领军人物。如今，政府、非营利性组织及其他的公共机构使用这种公关模式。

第三种　双向非对称模式（Two-way Asymmetric）

这种模式的目的是用科学的方法来说服受众，传播方式为双向传播，尽管其传播效果在传播者和受众之间并不对等。该模式虽有反馈回路，但其主要目的是帮助传播者更好地理解受众，找到说服受众的方法。该模式使用调查研究来策划活动和设定目标，同时也使用调查研究来了解目标的达成状况。双向非对称模式初期的历史领军人物是爱德华·伯尼斯。现在，这一模式主要为竞争性的商业机构和公关公司的营销及广告部门所使用。

第四种　双向对称模式（Two-way Symmetric）

双向对称模式旨在促进相互理解，其传播方式为双向传播，且其传播效果在传播者和受众之间是对等的。在这种传播模式中，形成性研究（formative research）主要被用于了解公众对一个组织机构的看法，确定组织机构的行为或决策可能会对公众产生何种影响。评估性研究（evaluative research）则被用于衡量公关活动是否增进了公众对该组织的理解。这种"关系构建"的目的在于确定对传受双方均有利的政策和行为。爱德华·伯尼斯在其公关生涯的后期支持了这种模式。如今，教育人员和行业领袖是这种模式的主要支持者，这种模式也被需要进行问题识别、危机与风险管理、长期战略规划的组织机构使用。

据估计，截至 1950 年，美国有 17 000 名男性和 2 000 名女性从事公关和宣传工作。1960 年的美国人口普查显示，有 23 870 名男性和 7 271 名女性从事公关业，不过也有一些观察人士认为从事公关的人员数量大约为 35 000 人。从 1960 年起，公关从业人员的数量急剧增加。现在，全美范围内约有 300 000 名公关人员。美国劳工部预测显示，公关的工作岗位数量将比其他大部分岗位增加更快。

不断发展的实践和理论

由于社会科学研究的不断突破，在20世纪上半叶，公共关系的焦点已经从媒体炒作和新闻方式转向研究劝服传播对目标受众的心理影响和社会影响。20世纪60年代，美国发生了反越战运动、民权运动、环境保护运动和女权运动，其他的一系列问题也进入了美国人的视线。由于民众反商业化的情绪高涨，企业调整了政策，以换取公众的好感和理解。这样，问题管理也被列入公关管理人员的职责范围。这标志着公关不仅仅是说服人们相信企业政策的正确性这个新观念第一次得到了表达。

这一时期，业务经理们也意识到与不同的公众群体对话，根据他们特别关注的问题来调整企业政策或许是有利的。在解释公共关系演化模式时，詹姆斯·格鲁尼格将这种处理方式叫作双向对称模式，因为它强调组织机构和公众之间的均衡，也就是组织机构和公众之间的互相影响。

20世纪70年代，美国的股票市场经历了改革，投资者关系领域发展迅猛。到了80年代，公共关系是一项管理职责的观念已经深入人心，行业实践主动朝战略方式发展。公关从业人员接受了目标管理（MBO）这一概念，并试图使高层管理人员相信公关确实对企业盈亏起着重要作用。

> **思考**
> 不同的公共关系模式如何反映了促使它们发展的时代？

意识到名誉或公众形象的重要性后，管理开始主宰20世纪90年代的公关实践。博雅公司是全球最大的公关公司之一，该公司宣布其业务不是公关，而是"形象管理"。其他公司则宣称它们的业务是"名誉管理"。"公关是冲突管理"这一观念和名誉管理的观念密切相关。公关人员致力于维护企业信誉，构建稳固的内外关系和管理各种问题。这一概念的内在要求是公关人员应该通过调查研究进行（1）环境监测，（2）公关审查，（3）传播审查，（4）社会审查，以加强企业的社会责任（CSR）。

到了2000年，一些学者和从业人员开始把公关实践看作"关系管理"，其基本观点是公关人员的工作是构建和培养组织机构与不同公众之间的关系。关系管理以詹姆斯·格鲁尼格的双向对称模式为基础,但又超越了这一模式,认为公众如美国首都大学的史蒂芬·布鲁宁所说的那样,是"正在进行的传播过程中活跃、互动和平等的参与者"。

> ### 💡 经典活动　体现了公关的威力
>
> 20世纪下半叶,一些组织机构和事业运用有效的公关活动取得了显著成果。《公关周刊》召集了一个公关专家小组,评选出这一时期一些"最成功的活动"。
>
> **民权运动**
>
> 马丁·路德·金是一位杰出的民权运动倡导者,也是一位伟大的传播者。他组织了1963年的民权运动,依靠完美的写作和演说、写信①、游说和策划活动(非暴力抗议)等公关策略将一个强大的思想理念变成现实。
>
> **安全带运动**
>
> 20世纪80年代,美国汽车产业通过大量公关活动使民众具有了"系上安全带"的意识。该活动使用的策略有争取全国媒体支持、互动展示、名人代言、写信攻势以及其他宣传活动,如把600英尺②宽的安全带系在好莱坞的标志字样上。
>
> **星琪金枪鱼**
>
> 在渔民捕捞金枪鱼时海豚经常被一起捕进网里,媒体对此进行的负面报道对金枪鱼行业的发展造成了威胁。星琪金枪鱼公司通过组织发布会、制作视频、成立地球日联盟等活动,引领金枪鱼行业改变捕捞方式。大约九成的美国民众看到了该公司做出的努力,星琪公司也被称赞为环保领军企业。
>
> **泰诺危机**
>
> 强生公司对可能给公司造成灾难的事件的处理成为了产品召回的经典案例。一些人因服用该公司含有氰化钾成分的泰诺身亡,引发了全美的恐慌。当时很多人都认为强生公司再也无法从"毒泰诺"造成的损失中恢复。然而,强生公司立刻对药品进行全面召回,并重新设计了产品包装来区别无毒药品,同时还启动了媒体公关,将事件处理的全过程向公众发布。这一系列措施使泰诺度过了危机,并再次成为畅销药物。

---

① 可能指马丁·路德·金在1963年被监禁期间写下《从伯明翰市监狱发出的信》(Letter from Birmingham City Jail),概述了民权运动的道德和理论基础。——译者注
② 1英尺相当于30.5厘米。——译者注

了解艾滋病

这次成功的健康教育活动改变了美国人对艾滋病的看法。除了向全美民众邮寄《了解艾滋病》的宣传手册之外,组织者还开展了特别针对非裔和拉丁裔美国人的基层活动。

梅西百货的感恩节游行

80多年来,梅西百货公司一直在赞助感恩节大游行,观看游行已经成为不少美国家庭的节日传统。此外,梅西百货还是1947年拍摄的电影《34街奇缘》(已经被翻拍四次,还被改编成了百老汇音乐剧)的中心场景。

从2000年开始出现的公共关系对话模式是对关系管理理论的扩展。尽管本书的作者非常重视组织机构与各种公众之间建立良好而持久的关系的价值,但是道义责任和组织内的其他力量有时也要求公关从业者做出艰难的抉择。有时候,考虑投资者、员工、市民社会活动分子的利益也不免会造成与组织机构的利益发生冲突。公关人员需要把握不同公众的脉搏,来帮助管理人员做出决定——这些决定经常是为了解决冲突,因而十分困难。例如,合同上要求给表现优异的管理人员支付奖金,但是同时由于产品需求下降,需要解雇流水线上的员工。在这种情况下,公关人员怎样平衡好道义责任和企业义务?怎样应对公众和媒体的反应?

> 美国俄克拉何马大学的麦克·肯特和莫琳·泰勒在《公共关系评论》的一篇文章中提道:"公共关系理论研究的转型已经存在一段时间了,重点已经从传播管理转移到了将传播作为一种协调关系的工具上来。"

对话这一概念更强调通过人际传播,而不是大众传播来传播信息。例如,肯特和泰勒就指出,如果说网站是互动渠道的话,互联网和万维网便是对话的最佳载体。

虽然随着公关行业的发展,公关的实践和理论也相应获得了一些线性发展,但是目前的实践却是各种公关模式的混合。好莱坞的宣传员/新闻代理员和政府机构中的公共信息官员仍然存在。同样,营销传播几乎只使用科学说服手段,双向非对称模式也始终存在。然而,涉及问题管理和关系构建时,双向对称模式和对话模式通常被认为是最适合的。

增长中的职业实践

公关职业面临着一些批评：从业人员有时被指责为缺乏道德的骗人能手，或者更糟。处理这种批评的一种方式是就职业实践相关问题对从业人员进行培训。这里的"职业"实践指的是公关从业人员对于哪些行为是实践中可以接受的应该有一整套规范和期望的标准。很多从业人员认为，要想让公关成为一项受人尊敬的重要职业，就必须要有规范准则，就像律师、医生、教师、护士、会计等其他职业一样。

> **思考**
> 加入专业组织的好处是什么？分别从个人和整个行业的角度思考一下。

专业主义、许可证和资格认证

公共关系是一项职业吗？应该给公关从业者颁发许可证吗？资格认证可以保证他们的工作能力和诚实正直吗？以上这些问题以及相关的其他问题是公关行业一直在探讨的题目。

专业主义

公共关系是一项手艺、一项技能还是一个发展中的职业？这在公关人员内部也存在许多不同的看法。可以确定的是，在现阶段，公共关系还不能像医学和法律那样被当作一门职业。公共关系尚无教育实践标准，没有规定的学徒期，也没有法律准入标准。此外，也很难确定公关实践的构成，这也增加了公关专业主义方面的困惑。

不过，公共关系方面的文献资料——包括本书以及该领域的其他文献——正在快速扩充。公共关系领域两本主要的学术期刊是《公共关系评论》和《公共关系研究杂志》。此外，公共关系理论发展、科学研究以及学术刊物发行方面也都出现了长足的进步。

人们普遍认为英国公共关系研究院（www.instituteforpr.org）和美国南加利福尼亚大学安能博格战略公关研究中心（www.annenberg.usc.edu/sprc）是公共关系领域的两大主要"智库"。其他的公关研究中心还有亚拉巴马大学的普兰克公关领导力研究中心（www.plankcenter.ua.edu）和宾夕法尼亚州立大学的阿瑟·佩奇诚信公众传播研究中心（www.pagecenter.comm.psu.edu）。

> "我们的职责类似宣传人员，但是我们谈论的却是咨询；我们的工作类似传播的技术人员，但是我们却渴望成为制定政策的决策者。"

许可证

早在60年前，美国公共关系协会还没成立的时候，人们就已经讨论过向公关从业者颁发许可证的提议了。爱德华·伯尼斯赞成这个提议，他相信许可证可以将那些缺少公关职业必备的知识、才能和道德的不合格的、滥竽充数的投机分子剔除出去，保护这个行业和公众。

在许可证制度下，只有那些通过了严格的考试和个人诚信测试的人才能称自己为"公共关系"顾问。那些未被授予许可证的人只能称自己为"宣传人员"或者接受其他的称呼。到目前为止，似乎是不同意颁发许可证的人占了上风。如今，公关行业、消费者维权运动，甚至是各州政府都没有对颁发任何形式的许可证表现出特别的兴趣。替代颁发许可证的一种方式是资格认证。

> **思考**
> 颁发许可证将会如何改变公关人员的业务方式？

资格认证

全世界努力提高公关行业标准和专业性的主要结果就是设立了资格认证制度。这意味着公关从业人员自愿通过一道程序，由一个全国性的机构来"认证"他们是有能力、有资格的从业人员。

> **行为道德** 道德冲突带来的特殊挑战

也有一种观点——由许多公关从业者和美国公关协会提出的——认为最重要的事是个人能够在公关领域表现得像专业人士。这意味着从业人员应当具备以下一些品质。

- 独立意识。
- 对社会和公众利益有责任感。
- 关心该行业总体的技能和荣誉。
- 对该行业的准则和同行人员比对当下的雇主具有更高的忠诚度。

不幸的是，专业主义主要的障碍是从业人员自己对工作的态度问题。正如詹姆斯·格鲁尼格和托德·亨特在其著作《公共关系管理》中指出的那样，比起职业价值观，公关人员更容易有"事业狂"的价值观。换句话说，他们更看重工作保障、组织机构内的威望、薪资水平以及领导的认可，而不是上面所列的价值观。例如，一项对国际商业传播者协会成员的调查显示，47%的受访者在被问到是否会宁愿放弃工作而不违反道德准则时给出了中立或明确的否定回答。此外，55%的受访者认为通过误导别人，让别人认为自己是达成目标的唯一方式是"合乎道德规范的"。然而，几乎所有人都同意伦理道德非常重要，值得进一步研究。

另一方面，很多公关人员在专业主义方面受到"技术人员心态"的限制。这些人将专业主义狭义地定义为能够成功完成传播技术层面的工作（准备新闻通稿、宣传册、新闻简报等）的能力，即便管理层或客户提供的信息品位不高、具有误导性、缺少证明资料或完全错误。

一些人为技术人员心态辩护，说公关人员就像舆论法庭上的律师。他们说，每个人都有权利发表观点，无论公关人员是否同意，客户或雇主都有权发出声音。因此，公关代表就是受雇的辩护人，就像律师一样。这个论点的错误在于，公关人员不是律师，因为律师出现在法庭上，而法庭是有司法标准的。此外，律师们如果怀疑客户的陈述，也会拒绝客户或者放弃一个案子。

最后一点，法院也越来越要求公关公司对其代表客户发布的信息负责。显而易见，"客户要我这么做"已经不再是可以接受的借口了。

支持颁发许可证的理由	反对颁发许可证的理由
支持者称颁发许可证将有益于公关行业，因为这将：	反对者称颁发许可证不会产生效果，因为：
<ul><li>确立公共关系。</li><li>建立统一的教育标准。</li><li>防止客户和雇员为假公关人员所骗。</li><li>防止合格的公关人员受到不道德的竞争或不合格人员的竞争。</li><li>提升公关从业者整体的信誉。</li></ul>	<ul><li>传播领域内颁发任何许可证都会违反美国宪法第一修正案，现有的民法和刑法可以惩罚不法行为。</li><li>颁发许可证是州政府的职责，但是公关人员的工作层面往往涉及国家和国际范围。</li><li>许可证只能确保从业者具备最低的业务能力和遵守最基本的职业准则，而不是高标准的道德行为。</li><li>一个行业的信誉度和地位并不一定非要通过许可证才能得到保证。</li><li>建立许可证和政策机制对纳税人而言将会代价高昂。</li></ul>

数十年前美国公共关系协会就设立了资格认证制度。通过测试后，协会成员可以获得公共关系认证资格（APR）。其他一些组织机构也设立了资格认证制度。

大多数全国性的机构采取的认证方式是笔试加口试，并要求参加认证的人员向专业评审组提交一份工作样本概述。国际商业传播者协会的1.55万名成员中，大约有10%的人取得了已认证的商业传播者（ABC）的称号。

大多数认证机构有认证条件，规定了申请人在申请资格认证或成员身份前需要具备的从业年限。一些机构已经开始把继续教育作为专业资格认证的先决条件。

第5章

今日实践：
公关部门与公关公司

- 哪些因素决定了组织机构内部公关部门的角色及地位？
- 公关部门能够对所在机构产生哪些层次的影响力？
- 公关公司提供的服务有哪些？
- 雇用公关公司有哪些利弊？

"棒约翰"的外卖公关

你打电话叫过披萨外卖吗？"棒约翰"披萨店发现，多年来通过鼓励这种简单的外卖方式，披萨行业已成功地融合了科技和销售。鉴于之前的成功经验，"棒约翰"认为现在应该鼓励消费者使用其他的电话订购方式了，因此，这家披萨店推出了手机短信订购外卖服务。

"棒约翰"现已成为披萨业的科技领头羊，它也是第一批开始提供网络外卖服务的商家之一。现在，该公司正要成为美国首家支持短信订购服务的披萨连锁店，为此，"棒约翰"雇用了福莱公关公司来推广这项新政策。

福莱公关的调研表明，当时18～34岁的美国人中有74%经常使用手机进行通话之外的活动；而18～29岁的手机用户中有65%习惯通过发短信来联系亲朋好友和其他人。"棒约翰"设计了一项策略来吸引喜欢发短信的手机用户，并获得了为这个占很大市场份额的重要群体提供额外便利所带来的收益。

这项策略的第一步是把讯息传达给投资者和业界领袖。福莱公关先设法在《华尔街日报》上发表了独家报道，介绍"棒约翰"这一新的经营模式，接着又在明尼苏达州布卢明顿的美国商城举办了一次活动。世界上说话最快的人弗兰·卡波和发短信最快的人摩根·波兹佳被邀请到现场，在披萨订购大赛中对决。毫无疑问，波兹佳发短信下单的速度快于卡波，获得了比赛的胜利。《今日美国》及美联社报道了整个事件。通过订阅推送，报道这项赛事的电视新闻超过了450条，有84个博客及网络论坛提到了这次比赛，比赛视频在YouTube上的点击量达到了数千次。更重要的是，超过11.4万人在"棒约翰"注册了手机号，选择通过短信形式接收"棒约翰"的优惠信息。

公关部门

一个多世纪以来，公关部门在为公司及机构服务。如今，公关部门已经从其传统职能扩展到对最高管理层施加影响。在瞬息万变的环境里，面对多重压力，管理人员不再将公关简单地视为宣传和单向传播，而是将其看作与诸多关键公众进行沟通和妥协的复杂的动态过程。詹姆斯·格鲁尼格是国际商业传播者协会基金会一个为期六年的卓越公关和传播管理研究项目的负责人，他称这种新方式为"与战略公众建立良好的关系"，这要求公关管理人员成为"战略传播管理者，而不是传播技术人员"。格鲁尼格说：

> 倘若公关为一家组织机构构建了良好的关系，它就可以为这个机构节省法律诉讼、规章制度、不利立法和施压抵制运动方面的费用，或避免因该组织机构与公众之间关系不佳而造成的经济损失——公众在与组织机构关系不佳时会转变为维权组织。公关行为也可通过发展与捐赠者、消费者、股东和立法者的关系来帮助组织机构获利。

> 国际商业传播者协会这项研究的结果似乎表明，企业总裁们认为公关是好的投资项目。一项对200家组织机构的调查显示，企业总裁们认为公关行为的投资回报率高达184%，仅次于客户服务及市场营销。

> 据说，乔治·威斯汀豪斯[①]于1889年创立了第一个公司公关部门，当时他雇用了两个人来宣传他心爱的交流电项目。最终，威斯汀豪斯的宣传方式使交流电在与托马斯·爱迪生的直流电系统的竞争中胜出，交流电因此成为美国的标准电力系统。威斯汀豪斯有关公关部门的想法已经成为当今电子世界的基本组成部分。

理想状态下，公关专业人士应该协助企业高管制定政策并与各种群体进行沟通。事实上，国际商业传播者协会的研究也强调，企业总裁们希望

---

① Westinghouse Electric Co. 是以威斯汀豪斯的名字命名的，但一直被译为西屋电气公司，这里仍遵从习惯翻译成西屋电气公司，但威斯汀豪斯的名字则按其发音翻译，故显得有些不同。——译者注

传播是战略性的，是建立在调查研究的基础上的，并且是与关键受众之间的双向传播。

组织因素决定了公关的职能

研究表明组织机构内部公关部门的职能取决于组织机构的类型、高级管理层的观念乃至公关管理人员的能力。马里兰大学的拉丽莎·格鲁尼格教授和陶森大学的马克·麦克尔里思教授的研究显示，复杂的大机构比小公司更倾向于将公关纳入决策过程。

IBM及通用汽车这样的公司由于面临着激烈的竞争环境，会比其他公司更加在乎政策问题和公众态度，建立稳固的企业形象对其无疑十分有利。因此，它们更加重视组织新闻发布会，与媒体进行正式的接触，精心准备公司高管的演讲稿，以及就可能影响公司盈利的问题与管理层进行协商。在这种管理理论家归类为混合体制／机制的组织机构中，公关部门被赋予了极高的权威和权力，公关工作属于所谓的"支配联盟"的一部分并且具有高度的自主权。

相比之下，提供标准化产品及服务的小公司面临的公众压力及政府监管都少得多。它们的公关活动大都只是名义上的，员工们只是简单地做些技术工作，如制作公司简报和发布常规新闻。在这种一般类型的组织机构中，公关在管理决策和政策形成中几乎或者根本没有影响力。

研究也表明，在决定公关部门的作用方面，组织机构高级管理层的理念和期望比该组织机构的类型重要。许多组织机构的高级管理层只将公关看作一种新闻和技术手段，即宣传和媒体关系。在规模庞大但内部机制单一的组织机构中，也存在着将公关仅仅看作营销部门的一种支持手段的倾向。

补充说明……

美国心脏病协会前执行副总裁达德利·哈夫纳声称："不管是美国的营利性企业，还是非营利性组织，其领导层都需要密切关注受众（包括支持者、消费者及普通大众）的诉求、需求、态度以及同行的动态。搜集、解读和传播这类关键信息是传播人员的职责。"

上述观念严重限制了公关部门的作用，以及公关参与管理决策的能力。在上述组织机构中，公关仅仅停留在技术层面——只是制作信息，但不决定传播内容。不过，在很多情况下，是公关人员自己选择了这种技术角色，因为他们缺乏调查研究、环境审视、问题解决和整体传播策略管理方面的基础知识，或者是因为他们个人更满足于技术型的工作，而不是策略型的工作。

> "那些将自身目标与整个公司的商业战略目标紧密结合的公关部门，会获得管理人员更大的支持以及更多的财政预算，也会被认为对公司的成功做出了更大的贡献。"
>
> 以上是《公关周刊》对南加利福尼亚大学安能博格战略公关研究中心和公关公司理事会观点的总结。

著名的《财富》500强企业都倾向于将公关视为一种战略管理工具。南加利福尼亚大学安能博格战略公关研究中心和公关公司理事会的研究发现，这些公司投入公关活动的资金占收入总额的比重更大，并且在自身已有的庞大公关团队之外还大量雇用外包公关公司作为补充，而且它们的公关团队不用听命于市场部门。

思考：公关作为辅助管理体系来助力公司的整体发展战略对于公司的机体健康而言为什么很重要？

公关部门影响力大小的首要标志是公关部门主管是否在管理层拥有席位。事实上，在管理层获得并维持一席之地，这应当是公关从业者长期追求的目标。专家表示企业中公关部门主管直接听命于总裁这一现象越来

得克萨斯基督教大学的朱莉·奥尼尔在《公共关系评论》上发表的一篇文章中称以下几个因素决定了公关人员在企业中是否具有影响力：
1. 高层管理者对公关价值大小的理解。
2. 公关人员是否拥有管理权。
3. 是否直接向总裁汇报工作。
4. 从业年限长短。

来自阿拉巴马大学的布鲁斯·伯格和佐治亚大学的布莱恩·雷伯采访了162名公关从业者，总结出这些从业者影响力的五个主要来源：
1. 与他人的关系。
2. 从业经验。
3. 表现记录。
4. 说服高级管理人员的能力。
5. 专业技能。

越普遍。美国国际电话电报工业公司前高级公司关系副总裁汤姆·马丁认为，公关从业者一定要明白如何保住其在管理层的席位。根据安能博格战略公关研究中心2007年对520名高级公关从业者进行的调查，所有受访者中的64%以及非营利机构受访者中的大多数直接向"C团"（CEO、COO、chairperson①）汇报工作。研究报告称，这些从业者明确表示"他们的总裁认为公关有助于增加盈利和扩大市场份额，而且公司声誉也有助于公司获得全面成功"。

公关部门的名称

组织机构中的公关部门有很多种叫法，而且通常不会简单地称作"公关"。在《财富》500强公司中，公关部门使用"企业传播"或"传播"作为名字的比使用"公关"作为名字的多三倍。

在一项对《财富》500强公司的调查中，《奥德维尔公关服务报告》发现了200个这样的传播部门，但只发现了48个公关部门。这些公司中，有些是在近几年才从"公关"转为"企业传播"的，其中包括宝洁公司和好时糖果公司。这两家公司都表示更名是由于这个部门的工作扩展已经超出了"公关"的范畴，涵盖了如员工传播、股东传播、公司年报、消费者关系及企业慈善这样的活动。

公关顾问阿尔弗雷德·格达尔迪格提到了另一个原因。他在《奥德维尔公关服务报告》中称"公关"这个术语已被反复当作贬义词来用，造成了企业的弃用。他还认为"企业传播"一词使用量的增多意味着公关人员现在在企业内部承担的工作比原来多很多，这反映了传播服务的融合趋势。

企业中用来称呼公关部门的名字还有"企业关系""投资者关系""公共事务""营销传播""全球传播""公众及社区关系"以及"外部事务"。政府机关、教育机构和慈善组织一般使用"公共事务""社区关系""公共信息"乃至"市场服务"来命名公关部门。

---

① 分别指公司首席执行官（总裁）、首席运营官和董事会主席。——译者注

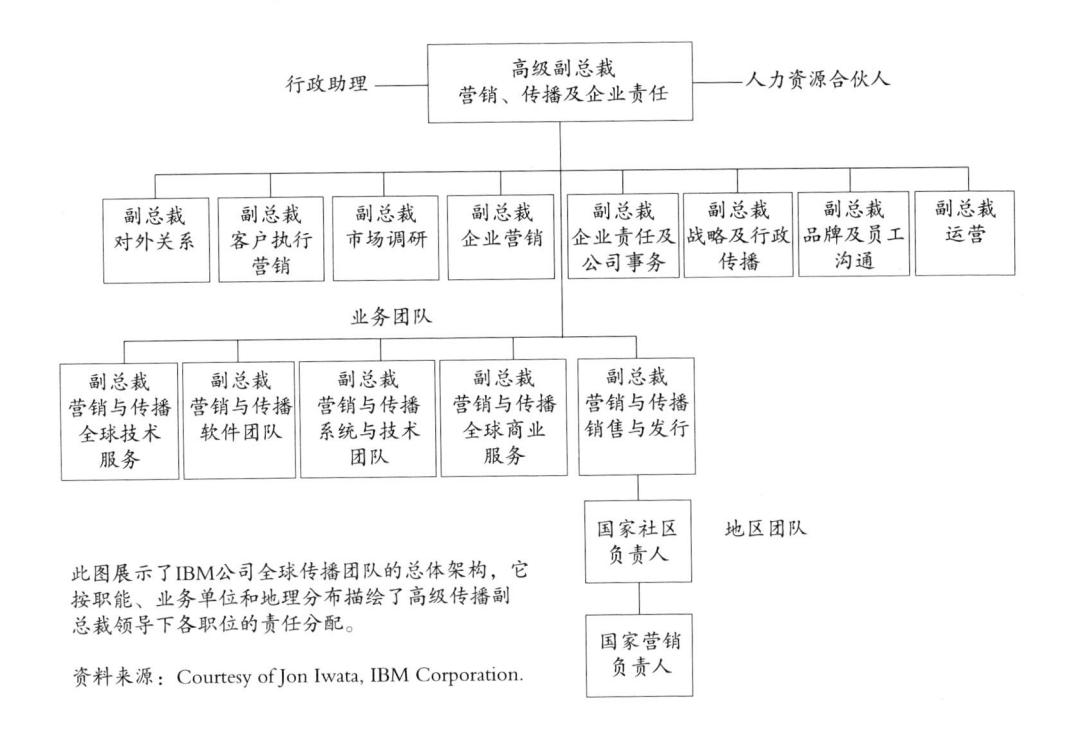

```
                    ┌──────────────────┐
      行政助理 ──── │   高级副总裁     │ ──── 人力资源合伙人
                    │营销、传播及企业责任│
                    └──────────────────┘
```

副总裁	副总裁	副总裁	副总裁	副总裁	副总裁	副总裁	副总裁
对外关系	客户执行营销	市场调研	企业营销	企业责任及公司事务	战略及行政传播	品牌及员工沟通	运营

业务团队

副总裁	副总裁	副总裁	副总裁	副总裁
营销与传播全球技术服务	营销与传播软件团队	营销与传播系统与技术团队	营销与传播全球商业服务	营销与传播销售与发行

地区团队
- 国家社区负责人
- 国家营销负责人

此图展示了IBM公司全球传播团队的总体架构，它按职能、业务单位和地理分布描绘了高级传播副总裁领导下各职位的责任分配。

资料来源：Courtesy of Jon Iwata, IBM Corporation.

🎙 公关部门的组织架构

具有公关职能的部门，其行政主管通常的头衔是经理、总监或副总裁三者之一。负责企业传播的副总裁可能还会额外负责广告及营销传播。

一个公关部门通常会细分为多个具体分部，各有经理或者协调人员。大企业中最常见的分部包括媒体关系、投资者关系、消费者事务、政府关系、社区关系、营销传播以及员工传播。

作为全球最大的企业之一，通用电气公司的传播经理遍布全球18个区域29个分部，此外公司还有6名企业传播主管及9名传播主管，专门负责金融传播、劳工纠纷及奥林匹克运动会等事务。从 NBC 环球集团[①] 的企业传播行政副总裁到通用电气公司能源部的传播主管，各公关负责人的头衔不尽相同。世界范围内，通用电气共有数百位从事不同种类公关活动的员工。

---

① 通用电气拥有 NBC 环球集团的股权。——译者注

然而，像通用电气这样拥有这么多公关人员的公司只是例外。南加利福尼亚大学的研究显示，2005—2007年间，全球各大公司中公关从业人员的数量几乎出现了普遍增长，从平均40人增至60人。世界大型企业联合会对其他美国大企业的研究发现，公司的公关部门通常有9名从业人员。南加利福尼亚大学的研究则发现，在从公司到非营利机构的所有机构中，公关年度预算平均增加了7%，达到了440万美元。当然，还有成千上万的小型企业仅有一到两名公关雇员。

机构中的公关人员可能被分散到不同的岗位，导致研究者很难确定其公关活动的实际范畴。有的人可能在市场部从事营销传播工作，有的人可能被分配到人事部作为传播专员来制作公司简报和宣传册，还有人可能被安排在市场部来专门负责产品宣传。本章稍后将讨论公关职能的分散以及由此引发的内部摩擦。

直线职能与员工职能

传统管理理论将组织机构分为直线职能和员工职能。直线经理如制造副总裁可以下放权力、制定生产目标、雇用员工并直接干预影响他人的工作。而与此形成对照的是，员工几乎没有或者没有直接的权力，他们只能通过建议、推荐来间接影响他人的工作。

按照公认的管理理论，公关属于员工职能。公关人员是传播方面的专家，包括总裁在内的直线经理需要依赖公关人员发挥他们的技能，搜集整理数据、提出建议、实施传播项目，以此来实现组织机构的目标。

例如，通过社区调查，某公司的公关员工可能发现人们似乎不太了解该公司生产的产品。为了增进人们对公司的理解并激发人们对公司更多的热忱，公关部门可能会向公司管理层建议举行一次开放参观日，进行产品展示、公司参观及安排娱乐活动。

请注意公关部门只能建议举办开放参观日活动，但却没有权力自己拍板决定举办或要求公司其他部门进行配合。只有公司领导同意这个建议，公关部门才有可能负责组织这项活动。公司领导作为直线经理，才有权要求公司其他所有部门配合公关部门的工作。不过尽管公关部门只有在获得公司领导的首肯之后才能发挥作用，但它们却能够在不同层次上对组织机构及其发展方向施加影响。这部分内容将在稍后进行讨论。

公关部门的影响力通常得益于其对最高管理层的进言机会，而最高管理层会听取下属的建议来制定政策。这也解释了为什么公关以及其他的员工职能部门在组织机构构架中的位置较高，并且常常被最高管理层要求就影响公司全局的问题提供报告和建议。在目前的形势下，公众对于一项政策提议接受与否已经成为决策时参考的一个重要因素。

> 思考：直线职能与员工职能在职能及影响力方面有何不同？

影响力的层次

管理学专家指出，组织机构内部员工职能的影响力及权威性是存在不同层次的，其最低层次仅为提供建议，因为直线管理层没有义务采纳建议，或者要求提供建议。

仅仅停留在"纯粹建议"层面的公关工作通常是没有效果可言的，这方面一个发人深省的例子就是之前发生在美国国际集团（AIG）的丑闻事件。2009年这家保险业巨头受到公众、立法机构及媒体铺天盖地的批评，原因之一就是该公司内部的公关工作仅仅停留在这种最低的层次。实际上，该公司的公关部门简直形同虚设。尽管AIG雇用了博雅公关、伟达公关和莱维克战略传播三家公司为其提供咨询服务，但该公司的管理人员依然做出了不恰当的决定：花44万美元赴加利福尼亚豪华度假胜地消遣，还花费8.6万美元打造英国郊区狩猎游，而这一切竟然发生在该公司接受联邦政府提供的几十亿美元的"救命钱"之后。

与此相反，美国强生公司却比较重视公关的员工职能，20世纪80年代的泰诺事件就是一个经典案例。七人由于服用含有氰化物的泰诺胶囊死亡，强生公司按其公关部门的建议做出了回应并立即召回了产品。在这个案例中，公关占据了"强制建议"的地位。在这种体制下，组织机构的政策要求直线经理（最高管理层）在决策之前至少要听取相关专家的意见。

> ### 行为道德　发言人面临的挑战
>
> 公关从业者还有一个任务就是充当组织机构的官方发言人。发言人对媒体所说的话一般不代表发言人的个人意见，而代表组织机构管理层对某件事或某种情形的官方回应或者立场。公关专家和博主劳伦·费尔南德斯说："公关人员代表的是客户、品牌以及组织机构。"
>
> 对于被要求代表组织机构表达的观点如果发言人本身并不认同，问题就出现了。或者，在某些情况下，公关人员可能会被要求向媒体发布一些不真实的或者明显具有误导性的信息，而他本人对这些又心知肚明。例如下面的例子：
>
> 苹果公司的一位公关发言人告诉媒体，为治疗"荷尔蒙紊乱"，史蒂夫·乔布斯将休假六个月，而实际上乔布斯却秘密飞往孟菲斯市的一家医疗中心接受肝脏移植。
>
> 南卡罗来纳州州长马克·桑福德的新闻秘书告知媒体州长先生在阿巴拉契亚山上徒步旅行，而事实上州长却在阿根廷搞婚外恋。当现场记者问到有报道称州长在亚特兰大机场登上了飞机时，新闻秘书对此予以断然否认。
>
> 保险业巨头 AIG 公司的公关发言人因替公司的错误行为开脱遭到了专栏作家和博主们的批评。AIG 公司在向议会申请一笔高达 850 亿美元的"救市资金"时，却为高管提供巨额奖金，并花费 15 万美元供销售人员赴五星级酒店度假三日。
>
> 上面的例子提出了重要的伦理问题。发言人是该向媒体传达组织机构希望他传达的声音，还是该表达自己认为正确、真实的信息？如果你是一家组织机构的发言人，管理人员希望你来发布一个你明知具有误导性的信息甚至是谎言时。
>
> **你会怎么做？**

还有一种咨询层次称为"并存建议"。例如，某一部门如果想要发布宣传册，必须事先经过公关部门对宣传册内容与设计的审核。一旦产生分歧，只有两部门达成一致，工作才能继续进行。许多公司都采用这种方式来防止各部门对外印发不符合公司标准的材料。

但是权力并存的形式可能会限制公关部门的自由。例如有些公司规定，所有员工撰写的杂志文章及对外新闻须经公司法律部门审核，且法律部门与公关部门未达成一致前不得印发。如果法律部门还有权在经过或者未经公关部门的许可下对新闻稿做出修改，那么公关部门受到的限制将更多。这也是为什么新闻编辑总会在新闻稿中看到一些晦涩难懂的"法律术语"。

有时候法律顾问与公关人员也会协同工作。诺福克南方铁路公司公关主管罗伯特·福特回忆说，该公司开始竞标收购联合铁路公司时，公司的公关代表和法律代表每天都会碰头。诺福克的一名内部律师说："我们十分重视公司对外发布的内容及发布内容的方式，并且每天都要向证券交易委员会汇报。"福特说法律和公关部门的地位同等重要。他解释说："过去……只要涉及公关部与法律部的分歧，每次都是法律部最终占上风。而这次，法律部实际上是有求于我们的，不光向我们寻求建议，而且还会采纳我们的建议。我想他们意识到了将要发生的事情具有里程碑式的意义，而且随着事态的发展，民众的态度将会决定收购的成功与否。"

由此可见，组织机构的传播策略必须协调一致。事实上有研究表明65%的企业经理相比过去，会花更多的时间在发展整合传播项目上。

矛盾的来源

理想状态下，公关属于管理的子系统，服务于整体战略。詹姆斯·格鲁尼格教授和拉丽莎·格鲁尼格教授认为公共关系是"对组织机构及其公众之间的传播的管理"。当然，面向机构内外两种受众的传播过程还涉及其他的员工职能，内部也会产生矛盾。内部矛盾常常发生在公关部门与法律、人力资源、广告及市场等部门之间。

法律部门

法律部门时刻关注着公开声明可能会给目前或潜在的法律诉讼造成的影响。因此，律师们常常会令公关人员感到灰心，因为他们的态度往往是，任何公开声明都可能在诉讼中被用来针对公司。两个部门对公开信息的内容和时机的冲突常常造成决策过程的瘫痪，并导致整个机构看起来无法对公众的担忧做出反应。在出现危机而公众又期待立即公布消息时，情况尤其如此。

人力资源部门

每当谈及员工内部传播工作时，人力资源部门和公关部门之间的"领导权保卫战"就会爆发。人力资源部门认为信息流应该由其掌控，而公关部门则反击说如果不能做到内外部传播"两手一起抓"，就无法圆满完成外部传播工作。例如下岗工人问题不解决好，既会影响其他员工，还会在社区及投资者中留下不好的印象。

> "我们认为，公共关系应当作为一种完全不同于市场营销的学科存在，而且公共关系在组织机构中的运作也应该独立于市场营销。"
>
> 詹姆斯·格鲁尼格

广告部门

广告部门与公关部门常会为争取外联经费而产生矛盾。此外，双方还会产生理念上的差异。广告部门对待传播的态度可能是以能否增加销量为准绳，而公关部门则以能否广交朋友为原则。这两种不同的指导思想可能导致整体战略合作的分崩离析。

市场部门

市场部门的员工像广告部门的员工一样，一般只把客户或潜在客户视为重点受众。而公关人员关于受众的定义却更宽泛，涵盖了任何可以影响组织机构运作的群体，包括政府机构、环保组织、社区以及一些其他市场部门不会当作客户的群体。

🎤 公关外包的趋势

采用外包服务已成为大多数美国企业的趋势，服务内容从电信、会计、客户服务到软件工程甚至是法律服务。同样，越来越多的机构也将传播活动外包给公关公司或外部承包商。南加利福尼亚大学和公关公司理事会的研究发现，目前《财富》500强公司中有近90%会在不同程度上接受外部公关公司的咨询服务，而且其公关预算中有25%是支付给外包公司的。

《公关周刊》通过一次全国性的调查发现，企业无论规模大小，平均有超过 40% 的公关预算花在外包服务上。在高科技领域，这一比例甚至更高，达到了企业预算的 66%。相比之下，非营利机构的预算中平均只有 38% 花在公关外包服务上。南加利福尼亚大学有研究表明整体平均后大约有 30% 的公关预算花在了外包服务上。

发展整合传播项目应达到的目标

- 各部门应该派代表组成委员会，并就不同项目应该如何相互配合以便共同实现组织机构的总体战略目标交换意见。如果人力资源、公关、法律和投资者关系部门的代表结成统一战线面对公司高层领导，他们的影响力会直线上升。
- 在传播方面具有共同利益的部门之间建立协作同盟关系，有助于实现企业整体战略目标。
- 各部门主管在协作中应当受到平等对待，以免其所在部门的自主权受到其他部门的影响。
- 不同部门的主管应当向同一个领导汇报工作，以保证这个领导在制定恰当的策略前充分听取了不同的声音。
- 部门代表间私下的相互交流有助于摒弃思维定式，增强相互之间的理解与尊重。
- 应该明文规定各个部门的职责，这有助于解决谁有权进行员工内部传播或者修改对外新闻稿这类问题上的争议。

常见的外包项目

1. 文书及传播。
2. 媒体关系。
3. 宣传。
4. 战略及策划。
5. 活动策划。

资料来源：Bisbee & Co. and Leone Marketing Research.

组织机构使用外包服务最主要的原因是获取自身欠缺的专业技术及资源，其次是为了在活动旺季补充人手。

专家表示，目前的公关外包趋势正在走从前广告外包服务的老路。如今，大约有90%的企业及机构的广告业务交由外部机构处理，而不是由内部部门完成。目前看来，公关公司是这一趋势中最大的受益者。同时，传统的代理商概念逐渐过时。现在的大企业基本都根据不同的项目雇用不同的公司，而不是一直使用一家公司代理。

> 安能博格学院的研究发现现在《财富》500强公司通常同时与三至四家公关公司合作，以根据不同的公关需求择优选择一家。

此图描绘了三种企业管理架构范例，展现了公关工作的重要性。

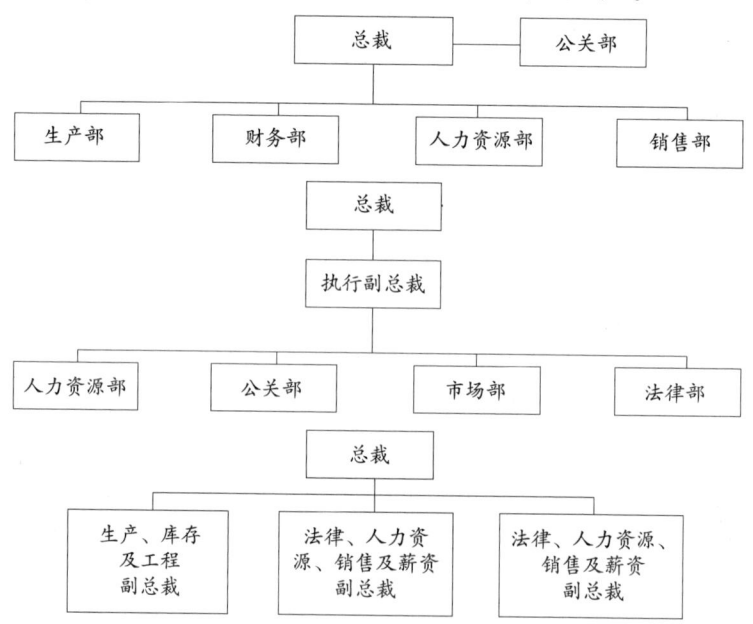

```
              总裁 ─── 公关部
               │
    ┌──────┬───┴───┬──────┐
  生产部  财务部  人力资源部  销售部

              总裁
               │
            执行副总裁
               │
    ┌──────┬───┴───┬──────┐
 人力资源部 公关部  市场部  法律部

              总裁
               │
    ┌──────────┼──────────┐
 生产、库存   法律、人力资   法律、人力资源、
 及工程      源、销售及薪资  销售及薪资
 副总裁      副总裁         副总裁
```

公关公司

公关公司遍布所有发达的工业化国家和大部分发展中国家，其规模参差不齐，既有一两人的小公司，也有超大型的全球公司。如爱德曼公关公司在

美国有 16 个办事处,在全球有 58 个办事处,员工多达 3 200 名。尽管这些公关公司的服务范围不同,但都遵循一些共同的准则。各个公司不论大小,都提供公关咨询服务或者为开展约定的公关活动提供必要的技术支持。公关公司既可以作为补充,协助委托单位的公关部门完成工作,也可以在委托单位没有公关部门时承担整个公关工作。

美国因其庞大的人口数量与雄厚的经济基础成为大多数全球公关公司的基地(有统计显示美国有超过 9 000 家全球公关公司),也因此在公关收入方面拔得头筹。公共关系顾问协会国际委员会在一个全球性调查的报告中说美国公关公司的收入"简直让其他地区的公关公司相形见绌"。

美国公关公司在全球的渗透与全球经济的发展成正比。随着二战后美国企业在蓬勃发展的国内外市场上的扩张,许多企业都对公关公司专业的传播服务产生了需求。而城市化的推进、政府机构和政府管理的扩大、大众传媒系统的复杂化、消费主义的盛行、国际贸易的发展以及信息需求的增加等一系列因素也刺激了公关公司的发展。公关公司的管理人员认为,随着更多国家接受自由市场经济,以及 CNN 一样的国际媒体的建立,整个公关行业未来的发展将会呈现良性态势。此外,互联网的迅速普及也使公关公司的全球触角有所延伸。

> **思考**
> 为什么美国的公关公司比世界其他国家的加起来还多?

公关公司理事会近期的调查显示,下列领域是被提到次数较多的公关增长领域。

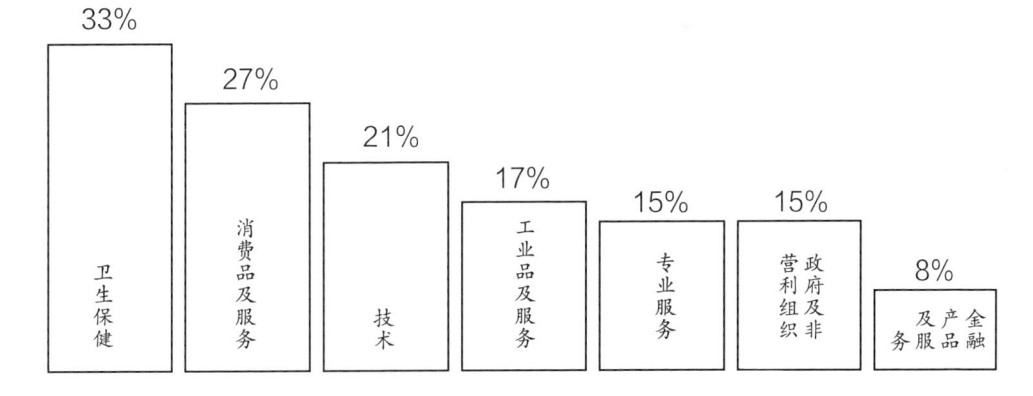

- 卫生保健:33%
- 消费品及服务:27%
- 技术:21%
- 工业品及服务:17%
- 专业服务:15%
- 政府及非营利组织:15%
- 金融产品及服务:8%

公关公司已经逐渐开始在自己的正式名称中摒弃"公关"一词，如使用博雅公司，而不是博雅公关公司的名字。还有一些企业则用"传播"来描述自己的业务，如芬顿传播公司就将自己描述为一家"公众利益传播公司"。

尽管公关公司大部分收入来自代写新闻稿、组织活动或安排媒体参观等策略实施层面，但公关公司却越来越强调其咨询服务。博雅公司的总裁哈罗德·伯森很好地描述了公关向咨询转换的过程。他曾经对观众说："开始时，公司高管习惯对我们说'这就是信息，把它传播出去'。接下来，话就变成了'我们说什么呢？'。现在，那些聪明的公司会问'我们应该怎么办呢？'。"

考虑到公关的咨询功能，本书用了"公关公司"一词，而非"公关代理"。而相比之下，广告公司完全可以被称为"广告代理"，因为它们的职责就是代表顾客购买媒体的时间及版面。

从公关公司理事会可以获取公关咨询服务方面的各种信息。该理事会有大约100家会员公司。理事会通过其官方网站（www.prfirms.org）提供有关公关业最新趋势的信息，并对如何选择公关公司以及其他各种材料提出建议。理事会还发行深受欢迎的刊物《公关职业：活力行业中的机会》，并且设立了职业介绍中心以供求职者在其网络上发布简历寻找工作机会。

公关公司的服务内容

公关公司提供多种服务：

- **营销传播**　通过新闻通稿、特稿、特别活动、宣传册及媒体参观等手段来推广产品和服务。
- **企业高管演讲训练**　企业高管公共事务活动培训，包括个人形象塑造。
- **调研及评估**　通过科学调查来测量公众的态度及看法。
- **危机传播**　针对漏油或产品召回等突发事件为管理层提供言论及行动方面的咨询。

- **媒体分析** 筛选合适的媒体，以将特定的信息传达给关键目标受众。
- **社区关系** 为管理层提供咨询服务，以获取官方和民众对建立和扩大工厂之类的项目的支持。
- **活动管理** 策划和组织新闻发布会、周年庆典及各种集会、研讨会和全国性会议。
- **公共事务** 准备政府听证会或监管机构的相关材料和证词，以及筹备背景情况介绍会。
- **品牌及企业声誉** 提供打造企业品牌及其产品品质的相关建议。
- **财务关系** 为管理层提供咨询服务，以避免公司被其他公司收购，并与股东、证券分析师以及机构投资者进行有效沟通。

此外，公关公司还提供一些特色服务。如凯旋和爱德曼公司设立了专注于网络及社交媒体的"数字媒体"服务，而博雅公司则提供环保传播方面的特色服务。2001年的"9·11"恐怖袭击后，福莱公司推出了国土安全公关服务。此外还有公司提供诉讼公关领域的服务，以帮助委托单位在重大诉讼案件中发声。

全球运营

大大小小的公关公司通常都分布在城市地区。在全球范围内，公关公司及其办事处、分公司大都分布在大城市或首都。例如，福莱公司的员工遍布46个国家或地区，而奥美公关有9个美国办事处，65个全球办事处，共有1 700名员工。

全球化运营并非大公司的专利，世界各地的中小型公司也相互合作，来更好地满足客户的需求。世通公关集团就是一个很好的例子。该集团由遍布五大洲91个城市的110家公关公司组成。其他类似组织还有顶点国际和Iprex，前者拥有遍布10个国家或地区的34家公关公司，后者由遍布30个国家或地区的68家公司的90个办事处组成。

荣获世界金奖的公关公司

全球各地的公关公司处理的公关事宜五花八门，下面是一些获得了国际公关协会（IPRA）世界金奖的公司及其组织的公关活动。

- **万博宣伟（中国香港）** 该公司组织了防治宫颈癌的宣传活动。在亚洲，每分钟就有三名妇女死于宫颈癌。万博宣伟对于预防宫颈癌疫苗"卉妍康"的宣传大大提高了疫苗接种率。
- **英豪斯（土耳其）** 该公司帮土耳其电信公司开展了"你救一棵树，我种一棵树"活动，来使客户放弃纸质账单，改用电子账单。活动期间，有100万土耳其家庭改用电子账单，保护了5万棵树，而土耳其电信公司则种了10万棵树。
- **地平线传播集团（澳大利亚）** 该集团组织了一个宣传活动，将新喀里多尼亚岛打造为"法国本土外最棒的美食体验地之一"。该活动宣传效果显著，赴新喀里多尼亚岛旅游的澳大利亚人增加了10%，并使"美食"一跃成为澳大利亚人赴新喀里多尼亚的第一大理由。
- **稳固关系（希腊）** 该公司通过有选择地邀请一些健康和美容记者参加茶歇、晚宴及研讨会来向记者宣传绿茶中的抗氧化成分儿茶酸的美容养生功效。立顿品牌借此铺平道路，获得了记者的认同，而希腊女性也将立顿的立雅茶视为"能喝的化妆品"。
- **普莱姆（瑞士）** 在斯德哥尔摩长达六周的医疗罢工事件中，该公司的危机传播人员使用网络、大众媒体、广告、手机银行及本地交通多个平台滚动发布信息，以确保市民能够在急救室关闭的情况下去别处及时就医。

作为同一个组织的附属公司，这些公司相互合作，为具有国际公关需求的客户提供服务。例如，一家印度公关公司可以委托洛杉矶的附属公司代其处理一支印度来访贸易代表团的新闻报道事宜。Iprex的负责人鲍勃·奥尔特曼斯在《公关周刊》的采访中说："让顾客在需要走出本土市场时，除了大的跨国公关公司以外还有其他可行的选择，这是我们创立Iprex的初衷之一。"

传播大集团的出现

直到 20 世纪 70 年代，大型公关公司还是由创办者独立持有，或在某些情况下由员工股东持有。但在 1973 年形势发生了转变，当时美国最大的公关公司拜奥尔公司被富康广告公司收购。不久之后，其他大的公关公司也陆续被大广告公司收购。

如今，公关公司及广告公司都只是全球大型多元化控股集团的组成部分。埃培智集团旗下不仅拥有富康广告（现更名为博达大桥①）等多家广告公司，还掌管着 14 家公关公司，其中包括万博宣伟、高诚公关、卡米高－林奇－斯邦、德弗里斯公关以及 MWW 集团、蒂尔尼传播等。

> **思考**
> 全球大集团可以为企业客户带来哪些优势？与全球大集团合作有哪些劣势？

尽管埃培智集团 2008 年的总收入高达近 70 亿美元，但也只是第三大传播控股集团。宏盟集团以 134 亿美元的年收入高居榜首，其中近六成收入来自广告以外的其他业务。像其他传播大集团一样，宏盟集团也拥有多个公司，涉足广告代理、市场营销、户外广告、直邮广告、促销活动、平面设计、调查研究、公关等多个领域。例如，宏盟集团旗下有七家大型公关公司：博达、培恩、福莱、康恩、凯旋、嘉信、克拉克－温斯托克。总部设在英国的 WPP 集团以 106 亿美元的总收入居第二位，旗下的控股公司包括博雅、伟达及凯维等六大顶尖公关公司。

大集团收购公关公司有多个理由。其中之一是不断融合的多种传播学科自动朝一个"整体传播网络"演化。支持融合的人认为没有哪一家功能单一的代理机构或者公司具备足够的人力和物力，可以有效地应对复杂而且通常是全球化、整合化的营销活动。此外，公关及广告人员的合作能为潜在客户带来更强的传播影响力，使其获得更多业务，并助其在全世界范围内扩大业务范围。

---

① 博达大桥（Draftfcb）是在 2006 年由 FCB 与 Draft 合并组建的，而 2014 年 3 月博达大桥又从名字中摘除"Draft"，改回为更具历史传承的 FCB（Foote，Cone & Belding）。——译者注

大集团收购公关公司的第二个原因完全是出于经济方面的考虑。公关公司被视为一项诱人的投资。《公关周刊》报道说近几年广告行业收益平平，而公关行业的利润则呈两位数的增长。

尽管以前公关公司尝试为客户建立整体传播网络的结果都不理想，但有越来越多的事例表明这个策略现在正在开始奏效。同一集团旗下的各个公司互相推荐客户，为整个集团增加了大量业务。随着传播活动的融合交汇，公司内部的深层合作也将变得更为普遍。

传播控股集团最初是从几家广告公司并入一个母公司旗下发端的，后来随着公关公司及其他专业传播公司的加入，集团的发展远远超过了最初的架构。例如，WPP集团虽然总部设立在伦敦，但却在全球100多个国家或地区拥有6.9万名员工。集团总裁马丁·索瑞尔在接受《华尔街日报》采访时说："千万别把我们当成广告公司，我们会翻脸的。我们的战略目标是在未来五到十年内努力做到集团三分之二的收入来自新型广告业务。由于市场细分和TiVo、SkyPlus等数字录像机的存在，客户和我们不得不关注一切动态。我们现在更加关注公关、广播、户外和移动信息以及卫星通信，而不是电视网。媒体策划变得非常重要。"

🎙 公关咨询公司的结构

小型公关公司往往仅由企业所有者（总经理）、副手（副总经理）及其行政助理组成。可想而知，大公司的内部结构等级更为复杂。

凯旋公司的旧金山分支就是一个典型的例子。总裁坐镇纽约总部，而行政副总裁则成了旧金山分支的现场主管。此外，还有一个高级副总裁担任运营副总监。他们下面是几个副总裁，主要负责客户监理或者特殊项目。

每个客户主管负责一个大客户或者几个小客户，其下属的每一个客户经理则负责直接与客户沟通，处理日常的客户工作。处在等级底端的是客户经理助理，负责日常维护工作，包括整理媒体清单、收集各类信息及起草新闻通稿。

刚毕业的大学生一般是从客户经理助理做起。一旦熟悉了公司的工作流程并在工作中崭露头角，通常少则半年多则一年半就会被提升为客户经理，而在两三年之内再被提升为客户主管也很常见。

副总裁及以上级别的职位要担起销售的重任。公司要兴旺发达就必须不断扩展新业务并向旧客户推销额外服务。为此，公司高管需要寻找潜在客户，准备销售方案，并进行新的销售展示。在这种竞争激烈的环境中，不擅长自我推销就无法获得成功，或者无法繁荣昌盛。

公司常常会组织团队来为客户服务，尤其是项目涉及多个方面的客户。团队中的一个成员可能会负责组织全国媒体旅行，安排企业代表参加电视访谈节目；另一个成员可能会负责所有的印刷媒体材料，包括新闻稿、专题报道、背景材料、图片等等；还有一个人可能专门负责行业刊物或者安排特别活动。

雇用公关公司的利与弊

公关属于服务行业，公司的主要资产在于人才。对《财富》500强公司传播副总裁的一项调查显示，客户在选择公关公司时通常首先考虑的就是公司员工水平的高低。

公关顾问托马斯·哈里斯曾对企业传播总监做过一项调查，结果表明客户将是否守时守信作为衡量公司好坏的首要标准。其他要素按重要性排序依次为客户服务、计费的诚实度和精确度、创造力以及对委托人所在行业的了解程度。

雇用公关公司的优势

对企业而言，与内部的公关部门相比，雇用公关公司具有很多优势：

- **客观性**。公关公司能够从新的视角分析客户的需求及问题，从而提出新的见解。
- **各种专业技能**。不管是在演讲稿写作、行业杂志宣传还是投资者关系等方面，公关公司都拥有专业人才。
- **丰富的资源**。公关公司频繁接触媒体，常与各类厂商服务商合作，且拥有大量的调研材料，包括各种数据库等。企业若委托公关公司来处理诸如奥运会赞助之类的国际事务，必定会从其丰富的资源中获益。

公关案例　SXSW 音乐节的蜕变历程

自 1986 年以来得克萨斯州的奥斯汀市一直是西南偏南（SXSW）音乐节的大本营。

1993 年，SXSW 电影节与 SXSW 互动节（SXSWi）加入了西南偏南音乐节（SXSW）。SXSWi 不仅包含一系列的产品演示和建立关系网的机会，还是一个分享网站、电子游戏、创业点子的渠道，同时还是一个重要的贸易展览。起初互动节并没有获得音乐节或电影节那样的知名度和高关注度，故 SXSWi 的公关人员以及培恩公关公司的奥斯汀分部决定联手改变这种状况。2007 年仅有 75 家媒体出席 SXSWi，故到 2008 年公关人员已经做好准备升级这一活动时，出席 SXSWi 的媒体数量已经超过了 200 家。

SXSWi 的媒体关系已经在给有媒体影响力的人提供互动节的 VIP 待遇方面具有名气了，于是 SXSWi 的公关人员与培恩公司奥斯汀分部的员工开始另辟蹊径、再接再厉，使其对整个互动行业的趋势及技术水平的推广更上一层楼。2008 年 8 月他们迈出了正确的一步：发布新闻稿宣布推出"选择面板"在线投票应用程序，成功地替 2009 年 3 月中旬的互动节造了声势。

同时，培恩公司准备了一系列一流的媒体资料，其中包括互动节的日程一览表、面板和晚间活动的热门选项、行业联系信息以及个人化的活动信息。培恩公司还为参会企业准备了工具包，包括新闻通稿范本、新闻发布渠道选项以及大会公关建议和注意事项。

超过 300 家互动媒体派代表出席了此次大会。《广告时代》杂志称："被称为'新媒体圣丹斯'的 SXSWi 是数字文化未来方向的领头羊。"英国《卫报》报道称："SXSWi 涵盖的领域有游戏、网络内容、网络设计、网络开发、学术、社交媒体、移动通信……但是它的高明之处在于实现了艺术与数字文化的科技化结合。SXSWi 摒弃了旧套路，拒绝无趣的产品推介，成为新的数码产品及技术的交流孵化平台。"

1. 你如何衡量培恩公司与 SXSWi 的公关员工在提升 2009 年度 SXSWi 的媒体关注度方面的成功？

2. 假如你是培恩公司的员工，你会如何影响对数字媒体及网络趋势感兴趣的记者？

3. 想想你居住的地区举办的一次艺术节或贸易展，你会如何推广这个活动？公关公司的员工能够为你提供什么帮助？

- **众多的办事处**。全国范围的公关项目需要各大城市同步实施，大的公关公司往往在多个城市甚至世界范围内有分公司或者现场员工。

- **专业的问题解决技能**。公关公司可能在客户所需的领域有丰富的经验和良好的声誉。例如，博雅公司在危机公关、医疗卫生公关以及特殊项目的全球协作方面享有盛誉，伟达公关在公共事务方面声誉显赫，而凯旋公关则是消费品市场营销方面的翘楚。

- **信誉**。成功的公关公司在职业道德方面享有盛誉。客户选择这种公司来代表自己将更容易获得大众媒体、政府及金融界意见领袖的关注。

雇用公关公司的弊端

雇用公关公司也存在一些弊端：

- **对客户特殊问题的理解肤浅**。公关公司的"旁观者清"虽然可以带来客观性，但通常也存在由于其"旁观"身份而无法深入透彻地理解顾客的需求的缺点。

- **精力分散**。一家公关公司有多个客户，因此公关公司不可能将所有人力、物力集中于某一个客户。

- **前期工作耗时过长**。公关公司对一家组织机构进行调查研究并提出相应的建议均需要花费时间和资金，这一点令很多委托单位感到不满。与此相应，公关活动的真正实施也可能要等好几周甚至是好几个月。

- **内部公关人员的不满**。委托机构内部公关人员可能会对雇用外部公关公司感到不满，因为他们会认为这样显得他们一无是处。

- **需要委托方高管的明确指导**。委托单位的高管必须花时间给外部公关公司介绍需要达成的具体目标。

- **需要委托方提供全部信息和信任**。双方合作时委托方需要向公关公司公开内部信息，甚至是一些不可告人的事情。对公关公司和客户之间合作的重要性的阐释请参见本章前面的行为道德部分。

- **花费高**。雇用外部公关公司费用较高。在很多情况下，内部员工能够以更低的成本完成日常的公关工作。

应该选择企业公关部门还是公关公司的工作？

应届大学毕业生常常需要权衡二者的利弊。

企业公关部门：工作深度	公关公司：工作广度
对工作经验要求高，工作职责更窄更集中。	迅速积累经验（建议：找个导师跟着学）。
初级阶段的工作有时比较单调。	多样性。工作通常同时存在多位客户及多个项目。有快速晋升的机会。
如果不换雇主，晋升机会有限。	工作节奏快，新鲜刺激。
工作节奏可能较慢。	很少见证自己为某个客户工作的成效，不能参与实践环节。
经常需要与行政人员打交道，工作效果立竿见影。	工作能力得到历练（这一点上导师的指导非常重要）。
是公司"宏观图景"中一个重要组成部分。	与其他公关从业人员建立关系网络有利于找到更好的工作机会。
需要各方面的能力，没有多少时间接受同僚指导。	能够学习其他技能，如做展示及做预算、设置时间节点等方面的能力。
有时工作太忙没空建立关系网络。	由于按小时计费，工作压力大，效率高。一些公关公司是真正的"血汗工厂"。
总是面对同一个"客户"。优点：更加了解客户。缺点：工作会变得乏味。	比较高的员工流动率。
工作压力小，更注重长期效果的达成。	预算及资源有限。
离职率低。	初级员工薪酬向来较低。
可用的资源通常更多。	可能只有最基本的医疗和保险福利。
薪酬更高。	没有分红或认购股权。
福利待遇一般不差，有时特别好。	更重视技术性的工作和材料制作。
有更多发展机会。	
可能参与更多管理及战略策划工作。	

公关服务的费用

公关公司的计费方式跟法律咨询公司及管理顾问公司相同,有下列最常见的三种:(1)按小时计费,外加额外支出;(2)签订聘用合同,收取聘用金;(3)按照固定项目收费。此外还有一种不常用的按照媒体投放量计费的方式。

- **按小时计费,外加额外支出**。公关公司每月汇总服务客户的小时数并把账单发给客户。公关公司不同的咨询人员每小时的服务费用也不相同。额外支出,如出租车费、租车费、机票及餐费等,也会一并发给客户。一般说来,一个十万美元的宣传活动中近七成费用会用来支付员工工资。

- **收取聘用金**。公关公司按月向客户收取维护账户与提供"随时待命"式建议和战略咨询的日常管理费用。这种方式更适合于自身拥有公关传播活动执行能力,但在活动策划阶段仍需专业公关建议的客户。许多公关公司在聘用金中也会详细列出每月服务客户的小时数。额外的工作将会按小时正常计费,额外的支出会单独计算。

- **按照固定项目收费**。公关公司同意按照固定的金额收取某个具体项目如编撰年报、新闻简报或者组织专题活动的费用。例如,公关公司可能按每年三万美元的费用为客户撰写和制作季度新闻简报。这种方式是公关公司最不喜欢的收费方式,因为很难准确预估全部的工作量和成本。而很多客户却更倾向于这种收费方式,因为这种方式方便做预算,也容易避免额外花费。

- **按照媒体投放量计费**。这种并不常用的方式是按照公关内容在各类媒体上的投放量,而不是按照劳动小时数计费的。根据投放媒体的权威性、发行量及受众规模的不同,投放中介公司对每篇重大新闻的收费从 1 500 到 15 000 美元不等。大多数公关公司并不采用此类经营模式,原因如下:首先,这会将原本广泛的公关活动仅仅局限于媒介关系与媒体投放;其次,先投放后支付的付费模式也使公关公司面临着资金周转问题;再者,最终新闻能否投放成功是由媒体把关人说了算,所以无法保证投放成功,这就意味着公关人员前期向媒体"推介"新闻的努力有可能付之东流。

公关公司常用的按小时计费、收取聘用金或收取固定项目费等收费方式，是以事先估算出的策划、实施、评价某一项目将会花费的劳动小时数为主要依据的。第一种按小时计费的方式最为灵活，在大公司中应用最为广泛。这种方式也最受公关从业者的青睐，因为他们是完全按照实际劳动小时数获取酬劳的。而相比较之下，聘用金及固定项目费用的支付是以预估的客户服务小时数为依据的。

公关公司在预估某一项目的成本时要考虑很多因素，包括项目的规模和持续时间、项目开展的地点、所需的人手和客户的类型。当然其中很重要的一点是公关公司为客户服务的公关人员按小时计算的使用费。

一名客户经理一年大概能挣 6.5 万美元，公司还会提供 2.3 万美元的福利（包括医疗保险、养老金等），因此一名客户经理每年共需要花费公司 8.8 万美元。假设每位客户经理每年有 1 600 个可计费小时数（扣除带薪休假时间及公休日），那么他平均每小时能挣 55 美元。

对于客户的收费标准，业内惯例是至少收取员工薪酬的三倍，以保障公关公司支付写字楼租金，购买办公设备，缴纳保险金，提供各种办公用品，同时保证公司达到 10% 至 20% 的税前利润率。因此，客户经理的收费（3×55 美元）大约是每小时 165 美元。SGP 咨询公司的调查发现，公关公司的客户经理每小时的平均收费为 198 美元，高级副总裁平均每小时的收费为 287 美元，而总裁平均每小时的收费为 343 美元。年收入达到或超过 2 500 万美元的大公司的总裁平均每小时的收费则高达 505 美元。

公关公司的主要收入来源于出售员工的时间，而通过对公司管理的复印、电话、传真、图片等服务的加价，公司也会有一些额外收入。业内一般加价的标准是上浮 15% 至 20%。

公关策略 《公关周刊》

金伯利·摩尔 2010年1月15日

美国人口普查关注少数族裔

华盛顿：人口统计局本周公布了为期四周的2010年度全国人口普查宣传活动计划，其中整合了广告、社交媒体及体验式营销等。此次活动重点关注少数族裔社区，鼓励他们积极参与普查，以便将其全部纳入统计范围，这将有利于保障他们的权益。

美国人口统计局负责人罗伯特·格罗夫斯坦言此次人口统计局及其合作团队的共同目标是，"增加填写调查问卷并寄回给人口统计局的家庭的比例"。他说："我们的方针就是通过我们能够掌握的媒介和市场把消息传播出去。"此次宣传活动将于1月17日在金球奖颁奖典礼现场拉开序幕，然后在18日正式开始。

此次普查的广告将出现在主要的体育赛事中，包括"超级碗"橄榄球赛及2010年冬奥会。在网络上，不仅设有2010年人口普查的官方网站，格罗夫斯本人也为此专门开通了博客，同时在Twitter及Facebook等社交媒体上也开设了账号。此外，"美国画像公路行"也于1月4日启动，这是本次普查的教育活动。

格罗夫斯接受《公关周刊》采访时称："现阶段，全国民众对于2010年人口普查的基本知识了解程度很低，因此我们要火力全开，加大宣传力度。"他还补充说所有的宣传都会传递一个信息——参与人口普查简单、安全且意义重大。

这个讯息在人口普查深入多元文化群体时尤其重要，它直接指向那些由于不信任政府或缺乏普查知识而未被完全统计的群体。为了改变这种情况，人口统计局与多家全国、地方和社区机构合作，以在这些群体中建立起信任。宣传广告将用28种不同的语言制作，包括IW集团①及GlobalHue公司②在内的专业机构都在帮助人口统计局进行多种文化的推广。

> 公关业的发展趋势之一就是公关日益与广告和营销整合起来。这些战略传播领域的相互协作是许多成功的现代公关活动的特征。

> 由于这次活动是宣传美国的人口普查，目标受众数量庞大且文化多元，重要的是要让信息传达到每个人，不论是老幼、贫富、种族——白人、非裔、西班牙裔以及其他少数族裔——还是城乡差异。

> 这些不同的传播方式将如何帮助组织者抵达不同的受众？

> 只有通过研究调查，才能提出像这样精辟有力的宣传主旨。

> 无论是宣传美国人口普查，还是处理一起产品召回事件，寻找当地的合作伙伴在建立信誉和获取信任方面是非常有帮助的。

---

① IW集团是美国一家多文化营销机构。——译者注
② GlobalHue公司是美国最大的由少数族裔开办的营销传播机构。——译者注

| 像这种目标受众这么多元的大型宣传活动要求组织者必须使用多个公关公司的专业人才。

整个整合营销活动的预算为 3.4 亿美元，其中 1.33 亿用于付费广告。人口统计局雇用博达大桥负责此次活动的广告业务，万博宣伟负责公关业务，杰克莫顿公司负责体验式营销，IW 集团负责亚裔群体的推广，GlobalHue 负责非裔群体的推广，GlobalHue 的拉丁分部则负责西班牙裔群体的推广。

格罗夫斯说在这项活动上耗费这么多资金，最终会节省纳税人的钱，这也是活动所要传达的另一个信息。

| 对于任何传播活动，能够证明其对于委托方的价值都是十分必要的。

"我们知道，我们需要回访那些未寄回调查问卷的家庭，而我们每回访 1% 这种家庭，就需要花费 8 500 万美元。"他解释道，"因此，如果我能够通过广告来提高 1% 的问卷回复率，就可以省下 8 500 万来，对于纳税人而言这是划算的。"

万博宣伟的副总裁布鲁克·沃登称宣传这个信息以及其他信息是其工作之一。此外，公司其他的工作还有获取媒体关注、问题管理、社交媒体及少数族裔媒体宣传等。

| 这次活动的各个要素证明了公关从业人员为整个整合传播带来了多种专长。

沃登补充说道："这是一次整合营销活动，所有参与的公司都要通力合作。"万博宣伟的公关策略是在全国建立起问卷回复意识，并为各地的普查人员提供公关工具运用方面的培训。

2010 年的人口普查将会从多方面影响整个美国。传播方面，预计多元文化消费者的数量将会增加，特别是在得克萨斯州和亚利桑那州等地区，这将改变他们与外界接触的方式。

培恩公司负责西班牙裔市场的副总裁索尼娅·斯洛卡说："我预计这次普查的结果将会体现出美国人口结构的变化，比如美国出生的西班牙裔现在已经超过拉美移民，成为了西班牙裔人口增长最主要的来源。我们将看到特色营销、产品开发及个性化传播的增长。"

| 毫无疑问，这一策略及结论都得益于研究调查以及与西班牙裔社区多年打交道的经验。

艾希斯公司的总裁阿曼多·阿扎罗扎说："毫无疑问，少数族裔人口将会是美国 2010、2011 两年人口普查的重头戏，像 2000 年那样。"他认为"公路行"活动和与社区领袖合作将会是抵达西班牙裔人口最有效的方式。"这次有一个小小的教育活动，我认为政府真的可以做好这个。而合作伙伴是社区宣传工作的中坚力量，他们的参与是非常有力的工具。"

博雅公司华盛顿办事处的公共事务部执行主管玛丽·克劳福特也赞同说与社区领袖建立合作关系和在社区中拥有值得信赖的代言人是十分必要的。她说这种基层的接触是"主动走进他们的生活，而不是等着人家来找你"。

第6章

调研和活动策划

- 有效的公关活动包含哪四个基本步骤？
- 公关活动中是如何开展和使用调研的？
- 策划在有效的公关活动中起到了何种作用？
- 活动策划的八个要素是什么？

"不要分心驾驶"从调研开始

移动电话和智能手机引发了关注公共健康的人的担忧，他们认为司机在开车时使用手机是导致汽车事故增多、伤亡人数上升的原因之一。将汽车事故率保持在最低水平符合全美保险公司的利益，所以这家公司同福莱公司联合发起了一项活动，来让人们了解"分心驾驶"的危险。

全美保险公司先对全国范围内的1 500多名司机进行了调研，并依据收集来的数据开展了公关活动。全美保险公司在获得美国公共关系协会银砧奖时说，这些数据"使得他们深入地了解了美国民众对于分心驾驶的看法，以及那些导致美国民众分心驾驶的行为和习惯"。

在直接从司机处收集完调研反馈后，全美保险公司在道琼斯路透商业资讯和律商联讯两个数据库中检索了涉及分心驾驶的新闻报道。通过对报道进行内容分析，全美保险公司找到了报道过这个问题的记者，并将他们锁定为活动的目标受众。

全美保险公司和福莱公司的主要目标之一是通过技术和教育手段以及推动加强执法来"影响美国人的行为，降低分心驾驶带来的危险"。全美保险公司把活动的目标受众锁定为司机和关键的决策者，如立法委员以及年轻司机的父母。该公司利用了调研数据来发动媒体报道，如在多所高中举办教育活动，并且资助华盛顿特区举办了一场以分心驾驶为主题的研讨会，主要面向立法者。此外，这家保险公司还同神盾移动科技公司合作推出了一款"驾驶助手"软件，这款产品能"侦测出行驶中的车辆里的手机"，并在其他人分心驾驶时向司机发出提醒。

有关全美保险公司调研活动的新闻报道吸引了1.34亿受众，这相当于投入了210万美元的广告费。对此进行报道的媒体有CBS《早间秀》《纽约时报》和CNN等。华盛顿特区的研讨会还促使美国国家安全委员会发出了全面禁止驾驶时使用手机的呼吁。

在调研的基础上策划出一个完整的活动，而且这个活动给委托机构带来的经济利益要能够评估出来，这应该成为每个公关从业者的目标。全美保险公司和福莱公司这项获得美国公共关系协会银砧奖的活动就提供了一个包含上述要素的优秀案例。

有效公关的四个基本步骤

有效的公关活动是一个包含四个基本步骤的过程：（1）调研；（2）策划；（3）传播；（4）测量。**调研**为了解受众需求和生成强有力的信息提供了必要信息。**策划**被认为是管理的中心职能，它是一个制定目标并确定用以实现目标的方式的过程。**传播**和信息传播策略有关，即如何使信息对大众更具吸引力和说服力。**测量**（或评估）对公关业越来越重要。管理者有理由要求公关从业人员对其活动负责。测量技术为公关人员提供了一种方式，来向管理者证明公关可以实现组织机构的目标，并且可以对组织机构做出有意义的贡献。

本章将介绍这些步骤中的前两步——调研和策划——并考察它们在有效的公关活动中所发挥的作用。这一过程的第三步与第四步——传播和测量——将在下一章讨论。

第一步：调研

调研是公关过程中至关重要的第一步。调研是策划、项目实施以及测量过程中不可或缺的一部分。从根本上说，调研是一种倾听。

公关人员在制订计划之前，必须首先收集和解读数据。调研是必不可少的，它可以让高级管理层在进行决策和制定有效传播活动策略时做到心中有数。在一个活动完成后，调研还提供了一种评价和测量的手段。有意义的测量会使高层管理人员更加信任公关人员，并给予公关人员更大的职责。

> "调研是出于描述和理解的目的而进行的客观、系统、有控制的信息收集。"
>
> 格伦·布鲁姆、大卫·多齐尔《公共关系中的调研应用》

不同类型的调研能够实现组织机构不同的目标并且满足其信息需求。调研类型的选择取决于特定的对象和具体的情况。总的来说，时间和预算是主要的考虑因素，对调研重要性的看法也是重要的考虑因素。

- 问题是什么？
- 需要哪种信息？
- 如何运用调研结果？
- 应该对哪个或者哪些特定受众进行调查？
- 组织机构应该使用内部公关部门还是雇用外部公关公司开展调研？
- 如何分析、报道或应用调研数据？
- 调研结果需要何时出来？
- 调研需要多少花费？

在制定调研方案之前需要考虑诸多问题，提出这些重要问题有助于公关人员确定调研的性质和深度。有时候，出于预算的考虑或者因为需要立即知道结果，仅仅需要进行非正式的调研；还有些时候，因为需要精准的数据，即使要投入大量的时间和金钱，也必须进行科学的随机调查。各种调研方式的利弊将在本章的后面部分讨论。

调研的应用

调研在传播活动各个阶段几乎都很重要。研究显示公关部门通常将其预算的3%到5%用在调研上，一些专家认为这一比例应该达到10%。公关人员运用调研的方式有多种。

获取管理层的信任

管理者需要事实，而非猜测和直觉。公关人员面临的一项批评是他们经常把传播活动同经济收益割裂开来，而调研为把这两者联系起来铺平了道路。

思考：调研如何帮助公关人员确定公关活动中说什么以及对谁说？

界定受众及细分市场

有关人口分布、生活方式、人口特征和消费模式的详细信息可以帮助公关人员确保信息传达至恰当的受众。例如，加利福尼亚成功地举办过一次儿童疫苗接种宣传活动，而这个宣传活动所依据的数据就来源于这个州的卫生部。数据显示：加利福尼亚过去的疫苗接种活动没有覆盖农村地区的儿童，而且西班牙裔和越南裔儿童的接种率也低于其他种族的儿童。

制定策略

实施错误的策略会浪费大量的金钱。下列发生在新罕布什尔造纸业官员们身上的事情值得思考。当时造纸行业因砍伐树木和航道污染遭到了媒体的负面报道，官员们认为需要开展一项公关活动来让公众了解造纸业在减少污染方面所采取的措施。一家公关公司对该州 800 位居民所做的民意调查显示，公众已经对造纸业所采取的措施普遍感到满意，因此，造纸业新的公关策略主要集中于加强正面印象，关注诸如劳工安全、就业和环境责任这样的主题。在这个案例中，调研在评估威胁是否存在时至关重要，并使造纸业相关官员熟悉了情况，制定了正确的公关策略，并将传播资源集中起来用在对其最为有利的地方。

> 是否将公关人员纳入组织机构的政策和决策过程，与他们实施调研以及将调研结果同组织机构的目标联系起来的能力有极大的关联。

> 很多组织机构的高层管理人员与雇员、顾客以及其他重要公众的想法正日益疏远，而调研可以通过定期调查关键公众的关切与担忧来弥补这一隔阂。这一反馈就像是管理人员的"事实核查"，通常有助于他们改善组织机构的政策和传播策略。

调研可以影响舆论

从大量的一手和二手资料来源中整理出来的事实与数据能够改变公众舆论。一个名为"俄亥俄人要求负责任的健康信息"的联盟反对一项公投议案，该议案要求在数千种产品上标注癌症警示涉及的产品，从胶合板直到花生酱。联盟委托大学及其他一些有信誉的外部机构调查这一立法对消费者和主要产业的影响。这个调查的结果被当作民间反对运动的基础，并最终导致了该议案的失败。

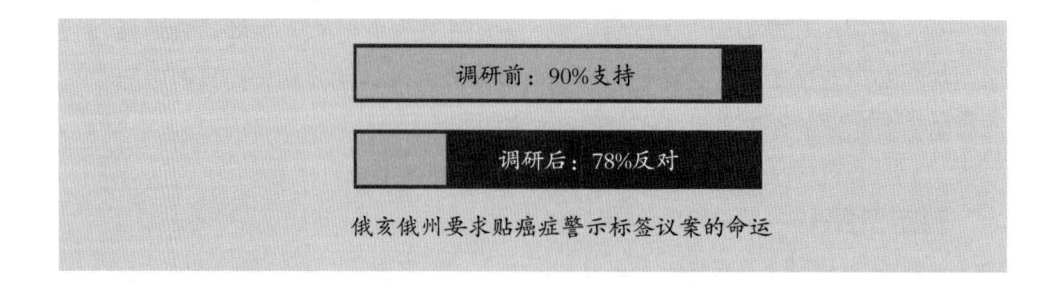

> 调研前：90%支持
>
> 调研后：78%反对
>
> 俄亥俄州要求贴癌症警示标签议案的命运

检验信息

调研可以确定哪一类特定信息对于目标受众来说最为重要。一项对于拼车活动的专项研究显示，最能引起顾客共鸣的信息是拼车可以节省时间和金钱，而不是拼车可以提高空气质量或者保护环境。因此，进行活动宣传时，公关人员就强调了通过使用拼车路线，平均一次上下班所能节省的时间，以及通过拼车每年在汽油、保险以及车辆维护方面所能节省下来的开支。

防止危机

据估计，组织机构 90% 的危机是由内部运作问题引发的，而不是由意外的自然灾害或者外部问题造成的。调研经常能够在问题演变成新闻之前发现问题的痕迹和公众的担忧。比方说，对免费客服电话收到的投诉进行分析或者对网络聊天室进行监测可能会使一个组织机构提前认识到应当在问题引起媒体注意前采取行动。公关人员能够通过环境监测和其他调研手段防止冲突或危机的发生。

监测竞争

精明的组织需要了解它的竞争对手在做什么。监测竞争对手的工作可以通过一些方式来完成，如使用调查问卷来询问顾客对于竞争对手产品的评价，对有关竞争对手的新闻报道进行内容分析，以及浏览商业期刊上的行业报道等。通过设置直接发送到电子邮件收件箱的提醒，监测工作可以变得更加简便。例如，谷歌快讯允许用户选择一个搜索词条的清单，一旦设置完成，包含所选词条的新信息就会通过电子邮件发送给用户。谷歌快讯就是以它在"跟踪发展中的新闻事件"或者"跟上竞争对手或行业的脚步"方面的用途来推广的。同样，人们也可以设置重要网站的 RSS 订阅。对于更为复杂和更为精准的监测，也可以选择商业性的互联网监测服务。这样的调研有助于组织机构制定营销和传播策略，以抵消竞争对手的优势和充分利用对手的劣势。

制造宣传

民意测验和调查可以为组织机构带来宣传效果。事实上，很多调研看起来就是为宣传而设计的。当飞利浦力科系列推出名为 Bodygroom 的新款男士电动剃须刀时，就是通过引用一项电话调研的结果来产生宣传效果。这项电话调研发现超过半数的男性受访者相比于其他身体部位，更喜欢后背没有毛。另外 72% 的受访者说他们甚至使用剃须刀来剃除身体最敏感部位的毛发。同样，席梦思公司也曾经因为调查人们是否裸睡而得到了宣传。

测量成效

衡量任何公关活动的最低标准是花在活动上的时间和金钱是否达到了活动设定的目标。公关活动的最后一步——测量，将在第 7 章中讨论。在这一章中，我们将关注开展调研的若干方法。

调研技术

使用"调研"这一术语时，人们往往只想到科学调查和复杂的统计数字。不过在公共关系中，调研技术也被用来收集数据和信息。

事实上，凯旋公关前高级副总裁及调研主管沃尔特·林登曼对公关人员所做的一项调查发现，四分之三的受访者称他们的调研技术是随意和不正规的，并不科学或者精确。受访者提得最多的调研技术是文献研究或者数据库信息检索。这种技术被称作"二手资料调研"，因其使用的是书本、杂志文章、电子数据库中现成的信息。相反，一手资料调研通过特殊设计的问卷来获取新的一手数据。一手资料调研的例子包括深度访谈、焦点小组讨论、问卷调查和民意测验。

另一种关于调研的分类方法是将其分为定性研究与定量研究。通常，定性研究可使研究者对所研究的情况和目标群体获得深刻的认识与理解。出现强烈的或负面反应时，它也能向研究者亮起"红灯"或发出警告。这些反应可能并不容易从少部分人推及更多的人，所以经常被看作"软"数据，但是它们向公关人员提供了潜在问题的预警。相反，定量研究通常花费更多也更为复杂，但是其研究发现能够被推及范围更广的群体，因此定量研究的结果有时被看作"硬"数据。如果准备花大量资金举行全国性的公关活动，那么最好先花钱进行定量研究。

定性研究	定量研究
"软"数据	"硬"数据
通常使用开放式提问，结构松散	通常使用闭合式提问，要求必须做出选择，结构严密
探索性质，刺探、"钓鱼"性质的研究	描述性和解释性的研究
通常有效，但不可靠	通常有效并可靠
很难推及范围更广的受众	通常能推及范围更广的受众
通常使用非随机样本	通常使用随机样本
举例：焦点小组，一对一深度访谈，观察法，参与法，角色扮演研究，简单民意测验	举例：电话调研，直邮调研，街头拦截采访，面对面访谈，成本分担或总括性研究，专家组研究

组织机构的资料

罗伯特·肯达尔在其著作《公关活动策略》中把对组织机构资料的调研过程称作**档案研究**。这些资料可能包括组织机构的方针说明、重要领导的讲话、已出版的员工内部通讯和杂志、已举办的公关和营销活动的报告以及新闻剪报等。这其中，市场数据因提供了基础数据而对被雇用来推出新产品或提高现有产品或服务的知名度与销量的公关公司尤其重要。在对组织机构同内外部各受众的传播方式进行审查时，档案研究也是一个重要的组成部分。

图书馆和在线数据库

每所图书馆里都有参考书、学术刊物和行业出版物。像 Proquest、Factiva 和 LexisNexis 这样的在线数据库包含从数以千计直至数以百万计的文章的摘要或全文。

公关人员经常使用的参考来源包括：《美国统计摘要》（http://www.census.gov/statab），这份资料概述了美国的人口普查信息；盖洛普民意测验（http://poll.gallup.com/），它提供各种议题的公共舆论风向；《西蒙斯媒体和市场研究》，该研究每年按品牌和不同媒体的曝光度对家庭的商品使用情况进行广泛的调查。

在线数据库可以通过订阅的方式使用，费用一般按使用时间收取。

公关从业人员需要关注时事以及公共事务议题以便向组织机构提供恰当的咨询意见。年轻的从业者应该养成阅读报纸和收看电视节目的习惯。

> 作为提升品牌知名度的众多活动之一，美乐啤酒在哈雷摩托公司九十周年之际，赞助了一项"团聚骑行"活动。凯旋公关为骑行活动和赞助商美乐啤酒争取到了大量的媒体宣传，其中98%为正面报道。或许更为重要的是，在此次活动中，美乐啤酒的销量在除两座城市外的其他所有城市都有所增加。

> 文献研究是公关最常用的非正式调研手段，它可以调用近1 500个电子数据库，这些数据库中存有海量的现今和历史信息。

当今的信息传递系统看起来几乎不受数量和形式的限制。网络杂志（zinio.com）或者网络报纸（pressdisplay.com 和 newsstand.com）提供类似于其印刷版的产品，但也包括在线链接和在线视频。智能手机提供免费或价格低廉的应用软件，通过它们可以获得高品质的新闻来源，例如《纽约时报》、《今日美国》、CNN Mobile、世界新闻订阅等。这些服务使得那些忙碌的公关人员检测新闻和趋势的工作变得简便了。类似 audible.com 之类的服务将报纸、书籍、电视、广播和播客上的内容通过音频推送到 MP3 上，使得每天往返上班的人能够一心两用。一些报纸也提供日报版面的互动版本，将内容通过卫星广播读给开车上下班的人听；用户可以将故事保存下来或者转发给同事们。全国公共广播电台（NPR）的听众也能够转发新闻或者订购新闻本稿或广播节目。

公关常用的在线数据库

- **布雷尔广播数据库** 在广播和电视节目播出后的24小时内提供完整的节目文本。资料来源包括ABC、NBC、CBS、CNN、全国公共广播电台以及精选的辛迪加节目。
- **道琼斯路透商业资讯** 以秒为单位,通过电子手段发送全球商业新闻报道、经济指标和产业及市场数据。
- **律商联讯** 数据库里拥有数以百万计的杂志、报纸和新闻机构的全文文本,包括《纽约时报》和《华盛顿邮报》的全文文本。

这些丰富的信息资源使公共关系从业者能够紧跟时代潮流,并对他们的组织以及该组织在广阔世界中的地位有清楚的认识。

互联网和万维网

对公关人员来说,互联网是一个强有力的调研工具。众多的公司、非营利性组织、商业团体、特殊利益集团、基金会、大学、智库和政府机构通常会在其万维网的主页上发布大量的数据。

公关部门和公关公司出于以下目的使用在线数据库:

- 对事实进行调研,为需获领导层首肯的方案或者活动提供支持。
- 随时跟进客户及其竞争对手的新闻。
- 追踪组织机构的媒体活动及其竞争对手的新闻发布。
- 为演讲稿或报告寻找特别的引语或令人印象深刻的数据。
- 了解媒体和商业企业对于组织机构最近动向的反应。
- 寻找能在某个问题或可能策略上提出建议的专家。
- 使最高管理层能对当前的商业趋势和问题作出评判。
- 了解目标群体的人口特征与态度。

网络搜索引擎是网上寻找信息的必备工具。在数百万可能相关的网站中，通过搜索引擎，调研人员仅需输入一两个关键词后点击"搜索"，就能够在几秒钟内收到由搜索引擎筛选的与给定主题相关的所有链接。像谷歌这样的搜索引擎还成为了分享各种主题的专业知识和问题解决方案的平台。在谷歌主页的组群板块（www.group.google.com）中可以找到从娱乐、商业到艺术的一切事物的信息。

思考 互联网搜索引擎在公关活动策划方面有什么作用？

调研人员可以使用专门的搜索引擎或搜索工具来寻找音频、视频或者其感兴趣的特定内容，例如体育或商业新闻。有关搜索引擎的评论与目录可见于 searchenginewatch.com。公关人员应该经常访问此类网站，以了解搜索引擎最新的发展，并关注搜索引擎政策方面的变动，比如说出现在搜索结果中靠前的位置上所需支付的费用。

调研人员可以使用类似 PROpenMic.org 这样的特定职业社交媒体以及像 PRFORUM 这样致力于公关话题的新闻组，来从他人那里获取信息。讨论组和博客正在日益成为公关人员的信息来源。在雅虎上有一些公关讨论组，如 NYC-PublicRelations Group、SmallPRAgencyPros、PR-Bytes、PRMindshare、PRQuorum、Young-PRPros。行业性组织如美国公共关系协会和国际商业传播者协会也有会员讨论组，分别是 PRCOnline 和 MemberSpeak。包括 brainsolis.com 在内的博客关注公关的商业趋势。国际商业传播者协会的 IABC Exchange 则集合了其品牌塑造、员工传播、公关测量和媒体关系方面的博客。

内容分析

内容分析是对内容进行系统和客观的计算或分类。在公共关系中，内容通常是从有关某个主题或某家组织机构的媒体报道中选出来的。就随机抽样和建立特定主题范围而言，这一调研方法既可以是非正式的，也可以是相当科学的。它常用于有关某家组织机

> 公众舆论调查有助于公关人员锁定想要抵达的**目标受众**和订制信息。这种调查通常由调研人员在街道上或商场中完成。

构的新闻报道的分析。

在基础阶段，调研人员可以将新闻剪报整理成剪贴簿，并且计算版面数量。《公共关系调研入门》一书的作者迈阿密大学的唐·斯戴克斯教授写道：内容分析"特别适用于文档、演讲、新闻稿、视频及其文本、访谈以及焦点小组讨论的分析。内容分析的关键是要客观……，要系统地对待内容……，（并且）信息要从定性陈述转变为可被量化、可与其他数据进行对比的数字和数据"。

内容分析方面一个好的范例是某家公司对于其百年庆典宣传活动媒体报道的评估。这一活动的成效测量是通过对报纸、杂志、广播和电视上提及客户及其产品的 427 篇报道进行内容分析这种低成本的方式完成的。内容分析的结果显示客户的主题和要点都出现在了媒体的报道中。

内容分析也能够帮助公关人员确定是否有必要付出额外的公关努力。例如，波士顿的法尼尔厅市场发现与其相关的旅游文章数量减少了，就增加了相关的公关活动。该市场通过举办周年庆典活动增加了相关报道。

内容分析还可以用于信件和手机通话分析，这种分析一般是特别好的反馈，可以反映组织机构政策和服务方面的问题。如果组织机构接到来信和来电，指出某个问题，就说明要有所改进了。

访谈

与内容分析一样，访谈也能够通过多种不同的方式实施。几乎每个人每天都会与同事交谈，并打电话到其他地方收集信息。实际上，面对某一特殊问题的公关人员经常需要"采访"其他公关人员以征求解决问题的意见和建议。

如果需要与公众舆论和态度有关的信息，很多公关公司会在购物中心或其他公共场合对人们进行简短的采访。这种类型的采访叫作拦截采访，因为人们几乎都是在公共场所被拦下来征询意见观点的。

虽然拦截采访并不使用样本归纳法（例如，访问结果不适用于普遍大众），但却能够使组织机构大概了解民众当前的想法或接触到某些特定的信息。拦截采访一般持续两到五分钟。

有时候，为了得到更为全面的信息，最好进行更为深入的采访。举例来说，一项由慈善团体举办的募捐活动可能需要对社区和商界的意见领袖进行深度访谈，来确定他们对该活动的支持程度。任何一场重要的资金筹募活动的成功都依赖于关键领袖和富人们的支持。这一更为深入的方法被称作目的性采访，因为采访对象是依据其专业知识、影响力或在社区中的领导地位而被精心挑选出来的。

焦点小组讨论

个人采访的一个极佳替代选择是焦点小组讨论。焦点小组讨论技巧被广泛地应用于广告、市场营销和公共关系，用以获知重要受众群体的态度和动机。焦点小组讨论的另一个目的是在全面开展一项活动之前制定或试验信息主题和传播策略。焦点小组通常由8到12个人组成，这些人具有更广泛的目标受众的特点，例如雇员、消费者或社区居民等。

> 例如，一份雇员医疗津贴或退休金手册，应该先在普通员工中进行试读，以检验其**可读性**和**可理解程度**。

在焦点小组讨论中，一个训练有素的组织者会使用非定向的采访技巧来鼓励小组成员针对主题自由发言，或对预设的信息主题做出真实的反应。讨论通常在会议室举行，形式也比较自由。依据其主题的不同一次焦点小组讨论可能持续一到两个小时。

从定义上来看，焦点小组讨论是一种非正式的调研手段，得到的是定性信息而非硬数据。通过这种调研技巧获得的结果不能用百分比来概括，也不能推及全部受众。尽管如此，在发现参与者的态度与意见方面，焦点小组讨论仍是非常有用的。这种了解会帮助组织机构构建信息，或者帮助其提出定量研究的假设和问题。

焦点小组讨论越来越多地通过网络开展。用这种方式，这种讨论可以简单到只需在聊天室或兴趣小组里提出问题。调研人员也会使用更为正式的挑选程序，来邀请远方的参与者在事先安排好的虚拟空间中会面。在未来几年里，可使在线焦点小组讨论变得更为划算的技术和服务将会进一步发展。

文稿测试

组织机构的传播时常不能奏效，原因是目标受众不能理解其制作和散发的材料。在很多情况下，材料的写作水平超越了受众的教育水平。为了避免这个问题，在大规模制作和散发材料之前，组织机构应该要求目标受众的代表阅读或浏览材料的草稿。这种类型的文稿测试可以以一对一或小组的形式完成。

有时候，批准文案的高管和律师或许可以理解送批文案，但只受过高中教育的工人可能会觉得难以理解。

另一种用来确定材料难易程度的方法是使用易读性公式对文案草稿测算。迷雾指数[①]、弗莱奇易读性公式[②]和相似的技术将每个句子或每篇文章中单词和音节的数量同阅读难度关联起来。十分复杂的句子以及多音节词通常适用于大学教育程度的受众。

利用网络资源测试文稿的两种方法是借助网络调研系统和维基网站。利用网络调研系统，如调研大师（www.surveyartisan.com），调研人员可以把视频和照片文件上传到网络上，供各地的目标受众评论。一种更简单但同样有效的文稿测验方法是将其作为附件粘贴在电子邮件中，并提供在线调研的链接。同样，照片或视频可以通过 Flickr 或者 YouTube 的分享社区来进行检验。维基网站是用户可以方便地编辑内容的网站，这些网站为客户或受众成员提供了一种批评与修正文稿的方式，实质上将受众成员变成了文稿的合作者。

> 为了适应数字媒体的发展，越来越常见的焦点小组讨论操作方式是在全国或全球各地举行和记录讨论，然后将这些记录上传至一个可靠的服务器，再推送给客户。焦点小组讨论的文档还可以通过密码在线浏览。时间和地点对焦点小组讨论而言越来越不成问题，使这种调研方法的应用越来越广。

科学取样法

前面所讨论的调研方法能够使公关人员获得清晰的认识并帮助他们形成

[①] 迷雾指数（Fog Index），美国学者罗伯特·冈宁（Robert Gunning）1952 年提出的一个易读性计算公式，"难度级别 = 0.4（ASL + PHW）"。其中，ASL 为句子的平均长度，PHW 为难词的百分比。——译者注

[②] 弗莱奇易读性公式（Flesch Reading Ease），奥地利学者鲁道夫·弗莱奇（Rudolf Flesch）1948 年提出的易读性计算公式，"易读性 = 206.835 −（1.015 × ASL）−（84.6 × ASW）"。其中，ASL 为句子的平均长度，ASW 为每个单词的平均音节数。——译者注

有效的方案。然而，公关人员越来越需要使用高度精确的科学取样方法，来实施民意测验和调查研究，以及进行更为严谨的内容分析。这种取样方法取决于两个重要因素：随机性和大量的受访者。

> **思考**
> 在调研中使用随机样本（如果可能）为什么很重要？

随机抽样

有效的民意测验和调研需要随机样本。在统计学中，这意味着目标群体（由调研者来定义）中的每一个人拥有同等的或已知比率的机会被选中参与调研。用这种方式选中的群体也叫作概率样本。相反，一个非概率样本不是通过随机抽样选中的——这是个很重要的因素，因为不正确的抽样方式会导致错误的结果。

最精确的随机样本是从含有每个目标受众名字的清单中抽出来的。如果你在对某组织机构雇员或成员进行随机调查，这种样本的抽取是一件简单的事情，因为调研者可以随意抽取。比方说，在清单上每隔25个名字选取一人。不过，要注意避免名单按职位高低或者员工类别排序。在挑选名字的时候最好保持较大的间隔，这样调研者选取的名字随机性更强。电脑生成的名单常被用于随机抽样。

另一种确保抽样代表性的常用方法是随机抽取符合受众统计特征的样本，这种操作方法被称作配额抽样。人力资源部门通常根据工作类型来给员工分类，因此也比较容易抽出相应比例的样本。例如，如果42%的雇员在装配线上工作，那么42%的样本就应该是装配线上的工人。按照调研的目的，配额抽样的样本可以依据任何数量的人口特征——年龄、性别、宗教、种族、收入抽取。

没有完整的清单时，随机抽样会比较困难。在这种情况下，调研人员在对大众进行调查时通常使用电话簿或顾客清单来随机选择受访者。更严谨的方法是利用电脑来随机

> 在使用商场拦截采访的方法时，一系列因素能够影响到采访对象的选择，例如当天的不同时段以及拦截采访的地点。

抽取电话号码，这一过程可以确保新的号码和未列入名单的号码也涵盖在样本中。

样本规模

在任何概率研究中，样本规模都是一个重要的因素。在公共关系中，获得民意测验数据的主要目的是了解态度和意见，而非预测选举结果。因此，进行 1 500 人的科学抽样既没必要也不切实际。

如果公关人员在对员工进行调查，如询问他们希望在公司杂志上读到什么内容，那么 10% 的误差范围是可以接受的。可能会有 60% 的雇员表示愿意看到更多有关晋升机会的消息。如果调查中只正确访问了 100 名员工，那么实际的百分比是 50% 还是 70% 并不重要，因为不管是 50% 还是 70%，这样一个百分比都足以支撑增加有关晋升机会的报道了。

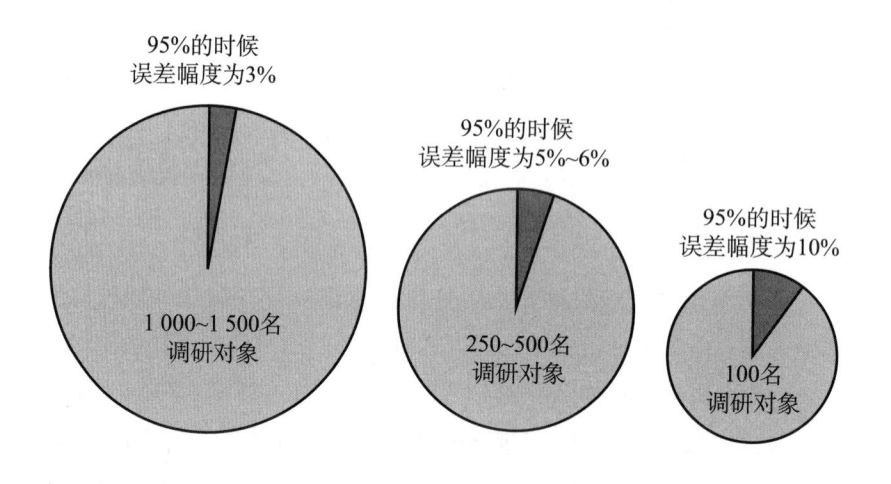

95% 的时候误差幅度为 3%

95% 的时候误差幅度为 5%~6%

95% 的时候误差幅度为 10%

1 000~1 500 名调研对象

250~500 名调研对象

100 名调研对象

△ 全国性的民意测验公司通常选取 1 000 到 1 500 个样本就能得到非常准确的美国成年人口的意见。一份包括 1 500 人的样本，95% 的时候误差在 3% 以内。这意味着，当使用同一问卷时，20 次中有 19 次得出的结果的误差在 3% 以内，且准确反映了整个人口的情况。取样人数在 250 到 500 之间的，结果相对比较准确——误差范围在 5% 或 6% 以内——这可以确定一般大众的态度和意见。按照概率原则精确抽取的 100 人左右的样本，将有 10% 的误差幅度。

接触调研对象

一旦样本选定,问卷设计完毕,还须将其送达预期的受访者。下列传送的方式都各有利弊:(1)邮寄问卷;(2)电话调研;(3)面谈采访;(4)汇编调研,也叫综合调研;(5)网络和电子邮件调研。

邮寄问卷

问卷可以用于多种环境。出于不同的原因,大多数的问卷是邮寄给受访者的。但是,邮寄问卷有一些缺点,最明显的就是回复率低。人们越是认同组织机构和问卷上的问题,越会对问卷进行回复。

专家称,如果调研人员遵循问卷设计的指导原则,邮寄问卷的回复率就能得到提高。此外,调研人员还应牢记下列建议:

问卷设计指导原则

在准备和组织问卷时应采取以下步骤:

- 确定所需信息的类型及详细程度。
- 写明调查的目标。
- 确定收到问卷的群体。
- 确定理想的样本规模。
- 陈述调研的目的,并确保不公开受访者的姓名。
- 尽可能使用闭合式的选项(多选题)。受访者觉得选择答案比自己作答更为简便省时。
- 按照答案易于编码和统计分析的方式来设计问卷。
- 尽量使问卷的问题不超过 25 道。冗长的问卷容易吓退受访者并降低回复的数量,特别是在使用印刷问卷时,因为人们很容易看到要花多长时间来完成调研问卷。

- 问到教育程度、年龄和收入时使用数值范围。使用类别或范围时，人们更愿意回答问题。例如，哪一个类别最恰当地描述了您的年龄：(a) 低于25岁；(b) 26~40岁。

- 使用简单、常见的词汇。问卷的易读性应契合样本群体。同时，不要对受访者使用居高临下的语气。避免使用可能使受访者感到困惑的模糊词语。

- 剔除指向某个特定回答或使选项具有偏见的诱导性问题。

- 记得考虑问题的上下文和前后排序。请牢记前面的问题能够影响后面的问题的回答。

- 在问卷结尾处留出空间以供受访者写下评论和思考。这个区域能够让他们提供问卷主体并未涵盖的额外信息和阐述。

- 对问题预先进行理解难易程度和可能存在的偏见性的检测。安排预设样本群体的代表阅读问卷并提供改进意见方面的反馈。

- 在问卷中包含一个贴好邮票、写好回邮地址的信封以及一份亲笔签名的书信，解释参与调研的重要性。

- 提供激励。商业公司经常通过象征性地提供一点金钱或折扣券来鼓励人们填写问卷。还有一些调研人员承诺同受访者分享调研结果。

- 使用头等邮件寄送问卷。一些研究发现，在信封上粘贴纪念邮票比只盖"邮资已付"更能引起受访者的兴趣。

- 在问卷寄出3到4天后，邮寄一张明信片提醒受访者。

- 在首次邮寄的2到3周后进行二次邮寄（可寄给未回复者或全体受访对象）。再一次附上一个贴好邮票、写好回邮地址的信封以及一封说明急需收信者参与的信件。

电话调研

调研公司广泛使用电话调研，特别是那些地方公司。电话调研的主要缺点在于很难获取电话号码。在很多城市地区，三分之一或是一半的号码未被列在电话目录上。虽然调研者能够利用电脑程序进行随机拨号来获得号码，但是这个方法的效果不如实际了解呼叫对象那样理想。手机号码占据支配地位，但又未列在电话目录上，这是开展电话调研遇到的另一个日益突出的障碍。因为手机号码是移动的，你很难搞清楚你所拨打的一个以212开头的号码是属于纽约市的某个现居者还是前居住者，抑或是某个仅仅希望看起来像是纽约人的人。另一个障碍是使受访者相信你是在进行一项正当的民意测验或调研并不容易，因为有太多的推销人员试图通过假冒调研人员来推销商品。

> **电话调研有下列优点：**
> - 回复（或不回复）是直接的。调研人员不必像邮寄问卷那样需要等待数周才能收到回复（或收不到回复）。
> - 打电话是个人性质的。它是有效传播，而且比面谈采访花费少。
> - 打电话与挨家挨户地上门访问相比，给人们带来较少的打扰。研究发现人们愿意进行电话交谈的时间长达45分钟，而他们站在门口接受访问的时间不超过5到10分钟，而且人们也不愿意让陌生人进入家里。
> - 如果调研安排合理且电话采访员经过训练，回复率可以到达80%～90%。

面谈采访

面谈采访是花费最多的调研形式，因为它需要训练有素的调查人员和外出旅行。如果涉及在一座城市内四处奔波，一个训练有素的采访者每天仅能采访8到10个人，而薪酬和交通费用使得这种调查方式变得相当昂贵。安排访谈和预约采访需要大量的前期准备工作，而且居民也不愿意让陌生人进入家里。

尽管如此，在某些情况下，面谈采访也可以做到高性价比。最明显的是，如果环境控制得好，面谈采访可以带来丰富的信息。很多调研公司会

> **大多数调查问卷邮寄给受访者的理由：**
> - 因为调研人员能够更好地控制收到问卷的群体，可以保证调查的代表性。
> - 可以用比较省钱的方式覆盖广阔的地理范围。
> - 实施纸质问卷调查与雇人进行面谈采访相比费用更低。
> - 能够用最少的花费覆盖较大的人群。

在全国性的会议或贸易展上进行面谈采访，因为这类会议可以吸引大量有着相同兴趣的人。

补充说明……

设计问卷以及分析结果是很耗费时间的，通过使用软件可以使这项工作变得简单一些。一款名为"公关受众调研软件"的程序是由密苏里大学的格伦·T.卡梅伦和科诺科技公司的蒂姆·赫尔佐格共同开发的。这款软件通过提供一些现成的、可经修改以适应任何情境的问题来帮助公关人员设计问卷。此外，这个程序还能够帮助调研人员进行数据分析，以确定目标受众。这个组件是一种较为简单的人工智能模块，通过统计数据来做出判读和生成建议。卡梅伦把它称作拥有较低智商的人工智能。

汇编调研

接触受访者的另一种可选方式是汇编调研，也叫作综合调研。实际上，这种方式是组织机构"购买"类似盖洛普或哈里斯这种调研机构开展的全国性调研中的问题。举例来说，通用磨坊公司可能在一项调查受访者最喜欢哪位职业运动员的全国性调研中提出一到两个问题，以此为其早餐食品找到新的代言人。在这份同样的调研中，美国癌症学会可能会设置一个问题，询问人们如何看待政府癌症筛查频率方面的新规定。

这种调研方法吸引公关人员的原因有两个：一是费用低，一个组织机构参与一项汇编调研的费用要比自己开展调研少得多；二是专业性强，像盖洛普或哈里斯这样的公司拥有恰当有效地开展调研的技巧和组织结构。

当然，汇编调研也有局限性。组织机构仅能通过一到两个问题获得民意的片段，并且调研主题必须要与普通民众相关。

网络和电子邮件调研

抵达受访者的最新方式是通过电子传播手段。其中一种方式是将问卷粘贴在组织机构的网站上，要求受访者在线完成问卷填写。这种方法的优势在于回复立等可取，结果也直接加到汇总表中。例如，某个大学生活动团体想要测试美国国家野生动物基金会旅行项目的相关信息，这一活动针对的目标是 50 岁以上的人。为了抵达正确的年龄群体，学生们从按照毕业年份排列的校友电子邮件目录上选取了样本。他们邀请这些校友访问一个网站，并对

旅行项目的几个信息方案打分。

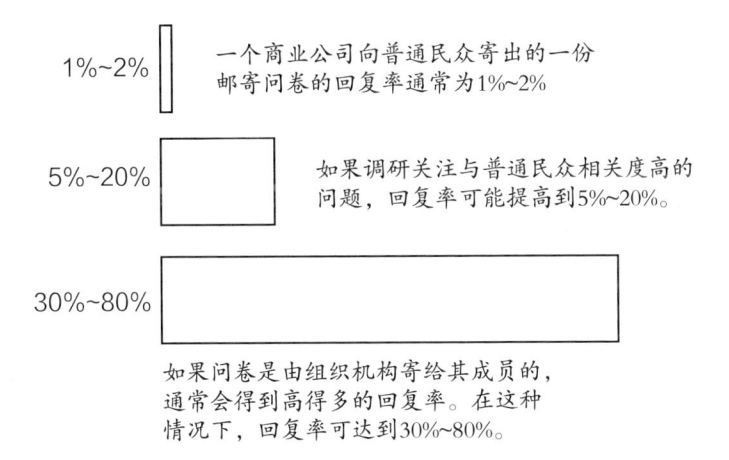

1%~2%	一个商业公司向普通民众寄出的一份邮寄问卷的回复率通常为1%~2%
5%~20%	如果调研关注与普通民众相关度高的问题，回复率可能提高到5%~20%。
30%~80%	如果问卷是由组织机构寄给其成员的，通常会得到高得多的回复率。在这种情况下，回复率可达到30%~80%。

调研人员使用了几种手段来吸引受访者访问网站，包括：（1）在其他网站或网络组织上发布横栏广告介绍调研；（2）向目标受众的成员发送电子邮件邀请函；（3）打电话给个人，发出参与邀请；（4）寄送明信片。

网络调研的主要缺点是难以控制受访者的准确特征，因为任何一个拥有电脑并连接到互联网的人都可以访问网站。防止同一个受访者重复参与调研也非常重要，这可以通过识别电脑的独特编号（也叫作 IP 地址），仅允许该地址提交一次回复来进行。在线调研面临的最大问题之一是调研缺乏人情味，以及仅需点击鼠标就能轻松退出网页所造成的低回复率。正因如此，很多网络调研都将最重要的问题放在开头。

如果接触某一特定受众十分重要，可以向一系列已知的受访者发送电子邮件调查问卷。组织机构可以编写客户或消费者的电子邮件目录，或通过各种渠道购买电子邮件地址目录。提供全方位服务的网络调研公司可以锁定目标人群、收集回复并将数据发回给客户。使用类似 freeonlinesurvey.com 这种自助性质的网络调研服务，网络调研的费用可能会很低。回飞镖公司（info.zoomerang.com）和哈里斯互动调研公司会招募和维护受访者储备库，来适应客户对受访对象的各种要求。比如，性别、收入和政治派别就是可按网络调研的目的进行选择的一些特征。

第二步：策划

紧跟在调研之后的公关过程第二步是活动策划。在公关人员开展任何公关活动之前，对于采取哪些措施，以何种顺序来达成组织机构的目标，他们必须给予深思熟虑。

一份出色的公关活动方案应该能对一个组织机构的商业、市场营销以及传播目标形成支持，并且富有战略性。公关人员必须考虑情况、分析能做什么、创造性地想出恰当的策略与战术，并确定如何对结果进行测量。策划也需要综合运用各种方法——新闻发布、特别活动、网页、社交网站、宣传资料袋、光盘发放、新闻发布会、媒体采访、宣传手册、新闻简报、演讲等等——来获得特定的效果。

> "我们的工作不再仅仅是发布新闻稿，我们的工作是通过传播来解决商业问题。"
>
> 高级公关顾问　拉里·维尔纳

系统地策划可以防止随意、无效的传播。有一个需要做什么以及如何做的蓝图可以使活动更有效率，并使公共关系对组织机构更有价值。

策划的方法

策划就像玩拼图游戏。调研提供了各种各样的碎片，接下来需要将这些碎片拼接起来，形成连贯的设计或图画。最好的策划是系统性的——收集信息、分析信息，以及为了达成某个目标的特定目的而创造性地运用信息。

我们在这里讨论的两种策划方法，强调的是通过问答来形成通往成功的路线图。一个流行的策划方法是"目标管理法"（MBO）。目标管理法为制定策略提供焦点和方向，并使组织机构实现其特定目标。

诺曼·奈杰和哈雷尔·艾伦在其合著的《公共关系目标管理法》一书中，讨论了目标管理法的九个基本步骤，这些步骤能够帮助公关人员对从一则简单的新闻稿到多层次传播方案在内的一切形成概念。这些步骤的作用像是一个核查表，为战略性策划提供基础。按照从奈杰和艾伦的书中改编来的核查表做好准备工作后，公关人员就拥有了"组装"公关计划的"建筑材料"。这些"建筑材料"为制订某一个特定的计划提供了背景。

此外，全球公关公司凯旋公关在其"公共关系战略策划模型"里提供了指向性更强的问题。凯旋公关的组织模型对公关人员和客户来说同样有意义，它使得双方都朝着更加明确的情况分析的方向前进，而这个情况分析有助于保持策划和客户整体目标的一致性。

> **思考**
> 提出正确的问题对战略策划有何关键作用？

目标管理法和凯旋公关模型这两种策划方法，都通往接下来的重要步骤——公关策划方案的写作。这一策划方案中的众多要素我们将在接下来的部分进行解释。

活动策划的八个要素

一份公关活动方案确立了做什么、为什么做以及如何做。通过准备这种计划，不管是作为一份简要的大纲还是作为一份包含内容更广泛的文件，公关人员可以确保所有要素都得到了恰当的考虑，而且所有参与人员都了解了全局。

目标管理法的九个基本步骤

1. **客户/雇主的目标** 传播的目的是什么？它如何推动或实现组织的目标？具体的目标，如"使消费者了解产品的出色品质"要比"使消费者了解产品"更有意义。

2. **受众/目标群体** 哪些人应该接收到信息？这一受众可以怎样帮助组织机构实现其目标？受众的特征是什么？可以怎样运用人口统计信息来建构信息？例如，一项鼓励拼车的公关活动，其主要受众应为日常开车去上班的人，而非一般大众。

3. **受众的目标** 受众想知道的是什么？如何定制信息才能使其符合受众的个人利益？受众对平板电视的色彩与清晰度的兴趣要大于对等离子、LCD 和 LED 显示屏之间的技术差别的兴趣。

4. **媒体渠道** 向受众传递信息的最佳渠道是什么？多种渠道（例如新闻媒体、博客、宣传手册）可以如何强化信息？一则广告可能是使消费者了解新产品的最佳方式，但新闻稿可能在传递产品的消费者信息方面效果更佳。

5. **媒体渠道的目标** 媒体把关人从新闻角度期待着什么内容？某个特定的出版物为什么会对这个信息感兴趣？

6. **来源和问题** 需要哪些初级和次级的消息来源来为信息提供事实依据？需要采访哪些专家？需要使用哪些数据库来开展调研？例如，关于一项新技术，引用项目工程师的话要比引用市场总监的话效果更好。

7. **传播策略** 哪些因素会影响信息的传递与接收？是否有其他事件或信息可以削弱或强化信息？如果最近有一场旱灾，节约用水活动的效果会更显著。

8. **信息的本质** 计划的传播行为会对受众造成何种影响？信息仅仅是用于告知，还是意在改变态度或行为？让人们知道身体健康的价值同指导他们实现这一目标是不同的。

9. **非语言支持** 照片、图表、影片和艺术作品可以如何阐明并在视觉上强化书面信息？条形图和饼状图要比数字列表更容易理解。

对公关公司来说，在发起一项公关活动前准备一份活动计划来征得客户的同意和征询可能的修改意见是业界的普遍做法。通过这种方式，公关公司和客户可以就活动目标及用以实现目标的手段达成共识。组织机构的公关部门也会对特别活动做出筹划或者对部门来年的工作计划做出展示。

形势

公关人员在没有对形势有一个清楚认识，不知道什么催生公关活动需求的情况下，是不能制定出有效合理的目标的。下列三种情况经常催生公关活动：组织机构必须采取补救措施来克服问题或不利处境，组织机构需要开展特定的一次性活动，组织机构想更努力以维持声誉和公众的支持。

凯旋公关的公共关系战略策划模型鼓励公关人员在策划公关活动时对事实、目标及受众等方面的一系列关键问题进行问答。

事实

- **分类事实**　行业的最新趋势是什么?

- **产品/服务问题**　产品、服务或问题的重要特征是什么?

- **竞争事实**　竞争对手是谁?对方的竞争优势、相似点和不同点是什么?

- **客户事实**　产品的用户是谁?用户为什么使用这一产品?

目标

- **商业目标**　公司的商业目标是什么?达成目标的时间框架是什么?

- **公关的作用**　公关如何融入营销组合中?

- **新业务来源**　哪一部分能够带来增长?

受众

- **目标受众**　目标受众是谁?目标受众的"热键"是什么?

- **当前的思想动向**　受众对产品、服务或问题的看法如何?

- **期望的思想动向**　我们希望受众如何看待它们?

关键信息

- **要点**　为了改变或强化受众的观念需要传递什么样的关键信息?

- 丢失市场份额以及销售额下滑通常需要补救性的活动。例如,据《公关周刊》报道,福特汽车公司 2009 年开展了大量的公关活动,结果其零售市场份额自 1995 年来首次在 11 个月中出现了 10 个月的增长。其他组织机构也可能开展类似的活动来改变公众的观念。

- 特定的一次性活动通常也会催生公关需求。微软 Windows 7 操作系统的推出就是一场一次性的活动，这需要一份活动方案来安排好产品推出前几个月内的活动。

- 保持和提升消费者及公众的支持也是制定公关活动方案的原因。"56部门"是一家领先的模型设计制造商，生产的产品是可亮灯的收藏版乡间别墅。这家公司虽然已经在商业上取得了成功，但还想招来新的顾客。为了达成这个目标，这家公司启动了公关活动，内容包括散发圣诞节家居装饰的宣传手册，以及让其各地经销商参与装饰当地的麦当劳餐厅。

> 虽然可能存在一些变化，但是公关活动一般包括八个基本要素：
> 1. 形势。 2. 目标。
> 3. 受众。 4. 策略。
> 5. 手段。 6. 日程表/时间表。
> 7. 预算。 8. 测量。

- 在活动方案中，最好把相关调研作为判断形势的一个依据。在"56部门"的案例中，消费者市场分析显示，对家居装饰感兴趣的消费者同那些喜爱收藏模型的人之间有着很强的联系。这类研究为设定活动目标、形成活动方案的其他要素提供了基础。

- 前瞻性调研为活动方案提供信息。冲突管理周期的前瞻性阶段就涉及为评估潜在的竞争和威胁所做的问题追踪。出现威胁的前兆时，可使用威胁评估模型来确定这一情况会给组织机构带来多大的威胁。威胁越大，制定策略、策划方案和设定目标就越发重要。

目标

一旦了解了形势或问题，下一步就是设定活动的目标。通过以下三个问题可以对提出来的目标进行评估：它真的考虑了形势吗？它是否是现实的、可实现的？它的效果能够用有意义的方式测量吗？

- 公关人员通常以活动的产出，而非投入来表明目标。目标不应该是"手段"，而应该是"结果"。例如，一个糟糕的目标，是"宣传新产品"。宣传本身不是"结果"，实际的目标应该是"使消费者了解新产品"。

- 公关活动应补充并强化组织机构的目标，这一点特别重要。基本上，目标要么是信息性的，要么是激励性的。

- 很多公关方案的主要目的是向受众提供信息并增加他们对某个问题、活动或产品的了解，这些可以被称作信息性目标。很多传播与营销人员认为，公关活动效果的主要评判标准是是否增加了公众的认知，以及是否传递了关键信息。下面是一些信息性目标的例子：

    ——旅游城[①]："提升消费者对品牌整体的认知度和兴奋度。"

    ——美国全国制造商协会（NAM）："使目标受众了解制造业对我们国家当前的竞争力及未来的繁荣度的基础性作用。"

- 信息性目标面临的一个难题是对特定目标的达成情况进行测量。公众的认知度以及教育发挥作用的程度多少有些抽象和难以量化。对效果进行调研可能会提供相关信息，但很多机构是通过计算媒体投放量来推测"认知度"的。但实际上，信息的曝光量并不一定意味着公众的认知度提升了。

- 虽然在公关活动中改变态度和影响行为难以实现，但是激励性目标却很容易测量。这是因为它们是以经济收益为导向的，而且建立在明显可测量、可量化的结果之上。无论这个目标是提高产品销量，卖完戏剧演出的票，还是为慈善机构带来更多的捐款，都是这样。下面是一些激励性目标的例子：

> "明智地、战略性地选择与组织机构的生存和发展相关的公关目标和目的，可以证明公关活动是一项有存在必要的管理活动。"
>
> 圣迭戈州立大学　大卫·多齐尔

    ——金霸王电池："在主要大城市向消费者发放品牌用户手册（《齐心合力，我们的家庭更安全》）和优惠券。"

    ——美国电话电报公司（AT&T）U-verse 服务（电视、高速网络和家庭数字电话服务商）："使 2008 年下半年有关 U-verse 的报道数量较上半年翻一倍。"

    ——多力多滋立体脆："促进消费者参与网络比赛，在活动网站上提交和观看视频。"

---

① 旅游城（Travelocity），美国三大旅游网站之一。——译者注

- 公关活动经常同时具有信息性目标和激励性目标。威斯康星州的反饥饿运动就是一个好的例子。活动的目标是增加人们对威斯康星州饥饿情况的认识，招募额外的志愿者，募集比前一年更多的资金来支持全州范围内的消除饥饿活动。

> **公关案例**　福莱公司为 UPS 做了什么？
>
> 无论是社区性的公关活动还是全球性的公关活动，都应该包括 8 个步骤。思考以下福莱公司为优比速联合包裹运送公司（UPS）设计的获奖活动是如何符合上述标准的。
>
> 1. **形势**　UPS 每天向全世界发送 1 550 万个包裹。为了做到这一点，UPS 公司每年使用近 9.9 万辆汽车，行驶里程达到 20 亿英里。因为这一庞大的车队会留下大量的碳足迹，顾客经常索要包裹递送服务的碳排放数据。UPS 对这类数据进行了跟踪，并想把公司尽一切努力限制碳排放对环境的影响的承诺传达给受众。
>
> 2. **目标**　研究发现消费者对 UPS 的碳足迹数据的索要在一个季度内增加了 243%，这引出了下列目标：
>
> ——通过展示 UPS 公司采取的可以量化的积极环境影响措施，将该公司塑造成一家履行环保责任的公司。
>
> ——强调 UPS 用来提高效率和降低环境影响的技术。
>
> 3. **受众**　现有的和未来的客户、投资者及公职人员都在 UPS 的目标受众之列。
>
> 4. **策略**　UPS 和福莱公司确定的策略是找出 UPS 为将其对环境的影响降到最低而付出努力的"证据要点"，并围绕这些要点做成足以胜过其他公司"绿色新闻"的精彩故事。
>
> 5. **手段**　在地球日当天，这对合作者抛出一则有关 UPS 高科技路线系统的新闻报道，这一系统通过避免左转弯来帮助 UPS 的司机减少碳排放。UPS 在美国公共关系协会银砧奖的报告中指出，"关键是把左转弯降到最少，因为左转弯时司机在十字路口无所事事地等待绿灯，会燃烧额外的燃料，产生额外的排放"。媒体材料中强调，这个政策减少了 3.2 万吨二氧化碳的排放（相当于 5 200 辆汽车一年的排放量）。

当 UPS 下了全世界最大的混合动力汽车订单时，它也积极寻求媒体报道。用同样的方式，UPS 还宣布采用一种新的无纸化发票系统来节省纸张和简化全球范围内的发票开具。在这一媒体关系活动中，还有很多其他的活动被积极地推介给媒体。

6. 日程表　包括一年内九次主要的媒体通告。

7. 预算　活动所需的预算未披露。

8. 测量　评估包括计算媒体印象（看到或听到报道的潜在人数）和确定显著的媒体投放两方面。"左转弯"的报道产生了 7 690 万次印象，在《赏阅》杂志上出现了两次，也出现在 CBS《早间秀》节目和《今日美国》上。"混合动力车订单"出现在《华尔街日报》和《今日美国》上，并且被美联社转载，赢得 780 万次印象。"无纸化发票"的新闻得到了路透社和美联社的分发，赢得了 370 万次印象。

受众

公关活动方案应该面向明确的、特定的受众。虽然有些活动是面向全体公众的，但这只是例外情况。就连 M&M 糖果公司给其著名的混合巧克力豆挑选新颜色（蓝色）的全国"选举"活动，其目标受众都是 24 岁及以下的消费者。

- 公关人员一般是通过市场调研在一般大众中找到特定的目标受众的，调研可依据年龄、收入、社会阶层、受教育程度、对特定产品的拥有和消费以及居住地等人口统计学要素来确定目标受众。例如，M&M 糖果公司的市场调研发现，年轻人是其产品的主要消费者。从更基本的层面上讲，一项节水运动应依据地理因素来确定其目标受众群体——居住在特定城市或区域的人们。

> 在一项土耳其旅游推广活动中，克服对土耳其的负面刻板印象和增进了解的公关策略包括一些关键信息，这些信息可以强化土耳其的旅游资源：历史／文化遗迹、自然美景、一流的食宿、良好的购物环境、上好的美食、理想的天气和友好的人民。为了将土耳其定位为欧洲国家而非中东国家，活动使用了"世界历史的中心"和"异样风情的欧洲"的宣传主题。

- 在很多情况下，常识就足以确定特定受众了。以俄亥俄州为两岁以下儿童接种疫苗的活动为例，这一信息的主要受众是有幼儿的父母，其他受众还包括孕妇和治疗幼儿的医护人员。或许更复杂的情况发生在一家公司想要增加针对 DIY 受众的有关房屋整修的 CD 节目的销量时。同样，其主要受众也不是一般公众，而是那些拥有带光驱的电脑而且喜欢在房子里外劳作的人。这个标准就可以将大量的美国人排除在外。

- 以下是之前提到过的组织机构如何定义其目标受众的例子：

    ——金霸王电池："女性、25～54 岁、有孩子，是家庭的主要购买者。"

    ——美国电话电报公司 U-verse 服务："现有的和潜在的消费者""全国、地方、行业和网络媒体""国内受众"。

    ——多力多滋："核心群体为 16～24 岁；更广泛的目标群体为 18～45 岁。"

- 一些组织机构将媒体也看作一个"受众群体"。有时候，在那些寻求媒体支持或是试图改变媒体对一个组织机构或议题的报道的公关活动中，编辑和记者可以成为合理的"受众群体"。但是一般说来，大众媒体属于"达到目的的手段"这个类别。换句话说，它们属于抵达需要告知、说服和激励的特定受众的渠道。

- 对主要和次要受众群体有全面的了解对于达成公关活动的目标十分重要，这种了解还能为选择恰当的策略和技巧来抵达目标受众提供指导。

策略

策略说明从概念上描述了活动达成目标的方式，并为整个活动提供主题和指导。策略说明为策划好的行动和活动组成部分提供理论基础。按照目标和受众的不同，公关人员可以提出一种整体策略或是多种策略。

- 这一部分前面提到的多力多滋活动的策略是："邀请美国人参与设计多力多滋的超级碗广告"；"奖励获胜的设计者 100 万美元，如果获胜者的广告能战胜专业制造的广告并在《今日美国》的广告排行榜上名列榜首"；以及"实施双管齐下的媒体传播策略，在维持现有的主流新闻媒体报道的同时，将信息传达至核心目标受众及可能的参赛者"。

- 活动方案的策略要素还应包括确定活动期间需在各种宣传材料上反复重申的主题和信息。俄亥俄州儿童疫苗接种活动是"建立在父母爱孩子并且希望孩子健康这个概念的基础上的";活动的主题是"L.O.V.E. 活动""L.O.V.E."是英文"关爱儿童接种活动"(Love Our Kids Vaccination Project)的首字母缩写。

手段

手段是方案的具体细节部分,依次描述将策略付诸实践及用以达成既定目标的具体活动。公关手段借助传播工具将关键信息传达至主要和次要的受众。

日程表 / 时间表

活动方案中有三方面的时机安排:确定活动开展的时机,确定恰当的活动顺序,列出为了完成最终产品必须采取的步骤。这三方面对活动取得最佳效果举足轻重。

预算

没有预算的方案是不完整的。客户和雇主最终都会问:"这个活动得花多少钱?"很多时候,情况也会反过来,即组织机构可能会提出一个能够承担的数额,然后要求公关人员或公关公司制定一个同该预算相匹配的活动方案。

- 预算可以被分成两个部分:员工开支与实付(OOP)开支。员工和管理开支通常占据了公关预算的最大比重。例如,在一项公关公司完成的 10 万美元的活动中,70% 的项目开支用于员工薪水和管理费用一点儿也不稀奇。

- 制定预算的一种方法是使用两栏法。在左边一栏列出撰写宣传手册或整理宣传资料的员工开支;在右边一栏列出设计、印刷和散发宣传手册或宣

> 成本是一个驱动因素;花费大量的金钱向一般公众传播与他们没有利害关系或他们不感兴趣的事情是没有成效的,也是**浪费金钱**。

传资料的实付开支。组织机构内部公关部门的员工开支已被涵盖在组织机构的工资单下，所以通常只有实付开支。比较好的做法是拿出预算的 10% 左右来应付意外情况或者额外花费。

- 在活动方案中，公关人员通常根据经验和供货商的要价来估算花费。活动完成以后，效果评估过程会涉及对预计花费和实际花费的评估。

测量

方案的评估要点直接同活动的既定目标相关。活动目标必须通过某种方式加以测量，以向客户或雇主展示活动达成了其目的。评估的标准应该现实、可信、明确，并且同客户或雇主的期望一致。在对活动方案进行测量时应该重申活动目标并列出所使用的测量方法。

- 对信息性目标进行测量时通常需要整理新闻剪报和分析关键信息点的出现频率。其他方式还有确定散发出去的宣传手册的数量，或是收看了视频新闻的观众人数。销量或市场份额的增加通常被用于测量和评估激励性目标。拨打免费电话进一步向组织机构询问的人数或者测量人们活动前后观念变化的基准统计同样用于测量和评估激励性目标。

补充说明……

宜家，这家来自瑞典的家居商场，有三个主要的活动目标：（1）增加销量；（2）增加其网站 IKEA-USA.com 的访问量；（3）强化品牌信息，例如"宜家有居住与安家所需的一切"和"家是世界上最重要的地方"。2008 年年初，宜家让喜剧演员马克·马科夫在新泽西州的宜家家居店里住了一周。这一策略对该公司来说可是经过权衡的冒险举动，因为公司允许马科夫在整个居住期间自由创作。该策略利用了宣传炒作、喜剧手法和社交媒体：

住在商店的一周内，马科夫在 MarkLivesInIKEA.com 网站上贴出了 25 集网络剧。这些幽默的剧集包括他与商场保安和那些觉得不可思议的顾客之间的互动。

在马科夫完成了为期一周的居住生活后，宜家为他举办了告别晚会，得到了广泛宣传。

就马科夫的居住生活，宜家安排了公司经理和商店店员的采访。

《公关周刊》称这项花费了 1.35 万美元的活动获得了巨大的成功，并将其选为 2009 年的年度最佳活动。

马科夫的网站获得了 1 500 万的点击量；举办活动之后的一年，宜家博客的报道量增加了 356%，《今日秀》《早安美国》节目和 CNN 等的报道产生了 3.82 亿的正面印象。

- 现在，我们已经讨论了有效公关的前两步：调研和策划。在第7章，我们将介绍后两步：传播和测量。

活动方案中的时机安排

时机选择 活动策划应考虑到情景的外部环境氛围以及关键信息对目标受众最具意义的时机。例如，一项鼓励拼车的活动如果紧随汽油价格大幅上涨或政府宣称交通拥堵已达极限之后推出，可能会更加成功。

一些项目是季节性的。例如，"56部门"这家亮灯乡间别墅收藏模型和其他假日礼品设计制造商，就将大部分活动安排在11月份，以利用圣诞节的契机，因为此时人们对其产品最有兴趣。组织威斯康星反饥饿活动这类活动的慈善机构，也在圣诞季开展活动。

出于同样的原因，草莓生产商会在5月和6月加大活动力度，因为此时草莓上市，商店有大量库存。同样，一款收入税申报软件在2月和3月最能引起受众的兴趣，因为正好是在4月15日的申报截止日之前。

日程安排 时机安排的另一方面是日程安排以及各种公关手段或活动的开展顺序。一种典型模式是将大部分的努力安排在活动的开始阶段，因为多种公关手段都在此时运用。活动的启动阶段就像火箭发射一样，需要大量的活动集中爆发，才能冲破认知度的障碍。相比而言，当活动进入正轨后，就只需要较少的能量和活动来维持动力了。公关活动通常是整合营销传播活动的第一阶段。一旦公关活动成功制造了产品意识和消费者对新产品的期待，第二阶段可能就是广告和直邮活动。

时间表编制 前期策划是时机安排不可或缺的一个部分。一份视频新闻稿、一个宣传资料包或是一份宣传手册通常需要数周或数月的准备时间。特殊活动的安排也需要花费大量的时间。公关人员还必须考虑到出版物的截稿日期。比如说月刊，通常需要至少在出版前6到8周收到信息。一个受欢迎的脱口秀节目可能会提前3到4个月预约嘉宾。公关人员必须提前考虑才能让事情在正确的时间按照正确的顺序发生。实现这一目标的方法之一就是编制时间轴和时间表，标明必要的步骤及其完成日期。

	Wednesday, April 12
M	Begin development of invitation, RSVP, envelopes, tickets, program, nametags, placards, etc.
J/M	Review printing costs and options
T	Investigate possibility of having palette tasting trays
T	Reserve Stars' Grill R... (asking Jess)
T	Determine RSVP voic...
ALL	2 p.m. Committee Mee... Memorial and Perform...

这是一份 4 月日程表中某一天的摘录（见左图），左边一栏的首字母代表活动的负责人。甘特图也可以用来做策划（见下图）。实际上，甘特图是一个两栏矩阵。左边垂直栏列出的是必须完成的活动，顶部水平栏列出了日期、星期或月份。

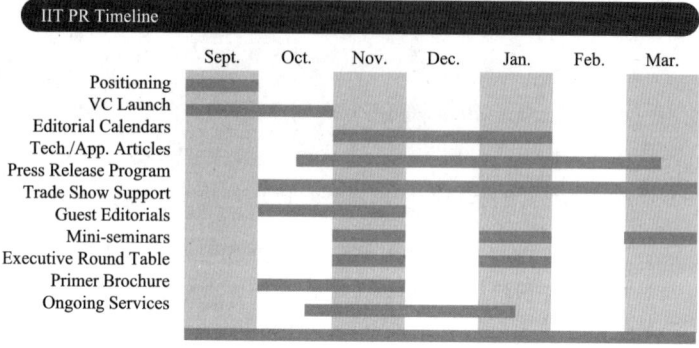

IIT PR Timeline

	Sept.	Oct.	Nov.	Dec.	Jan.	Feb.	Mar.
Positioning							
VC Launch							
Editorial Calendars							
Tech./App. Articles							
Press Release Program							
Trade Show Support							
Guest Editorials							
Mini-seminars							
Executive Round Table							
Primer Brochure							
Ongoing Services							

第 7 章

传播和测量

- 公关传播的目标是什么？
- 哪些因素可以影响信息的接收、理解、保留、可信度和采纳？
- 为什么对公关活动的效果进行测量很重要？
- 哪些方法被用来测量公关活动的效果？

谁关了灯？

"地球一小时"是一项由世界自然基金会（WWF）组织的全球性活动，于每年 3 月最后一个星期六举行。通过对"地球一小时"活动的形成性研究（formative research），WWF 发现尽管 73% 的受访者对环境议题感兴趣，但是只有 22% 的受访者听说过"地球一小时"活动，打算参与其中的人更是寥寥无几。

WWF 给"地球一小时"活动制定了一系列目标，例如"突出解决方案，鼓励社会各阶层——从政府到商界和个人——以一种参与的方式解决气候变化问题"。在制定好目标之后，WWF 的管理层便在美国 4 座城市雇用了公关公司来帮其制定一项全国性公关活动的策略。

WWF 及其合作公关公司在美国的每个时区挑选了一些地标性的建筑。它们的想法是，与这些地标性建筑有关的活动将会吸引当地的新闻报道。WWF 要求公众、政府和商界共同参与的活动非常简单，并且成为了活动的主题："看到灯光的人……关掉它们！"这一措辞的意思是，那些对气候变化有所了解的人会在减少不必要的能源使用方面做出表率。为了将这一理念带入千家万户并增进人们对它的了解，在每个时区晚上 8 点至 9 点的"地球一小时"活动中，那些选定的地标性建筑的照明灯光就会熄灭。该活动的前期活动包括向学生散发两万张汽车保险杠贴纸，上面写着"我不害怕黑暗"，以及为记者们提供宣传资料袋。

当活动日到来时，亚特兰大市市中心 97% 的城市轮廓没入黑暗，芝加哥的瑞格利球场和西尔斯大厦、旧金山的吉拉德里广场和金门大桥的灯光也熄灭了。这项活动的效果，不仅可以通过这些地标性建筑的参与意愿测量出来，而且还可以从媒体对"地球一小时"活动的报道和公众对该活动的认知体现出来。美国所有的主流媒体都对"地球一小时"进行了报道；活动结束后的一项调查发现，公众对"地球一小时"活动的认知提高了 56%。

第三步：传播

第6章提到，有效的公关活动包含四个步骤：调研、策划、传播和测量。在这一章中，我们将讨论这一过程的第三步和第四步——传播和测量。

调查和策划之后，公关过程的第三步是传播。传播有时也被看作执行。在公关活动中，传播是目标实现的过程和手段。一个活动的策略和手段可能采取的形式有新闻稿、记者招待会、特殊活动、宣传手册、病毒式营销、演讲、标语贴纸、内部通信、网络直播、集会、海报等。

传播的目标

传播的目标是告知、说服、激励或者实现相互理解。

科罗拉多大学的柯克·海拉罕指出：当今的传播革命赋予了公关人员全方位的传播工具和传播媒介，仅仅通过大众媒体——报纸、杂志、广播和电视——博得宣传的传统做法，如果曾经一度足够的话，那么现在已经不再够用了。

公关活动的策划者需要重新审视他们传统的实践方式，并且以全面的、战略性的方式去思考媒介。公关媒体策划者现在必须面对与广告商们一样的问题：哪种媒介是实现活动目标的最佳媒介？怎样组合媒介才可以强化活动的效果？哪种媒介在接触关键受众方面最为有效？

> 要想成为一个有效的传播者，你必须了解三个方面：
> 1. 什么构成了传播以及人们如何接收信息？
> 2. 人们如何处理信息以及改变他们的观念？
> 3. 哪些类型的媒介或传播工具对于某一具体信息最合适？

整合公关媒体模型

公关人员可用的媒介和传播工具，其种类与范围涵盖了从大众媒介（公共媒介）到一对一传播（人际传播）的媒介。这里用图表形式表现的概念，是科罗拉多大学柯克·海拉罕教授提出来的。

大众传播
高科技的
建立在感知的基础上
社会存在感低
不同步的

人际传播
低科技的
建立在经验的基础上
社会存在感高
同步的

公共媒体	受控媒体	互动媒体	媒体活动	一对一
在传播活动中的关键用途				
建立认知度，增强可信度	促销，提供详细信息	回应问询，交换信息，鼓励参与	激励参与者，强化现有信念和态度	获得承诺，协商和问题解决
主要的媒体例子				
宣传／广告／社论式广告／产品植入报纸、杂志、广播、电视上的

付费广告
传送媒体
户外媒体
（广告板、海报、电子显示屏）
名录
公共场所标识
影院预告片和广告 | 宣传手册
新闻简报
赞助出版的杂志
年度报告
书籍
直邮邮件
展品和陈列品
购买点支持
DVD/视频用户手册
声明插页
其他附带的或印刷的短期资料
特色广告 | 电子邮件、即时通信、短信、微博信息、电子新闻简报、电子杂志
自动电话呼叫系统

网站、博客
视频播客／播客
游戏
网络会议、网上研讨会、网络直播
资讯亭
互联网和外联网

社交网站
论坛（聊天室、网络群）
媒体分享网站
付费文本/展示、点击广告 | 会面／会议
演讲／展示
政府或司法鉴定
贸易展、展会
游行／集会
赞助的活动
仪式／纪念日活动
竞赛／抽奖
表彰活动

（通常有多媒体展示的支持） | 个人拜访／院外游说
通信
电话 |

在为雇主或客户进行信息策划时，公关人员必须考虑一些变量。除了检查已提出的注意事项外，一个成功的传播者还得准确地判断传播所要达到的目标。马里兰大学公共关系学荣誉退休教授詹姆斯·格鲁尼格提出了5个关键目标：

- **信息的曝光**。公关人员向大众媒体提供材料，并通过诸如新闻简报、宣传手册之类的受控媒体传播其他信息，使目标受众接触到多种形式的信息。
- **信息的准确散布**。常被媒体把关人过滤的基本信息在经过各种媒体的传播之后仍保留完好。
- **信息的接受**。受众在自己对现实的看法的基础上，不仅保留了信息，而且接受了信息，认为信息是有效的。
- **态度的改变**。受众不仅相信信息，并且因信息的影响而做出口头或内心的承诺来改变行为。
- **外在行为的变化**。受众中的成员确实改变了他们当前的行为，或者购买和使用了产品。

大多数公关专家的目标通常是实现前两个目标：信息的曝光和信息的准确散布。实现后三个目标在很大程度上取决于各种变量的混合，比如信息的倾向性、同伴强化、预期行为的可行性以及外部环境。

前两个目标相较于态度改变来说比较容易完成。尽管传播者不一定总是可以控制信息传播的结果，但是信息的有效传播是导致态度改变和认可商品或服务这一过程的开始。出于这些原因，回顾传播过程的各个部分就显得格外重要了。

确保受众收到信息

一些传播模式解释了信息如何从发送者传递到接收者。有一些模式非常复杂，试图把信息、渠道和接收者之间互相作用的几乎所有活动、思想、人和物都囊括进去。不过，大多数传播模式仅聚焦于四个基本要素。大卫·贝

> "信息只有被目标个体或受众接收到才算成功。它必须能够吸引受众的注意力、必须能够被理解、必须能够被信任、必须能够被记住，而且最终必须能够以某种方式起作用。没有完成其中任何一项任务都意味着整个信息传播的失败。"
>
> 明尼苏达州圣保罗市心理危机连接机构执行董事
> 大卫·塞克尔森

罗的经典模式就是一个例子。它描述了发送者/信源（编码者）、信息、渠道和接收者（解码者）这四个要素。第五个要素——从接收者到发送者的反馈——被融入了现代传播模式中。

反馈也可以被理解为双向交流。从发送者到接收者的单向传播仅仅是传播了信息，这种自说自话的效果比起建立起发送者和接收者之间对话的双向传播来说效果要差得多。格鲁尼格提出，理想的公关模式是双向对称模式。换句话说，传播应在发送者和接收者之间取得平衡。实际上，研究发现大多数组织机构在同受众进行双向传播时具有混合的动机。

> "在双向对称模式中，公共关系的首要目标是理解，而非说服。"
>
> 詹姆斯·格鲁尼格

公共关系的实践是动态的。在任何活动期间，动机和战略目标都可能因为各种因素而发生改变。比如说，作为一名公关人员，你可能会支持为雇员们提供新的福利。在这样做的过程中，你的动机是混合的：雇员们将为新的福利而感到高兴，但你的真正目的是通过减少员工的流动来为组织机构节省开支。

最有效的双向传播类型当然是两个人之间的人际传播或面对面的传播。同样，小组讨论也非常有效。在上述两种形式中，信息通过手势、面部表情、亲密程度、语音语调和直接反馈得到加强。如果一个倾听者提出一个问题或表现得很困惑，讲话者就能得到及时的提示，并重述某个信息或详述某个要点。

在大型会议以至最终的大众媒体上，传播的障碍倍增。通过大众媒体，组织机构的信息能够传达到数以千计甚至是数以百万计的人，但是在这种类型的活动中，发送者与接收者之间心理距离和物理距离是巨大的。传播的效果大打折扣，因为受众与信息源不再有互动。及时的反馈已经不可能了，而且信息在通过各类媒体的把关人之后可能已经变得面目全非了。

```
信源 → 编码 → 信号 → 解码 → 信宿
```

∧ 大众传媒学者威尔伯·施拉姆先提出了一个简单的传播模式，但他之后又扩充了这一传播过程，将共同经验范围的概念包含进去。

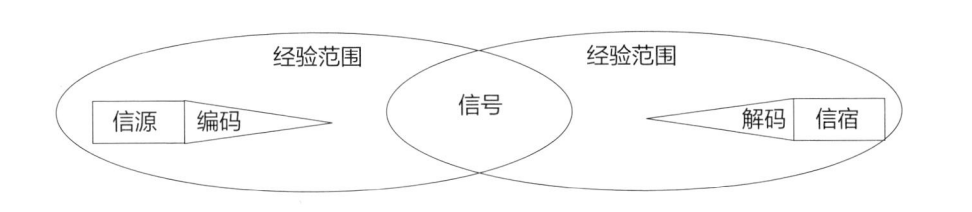

```
经验范围                    经验范围
 信源 | 编码      信号      解码 | 信宿
```

∧ 共同经验是指如果信息的发送者和接收者没有共同的语言乃至相互重叠的文化或教育背景，传播将很难或者无法实现。如果一则有关最新电脑系统的高科技新闻稿让本地的商业编辑困惑地摇头，那么共同经验的重要性就显而易见了。只有在共同经验范围内，才能进行有效的传播。

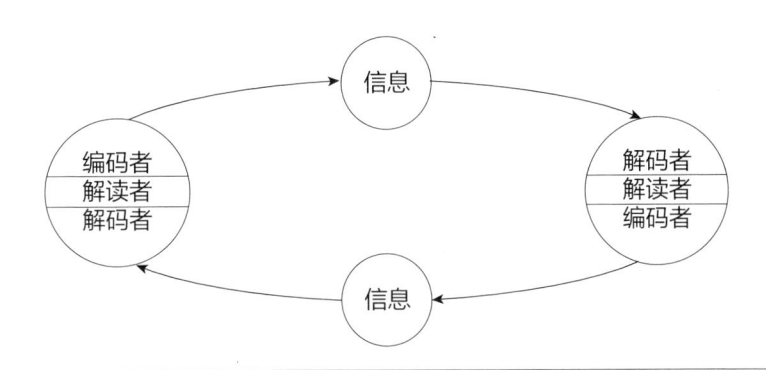

```
              信息
编码者                    解码者
解读者                    解读者
解码者                    编码者
              信息
```

∧ 施拉姆的第三种模式融入了持续反馈的概念。信息的发送者和接收者都在不断地编码、解读、解码、发送和接收信息。这种循环的过程是用以表现公关活动"调研—策划—传播—测量"这一循环过程的一个不可或缺的部分。对内部或外部受众的传播带来了反馈，而这些反馈又在调查阶段（公关活动的第一步）和测量阶段（第四步）受到关注。通过这种方式，信息的构建和传播不断地得到改进。

各种传播模式都强调反馈的重要性，认为它是传播过程中一个不可或缺的部分。在实施传播策略时，公关人员应给予反馈认真持久的关注。

🎙 使受众关注信息

尽管公共关系十分强调信息的建构和传播，但是如果受众并不关注的话，这样的努力就白费了。记住俄亥俄州立大学公共关系教育开拓者沃特·塞菲特的格言："传播不等于宣传，宣传不等于接受和行动。"换句话说，"收到你的信息的人不一定会公布它，读到或听到你的信息的人不一定会理解它或因此采取行动"。

策略不应该只建立在常识或者常规的基础上。对于竞争和冲突的管理需要对组织机构的运行环境及其受众在多种事务上的倾向有深入透彻的了解。社会心理学家认为，在任何特定的时刻，大多数受众对于某个信息或接纳某个观点没有特别的兴趣，然而这并不意味着受众仅仅是信息的被动接收者。

传播学中媒介使用与满足理论的基本前提是传播过程是互动的。传播者想要告知甚至是说服接收者；而接收者想要获得娱乐、信息或者在能够满足其个人需要的机会出现时得到提醒。这一理论认为人们可以在哪些信息需要他们关注并能满足他们的需要方面

> 社会学家哈罗德·拉斯韦尔将传播行为定义为"谁说了什么、通过何种渠道、对谁说、取得了什么样的效果？"

做出非常明智的选择。如果这是正确的——研究已显示它确实是正确的——那么公关传播者必须对意在获取受众注意的信息进行量身定制。

实现这一目标的一个方法就是理解目标受众的心理状态。在《公共关系管理》一书中，詹姆斯·格鲁尼格和托德·亨特建议，在设计传播策略时应吸引两种受众的注意力：积极搜寻信息的受众和被动处理信息的受众。

被动的受众一开始关注信息可能仅仅是因为这个信息很有趣并提供了消遣。他们可能在短暂和偶然的机会中接触到信息，如在上班途中瞥到广告板，在车里听到广播，在电视节目开始前看到广告，或是在医生的候诊室内拿了宣传单。换句话说，被动的受众使用的传播渠道是他们在做其他事情的时候接触到的。

正因为如此，被动的受众需要时尚的、有创意的信息。照片、插图和引人注目的宣传口号可以吸引这类受众，使他们对信息进行处理。新闻炒作、

夸张的图片、名人推销、广播电视通告，以及娱乐事件可以使被动的受众知晓信息。传播的目的仅仅是发布和精准地散布信息，大多数的公关活动中传播的主要目的都是接触被动的受众。

相反，对于积极寻求信息的受众，传播者会使用一种不同的方式。这些人已经对信息产生兴趣，并且通常会寻求更复杂的补充信息。传递这一内容的有效工具可以包括指向组织机构网站上更多详细信息的链接、宣传手册、报纸和杂志上的深度文章、幻灯展示、视频展示、研讨会或会议、面对重要受众群体的演讲以及贸易展上的演示。

如果目标受众能够被尽可能地细分，那么就能实现更有效的传播。在把受众细分为各个群体后，公关人员能够选择对每一群体最为适用的传播工具。甚至在一个群体内部，需求也可能是不同的。例如，工厂流水线上的工人和高级副总裁的关注点虽然不一样，但是他们都是雇员，需要在员工传播中得到关注。一项出色的公关活动总是会考虑到一个群体内部不同类型的人的需要。

> 在任何给定的时刻，目标受众中都包括被动的信息寻求者和积极的信息寻求者。因此，应在一个成熟的信息活动中使用多样的信息和传播工具。

确保信息能被理解

传播是一个人向其他人发送信息、观念和态度的行为。在任何情况下，只有发送者和接收者对所使用的传播符号有共同的理解时，传播才能发生。

两个人相互理解的程度严重依赖于他们对字词的共同理解。任何曾经出国旅行过的人都能轻易地证明传播很难发生在两个说不同语言的人之间。即使发送者和接收者说同一种语言、住在同一个国家，他们之间的传播效果也取决于一系列重要因素，例如受教育程度、社会经济等级、地区差异、民族以及文化背景。

员工传播专家敏锐地认识到了这些差异，因为拥有多种文化的劳动力资源已经成为大多数组织机构的普遍情况。经济全球化使得组织机构在多个国家运营和雇用员工，也使得美国的劳动力日益多元化。鉴于这些趋势，传播者需要了解文化差异和价值观的冲突，以便在不同的群体间找到共同点，建立联系。

受众的背景和文化程度是任何传播者都必须考虑的因素。关键是，制造出来的信息在内容和结构上要适应受众的特征。一种方法是将所有的公关材料的文稿都在目标受众中进行测试。这个步骤能够使管理层以及传播者相信，他们喜欢的东西未必是受众想要的、需要的或者能够理解的。另一种方法是在宣传材料制作和散发前，用易读性和理解力公式对其进行测算。学习理论指出，文字越简单，信息就越容易被受众理解。

思考

为什么了解受众的文化背景对传播者来说是很重要的？

补充说明……

人们知道最多的易读性计算公式是由鲁道夫·弗莱奇设计的。它计算句子的平均长度以及每一百个单词中单音节词的数量。如果一个随机选出的样本含有一百个单词，包含 4.2 个句子和 142 个音节，那么它大致排在九级的难度水平。这是大多数新闻稿和日报所寻求的难度级别。长句和难句（超过 19 个单词）和多音节词汇（如"compensation"而不是"pay"）降低了一般读者的理解能力。

由威廉·泰勒设计的完形填空法也能够测验理解力。这一方法所依据的概念来自完成感，即人们倾向于将一个熟悉但不完整的结构补充完整。完形填空法通过让被测试者阅读一篇每隔五个或九个单词抽掉一个单词的文章，来测试文稿的可理解度和冗余度。根据被测试者是否能够填出缺失的单词可以判定单词的结构是否为人们所熟悉以及人们是否可以理解其中所蕴含的信息。

🎙 使信息可信

在传播过程中可信度是一个重要的变量。受众必须觉得信息来源知识渊博，是相关问题的专家，并且诚实客观。比如，受众认为广告中的话的可信度要比一篇新闻中相同信息的可信度低，因为新闻是经过媒体把关人挑选的，并且人们认为新闻更加客观。

信息来源的可信度对任何组织机构的发言人来说都是一个问题，因为公众已经根据这个人与组织机构的关系而对其有了偏见。信息来源可信度的问题是组织机构尽可能使用有声望的外部专家或名人代其传达信息的原因。

另一个变量是信息的语境。行动（表现）要比一大堆新闻稿更有说服力。一家银行可以花大量金钱，打着"你的友好银行——以服务为重"的口号来开展推广活动，但如果银行的员工没有受过训练来保持友好和礼貌的态度，那么这一努力就将付诸东流。言行不一致有时甚至会显得很滑稽。美国商会有一次召开新闻发布会，强调"购买美国商品"的重要性，但会上发的纪念咖啡杯的底部却印着"中国制造"。

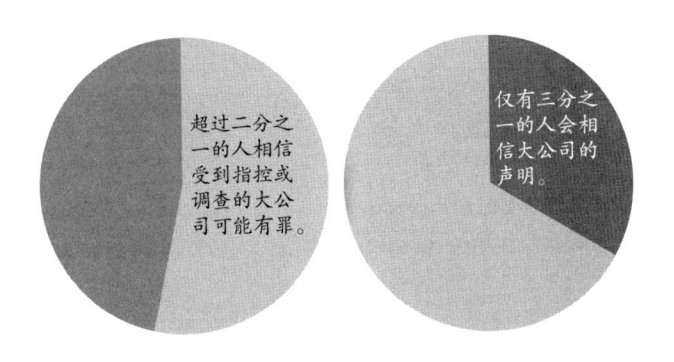

> 民意调查公司在为 GCI 集团所做的一项调查中发现，如果一家大公司受到了政府机构的调查或者遭到了重大的法律诉讼，超过一半的受访者很可能会相信该公司做了违法的事。

增强受众的理解与认知

使用符号、缩写和口号

使用符号、缩写和口号可以增强信息的清晰程度和简单程度。这些缩写形式将观点概念化了，所以可以游走在传播的延长线上。

避免使用术语

传播受阻的一个原因是使用技术术语和官僚术语。当这种语言被传达给一般受众时，社会学家称之为语义噪声。术语干扰了信息并妨碍了接收者理解信息。一篇新闻稿或许非常适合某个服务于特定行业的工程出版物，但是同样的信息必须用简单些的方式写出来才能适合日报的读者。

避免陈词滥调和宣传用语

带有太多内涵意义的词语可能会带来问题，滥用陈词滥调和宣传用语也会严重地影响信息的可信度。作家及病毒式营销专家大卫·梅尔曼·斯科特分析了 2008 年的 70 万份新闻稿，找出了最常被滥用的单词和短语。滥用程度前十五名从高到低排名依次是：创新、乐于、独特、专注于、领先的供应商、承诺、合作、新的和改进的、利用、120%、节省成本的、下一代、110%、灵活的、世界级。

> 梅赛德斯-奔驰公司的"三角星"、耐克公司的"对钩"以及苹果公司的"苹果"等都是世界知名的公司标志。各家公司都投入时间和金钱来使它们的名称与标志成为质量和服务的代名词——这个过程被称作品牌化。一家公司的标志应当独特、容易记住、得到广泛认可并且恰当。组织机构追求那些能够传达出它们是什么或者它们希望是什么这一精髓的独特标志。

避免使用委婉语

公关人员应该使用积极的、给人好印象的词来传达信息，但是也有道德责任不去使用委婉语——藏匿信息或误导读者的词语。或许使用积极正面的替代词语并没有什么危险，比如说一个人"能力存在障碍"，而不是使用"残疾"一词。比较危险的是那些在事实上改变了一个词语或概念的意义或影响的委婉语。作家将这种做法称为含糊其词——那些假装在说而实际上并没说什么的词语。公司经常使用委婉语来隐藏不利的新闻。例如，裁员可能会被称作"合理精简"。

> 《广告时代》列出了 20 世纪的五大宣传口号：
> "钻石恒久远。"（戴·比尔斯）
> "想做就做。"（耐克）
> "带来清凉的瞬间。"（可口可乐）
> "好口感，不胀肚。"（美乐啤酒）
> "我们加倍努力。"（艾维斯租车公司）

避免使用歧视性语言

在今日世界，有效传播还意味着非歧视性的传播。公关人员应该仔细核查每条信息，以清除不必要的性别、民族和种族含义。关于接触多元受众的更多内容可参考第 9 章。

参与程度是另一项重要的影响受众如何处理信息的倾向因素。简单来说，参与就是对一个问题或产品的兴趣和关心。那些参与度高的受众通常在处理说服性信息时更关注细节和逻辑论证（中心步骤），而对某一话题参与度低的受众更在意次要的细节，如迷人的发言人、幽默感，或是所给论据的数量。公关人员可以利用参与的概念，为高参与度的受众设计更重视"说什么"的信息，并为低参与度受众制定更重视"谁在说"的信息。

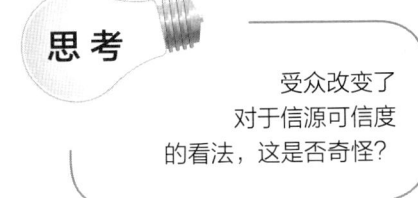

> **思考**
> 受众改变了对于信源可信度的看法，这是否奇怪？

使信息可被记住

出于一些原因，公关人员准备的许多信息都被大量地重复。因此，传播者经常使重复本身成为信息。要点在开头提到，然后在结尾总结。如果消息来源想要信息接收者打电话来咨询更多信息或写信来索取资料手册，电话号码或地址就会重复好几遍。这类预防措施是用来消除熵，熵是指媒介渠道和人在处理信息和将信息传递给他人的过程中产生的信息离散。

有效传播和信息保留的关键是通过多种传播渠道使用各种各样的方法来传递信息。这种"短枪方式"有助于人们在通过不同的媒体接收信息时记住信息，并且可把信息扩散到被动受众和主动受众中去。

确保受众按信息行事

任何信息的最终目的都是影响接收者。公关人员代表组织机构传播信息，目的是通过某种方式来改变受众的观念、态度、意见或行为。

影响采纳的因素

信息传播者应该清楚影响采纳过程说服阶段的各种因素，并努力实施可以尽可能多地排除异议的传播策略。以多种方式重复信息，降低其复杂性，关注与之形成竞争关系的信息以及构建符合受众需要的信息是实现这一目标的手段。

另一个需要考虑的因素是接受一个新观点或商品所需要的时间。依据个人和情况的不同，整个接受过程几乎可以在瞬间完成，如果其后果可以忽略不计或者不需要太多承诺的话。购买一个新牌子的饮料或肥皂的花费相对不多，而且经常是冲动购买。相反，购买一辆新车的决定或投票给特定的候选人的决定就需要长达数周或数月的采纳过程了。

埃弗雷特·罗杰斯的研究表明人们通过不同的方式对待创新，这取决于他们的个人特点和其中的风险。"创新者"是富有冒险精神的人，他们渴望尝试新想法，而"落后者"是最后才接纳一切的传统主义者。处于两个极端之间的人有："早期采纳者"，他们是意见领袖；"早期大多数"，他们的态度比较沉着；"晚期大多数"，他们常持怀疑态度，但屈服于群体压力。传播者通常细分受众群体并以那些具有"创新者"或"早期采纳者"特征并倾向于接受新观念的人为目标传播。

公关人员尤其感兴趣的是采纳过程每个阶段主要的信息来源。广告、简讯、特写、广播和电视新闻播报之类的大众媒介手段在采纳过程的知晓阶段

重复：
- 是必要的，因为目标受众的全体成员不是同时看到或听到信息的。不是每个人都在某个特定的日子读报或收看同一档电视节目。
- 提醒受众，这样受众比较不会记不住信息。如果一个消息来源具有较高的可信度，重复可以防止意见改变的侵蚀。
- 帮助受众记住信息本身。研究表明如果广告不持续重复就会很快被忘掉。
- 能够增进了解并增加穿透受众冷漠或抵抗态度的机会。
- 抵消信息周围的"噪声"。通常，人们是在充满分心事物如婴儿的哭泣、家人或同事的谈话、狗的叫声的环境，甚至是在做白日梦或想其他事情时看到或听到信息的。
- 能增加可信度。由爱德曼公司资助的一项研究发现，60%的受访者要在听到有关某个公司的信息三到五次后才能相信该信息是真的。

最具影响力。例如，一则新闻报道或一则电视播报可使人们对新观念、活动或新产品有所了解。人们还可以通过直邮邮件、办公备忘录和简明手册来首先了解信息。

处于兴趣阶段的个人也依赖于大众媒介手段，但在这一阶段，他们积极地寻找信息并关注篇幅更长、内容更详细的报道。他们更多地依赖于详细手册、专业出版物和顾客贴在互联网上的评论所提供的细节。

采纳过程的五个阶段

让人们按照信息行事并非易事。研究表明，这可能是一个有些冗长而复杂的过程，取决于一系列影响因素。理解人们如何接受新观点或新产品的一个关键是对采纳过程进行分析。

1. 知晓。一个人通常通过广告或新闻报道得知一个观点或新产品。

2. 兴趣。个人可以通过订阅宣传手册、收集小册子或者阅读报纸或杂志上的深度报道来寻求有关观点或产品的更多信息。

3. 评估。潜在客户会根据观点或产品满足其需要的情况来对其做出评估。来自朋友或家人的反馈也是这个过程的一部分。

4. 尝试。个人通过试用样品、观看演示或接受"我了解……"之类的限制性条款，在试验的基础上尝试使用产品或接受观点。

5. 采纳。个人开始在日常生活中使用产品或将观点融入他的观念体系中。"我了解……"变为"我认为……"。

一个人不是在采纳任何观点或产品时都必须经历所有五个步骤。这个过程可能在任何一步之后停止。实际上，这个过程就像一个大漏斗；尽管很多人意识到了某个观念和产品，但最终采纳它的仅仅是少数人。

在评估、尝试和采纳阶段，群体观念和意见最具影响力。来自朋友或同伴的反馈——不管是正面的还是负面的——决定了采纳的可能性。如果一个人的朋友普遍不喜欢一个候选人、一部电影或是一个汽车品牌，那么这个人就不大可能完成采纳过程，即使他自己十分喜欢那个东西。如果一个人确实做出了承诺，大众媒介手段将会成为这一承诺的强化机制。

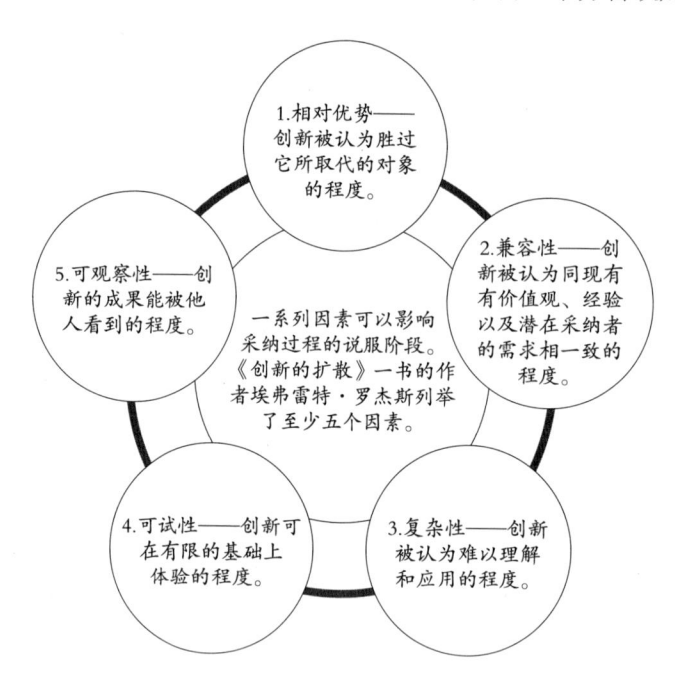

采纳过程的复杂性显示，公关传播者需要考虑整个传播过程——从信息的制定到接收者最终处理信息和做出决策的过程。只有这样，传播者才能制定出更有效的信息策略，并设定出确实可以达成的现实目标。

一系列因素可以影响采纳过程的说服阶段。《创新的扩散》一书的作者埃弗雷特·罗杰斯列举了至少五个因素。

1. 相对优势——创新被认为胜过它所取代的对象的程度。
2. 兼容性——创新被认为同现有有价值观、经验以及潜在采纳者的需求相一致的程度。
3. 复杂性——创新被认为难以理解和应用的程度。
4. 可试性——创新可在有限的基础上体验的程度。
5. 可观察性——创新的成果能被他人看到的程度。

第四步：测量

公关活动的第四步是测量——对照在策划阶段设定的目标来评估活动结果。博林格林州立大学前教授詹姆斯·比思兰将评估定义为"对一个项目及其结果的系统评价。对公关人员来说，它是公关人员对客户和他们自己负责的手段"。

希望下一次做得更好的愿望是对公关活动进行评估的主要原因，另一个同样重要的驱动力是客户和

> "你的活动要能带来可见的影响力——改变或维持了某种情况。因此，在活动结束后，你应该利用调查研究来测量或记录活动的效果。"
>
> 圣迭戈州立大学
> 格伦·布鲁姆和大卫·多齐尔

雇主们广泛采用了目标管理系统。客户想要知道花在公关活动上的金钱、时间与努力是否运用得当，以及它们为实现组织目标做出了哪些贡献。另外，对活动全程进行评估或监测或许可以提醒组织机构它们需要改变战术或立场了。测量有助于公关人员在不断变化的动态现实中做出正确的调整。

思考　评估是怎样改进公关过程的？

目标：测量的前提

在正确测量任何一项公关活动之前，拥有一系列明确设定的测量目标是很重要的。这应该是活动方案的一部分。

公关人员和管理层应该就测量公关效果的标准达成一致。凯旋公关在一篇专论中明确写道："尽可能围绕想要达成的结果精准地定下目标，目标要现实、可信、可测量，并同客户的公关需求相一致。"

而且，不要等到公关活动结束后再决定测量方式。福莱公司的阿尔伯特·史怀策指出："对活动效果／结果的测量始于策划阶段。把问题拆分为可测量的目标，然后在活动结束后比照目标来测量结果。"

如果目标是信息性的，测量技术必须展示信息传达至目标受众群体的效果。这类技术属于"信息散布"和"受众接触度"的测量指标，但是它们不

虽然公关人员的目标不尽相同，但都应该提出下列**基本的测量问题**：
- 活动或项目是否经过了充分的策划？
- 信息的接收者是否理解信息？
- 如何使项目策略更有效？
- 是否将信息传达给了所有的主要受众和次级受众？
- 是否实现了组织机构的预期目标？
- 是否有未曾预料到的情况影响了项目或活动的成效？
- 项目或活动的花费是否在预算之内？
- 可以采取哪些措施来改善未来类似活动的成效？

能测量态度或公开行为改变方面的效果。激励性的目标更难达成。如果目标是提升销量或市场份额，证明是公关活动而非广告和营销活动带来了这一增长就显得格外重要。或者，如果公关活动的目标是改变态度或意见，那么就应该在公关活动开始前和结束后都进行调研，以测量变化的百分比。

测量和评估现状

最近十年，公关人员在评估研究方面取得了巨大的进步，能够准确地告知客户和雇主公关完成了哪些目标或哪些能力得到了提升。一些复杂的测量技术得到了运用，包括电脑生成的新闻剪报分析、调查抽样、准实验设计——在该设计中，受众被分成一些小群体，分别体验公关活动的不同层面——以及将公关活动同销量直接联系起来的尝试。

今天，测量朝着更加系统化的方向发展的趋势已得到确立。公关重视测量的一个原因是组织机构的各个部门包括公关部门正在承受越来越大的压力来证明它们对组织机构经济收益的价值。

凯旋公关前高级副总裁和调研主管沃尔特·林登曼在《公共关系季刊》上建议公关人员综合运用多种测量技术——很多是从广告和营销那里借用的——来提供更为完整的评估。此外，他还说至少存在三个层次的测量和评估。初级层次是对信

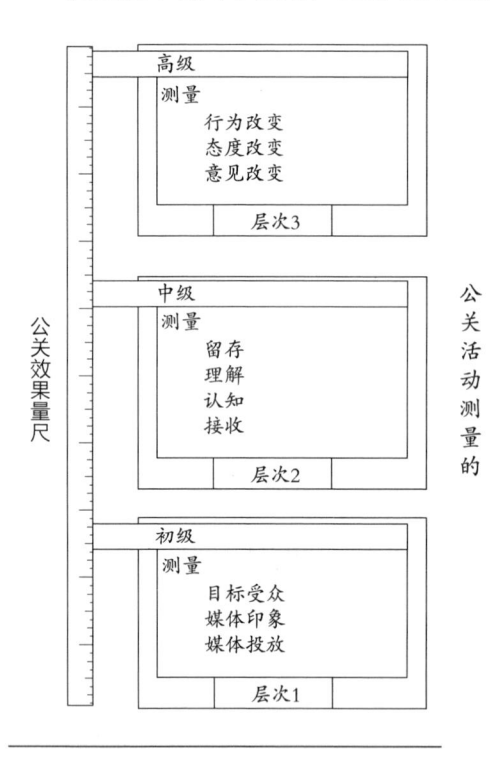

公关效果量尺

高级测量
行为改变
态度改变
意见改变
层次3

中级测量
留存
理解
认知
接收
层次2

初级测量
目标受众
媒体印象
媒体投放
层次1

公关活动测量的3个层次

"首先，对公关效果进行测量是可以实现的……其次，对公关效果进行测量不一定会贵得离谱或者特别耗时。"

沃尔特·林登曼

息传播和媒体投放量进行汇总；第二个层次需要更加复杂的技术，要对受众的认知、理解和信息留存进行测量；最高层次是对受众态度、观念和行为改变的测量。

产出量测量

评估的一种基本形式是对给定时间内生产制作出来的新闻稿、特写、照片、信件及其他类似产品进行简单计算。这种评估意在使管理层了解某位员工的生产力和产出量。不过，公关人员并不认为这种评估多么有意义，因为它强调的是数量而非质量。实际上，可能更有效率的方式是少写一些新闻稿，但在真正有新闻价值且更有可能被主要媒体采用的少数稿件上多花些功夫。

另一种产出量的测量方法是具体规定公关人员需要从媒体报道中获得什么。也许客户会根据地区一流报纸上出现的特写报道的数量或者被本地媒体采纳的新闻稿的数量来对一项活动做出评估，但是这种评估标准不仅是不现实的，而且几乎无法得到保证，因为做决定的是媒体把关人，而不是公关人员。

> **思考** 为什么测量产出量不是评估传播效果的最佳方式？

信息曝光量测量

应用最广的公关效果评估形式是新闻剪报和广播电视提及次数的汇总。地方性的公关公司和公司的公关部门都有员工负责浏览和剪贴地方报纸上的相关文章。地区、全国甚至国际性的大公司通常会雇用剪报公司来翻阅大量的出版物。电子剪报公司可以根据合同监测和录制主要的广播和电视节目。例如，布雷尔广播数据库监测着 150 个城市的近 400 家地方电视台。要追踪网络媒体上的信息曝光量，公关人员只需计算网站的点击量或者博客的访问量；他们还可以计算博客的评论量，这可能意味着更高的曝光度和参与度。Facebook 这样的社交媒体也可以作为信息传播的平台。曝光量可以通过一家组织机构或一项事业累积的"粉丝"数量来测量。网络追踪系统和公司将在第 10 章中详细讨论。

贺曼贺卡公司及其公关公司福莱公司进行了一项战略研究，发现贺曼公司需要重新激活和推出有着 18 年历史的鞋盒系列贺卡。消费者表示他们喜欢这个幽默系列，但认为它有些过时甚至是招人厌烦了。作为回应，这个系列得到了改造并被重新推出。贺曼公司使用新闻剪报作为测量鞋盒系列贺卡重新上市活动的手段之一。福莱公司在报告中称，这是该公司收获美国公共关系协会银砧奖的原因：

> 公关策略和手法制造了近 1.41 亿可跟踪到的媒体印象。广播报道带来了超过 1 亿的印象……电视报道，包括华纳兄弟电视网（WB）的《每日热点》、ABC《世界新闻周末版》、天气频道、女性娱乐（WE）有线电视网、CNN 以及超过 80 家地方电视台在内，共在全国范围内造成了 1 700 万的印象。

同样的分析也用在了印刷媒体的报道上。这种汇总测量了媒体对新闻的接受程度，结果显示贺曼公司鞋盒系列贺卡的重新上市获得了大量的报道。

🎤 媒体印象

除了媒体投放量之外，公关部门和公关公司还会向上级和雇主报告可能接触到了信息的人数。这些数字被称作**媒体印象**，或被称作一份期刊或者一个广播节目能够抵达的潜在受众量。

一则地区性或全国性的新闻报道可以制造出数以百万计的媒体印象，只要将投放次数和每种媒体的发行量或者受众数量相乘就可得出这个数字。比如下面的例子：

- 美国联合健康基金会（UHF）和福莱公司策划了一项品牌推广活动，将 UHF 的年度"美国健康排名"塑造为每个州健康信息的权威来源。这项公关活动制造出了 1 600 多条新闻，其中包括网络媒体提到活动的 486

次。活动还造成了 3.14 亿的媒体印象，其中有 1.088 亿为网络印象。

- M&M 糖果公司举办了一场全国竞赛来为其巧克力豆选出一个新的颜色。公关活动从电视、广播和印刷媒体 1 万份的投放量中产生了 10.6 亿的媒体印象，其中包括 3.6 万英寸的报纸版面、12 个小时的电视播出时间和 74 个小时的广播播出时间。

媒体印象常被广告业用来计算特定信息渗透的广度。这类数字对接触到信息的人数做出了粗略的估计。不足的是，它们不能揭示多少人事实上阅读或收听了新闻，或者更为重要的是，多少人吸收了信息并采取了行动。这类评估需要其他技术。

网络点击量

这是媒体印象的网络版本，计算通过组织机构网站或社交媒体发帖抵达的人数。一个人每进入一次网站就被视为一次点击或访问。

史密森学会为其国立美洲印第安人博物馆（NMAI）在华盛顿特区的盛大开幕做了推广。媒体公关材料中提到了博物馆的网站。博物馆的公关公司伟达公关表示："25% 的报纸报道提到了 NMAI 的网址，从而导致了每天 120 万次的点击量（17 025 次访问）（之前的平均点击量为 23.3 万次）。"

广告当量

另一种评估方法涉及信息曝光价值的流通量，被称为广告价值当量（AVE）或广告当量。这种方法是将报纸或广播电视上新闻报道的价值转化为其所对应的广告成本。比如说，在一份每英寸版面广告费用为 100 美元的商业杂志上刊登一条 5 英寸的文章将等同于 500 美元的宣传价值。

汉普顿酒店为重建孟菲斯的国家民权博物馆发起了"挽救地标建筑"活动，该活动就使用了广告当量进行评估。像汉普顿酒店及其公关公司

> **思考**
> 广告当量是一种精确的科学测量方式吗？

凯维公关报告的那样，这一活动"产生了220多条媒体报道，总的媒体印象为394 233 117，大约相当于6 075 122美元的广告价值"。它们估计，活动带来的收益与投资比可达17比1。

一些公关人员甚至可能采用这种方法：计算与新闻报道占据同样大小版面的广告的费用，再将这个数字乘以3～6，因为研究显示新闻比广告更具可信度。例如，如果汉普顿酒店将广告当量乘以3，就能够说"挽救地标建筑"活动获得的宣传报道版面等同于1 800多万美元的宣传费。

尽管这一金额可能给高级管理层留下深刻印象，但是计算广告当量的方法实际上是在比较苹果和橙子。两者不能进行比较的一个原因是广告和宣传之间的根本差异。广告的广告词是由组织机构直接控制的，而且可以指向明确的目标。组织机构决定着信息的内容、大小、刊登媒体和刊登时机。而新闻中提到的信息是由媒体把关人决定的，它可能是负面、中性，或是正面的。此外，新闻通稿中关键的公司信息也可能在编辑的过程中删除殆尽。换句话说，组织机构不能控制新闻中信息的大小、介质、时机或是内容。

最终，是否使用广告当量的测量方法变成了测量的到底是什么的问题。如果一篇报道是负面的，它是否应该计入广告当量？一篇占15英寸版面的报道里只提到该组织一次，而且是和其他6个组织机构一起，它是否能同一条同样版面的广告相比较？还有，这个数字游戏还没考虑到《华尔街日报》上一篇4英寸版面的报道，在抵达关键受众方面，或许比地方日报上一篇20英寸的报道更有价值。

简而言之，这种用金钱价值来测量宣传效果的方式是需要打上某种程度的问号的。美国公共关系学院（IPR）测量委员会在2009年投票决定"抵制广告当量的概念与实践"。将宣传与同等版面的广告费画等号的做法也不能带来良好的媒体关系，因为它强化了许多媒体把关人的看法：所有的新闻通稿都是为了获得免费广告。

🎙 系统追踪

如前所述，信息的曝光量习惯上按照媒体提及信息的次数来测量。然而，技术进步使得应用更复杂的技术来追踪媒体投放成为可能。

可以依据一些变量运用电脑数据库来对媒体投放进行分析，这些变量包括市场渗透、出版物类别、报道语气、引用来源和关键宣传点的提及等。例如，凯旋公关可以在其电脑程序中设定多达 40 个变量，包括对记者署名进行追踪，以确定他对客户关键信息的倾向是正面的还是负面的。其他公司，如卡玛国际和德拉哈耶 - 羚邦，使用律商联讯之类的数据库来为客户做详细的分析。

系统追踪有着多方面的价值。活动期间持续、定期的反馈能够确定组织机构的宣传努力是否收到了回报，关键信息是否出现在报道里。对报道进行追踪，并把它同一段时间内的报道进行比较，这种做法被称为"基准测试"。

> "这个世界不需要更多的数据，它所需要的是经过分析的数据。"
>
> 德拉哈耶 - 羚邦前总裁
> 凯瑟琳·佩恩

基准测试的一个例子是卡皮托莱/明思力公关公司为土耳其政府所做的推广活动，这个活动的目的是增加美国人对土耳其作为一个旅游目的地的认知。通过比较活动前后新闻报道的数量，卡玛国际发现以土耳其为主要目的地的文章增加了 400%。有关土耳其的正面文章比前一年增加了 90%。

另一种分析方式是比较发出去的新闻稿的数量与实际被采纳的稿件的数量以及期刊的种类。这种分析一般有助于公关部门确定哪种宣传最有效且投资回报率（ROI）最高。

信息请求

计算公关活动引发的信息请求的数量是评估媒体曝光度的另一种方法。出现在报纸上的新闻或者现身于广播节目中的公司发言人常常会提供相关信息，告诉人们在哪里能够找到有关主题的更多信息，很多时候，还会提供免费热线电话的号码。

美国疾病控制和预防中心发起的一项针对 H1N1 病毒感染的信息活动，为其 Twitter 账号 CDCemergency（CDC）赢得了 4.5 万名关注者。CDC 制作了一系列播客、视频公益广告、宣传手册、传单和常见问题解答，并将其制成 PDF 文件格式以供下载。在 H1N1 流感爆发的前几天，CDC 每天要从网站上收到 300 份媒体信息请求。

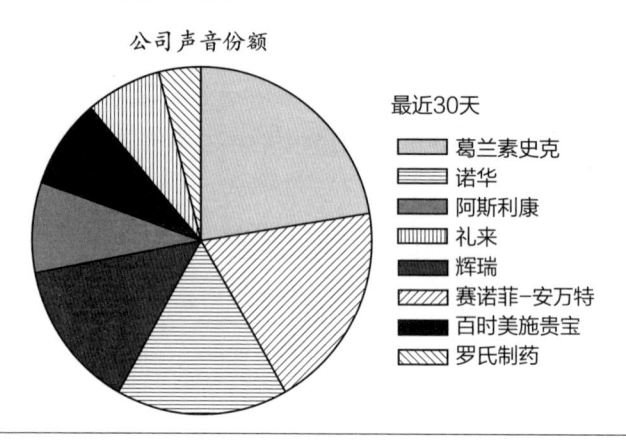

公司声音份额

最近30天
- 葛兰素史克
- 诺华
- 阿斯利康
- 礼来
- 辉瑞
- 赛诺菲-安万特
- 百时美施贵宝
- 罗氏制药

∧ 道琼斯旗下的 Factiva Insight 所做的媒体分析使用了文本挖掘和可视化技术，以图形视图的方式呈现 Factiva 数据库及网上的第三方数据。上图显示了一个月内各医药公司得到的报道量。

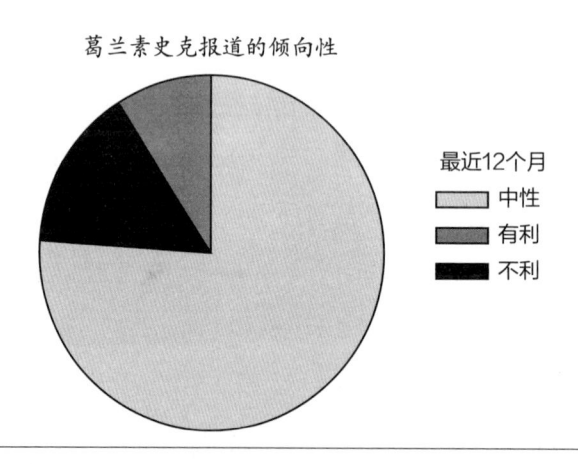

葛兰素史克报道的倾向性

最近12个月
- 中性
- 有利
- 不利

∧ 上图展示了为一家公司所做的媒体报道分析，分析角度为中性报道、有利报道和不利报道所占的百分比。这种数据可以帮助组织机构评估其媒体关系活动的效果。

🎤 人均成本

信息曝光量还能够通过计算信息抵达每个受众的成本来进行测算。广告业普遍运用这一技术来明确成本。尽管 2010 年超级碗电视转播中一段 30 秒的广告要花费 300 万美元，但是广告人员认为它物超所值，因为广告的受众规模超过了 1.06 亿，具体到每个受众身上的花费还不到 3 美分。即使在播放广告时有很多观众去冰箱拿食物，这仍然是相对便宜的花费。

这种技术被称作成本效益分析，它常被用来对公关活动进行评估。具体说来，千人成本（CPM）的计算方式是用宣传活动的花费除以媒体印象的总数。

高乐氏公司拥有碧然德饮用水过滤系统。2008 年，碧然德发起了一项"为美好而过滤"的环境可持续发展活动，来推广用过滤水替代瓶装水。高乐氏公司策划活动时将媒体印象与千人成本和投资回报率联系了起来。《公关周刊》称："对媒体印象的关注意味着这家公司分析了一个人通过编辑版面或其他宣传活动接触到品牌信息的次数。每花一美元带来的媒体印象越多，千人花费就越低，投资回报率也就越高。"

高乐氏公司的高级集团公关经理大卫·克里斯对《公关周刊》说："关注一年中每个市场的媒体印象数，使我们能够把每个市场的销量同我们的设想联系起来——较好的千人成本真的带来了很高的投资回报率。"高乐氏公司发现自己不必花费大量金钱就可以获取较高的投资回报率。简而言之，有效的公关活动使高乐氏公司用较少的成本抵达了大量受众。

受众参与

测量活动的到场人数是一种简便的评估事前宣传效果的补充方式。例如，纽约公共图书馆百年纪念庆祝活动吸引了 1 万人来观看声光表演以及聆听演讲。此外，2 万名参观者在指定日来到了图书馆，而且一年内图书馆的展览还吸引了全世界超过 20 万的参观者。

相反，会议或活动的出席人数很少可能意味着宣传和推广不够充分。即使人们知道一场会议或一项活动正在进行，到场人数仍然很少的另一个主要原因是冷漠（公众缺乏兴趣）。较少的到场人数一般会导致对公关人员的大量指责，因此最好对具体发生——或未发生——的事情做出客观的评价。

受众认知测量

测量信息的传播与曝光度是一件事，而另一个更高的评估层次是确定受众是否真的获知并理解了信息。公关测量专家沃尔特·林登曼称这个为公关评估活动的第二层次。他指出：

> 思考
> 调查研究工具可以使公关人员了解哪些公关活动效果方面的信息？

在这一层次，公关人员测量目标受众群体是否真正收到了指向他们的信息：他们是否对这些信息给予了关注，他们是否理解了这些信息，以及他们是否用某种方式把信息保存了下来。

调查研究工具回答了这类问题。目标受众群体中的成员被问到了相关的信息，并被问及他们记住了哪些内容。公众对哪个组织机构赞助了一项活动的认知也是非常重要的。海湾银行发现，只有 59% 的观众认得这家银行是马萨诸塞州查尔斯河上的划船系列比赛——查尔斯赛舟会头船大赛——的赞助商。通过进行各种创新，增强公关力度，以及在来年的帆船比赛增加银行标志，海湾银行（那之后已被其他银行并购）将公众认知度提升到了 90%。

另一种测量公众认知和理解的方法是次日回忆法。在这种方法中，参与者被要求观看特定的电视节目或阅读特定的新闻报道；第二天，他们接受采访，以使调研人员了解受访者还记得哪些信息。

"确定传播是否起作用的唯一方法是借助事前和事后的调查研究。前者可测量现状，后者将揭示变化及变化的方向。"

可口可乐公司前客户事务部经理
弗兰克·斯坦贝里

受众态度测量

与受众对信息的认知与理解密切相关的是信息内化带来的受众观念和态度的改变。一项用以确定这种变化的主要技术是**基线研究法**，这一方法是对公关活动开始前、进行中和结束后的公众态度和意见进行测量。基线研究法也叫基准研究法，它测量加大的信息和宣传带来的态度与意见的百分比变化。当然，受众态度的改变可能是一系列影响因素造成的，但是对变化幅度进行统计学分析可以帮助调查人员指出有多少改变可以归功于公关活动。

保险公司保德信金融定期开展基线研究。该公司实施了一个企业社会责任（CSR）项目，向医疗服务志愿队提供相应的补助，以使得他们能够购买便携心脏起搏器，在抵达医院前对心脏病人进行救治。对这项活动的基线研究发现，在两年的时间内，保德信金融公司在受访者中的正面声誉从 48% 提高到了 77%。

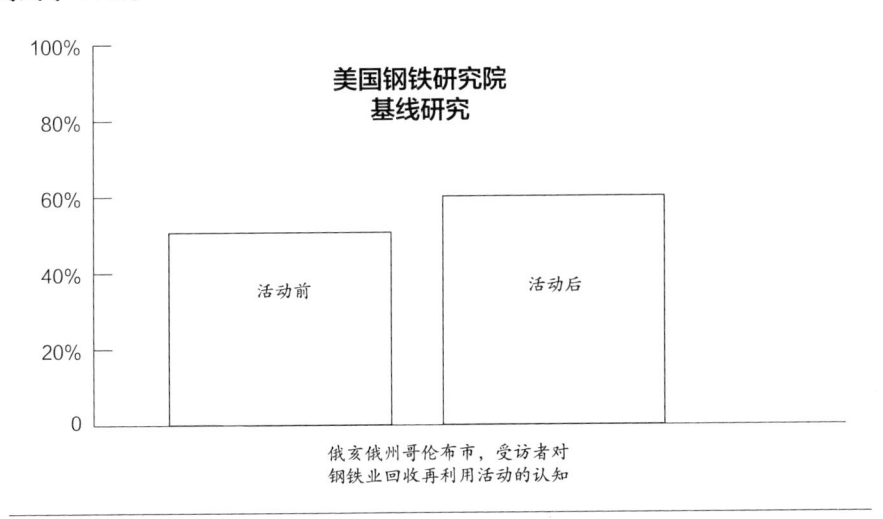

美国钢铁研究院基线研究

（俄亥俄州哥伦布市，受访者对钢铁业回收再利用活动的认知）

美国钢铁研究院开展了一项基线研究来确定其某项公关活动的效果。这个活动旨在向公众说明钢铁行业在回收再利用方面所做的努力。在活动前，俄亥俄州哥伦布市只有 52% 的受访者知道铁罐是可以循环利用的；在活动之后，这一百分比提升到了 64%。

受众行为测量

本书多次指出，公关活动的终极目标就是达成组织机构的目标。一个业余剧团的目标不是得到媒体宣传，而是卖出门票。像绿色和平组织这类环保

> **思考**
>
> 公关活动的终极目标是什么？

组织的目标不是得到关于鲸鱼保护的评论文章，而是动员公众：（1）向民选官员写信；（2）捐款以支持其保护活动；（3）通过保护性的法律。一家公司的目标是卖出商品和服务，而不是得到2亿的媒体印象。在任何情况下，公关工具和公关活动都是一种手段，而非结果。因此，公关活动最终要通过它们如何帮助组织机构达成目标来测量。

辛格勒无线服务公司（如今的美国电话电报公司）及其公关公司凯旋公关，在发起一项旨在减少青少年"分心驾驶"行为的活动中，使用了多种初级和次级调研方法。这些方法包括：（1）对高速公路交通安全统计数字进行数据分析，统计数字显示青少年卷入与分心驾驶相关的事故的概率是其他群体的四倍；（2）同教育工作者进行焦点小组讨论，以求更好地理解如何与青少年进行沟通。这项活动获得了美国公共关系协会的银砧奖，在其获奖说明中，凯旋公关叙述了其是如何处理可测量的目标的。

雇主和客户渐渐开始关注公关活动的经济效益。这种对责任的审视和关注确定了我们对公关测量的重视。正如本章和第6章阐明的那样，公关的过程是调查研究、战略策划、可测量的目标、创造性的手法和信息技术、可靠的测量技术之间的互动所推动的。

"一次成功的公关活动，其结果不是厚厚的一叠新闻……传播只有在受众群体中产生效果时才是重要的。"

圣迭戈州立大学　大卫·多齐尔

公关案例　媒介现实核查

计算剪报数量仍然是最常见的公关评估方法。不过，也存在着复杂些的测量技术。每一年美国公共关系学院都会颁发"金尺子奖"来表彰公关测量方面的创新。2009年，大都会人寿和回声调查公司斩获该奖。

大都会人寿不仅想要确保其信息出现在媒体上——可用剪报法计算——而且想要确保出现在这些媒体上的信息是准确的。内容分析并非特殊的公关测量方法，但是大都会人寿和回声调查公司将其向前推进了一步。它们开发出了媒介现实核查法，这一方法通过关注基本事实、误报和删减来分析信息的准确度。

这一调查研究方法用以实现两个目标：

确定新闻和其他报道中信息的正确、不正确以及部分正确的程度。

确定报道中关键信息遭到删减或误报的程度。

这种方法被用来对26家大型日报、主要的个人理财杂志和网站、新闻通讯社以及挑选出来的普通消费者杂志一年内所有有关人寿保险的文章进行分析。大都会人寿和回声调查公司发现，这些文章中有94%至少含有一处事实性错误或严重删减，并且平均每篇文章有三处删减以及一处有关人寿保险基本事实的误报。

在它们的获奖项目中，两家公司称："调查发现，最常写作人寿保险有关文章的作者的叙述并不总是最准确的，这意味着即使对有经验的个人财务作者也需加强媒体教育活动。"这些发现不仅可使大都会人寿推出更明确的信息，而且强调了针对重要商业记者开展预防性媒体公关活动的必要性。

在随后对媒体成员与"有影响力的人"的定性研究中，大都会人寿发现它以内容分析为基础的策略是切中要害的。焦点小组讨论的参与者表示，"那些把保险产品做得清晰易懂的公司将会获得成功"。

1. 你最喜欢的零售商店可以通过哪些方式使用调研和测量方法来更好地开展公关活动?

2. 在你预想的方案中,公共关系的四个步骤——调查、策划、传播、测量——中哪些更为重要?请解释你的选择。

公关策略　盖洛普

杰弗瑞·琼斯　2009年12月4日

美国人就能否实现在阿富汗的目标产生分歧
48%的美国人称美国一定或可能会完成目标

新泽西州普林斯顿：奥巴马总统阿富汗新军事政策的出台并没有使美国人过于自信地认为这个政策会获得成功——48%的美国人称美国一定或可能会实现其在阿富汗战争中的目标，而45%的美国人称美国不太可能实现这些目标或者一定不能实现这些目标。

这些数字是依据12月2日晚对1 000余名美国人所做的一项民意测验得出的。测验的前一天奥巴马发表全国电视讲话，公布了新军事政策。民意测验发现，美国人更有可能支持（51%）而不是反对（40%）这一新策略。

甚至在支持这项新军事政策的人中间也存在着大量的怀疑者。在这一群体中，61%的人认为美国有可能实现目标，但是35%的人持悲观态度。同样，尽管新军事政策的反对者中的大多数并不指望美国能够在阿富汗实现目标，但他们的意见也远非一致。

党派间对于成功的预期也存在着细微的差异，56%的共和党人、47%的独立党派人士和45%的民主党人认为美国将会实现目标。

成本和安全担忧

一些不赞成升级美国在阿富汗的卷入程度的人对战争给美国带来的不断增长的成本提出了质疑。很多美国人也至少在某种程度上怀有这一担忧。民意测验发现73%的人称他们担心战争的花费使美国更难解决国内的问题，其中32%的人对此非常担忧。

国会中的一些民主党成员已经要求征收一项新的收入税来资助美国在阿富汗的军事行动中增长的花费，而这项花费是由向阿富汗额外派遣3万名服役人员的决定造成的。然而，国会中最重要的两位民主党人，众议院议长南

像这些民意测验结果清晰显示的那样，公共舆论经常是分裂的。

公关人员使用民意测验来发现关键受众和评估公众舆论。

测量公众舆论的维度有助于利益群体动员人们采取行动。将对立意见转化为正面意见是公关人员所面临的最具挑战性的任务之一。

很少有问题能使得公众舆论保持一致。要分析意见是如何分裂的往往十分复杂，甚至可能出现一些群体在相似问题上持有矛盾意见的情况。

乔治·盖洛普是美国科学民意测验的先驱之一。他名字几乎已经成了民意测验的同义词。盖洛普于1984年去世后，美国民意调查所继承了他的工作。民意测验中提出的问题常常只需要简单的答案，例如"是"或"否"。如今，民意测验被用来处理大量不同的问题。

希·佩洛西和众议院多数党领袖史坦尼·霍伊尔突然表示反对这项税收，使这一议案变得几乎不可能通过。看起来佩洛西和霍伊尔与美国的民意保持了一致：民意测验显示美国人以 68% 对 24% 的压倒性优势反对战争附加税。

虽然民主党对阿富汗新军事政策的批评集中在花费上，共和党却表达了对制定撤军时间表的担忧。民意测验发现，55% 的美国人称他们担心美国从阿富汗撤军会使美国更易遭到恐怖分子的袭击，其中 19% 的人对此非常担忧。

普通民主党人的担忧同他们的政党领袖相一致，他们更关心战争的成本限制了美国解决国内问题的能力，而普通的共和党人更关心撤军会给美国面临恐怖主义威胁时的安全带来影响。

尽管大量美国人对美国在阿富汗取得成功的能力表示怀疑，或表达了对新军事政策可能的后果的担忧，公众也普遍没有在事后批评发动战争的决定。民意测验发现，62% 的人表示，回过头看，向阿富汗派遣军队是正确的，而 32% 的人认为这是错误的。这一结果同盖洛普在测验战争支持率时对主要的"错误"倾向提问时发现的结果相似。

> 尽管舆论一开始可能是倾向于支持战争的，但公众在战争进程中的意见通常是极易改变的。很难预测舆论的方向，因为有很多变量可能会对其造成影响，如时间、经济、媒体报道等等。

调查结果建立在 2009 年 12 月 2 日对全国 1 005 名 18 岁以上的成年人进行的电话采访的基础上。对于建立在这一全国成人样本总数基础上的测验结果，在 95% 的情况下抽样的最大误差幅度在正负四个百分点之内。

> 民意测验人员经常使用电话采访来收集数据。因为越来越多的人使用手机来代替固定电话，如果样本人群中既包括使用固定电话的人也包括使用手机的人，那么民意测验的结果就会被认为更加有效。

对受访者的采访是通过固定电话或手机进行的。

除抽样误差外，问题措辞和调查实施时的实际困难都能够导致民意测验中的错误或偏差。

完全在一天之内进行的民意测验，比如本测验，可能会出现在几天之内进行的民意测验所不会出现的额外误差或偏差。

> 民意测验提供了特定时间内公众意见的"快照"。公众意见根据问题的不同而不同，且始终处于发展变化之中。一个在某天只激起不温不火的回应的问题在第二天就可能引发热烈的反应。

第8章

舆论和说服

- 什么是舆论?
- 哪些人是舆论领袖?
- 大众媒介在形成舆论方面起到了什么作用?
- 冲突是如何影响公共讨论的?
- 哪些因素可使传播具有说服力?
- 说服的局限性是什么?

医疗改革的激烈论战

2010年3月23日,在持续了一年多的论战后,巴拉克·奥巴马的医疗改革方案变成了法律。2009年年初奥巴马总统和国会的民主党人首次提出改革方案时,在美国得到了超过半数人的支持;但经过一系列保守党分子占据上风的市政会议之后,到了春季,医改方案的支持率下滑。批评者占据了新闻头条,他们抱怨政府对医疗保健的控制、自由选择权的减少以及政府"死亡委员会"[①]的阴霾。

公众舆论呈现出两极分化:接受民意调查的人有时甚至都显得自相矛盾。2009年7月ABC/《华盛顿邮报》的一项调查显示,虽然57%的美国成年人对现有的医疗体制不满意,但是83%的人却对他们享受到的医疗感到满意。更惊人的是,根据《纽约时报》/CBS新闻的一项调查,72%的人支持公共选项[②],但是63%的人却又对政府介入医疗体系持保留态度。

奥巴马的医疗改革方案侥幸逃脱了比尔·克林顿总统1993年提出的美国全民医疗保险方案的命运。克林顿的提议一开始获得了惊人的公众支持,但是在保险公司和医药公司成功发动一场持久的公关战后,提议丧失了成功的机会。与此类似,当共和党人斯科特·布朗取代已故马萨诸塞州参议院泰德·肯尼迪的议席,从而使民主党不再占据绝对优势时,奥巴马的计划似乎也难逃一劫。

总统及其同盟所遇到的问题部分是因为2009年提出的医疗改革方案极其复杂,并且提议者一开始没能清楚地解释为什么应该采用这个法案。而"自由事业"和"繁荣美国人"这样的反对团体控制了新闻报道,发布了一

---

① 死亡委员会(death panels)是2009年美国医疗保险辩论中出现的一个政治术语,由共和党党员、阿拉斯加州前州长佩琳提出。她说医疗法案将产生新的官僚,即一个"死亡委员会",来决定像她父母或者唐氏综合征的孩子那样的人是否有资格享受医疗保险。——译者注
② 公共选项(public option)是医改方案中的一个敏感点,其内容为创建一个由联邦政府监管的医疗保险市场,出售医疗保险的事情交由政府成立的公共保险机构来承担。由于这一点在议会中争议非常大,最终并未写入通过的法案中。——译者注

些简单易懂的信息来引发恐慌和鼓励公众示威。像克林顿一样，奥巴马总统也想去改变这些信息内容，故而纠缠于细节描述。直到2009年7月奥巴马才在呼吁通过医疗改革法案的信息中加入直接、强烈的感情成分。

然而，1994年和2010年的情况大不一样。奥巴马总统成功地赢得了医药业代表团体［美国药品研究与制造商协会（PhRMA）和制药企业劳动管理协会（PILMA）］的支持，而这些团体15年前曾反对医疗改革。1994年反对派在论战中处于掌控地位，而这一次改革派（比如经济社会权利中心和国家医疗医生后援团）几乎和反对者花了一样多的钱在公共关系上。Facebook和Twitter这样的社交网络平台所支持的基层倡议也为这场论战注入了重要的力量，扩大了传统新闻平台的效果。

什么是舆论？

评论漫画家用普通人的形象将舆论拟人化，这两个形象用来代表人们看待问题的方式。实际上，舆论是难以捉摸的，而且在任何时候都很难测量。

人们对大卫·贝克汉姆、米歇尔·奥巴马或者老虎伍兹这样的公众人物的看法经常随着他们最近的荧屏形象或者网络谣言不断地发生变化。舆论的法庭是变化无常的。昨日的巨星可能是明日的过气明星，除非他们找人代写一本大爆料的自传，然后再一次闯入公众视野。由于存在一些互相依存的变量，要想准确地预测舆论的方向是极其困难的。

事实上几乎没有问题能达成观点的统一，舆论经常会朝着不同的方向分化，并且相互之间存在分歧。即便是某个团体的成员具有相同的信念和兴趣，组内个人或者大团体中的小团体的观点也可能存在较大差异。例如，巴以关系在美国基督教团体中就引发了不同的回应。正统派基督徒倾向于明确支持以色列的政策，并把时事同《圣经》预言联系在一起；而自由派基督徒更有可能对巴勒斯坦是主权国家的观念抱有同情。与此类似，对于一些热点问题，如堕胎、同性婚姻、安乐死和战争等，总是会有各种互相冲突的舆论。

一般说来，对特定问题，在某一特定时间仅有一小部分人参与舆论的形成。然而，一旦公众和媒体开始把某一问题的舆论认定为既成事实，这种舆论就会形成自我驱动力。厄文·克雷斯皮是一位舆论研究者，写过不少研究文章。他认为舆论几乎可以成为一种有形的力量，可以影响所有人并改变他们对争议问题的观点和态度。

以下三个原因可以解释社会的发声部分和舆论动力的深刻影响：

（1）心理学家发现公众总体来说往往是被动的。

（2）某个问题会引起一部分有特定既得利益的人的注意，而另一个问题会引起另外一部分人的注意。

（3）对同一个问题，人们之间的观点会相互冲突和对抗。有时候人们会有相互矛盾的观点或态度。

理解和评估相互对抗或者冲突的观点之间的动力机制是公共关系研究的重要维度。舆论的形成是一个不断变化的过程，公关人员不应该把它看作一个静态的过程。公众对某个问题的态度往往是未置可否的，然而一旦被激发，他们就会形成观点和信念，并在该问题发展的整个过程中采取行动来实现自己的利益。公关人员需要辨别和跟踪可识别的舆论，甚至要力图去创造或宣扬这些观点来影响公共关系的结果。

舆论在推动某一群体对某个问题采取行动方面发挥着作用。意识和讨论促成了观点的形成和公众之间一致意见的达成。随着意识的增长，这一问题变成公众讨论和争议的对象，同时受到了广泛的媒体报道。通过媒体报道，这一问题被置于公共议程中并且得到更多人的关注。

例如，社会活动分子和特殊利益集团因为景区受到伐木和露天开采的威胁而组织了一场抗议活动，这些团体尽管可能并无正式的权力，但却可能成为媒体的"议程刺激物",因为媒体渴望矛盾和冲突。所以当社会活动分子举行集会和示威游行时,鲜活的电视报道就有了机会。在通常情况下,媒体会把问题简化为"我们和他们"的立场。接下来,舆论领袖们可能就会开始讨论这一问题,而且可能会认为这个问题代表了更广泛意义上的环境和社会问题。

公关人员经常通过分析舆论来确定核心受众或者核心公众,进而从他们的立场来解决问题。例如,2006年2月新闻报道说美国政府将与阿联酋迪拜的一家公司——迪拜环球港务集团——签订合同来经营21个美国港口,这立刻引发了一场声势浩大的公众谴责行为。在公众得知小布什政府直到协议即将敲定前的一刻才通知国会时,舆论进一步发酵。2006年3月,CNN、《今日美国》和盖洛普的一项联合调查显示,66%的受访者反对这项合同,仅有17%的受访者赞成这项合同。尽管港口依然处于美国的控制之下,但很多美国人认为政府竟然让一个阿拉伯国家的公司来管理和经营美国港口,实在是疑点重重。由于公众是重要的受众,他们的谴责使这项合同很快遭到国会的反对,并成为压倒性负面舆论压力下的牺牲品。

作为催化剂的舆论领袖

《罗普报告》的一项调查表明,10%～12%的人口推动了舆论和消费趋势的形成,他们被杂志界定为"有影响力的人物"。那些知识渊博、在公众讨论中清楚地表达对某个特定问题看法的专家叫作"舆论领袖"。

社会学家伊莱休·卡茨和保罗·拉扎斯菲尔德将舆论领袖定义为:他们因为对某样东西有兴趣或者有知识而成为专家,且或正式以发言人的身份,或非正式地通过和家人、同事和同辈的日常交流来告知他人信息。他们不一定经常在社区

思考 谁会影响你的意见?

抛头露面,也不一定在其他方面也居领袖地位。在一群矿工和家庭妇女中找到舆论领袖的概率和在政客或者《财富》500强企业管理人员中找到舆论领

> 人们很少自己做决定。在投票选举总统或市长，或者购买汽车甚至是牙膏的决策过程中，我们总体上受到了朋友、父母、教育者、督导人员、宗教领袖、医生、官员、名人和媒体的影响。

袖的概率是一样的。舆论领袖均匀地分布在其所在社区的社会、经济和教育的各个层面。他们帮助形成和确立问题，而这些问题往往源自人们的个人利益。通过舆论领袖的影响，舆论经常会成为一个可衡量的实体。公关人员试图影响这些舆论领袖，就像舆论领袖试图影响大多数公众一样。

🎙 观点的传播

很多公共关系活动，尤其是那些公共事务领域的活动，中心就是确定或找到对某个计划或项目的成败起着关键作用的核心舆论领袖。1948年，社会学家保罗·拉扎斯菲尔德、伯纳德·贝雷尔森和黑兹尔·高德特发表了题为《人民的选择》的论文，分析了人们如何在竞选中选择候选人。他们发现大众传媒对选举投票的影响最小，选民是根据与正式或非正式的舆论领袖之间的人际交流做出选择的。

> 非正式的舆论领袖由于其特质而影响着同伴。总的说来，他们因为消息灵通、表达清楚以及在某些问题上的信誉而对同伴产生深远影响。比如，演员乔治·克鲁尼在很多问题上成为舆论领袖，尽管很多美国民众发现他对政治过程的观点互相矛盾，但他对结束非洲苏丹西部达尔富尔地区的种族灭绝的倡议得到了民众的普遍支持。

拉扎斯菲尔德和卡茨把这一发现进行提炼，概括为两级传播理论。尽管后来的研究表明这一过程涉及更多的传播步骤，但这一理论的基本概念仍然是适用的。舆论一般是围绕着一些人的观点形成的，这些人花时间去筛选信息、评估信息，并形成观点向他人传达。信息通过媒体（纸媒、广播和电视）传播给舆论领袖，舆论领袖再传播给信息较为闭塞的大众。舆论是通过舆论领袖与他人面对面交流的过滤器形成的，并非是通过媒体自身直接形成的。

多级传播模式、N级传播理论和扩散理论可以做如下图解。

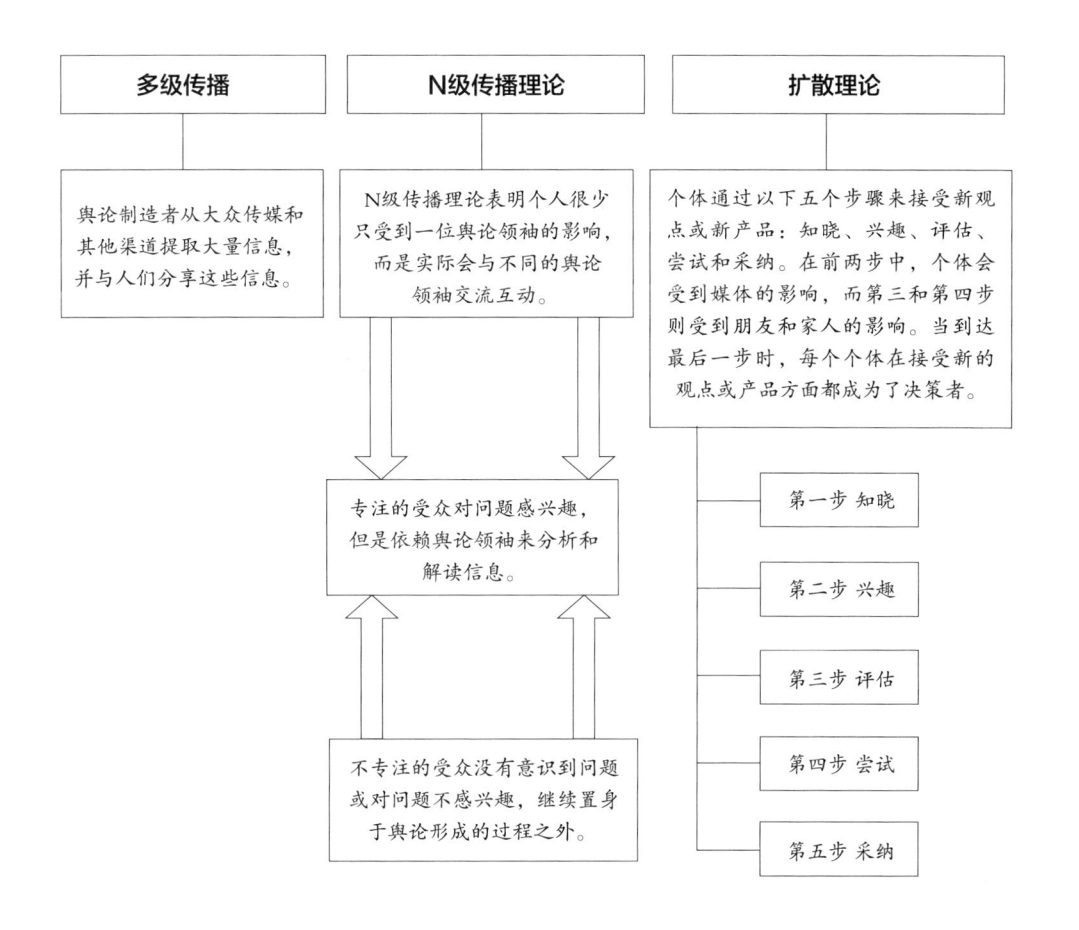

```
┌──────────────┐      ┌──────────────┐      ┌──────────────┐
│   多级传播    │      │  N级传播理论  │      │   扩散理论    │
└──────┬───────┘      └──────┬───────┘      └──────┬───────┘
       │                     │                     │
┌──────┴───────┐      ┌──────┴───────┐      ┌──────┴───────┐
│舆论制造者从大 │      │N级传播理论表明│      │个体通过以下五 │
│众传媒和其他渠 │      │个人很少只受到 │      │个步骤来接受新 │
│道提取大量信息,│      │一位舆论领袖的 │      │观点或新产品: │
│并与人们分享这 │      │影响,而是实际  │      │知晓、兴趣、评 │
│些信息。       │      │会与不同的舆论 │      │估、尝试和采纳。│
│              │      │领袖交流互动。 │      │在前两步中,个  │
└──────────────┘      └──────┬───────┘      │体会受到媒体的 │
                             │              │影响,而第三和  │
                             ▼              │第四步则受到朋 │
                      ┌──────────────┐      │友和家人的影响。│
                      │专注的受众对问│      │当到达最后一步 │
                      │题感兴趣,但是 │      │时,每个个体在 │
                      │依赖舆论领袖来│      │接受新的观点或 │
                      │分析和解读信息│      │产品方面都成为 │
                      └──────▲───────┘      │了决策者。     │
                             │              └──────────────┘
                             │
                             │                ┌──────────────┐
                             │                │ 第一步 知晓   │
                             │                └──────────────┘
                             │                ┌──────────────┐
                             │                │ 第二步 兴趣   │
                             │                └──────────────┘
                      ┌──────┴───────┐        ┌──────────────┐
                      │不专注的受众没│        │ 第三步 评估   │
                      │有意识到问题或│        └──────────────┘
                      │对问题不感兴趣,│       ┌──────────────┐
                      │继续置身于舆论│        │ 第四步 尝试   │
                      │形成的过程之外│        └──────────────┘
                      └──────────────┘        ┌──────────────┐
                                              │ 第五步 采纳   │
                                              └──────────────┘
```

大众媒介的作用

公关人员可以通过舆论领袖来影响核心受众,他们还可以通过诸如广播、电视、报纸、博客和杂志这样的大众媒介来直接影响目标受众。大众媒介,正如这个词的字面意义那样,意味着某个来源的信息可以快速有效地传播给大众,有时甚至是几百万人。

宾夕法尼亚大学的小奥斯卡·甘迪以及其他理论学家的研究结论显示,公关人员在形成舆论层面起着主要作用,因为通常首先由他们为大众传媒提供信息。尽管新闻记者争辩说他们很少使用公共关系材料,但是只要人们看看每天的报纸,就会发现这类公关材料,例如,警察局新闻发言人的引语,有关某个新的电脑产品的文章,地方房地产部门的数据,甚至是获胜四分后卫的赛后采访。在上述几乎所有的例子中,都是由公关信源在提供信息或者安排采访。事实上,甘迪预测媒体报道的 50% 是以"补充信息"的方式来源于公关信源。

为了更好地理解公关人员是如何通过大众媒介来为公众提供信息并塑造舆论的,让我们先简单回顾一下大众传媒效果方面的理论。

议程设置

大众传播研究者马克斯·麦库姆斯和唐纳德·肖提出的一个早期理论认为,媒体的内容为公众讨论设定了议程。人们倾向于谈论他们在电视新闻节目中听到、看到或在报纸头版读到的内容。按照这一理论,媒体通过挑选报道和标题,告诉公众应当考虑什么,不一定是怎样思考。比如说,反恐战争这一主题多年来一直位于媒体议程的榜首,但是民意测验显示,公众对这一话题的观点各异。社会科学家约瑟夫·克拉珀称之为大众媒介的有限效果模式。他提出,"大众媒介通常不是受众效应的充分必要条件,但是却在一系列中介因素和影响因素的共同作用下发挥作用"。这些因素中就包括舆论领袖对来自大众媒介的信息的分析和解读方式。

更近一些,俄克拉何马州立大学的韦恩·旺达以及其他一些议程设置理论的专家证实,媒介不仅仅设定议题,而且会在新闻中使用有关各种主题的观点并交代来源。这些或正面或负面的观点及其来源被内化,并进而影响舆论。对公关活动如何设立媒介议程,并进而影响舆论的研究仍将继续。

从公共关系的角度看,将一个主题置于媒介议程中,对推进组织机构的目标来说已经是一项成就了。一个显著的例子是,苹果公司 iPhone 的销售

补充说明……

培养理论认为现实是由媒介来描绘的,媒介挑选并包装事实来满足受众的兴趣。使用与满足理论则认为,人们按照其需求来使用大众媒介,并对其做出不同回应。大众媒介提供的信息要与来自其他信源的、可以满足受众需求的信息进行竞争。

量随着媒体对其成功的报道而大涨，而公众也越来越意识到了这个"热门"产品。

框架理论

雪城大学的帕米拉·舒梅克和得克萨斯大学奥斯汀分校史蒂夫·里夫斯认为媒体内容受到从记者个人的职业素养、媒介机构的所有权到文化和意识形态因素等一系列广泛因素的影响。传统上，框架理论指的是新闻记者如何选择事实、主题、报道方式，甚至词汇来"框定"或者塑造一篇报道。这一过程不仅仅是新闻记者作为把关人对潜在的新闻报道做出简单选择，而且涉及新闻记者对问题做出解读或者指出其细微差别。例如，媒体如何设定医疗保险论战以及医疗保健机构角色的框架，通常会在公众对这些问题的认知方面发挥主要作用。

> "大众传媒学者一直认为理解问题的新闻框架出现的方式是非常重要的，因为**这种框架会影响公众对问题的理解**，进而影响政策的形成。"
>
> 艾奥瓦大学　朱莉·L.安得赛格
> 堪萨斯州立大学　安吉拉·鲍尔斯

越来越多的学者和专家把框架理论应用于公共关系方面。在题为《公关走向战争：公关活动对科威特和波斯尼亚危机媒体报道框架的影响》的论文中，詹姆士·坦克德和比尔·伊斯雷尔指出，卷入这场纷争的政府利用了公关人员来构建有关问题的框架，而公关人员所构建的问题框架接着反映在了新闻报道中，并进而影响了公众对危机的看法。坦克德和伊斯雷尔指出大多数美国人对媒体的依赖——他们对遥远地区或者国际冲突中的复杂问题往往没有直接的了解——意味着他们必须接受媒体描述的事实，而媒体信息来源于两位研究者所说的"特殊利益集团或者有着特定目标的群体"。

思考：媒体在你和你同伴舆论的形成方面有什么作用？

威斯康星大学麦迪逊分校的迪崔姆·舒费勒认为存在两种类型的框架：媒体框架和受众框架。他认为框架形成是一个持续的过程，个体的行为、态度、认知和情感状态都会影响其对问题的解读。例如，佛罗里达州的选民可能不会对增加学校资金的新闻产生积极回应，因为很多佛罗里达居民的年龄

补充说明……

大多数公关人员发现自己很少构建国际冲突问题方面的框架,但他们却对很多产品和服务的策略进行了定位和框架设定。例如,爱德曼公司在为苹果iMac计算机制定最佳上市策略时,提出了一个鲜明的主题(或框架):在经过几年的亏损和消费者支持的下滑后,苹果公司重整旗鼓。一家报纸的标题宣称"苹果整装待发"。这样的框架显然会提升投资者和消费者对该公司的信心。

超过了65岁(16.7%),而他们的孩子已经长大成人。相反,只有少数人年龄超过65岁(9.2%)的佐治亚州的选民或许会对此产生积极回应。然而,一系列的变量、观念和态度会同时影响人们解读问题的方式。

政治学教授仙托·艾英戈和唐纳德·金德主要关注媒体在以一种更加细微但更具说服力的方式影响受众方面的力量。他们注意到政治竞选中公关人员会强调那些有利于选民投票给他们的因素,而且经常是通过引用某知名领袖的意见的方式,同时会淡化那些对自己的事业或候选人不利的因素。他们最终的目标是改变选民投票决策的基础,而不是简单地改变选民对某个候选人或问题的选择。

冲突的作用

公共讨论的进程常常源于冲突。社会学家和法律学者将冲突定义为两个或两个以上的个体、群体、组织或团体感知到利益分歧的状况。冲突理论提供了理解个体或群体之间的差异的方式,并对相互冲突的利益、目标、价值或愿望提供了解释。舆论经常会折射出这些不同甚至是冲突的观点、态度和行为。

冲突解决学者莫尔顿·多伊奇和彼得·科尔曼认为,公共场合中的冲突并不一定会产生负面效果,而是会产生一个有助于达成共识的建设性过程。事实上,冲突或共识属于法庭判决意见的范畴,而法庭判决意见可以调节并保障社会的稳定以及民主社会的和平变革。冲突本身是社会结构中的固有约束条件。

争议经常有助于形成广泛深入的舆论。公关人员经常需要在冲突中扮演解决争议或将争议最小化这一具有挑战性的角色。

有时候公关从业者也会制造争议或使争议扩大化，以促成积极的或支持性的大众舆论。例如，从 1997 年到 2001 年，西方燃料协会就雇请杰克·邦纳公司制造了一场"基层"公关活动。www.globalwarmingcost.org 网站以信息网站的身份建立，但却秘密生成了一些电子邮件，这些电子邮件具有回答该网站有关供暖费提问的人的签名，并被发送给支持西方燃料协会观点的国会代表。

> **思考**
> 为什么大众媒体的新闻报道要强调冲突？

大众媒介在展示冲突并通过促进更多公众参与来扩大公众辩论方面发挥了作用，这一过程被称为"升级"。大众传媒也会在不同派别之间斡旋调解，从而使冲突降级。两派之间更多的直接交流通常弊大于利，因为反复重复同一个论争是毁灭性的，而且双方之间不可谈判的立场会得到确认和强化。中介交流和穿梭外交则可能是解决冲突的有效方式，尤其是在冲突的早期阶段。媒体的作用是阐释问题、传递对立双方的立场乃至提出解决之道。对于媒体阐释对立双方的立场并提供解决方案的能力，乔治·威尔的专栏"最后的话"以及法里德·扎卡里亚《新闻周刊》的社论都是好的范例——有理有据的对立观点经常会同时刊登出来。

> **冲突**作为新闻的组成部分，可以是战争或者**观点的哲学分歧**。日常的新闻和评论中有人们对政府机构或者政策的批评、公司的欺诈行为或者名人的丑闻。鉴于人们有偷窥以及将自己的**快乐**建立**在别人的痛苦**之上的倾向，日报中充斥着冲突和骚动的报道就不足为奇了。

记者表述问题的方式也存在必然的争议，因为记者对冲突的报道可能是受众唯一可以获得的信息。例如，一位调查记者通过特殊渠道了解到五角大楼的一项颇具争议性的秘密计划，那么他采写的新闻报道可能就提供了使公众了解事情的唯一视角。记者表述这个冲突的方式可能就会使公众的态度偏向某一个派别或者某种解决方案。正因为媒体不仅仅在陈述和解释冲突方面起着关键作用，而且可以避免冲突升级，所以冲突当事人和相关的公关人员了解如何有效地与媒体合作就十分必要了。同样，当公关人员希望冲突升级，从而凸显问题时，媒体也会发挥至关重要的作用。

与冲突的解决方案相比，冲突往往被认为更具新闻价值。公众对充满变数的政治选举或公司不规范操作的细节的兴趣，要远远大于对友好和解或者无罪判决的兴趣。

媒体喜欢渲染具有人情味的苦难，这经常给消息来源带来尴尬。研究者申才和及格伦·卡梅伦认为，新闻记者为了维护自己作为客观的信息评判者的信誉，习惯于将冲突作为一种处理消息来源的策略方式，而公关从业者作为正面报道的拥趸，又倾向于顺应或配合记者，这样公关人员和新闻记者的关系就成了一个从冲突到合作的统一体。公关人员应该明白，新闻记者升级冲突只是维护报道平衡性和独立性的手段，这些公关人员也应该努力以建设性的方式来改变冲突。与仅仅从政府这样的当权者的角度来报道新闻或是传递媒体集团的意识形态相比，公关人员与媒体的健康博弈可以更好地维护公众的利益。从这个角度讲，公共关系是新闻、新闻趋势或者议程创建过程中的一种社会力量。

第 196 页的公关案例讨论了沃尔玛是如何通过危机公关来与一系列负面报道作战的。

舆论中的说服

说服早在人类历史的起源就存在了。2500 年前，古希腊人把修辞学——有效和有说服力地使用语言的艺术——确立为教育系统的核心部分，从而正式确认了说服的概念。亚里士多德第一个确立了"ethos，logos，pathos"的观点，我们可以粗略地将其分别翻译为"信源可信度""逻辑论证"和"情感诉求"。《说服动力学》一书的作者理查德·佩洛夫将说服重新界定为："说服是指在被说服者有一定自由选择度的背景下，传播者通过信息的传递试图改变另一个人或者另一群人的信念、态度或者行为的活动或过程。"

大多数的公关行为是说服传播管理，其最终目的是改变人们的态度和行为。例如，公关人员向潜在顾客传播关于其产品或者服务的信息，目的是说服顾客注意或者购买这些产品或服务。他们也试图说服立法者或其他政客，以寻求有利的税收政策或者监管行为。政客们从他们的角度出发，也会利用公关来拉选票或者筹集款项。非营利性组织，如绿色和平组织或者红十字会，也会说服人们意识到社会或者环境问题，并采取行动和捐款。

北卡罗来纳大学夏洛特分校的迪恩·克鲁肯贝格教授和艾奥瓦大学的肯·斯达克教授认为，主流的看法是将公共关系看作一种代表客户的说服传播行为。小奥斯卡·甘迪补充说道："公共关系的基本角色是一种功利的、利己主义的传播。"爱德华·伯尼斯把公共关系称为取得共识的"工程"，其目的是"为其所代表的个人、产品、机构或者观点创造一个有利的、积极的舆论环境"。

说服的使用

说服被用来（1）改变或抵消敌对观点，（2）使潜在的观点和积极的态度具体化，（3）保持有利的观点。

难度最大的说服工作是把敌对的观点转变为赞同的观点。"不要用事实迷惑我，我已经做出决策"这句谚语是很有道理的。例如，人们一旦认为石油公司在赚取高额利润，他们就会忽略或者不相信其他与之相悖的观点，那么他们就会无视其他影响石油价格的信息，如指向地缘政治因素或者中

> "公关人员是颇具影响力的修辞学家。他们代表客户，就众多话题设计、投放和重复信息。这些话题塑造了人们对于政府、慈善组织、公共教育机构、产品和消费、资本、劳力、健康和娱乐的观点。这些从业者利用口头、书面和视觉形象来讨论话题，并就地方、州和联邦级别的公共政策表明态度。"
>
> 休斯敦大学　罗伯特·希思

国和印度这样的国家对石油的需求量增加，而坚持认为埃克森和壳牌的管理人员正在合谋敲诈消费者。正如沃尔特·李普曼所描述的那样，我们每一个人根据个人对事实的理解，已经在头脑中形成了图画。人们根据个人经历、报纸上所读到的信息或者电视上所看到的画面以及同伴们告诉他们的信息来进行总结归纳。例如，如果一个人遇到了一个粗鲁的店员，他就会倾向于认为整个百货商场的服务都不太好。

当信息与一个人对某一主体的整体看法一致时，说服工作就会变得容易得多。比如说，如果一个人认为丰田公司是一个信誉良好的公司，他就会通过购买其产品来表达这种感觉。然而，汽车召回却会迅速反转消费者的这种观点。非营利性机构一般通过寻求捐款的方式来使公众愿意帮助不幸之人的天性显现出来。这两个例子都说明了为什么企业要努力赢得良好的声誉——因为它可以转化为销售和捐款。

说服和谈判

说服和谈判具有可比性。谈判是指双方或者多方试图解决争端、达成一致行动方案，并为个人或集体利益进行交涉的过程。南密西西比大学的申才和教授认为谈判有时可以作为替代性纠纷解决机制（ADR）来代替法庭诉讼，而说服则明显地作为一种沟通行为出现在市场上。在几乎所有情况下，双方在说服和谈判的过程中都存在着一定程度的冲突。像谈判双方一样，说服者和被说服者都会自觉或者不自觉地按照他们的利益、价值或者需求进行交涉，并且在理想状况下，都愿意就分歧做出妥协。而被说服者无论是基于其接受还是拒绝说服者的信息和条款的意愿，都会存在一定程度的抵抗。

公关案例　沃尔玛之战：零售业巨头的反击

十多年来，零售业巨头沃尔玛一直饱受批评者的攻击。他们指责沃尔玛通过低工资和微薄的福利来压榨工人，通过在亚洲一些国家建立血汗商店导致贸易逆差，并通过无竞争力的价格破坏周边商业。一系列使公众注意到该公司所谓的员工待遇差的法律诉讼，2005年一部名为《沃尔玛：低价格的高成本》的戏剧性纪录片，以及来自"沃尔玛观察"和"醒醒沃尔玛"这样的社会活动团体的压力，加剧了针对该公司的负面宣传。沃尔玛开始努力提升自己的形象，并纠正了有关该公司待其员工不公的许多指控。

尽管取得了这些成果，但沃尔玛的劳工政策仍继续受到抨击。比如，"沃尔玛观察"组织就严厉指责说沃尔玛公然违背了《员工自主选择法》——该法案赋予了员工通过集体谈判和工会来协商工资和其他福利的权利。沃尔玛还受到了迟迟不给员工提供低廉的医疗保险的批评。据"沃尔玛观察"组织估计，按照该公司的医疗计划，一个员工可能需要支付多达 12 000 美元来为自己和家人投保，而考虑到 2009 年该公司员工的平均年薪大约为 20 000 美元，这是个巨大的负担。

沃尔玛以自己的名义指出，民意测验结果显示工薪家庭是支持沃尔玛的。美国昆尼皮亚克大学和皮尤慈善信托基金会共同开展的民调显示，2004 年 69% 到 70% 的美国家庭对该零售商持肯定态度。然而该调查也显示，有 31% 的受访者对该公司持否定态度。更近一些，在 2009 年 6 月兰德公司、博雅公司和 PSB 公司联合展开的一项企业公民责任调查中，受访者在回答当他们想到"最具社会责任感的公司"时哪一家公司会出现在脑海中这个问题时，沃尔玛排名最末。

2005 年，沃尔玛的公关团队试图对负面报道进行反击，他们大力推广一部正面宣传这家零售商的电影，名为《为什么沃尔玛能行，为什么这使某些人疯狂》。沃尔玛公司也采取了一些新的重要措施来提升自己的公众形象。首先，尽管沃尔玛以强烈反对由雇主来为员工购买保险而著称，而且目前也只为 50% 的员工提供了医疗保险，但该公司却在 2009 年 6 月宣布支持奥巴马总统提出的由雇主为员工购买医疗保险的计划。同时，沃尔玛在能源方面也采取了积极姿态，与美国节能联盟组织合作来指导消费者如何节省油费，还与美国郡县协会合作来提高家庭中的能效。沃尔玛还对自身的能源使用做出了相应调整，在《新闻周刊》与主要环境研究机构 KLD 调查分析公司、Trucost 公司和 Corporate Register.com 合作评选的 500 家实施"绿色"行为的美国大公司的排名中，沃尔玛位居第 59 位。

1. 沃尔玛采取了哪些措施来应对负面的舆论？
2. 现在的舆论调查显示的沃尔玛的声誉是怎样的？
3. 民意调查的结果显示出沃尔玛已经提升自身形象了吗？

谈判开始前有关各方如何给自己定位对于谈判如何展开十分关键。公共关系在这种定位中可以发挥主要作用。因此，为使各方达成最终协议，说服就成为了公关活动中一个不可或缺的部分。比如说，利用说服来使你的机构与竞争者处于平等地位，可以让双方意识到谈判的必要性。换句话说，公共关系也可以用作实现替代性纠纷解决机制的工具。替代性纠纷解决机制发生

> **思考** 对于一家机构而言，拥有良好的声誉的经济优势是什么？

在传统法庭之外，并且已经得到了公关人员、法律人士以及一般公众的认可。一般说来它比传统的法律诉讼更加经济，也更加有效。

研究者布莱恩·雷伯、弗里茨·克罗普和格伦·卡梅伦认为，"按照权变理论①，公共关系可以被看作替代性纠纷解决机制先决条件的建设性创造因素"。他们举了一个例子来说明这个观点。在这个例子中，公关和法律人士互相合作，在 20 世纪 90 年代中期共同协商解决了诺福克南方铁路公司对联合铁路公司的恶意收购。联合铁路公司拒绝了诺福克南方铁路公司的收购提议，更倾向于同沿海铁路运输公司达成协议，而这个协议对联合铁路公司的股东较为不利。在福莱公司组织的公关活动的帮助之下，诺福克南方铁路公司有效地说服了目标受众，说该公司的收购提议财政上更加合理，更有利于保持竞争力，也能更好地服务于货运客户。这场公关活动使得公众舆论向诺福克南方铁路公司倾斜，并加速了谈判进程。这三家公司最终达成了共赢的协议：沿海铁路运输公司收购联合铁路公司，并立即将 58% 的铁路路线和资产卖给诺福克南方铁路公司。

一个重要的说服概念

大家都在这样做

奥巴马总统聘请顶尖的行为分析学家担任顾问，来把自己的观点和政策推销给美国民众。行为学家的研究表明，信息应该保持简洁（比如像奥巴马总统竞选时所使用的"变革"和"希望"这样的口号），并且释放"大家都在这样做"的信号。

---

① 权变理论（contingency theory）是指 20 世纪 60 年代末 70 年代初在经验主义学派基础上进一步发展起来的管理理论，是西方组织管理学中以具体情况及具体对策的应变思想为基础而形成的一种管理理论。该理论认为，管理没有一种最好的行事方式，而是必须随机应变地处理管理问题，即管理取决于所处的环境状况。"权变"的意思就是权宜应变。——译者注

畅销书《影响力》的作者罗伯特·贾尔迪尼对《时代周刊》的迈克尔·格伦沃尔德说："人们想做他们认为其他人会做的事情。"贾尔迪尼和其他行为学家认为使人们改变自己的行为是很困难的，但是他们提供了下面几个或许有效的策略。

使其清楚

一些信源，如对情况进行解释说明的网站，提供了更好的信息和更清楚的材料，这些信息和材料可以帮助人们做出更好的选择。"民众参与和名人代言可以发挥作用，对公开性和清晰性有严格的要求可以发挥更大的作用。"

使其简单

人是懒惰的。将人们直接加入一项服务或者活动比让他们自己注册更好。这就是为什么杂志会自动延长订阅时间，而选择退订则需要人们动一下手。在大多数情况下，人们不会退订，因为那样更麻烦。"我们几乎会做任何事情尤其是对我们有好处的事情来避免额外的书面工作。"

使其流行

格伦沃尔德认为："没有什么能比从众心理更能激发行动。研究表明如果房主认为大家都在这样做的话，他们更有可能采取节能、增强房屋保暖性或者回收利用的措施。"

影响说服传播的因素

说服传播涉及一系列因素，而公关人员应该了解嵌入在传播过程中的这些要素，即发送者、信息、渠道和接收者。接下来的部分将简要讨论与这些要素相关的十个因素：（1）受众分析；（2）自我利益的诉求（appeals to self-interest）；（3）受众参与；（4）行动建议；（5）信源的可信度；（6）信息的清晰度；（7）信息的内容和结构；（8）渠道；（9）时机和情境；（10）强化。

受众分析

对于信念、态度、价值观、关注点和生活方式之类的受众特征的了解是说服的基本要求。它帮助传播者按需制定重要信息、满足切身需求并提供合理行动。因为人口统计学信息不可改变，心理统计学因素也不容易受到公关活动的影响，所以了解这些先决倾向特征对于创建不与这些特征产生冲突的信息至关重要。

基本的人口统计学信息可以通过人口普查资料轻而易举地获得，它有助于确定受众的年龄、性别、民族、收入、教育和地理居住分类。营销部门经常收集的其他数据和信息还包括群体的购买习惯、可支配收入以及娱乐休闲方式。民意调查可能会调查目标受众的态度、观点和关注点。这种调查可以很好地揭示公众对某些观点的抵制，以及他们支持别的观点的先决倾向。

另一个受众分析工具是心理统计学。这一方法试图按照人们的生活方式、态度、价值观和信仰来划分人群。加利福尼亚州门洛帕克市的一家研究机构斯坦福国际咨询研究所开发了一个有关价值观和生活方式的程序，叫作VALS。VALS经常用在公共关系中，来帮助传播者构建针对不同人群的说服性信息。一个好的例子是博雅公司使用VALS为全国火鸡基金会筹备一次公关活动的方式。客户的问题很简单：怎样才能促进全年——而不仅仅是感恩节和圣诞节——的火鸡消费。

其中一类人被称作"维持者和幸存者"。VALS把这个群体的成员界定为收入不高、受教育水平较低、年纪通常也较大的人。他们吃饭的时间比较有弹性，消费便宜的食品，并且很少在外面吃饭。另一类人叫作"归属者"，他们高度以家庭为中心并且以传统的方式提供饮食。而"成就者"则是那些更具创新性、更愿意尝试新鲜食物的人。

博雅公司为每一类人都量身定制了一套传播策略。这种把消费市场细分为不同VALS生活方式的做法，使该公司可以选择合适的媒体来推销特定的新闻创意。刊登在《真实经历》杂志上的文章题为《一顿绝妙、经济的美食》，该出版物主要面向带有"维持者和幸存者"人口统计学特征的人群传播。刊登在《美好家园》杂志上的一篇题为《精简的夏日经典》的文章，以及7月4日独立日火鸡烧烤的新闻报道，主要面向"归属者"传播。面向

"成就者"的文章则刊登在《美食与美酒》和《美食家》杂志上，介绍了火鸡沙拉和火鸡泰特拉齐尼①的做法。

自我利益的诉求

人们会参与或者关注那些满足自己心理、经济或者情境需求的事件或者信息。例如，如果一家化妆品公司想要强调新款面霜的抗衰老性能，在传递信息时可能就会让某位能够吸引中老年群体的知名女演员比如梅丽尔·斯特里普来现身说法。如果产品的销售定位是年轻女性，该公司可能就会使用备受赞誉的《暮色》电影中的女主角克里斯汀·斯图尔特。

慈善机构也利用对自我利益的诉求来增加捐赠。慈善机构虽然不销售产品，但却需要志愿者和捐赠者。慈善机构可以通过巧妙措辞来强调志愿者和捐赠者可能收到的回报，以此来增加其诉求的效果。这并不是说利他主义已经消亡。成千上万的人把他们的时间和金钱无私地捐献给慈善机构，但他们也确实得到了某些回报。这些"回报"可能是自信、自尊的满足、同伴和社区的认可、归属感、为社会做贡献的机会甚至是税收减免。公关人员应了解这些心理需求和回报，而这也解释了为什么在时事通讯和颁奖宴会上总会有对这些志愿者的肯定。

宣传

如果不提及宣传及与其相关的技巧，对说服的讨论将是不完整的。宣传的根源可以追溯到17世纪罗马天主教廷设立的信仰宣传教徒会。今天，宣传意味着虚假、谎言、欺骗、造谣和欺诈——对立的组织或者政府指责另一方所使用的伎俩。以商业为目的的广告和公关信息中，经常会使用一些与宣传相关的策略。

---

① 泰特拉齐尼（Tetrazzini），一种将面条、蘑菇、杏仁浸在奶油汁中，在上面加上意大利奶酪，再放入烤箱烘烤后制作出来的食物。——译者注

平民百姓法 (Plain Folk)。人们经常用来表明自己出身卑微，好与普通百姓产生共鸣的方法。政党候选人尤其喜欢描述他们的"卑微"出身。

证言法（Testimonial）。一种实现信源可信度的惯用手法。不论是知名专家、名人还是普通公民都会对某一产品的价值或某一决策的英明之处予以证明。

挟众宣传法（Bandwagon，又称乐队花车宣传）。通过暗示或者直接表述"每个人都想要这种产品"或者"这个观点得到绝大多数人的支持"来促使人们同意某一观点，如"现在比以往更容易了解为什么更多的人选择美国电报电话公司（AT&T）"。

洗牌法（Card Stacking）。通过事实或者数据的选择构建完全一边倒的情景，而同时隐藏另外一面。这一技巧异常高效，因其呈现的内容一般在事实上非常准确，但是又因为省略了受众赖以做出知情决策的关键部分而具有误导性。

转移法（Transfer）。把人、产品或者组织与具有更高地位、关注度或可信度的事物联系起来的技巧。这种方法经常用在广告和政治选举中。例如，很多汽车经销商会展示大量的美国国旗，这是一种暗示买车等于爱国的露骨行径。

粉饰法（Glittering Generalities，又称光辉泛化法）。把某个事业、产品或观念与自由、公平、民主、美国方式这些美好的概念关联起来的技巧。中东的一些团体，如黎巴嫩真主党有时会把恐怖主义行为与实现政治自由或者社会公平的目标联系在一起。

公关人员应该了解这些技巧并且确保不会有意利用它们来欺骗和误导公众。每一种类型的说服传播都存在道德责任。

20世纪的美国社会学家哈罗德·拉斯韦尔认为人们有八种基本的需求动机：权力、尊重、幸福、情感、财富、技能、启蒙以及身体和精神的活力。心理学家亚伯拉罕·马斯洛在他著名的心理学理论中指出任何对自我利益的诉求都必须建立在五个层级的需求之上：

- 第一层（最底层）是基本需求，如食物、水、居所，甚至上下班的交通。
- 第二层是"安全"的需求。人们需要有工作职位保障、家庭安全感，并对退休怀有信心。

- 第三层包括"归属感"的需求。人们寻求与他人的联系。这一需求解释了人们加入组织或社区的原因。
- 第四层包括"爱"的需求。人们有被需要和被爱的需求。
- 马斯洛需求层级的第五层即最高层是"自我实现"的需求。

马斯洛认为一旦前四种需求得以满足，人们就可以通过一系列途径如四处旅行或者成为公认的兰花培育专家去自由地实现个人的最大潜力。

马斯洛关于需求的层级理论有助于解释为什么有一些公共宣传活动难以把信息传递给 VALS 分类中的"维持者和幸存者"。在低收入人群中传播关于艾滋病信息的例子可以说明这一问题。对这类群体而言，与每天都要面对的贫穷以及对日常食宿这种基本需求的追求相比，艾滋病的潜在危险并不引人注意。

> **思考** 为什么理解人们的基本需求对公关人员很重要？

作为说服性信息的创造者，公关人员面临的挑战是对信息进行"裁剪"，以制造、填补或者减少某一需求。社会学家说，成功的说服很大程度上来自对受众需求和自我利益的准确评估。

受众参与

态度或者信念会因为受众的参与而发生改变或得到增强。19 世纪的艺人 P. T. 巴纳姆清楚地认识到了受众参与的力量。他发现很多人会花钱去看一些捉弄人的小把戏，比如"菲吉美人鱼"（一只毛绒玩具猴缝上一条鱼尾巴），因为他们很享受这种用他们学来的小把戏去捉弄他们认为比较天真的同伴的过程。

今天，受众参与可以有多种形式。例如，一家企业可以让自己的员工讨论质量管理圈的生产力问题。管理层或许早已决定了需要采取的措施，但是如果员工参与了问题解决，他们就会更加努力地执行解决方案，因为他们参与了决策过程。通过发放试用品，即公司让消费者免费试用某种产品，也可以鼓励受众参与。

> **公关活动提供了现实世界的行动建议**
>
> 太平洋天然气与电力公司组织的一个公关活动提供了一个行动建议方面的例子。该公司创立了一个零利率项目（ZIP）来为顾客提供实施该公司节能观点的途径。这一项目包括以下几个要素：
>
> - 能源装备。开通了一个热线电话并做了广泛宣传，有兴趣的顾客可以打电话订购一套能源装备，装备详细说明了普通房主可以怎样减少能源消耗。
> - 服务部门。公司免费派代表去顾客家中检查热水器和暖炉的效能，测量保温材料的数量，检测门窗，并画出草图。
> - ZIP。把房屋变得更加节能所需的成本资金以零利率贷款的方式提供给合格的客户。

维权团体也把参与作为帮助人们实现自己信仰的方式。集会和示威游行不仅仅给人们归属感，参与行为本身也强化了他们的信念。让人们去做一些事情，比如节约能源、募捐或者示威，可以激发他们某种形式的自我实现和投身行为。

行动建议

说服的一条关键原则是，只有在观点伴随着倡议者建议的行动时，人们才会接受观点并采取行动。行动建议必须清晰可循。例如，公关人员不仅需要让人们节约能源，而且必须提供如何节约能源的具体数据和方法。

信源的可信度

如果信源对于目标受众具有可信度，那么受众会更容易相信这则消息。信源的可信度建立在三个因素之上。

第一个因素是专业性。受众是否把这个人看作这一领域的专家？比如，加利福尼亚草莓咨询委员会邀请了一位食品料理专家在电视脱口秀节目中谈论营养学知识，并展示容易操作的草莓食谱。电视观众主要是家庭主妇，她们认可这位专家，觉得她很可信。同理，一家防晒霜的制造商邀请了一位药物学教授和国家药品委员会的一位前主席，一起讨论其生产的防晒霜与其他防晒霜相比具有哪些科学上的优点。

第二个因素是真诚性。那个人看起来是不是相信他自己所说的话？克里斯托弗·肯尼迪·罗福特的《戒毒症状》因其真实描述了毒瘾和酒瘾而广受赞誉。相反，作家詹姆斯·弗雷类似主题的回忆录《百万碎片》却被披露有编造痕迹。不过，在弗雷被揭露涉嫌欺骗之前，他那看起来比较真实的对自己和毒瘾抗争过程的描述已使这本书成了畅销书。

第三个也是最难以捉摸的因素是魅力。这个人是否具有吸引力、是否自信、是否表达清楚并展现出能力和领导力？奥巴马总统就是个绝佳的例子。他炉火纯青、激励人心的公开演讲使他成为一个颇具人格魅力的人物。奥巴马具有一种才华出众的人自带的光环，在大众中

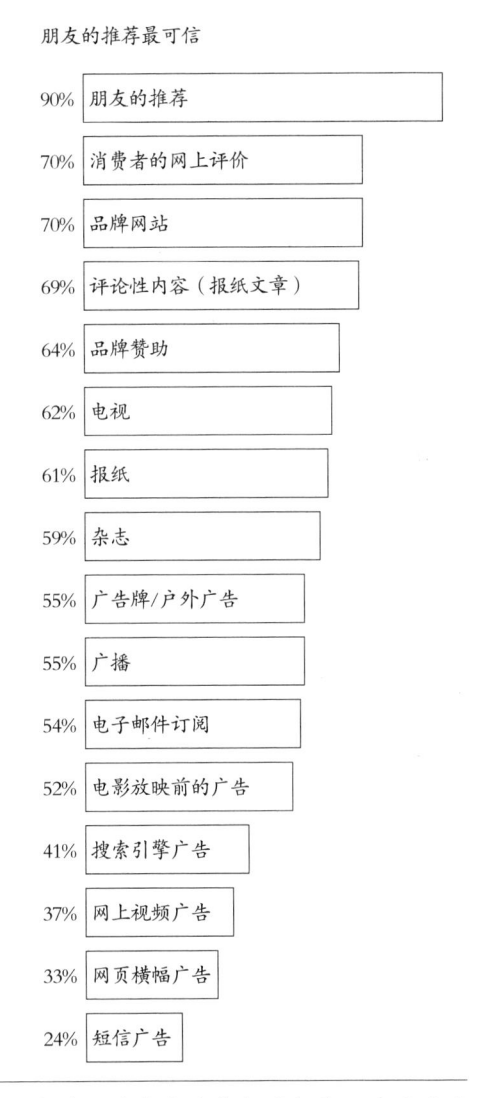

朋友的推荐最可信

比例	信源
90%	朋友的推荐
70%	消费者的网上评价
70%	品牌网站
69%	评论性内容（报纸文章）
64%	品牌赞助
62%	电视
61%	报纸
59%	杂志
55%	广告牌/户外广告
55%	广播
54%	电子邮件订阅
52%	电影放映前的广告
41%	搜索引擎广告
37%	网上视频广告
33%	网页横幅广告
24%	短信广告

△ 尼尔森全球在线消费者调查对50个国家的25 000多名网络消费者的调查发现，朋友的推荐或者消费者的网上评价是最受信任的信源可信度形式。公司网站受到70%的消费者的信任，广告商和公关人员应该感到欢欣鼓舞。

资料来源：Nielsen Global Online Consumer Survey, April 2009.

> **思考**
>
> 使用名人来代言产品有哪些利弊？

具有广泛的号召力。

不过，利用名人也有一些问题。其中一个就是名人代言数量太多，公众有时候记不住谁支持了什么。第二个问题是某一个名人曝光过度，比如安娜·库尔尼科娃代言了多个产品，每年收入几百万美元。

当名人的代言行为削弱了产品或者服务时，第三个问题就出现了。2007年8月，橄榄球运动员迈克尔·维克因斗狗被判虐待动物的罪名成立，被美国国家橄榄球联盟（NFL）勒令停赛。判决宣布后，耐克、卡夫食品、穿越航空和可口可乐都暂停了维克的代言合约或者不再与他续约。接下来他被亚特兰大猎鹰队解聘，而入狱判决更是使得维克的代言人身份难以为继。最近，维克与费城老鹰队签约——他是否能恢复往日的辉煌还不得而知。同样，老虎伍兹这位最炙手可热的产品代言人，也因被指控行为不检点而使事业受挫。

《华尔街日报》的记者克里斯蒂娜·怀特说："任何时候当广告商把产品形象寄托在某位明星——不管是运动员还是电影演员——身上时，都有可能出现现实与期望不符的情况。"

研究表明，说服性信息的影响会随着时间削弱。"睡眠者效应"显示，信源可信度低的信息在适当的环境下说服力会增强。低可信度可能是由"折扣暗示"造成的。比如某位政府官员预测经济形势会好转，这个信息在民众那里会打折扣，因为人们会认为这位官员是有政治偏见的。不过，如果这个消息与其来源分离，其可信度就会提高。

信息的清晰度

很多信息传播失败是因为受众发现信息的内容或者语言过于复杂。最具说服力的信息是直截了当、表达简洁并且只包含一个主要观点的信息。

公关人员应该始终思考下面两个问题：（1）受众能否理解这个信息？（2）通过这个信息我想让受众做什么？尽管说服理论认为，当人们被要求自己得出结论时会更好地记住信息并形成更强烈的观点，但这并不是否定明确表明受众应该采取哪种行动的重要性。是购买产品、参观陈列室、给国会议员写信，还是捐 10 美元？如果信息中没有一个明确的行动要求，受众可能就不知道你希望他们做什么。

渠道

不同特色的媒体能够用来满足不同的公关目的。电视具有视觉性、煽情性和娱乐性。报纸提供大量深度信息并对相互冲突的观点展开讨论。广播在形式和内容上的弹性或者适应性更强，几乎可以在任何时间、任何地点被人们收听。广播也能迅速地传播给目标受众，使其成为危机状况下一种有效的传播手段。新的传播形式，例如 Twitter，使得公司和组织机构能够把即时的、有针对性的信息传递给成千上万的关注者。同样，像 Facebook 和 MySpace 这样的社交网络是传播紧急事件或者危机的迅捷通道。

> 管理大师彼得·德鲁克曾说："一项革新，要想做到有效，必须简洁，而且目标要明确。它应该只做一件事情，否则就会造成困惑。"

然而，面对面的沟通往往最终比大众传播更有效。传播学者史蒂夫·查菲认为，人们从可用的信源中寻求信息，而人际的消息来源往往是抵达受众的有效渠道，哪怕是口口相传。例如，公司总裁在与声称要罢工的员工进行谈话时，可能会通过个人请求来促成和解；而相比之下，通过大众媒体传播的信息则可能因为断章取义、混乱解读，或者因为声明缺乏人情味，而使员工更加愤怒。

> **思考**
> 如果你要在自己的城市推广一项新型大众娱乐设施，哪些渠道最为有效？

时机和情境

如果信息得到环境因素的支持，或者是在人们所熟悉的其他信息的语境或者情境中接收的，那么其说服力往往更强。这些因素就叫作时机和情境。比如，如果消费者刚刚收到一月份的暖气费账单，某个公司关于如何节能的信息就会更具吸引力。一份关于新股发行的小册子如果随着投资者的股利支票附上则会更加有效。如果需要安装聚光灯的十字路口发生了大的交通事故，市民团体要求安装聚光灯的游说将会受到更多的关注。

政治候选人了解公众关切且热衷于阅读民意调查的结果，以此来了解哪些问题对选民来说是最重要的。例如，如果民意调查显示犯罪和失业是关键问题，候选人就会在竞选时提及这些问题并提出自己的解决方案。

对于获取大众媒体的关注，时机和情境也发挥着重要作用。公关人员应该阅读报纸并收看电视新闻节目，以了解媒体把关人认为有价值的话题。一个计算机文件锁定装置制造商的产品得到了媒体的广泛报道，而这仅仅是因为它紧跟在一系列关于盗贼通过计算机侵入银行账户的新闻报道之后。公关人员的目标就是在信息最具价值的时刻传播它。

信息的内容和结构

一些技巧可使信息更具说服力。专业传播者为实现这一目标采用了多种不同的手段，包括：戏剧性情节和故事、调研和民意调查、数据、实例、代言、原因和理由以及情感诉求。

戏剧性情节和故事 传播者的首要任务是吸引观众的注意力。这一目标通常可以通过生动形象地描述一个事件或者情景的方式来实现。例如，报纸经常通过把一条新闻戏剧化来使读者对某一问题感兴趣。戏剧性情节也用在公共关系中。救济组织尤其喜欢通过鲜明的黑白照片以及对苦难和疾病充满感情色彩的描述来获取公众的关注和捐款。

调研和民意调查 航空公司和汽车制造商利用调研和民意调查的结果，展示它们在"顾客满意度""服务"甚至"伸腿空间"或者"运货空间"方面名列榜首。

数据 数据以一种可信的、可以影响舆论的方式体现了客观性、大小和重要性。例如，卡特彼勒公司通过把数据和幽默结合起来，使其新款的797矿石运输车获得了大量的媒体宣传。在关于这一世界最大货车的新闻通稿中，该公司宣称卡车的车厢大到能够牵引下列有效载荷：4头蓝鲸、217辆出租车、1 200架三角钢琴或者23 490个菲比娃娃。

实例 在给出实例的情况下，观点的表述往往更具说服力。比如说，学校董事会在为发行债券寻求支持时，可能会举例子来说明现有的设施怎样不能满足学生的需求。

代言 除了付费的明星代言外，专家以第三方代言的形式对产品或服务做出的有利陈述也可以使企业受益。一位知名的医学专家可能会公开声称某一品牌的运动器材最适合一般锻炼。媒体也会制作关于新产品和新服务的新闻，由于人们认为媒体具有客观性，这也可以看作一种第三方代言。

原因和理由 人们倾向于接受一个群体或社团的观念、规范或者实践，从而与这个团体建立心理上的关联。公关人员必须评估和理解目标受众的社会规范，以提供强调有形社会效益的信息。通过倡导一项符合社会规范而且受众又热衷的事业，公关人员可以有效地与受众建立联系和友谊。比如，一家运动鞋公司通过赞助一项旨在提高人们对乳腺癌的认识的活动，如步行马拉松，而与那些支持健康这一概念的潜在消费者建立了真诚关系。

情感诉求 一些非营利机构的募捐信尤其会利用情感诉求作为一种说服手段。这种恳请特别能促使公众采取行动——但也可能出现事与愿违的结果。对苦难的描述会让很多人感到不舒服，因此，他们可能会对这些信息不予理睬，而不是采取行动。然而，研究表明适度的恐惧诉求，再加上相对容易的解决方案，是行之有效的。例如，好事达保险公司通过平面广告提醒大家开车时发短信的危险性。广告以数据开头，指出5 000名青少年因为开车时发短信而丧命。在提高关注度、信息理解力和记忆力方面，幽默诉求也是有效的。

强化

对于那些与自己的价值观或者信仰系统相悖的信息，人们倾向于忽略它们或者对它们产生负面反应。与受众核心价值观步调不一致的公关活动不大可能获得成功。因此，公关人员对公众的核心价值观有清晰的认识是非常重要的，这样他们在针对这一特殊受众设计消息时才可以将这些价值观考虑进去。比如，医疗改革法案的反对者就充分利用了很多市民的核心价值观，即政府不应该干涉医疗方案的执行。

人们寻求并支持那些加强他们现有信念的信息，同时回避那些挑战自己信念的信息。尚未完全形成的信念和态度可能受到说服性信息的影响，而根深蒂固的价值观对于变化具有很强的抵抗力。另外，历经考验的态度不会轻易改变。公关人员可以利用这样的免疫性态度来抵制那些潜在的敌对争议或负面宣传。在危机情况下，免疫性态度与历经考验的信念可以帮助政治人物或者公司渡过危机和维持原有的声誉。

说服的局限性

在现实中，说服技巧的效果被夸大了。说服不是一门严密的科学，也不存在灵丹妙药能够保证民众或者媒体把关人被说服，从而相信某个消息或据以采取行动。如果说服技巧像一些评论家所说的那样精准，所有的人就会开同样的车，使用同一款肥皂，并为同一个政治候选人投票。实际上，说服的效力视一系列复杂因素而定，说服性信息也不会直接转化为行动。在信息接收者有自由对某一特定信息进行选择甚至无动于衷的情况下，随着交流的持续进行，相互冲突和竞争的信息经常会互相干扰或者互相抵消。为了方便讨论，说服性信息效果的局限性可以归纳为：信息渗透的缺乏、相互矛盾或者冲突的信息、自我选择、自我认知。

信息渗透的缺乏

虽然有现代传播技术，但信息的传播并不具有普遍性。不是每一个人都看同一个电视节目或者读同一份报纸或杂志。不是每一个人都浏览同一个网站或者读同一个微博。不是每一个人都收到同样的邮件或者参加同一个会议。不是传播者想传播到的每一个人都会是最终的受众。尽管受众细分技术取得了进步，传播者还是不能保证他们的目标受众百分百会被抵达。

当信息经由像记者和编辑这样的媒体把关人时，还存在信息扭曲的问题。核心信息点经常被遗漏，埋没在不太相关的信息中或者置于无效的情景中，甚至是以有悖原意或者负面的形式传递出去。

相互矛盾或者冲突的信息

今天，传播专家认识到没有信息是在真空环境中被接收的。信息会经过社会结构和信仰体系的过滤。国家、民族、宗教、性别、文化模式、家庭和朋友都是过滤和削弱说服性信息的变量。社会学家认为，人们通常会遵循其家庭和朋友的标准；对于那些与他们的同伴的观念相悖的信息，大多数人不会相信或者据以采取行动。另外，每天人们都接收到大量相互矛盾或者冲突的信息，这经常削弱信息的说服力。

自我选择

受众中最需要的人往往最不可能被囊括在受众之内。热情的支持者或者忠实的拥护者经常会忽视来自另一方的信息。造成这种情况的原因是他们会对接收的信息进行选择，只阅读和收看那些支持自己内在倾向的书籍、报纸评论、博客、杂志文章和电视节目。这一趋势解释了为什么社会学家认为媒体在强化现有观点而不是改变它们方面更加有效。

> **思考** 公关活动可以怎样把信息传播到不看电视或不听广播的人那里？

说服的禁忌

公关人员本义上就是其客户和雇主的代言人，因此也难怪他们会强调使用说服性传播来呈现一个有选择性的信息，从而以某种方式影响特定受众。同时，公关从业者开展活动必须符合道德规范。

说服性信息需要真实、诚实、坦率，原因有两个。第一，休斯敦大学的罗伯特·希思教授认为，一则信息因其是代表某一客户或者某家机构提出的，本身就已具有不实的嫌疑；第二，真假参半和带有误导性的信息不能最好地为公众或者机构的利益服务。

因此，说服技巧的使用需要一些额外的指导原则。北伊利诺伊大学的理查德·约翰森教授，在查尔斯·拉尔森的《说服：接收和责任》一文中，列出了下列每一个公关人员在使用说服手段时都应该牢记的道德准则：

- 不要使用虚假的、编造的、扭曲的、歪曲的或者无关的证据来支持论点或者声明。
- 不要故意使用似是而非、尚未证实或者毫无逻辑的推理。
- 不要假装自己消息灵通或者是某个话题的"专家"。
- 不要用无关的事情来转移对手头问题的关注或者审查。达到这一目的的常用手段包括对对手人格的污蔑或者诉诸仇恨、偏执和影射。
- 不要要求你的受众把你的观点或建议与不相关的、负载情感的价值观、动机或者目标联系起来。
- 不要通过掩盖你的真实目的、你的私利、你所代表的团体或者你作为某一观点的维护者的立场来欺骗受众。
- 不要歪曲、隐瞒或者扭曲数字、范围、强度或者不利的后果。
- 不要利用缺乏证据支持或者经不起论证，或者受众如果有时间和机会验证则不会接受的情感诉求。
- 不要把复杂情况过度简化为简单的、非黑即白的、非此即彼的、两级化的观点或者选择。
- 不要假装确定性，在实际上存在摇摆不定的情况或者某种不同程度的不确定性时。
- 不要维护自己都不相信的事情。

自我认知

自我认知是信息被解读的渠道。不同的人对同一条信息会有不同的认识，而这取决于他们的内在倾向以及他们已有的观点。

依据个人看法的不同，某个机构采取的行动可能被看作"对社区的伟大贡献"，或者"一个谋私利的伎俩"。社会评价理论认为信仰、态度和价值观之类的内在因素会限制人们接受或者拒绝说服性信息的程度。

第9章

抵达多元受众

- 受众的多元化特性是如何影响公关实践的?
- 有关主要人口群体特征的信息对于有效的公关活动有何参考意义?
- 为什么选择与受众相匹配的媒体类型非常重要?

耐克穿越文化崎岖路

2007年6月,阿拉伯裔美国人团体号召大家抵制新款耐克篮球鞋 Air Bakin,原因是他们认为鞋后跟部的一个标识和阿拉伯语的真主安拉过于相似。在伊斯兰教中,世俗环境中禁止出现真主的名字。结果,耐克被迫召回了3.8万双鞋,并用补丁遮住了那个引起麻烦的标识。耐克还将另外3万双原本计划运往沙特阿拉伯、科威特、马来西亚、印度尼西亚和土耳其的球鞋转投其他市场,最后还被迫销毁了数千双鞋。直到耐克的一位副总裁对全体穆斯林致歉后,美国伊斯兰关系委员会才同意停止抵制活动。

显然,耐克并非蓄意冒犯穆斯林群体。但同时,如果耐克更多地关注不同的文化习俗,并针对重点受众进行更深入的市场调研,那么这次损失惨重的事件原本是完全可以避免的。目前,耐克已经承诺要支持文化的多元性。此外,针对耐克运动鞋的主产地——发展中国家的工人待遇不公的问题,耐克已经采取措施来增强其企业责任。

事实上,耐克在2007年针对欧洲受众发起的旨在反对暴力、虐待和种族歧视的"站起来 说出来"活动则要成功得多。该活动邀请了著名足球运动员奥托·阿多和罗伯特·卡洛斯拍摄广告,手持用5种语言写成的标语牌,表达他们对于虐待的关切。在足球比赛时发给球迷的黑白相间的腕带更是以一种特别的方式强化了这一主旨。这一宣传活动反响很好,对种族和谐理念的重申也在一定程度上改变了人们心目中耐克攻击穆斯林的印象。然而,放在一起来看,同一家公司在同一年开展的两个活动表明了公关人员所面临的挑战和机遇。

公关受众的性质

如果公关信息的受众是一个单一的整体,那么公关从业人员的工作则要容易得多——同时刺激性也会大打折扣。事实上,受众是一个由不同文化、种族、宗教和社会经济特征的群体组成的复合体,这些不同群体的利益时而一致,时而相悖。

一场成功的公关活动要考虑到受众的动态变化,锁定与其特定目的相符的理想受众,并同时使用能够最大限度地影响这部分受众的传统媒体和数字媒体。

美国媒体受众或普通公众最大的特点是多元性。在这个幅员辽阔的国家,不同地区的地理、历史、文化和经济的差异巨大。蒙大拿州的牧场主的态度与人口稠密的东海岸城市居民的态度就不一样,但二者却经常有着共同的国家利益。种族和代际差异,以及所处的社会经济阶层也对受众的细分有影响,这也是公关从业人员必须考虑的问题。例如,美国心脏病协会(AHA)为非裔美国人和拉丁裔美国人提供了特别的资源,特别值得一提的是其针对非裔美国人发起的"中风终结力量"活动。由美国心脏病协会资助的出版物《黑人灵魂食谱》(Soul Food Recipes)[①]则鼓励黑人群体养成健康饮食习惯,以预防中风。

公共关系的国际受众近年来快速增长。正如外资越来越多地持有美国公司的股权一样,全球性企业的扩张和中小企业开拓海外市场也为公共关系带来了新的挑战。国际受众是公关活动一个多元的、重要的目标。例如,麦当劳在119个国家或地区拥有31 000家分店。该公司成功地调整了其公关活动以及菜单和装修风格来适应每个国家的文化和价值观。举例来讲,考虑到印

[①] Soul food 是指美国南方黑人的传统食物,该词字面也有"灵魂食物""精神食粮"的含义,这个刊物的名称显然是利用了语义的双关。——译者注

度教徒是不允许吃牛肉的，麦当劳就在印度推出了用鸡肉和羊肉制成的印度版巨无霸汉堡。

技术可用于细分受众，并整理出有价值的人口统计学信息。公关人员可使用搜索引擎和数据库进行初级和次级研究，筛选出理想的目标受众。美国人口普查局报告中的地理和社会数据是一个丰富的宝藏，可通过人口普查分区和邮政编码进一步细分。机动车登记表、选民登记表、销售数据、邮件列表以及教会和组织成员数据都可并入到电脑数据库之中。

互联网和万维网也为公关信息跨地域传输提供了高效便捷的方式，但这要求对瞬息万变的受众做出更为快速的反应。在21世纪，人们更加以视觉为导向，注意力集中的时段更短。电视的巨大影响力强化了视觉导向，甚至相当一部分人几乎以电视作为所有新闻的来源。电视新闻和娱乐节目越来越表现为离散和快速变换的图像。电脑屏幕前的消费者接触的则是动态变化的多媒体内容，包括带有流媒体的网站、定期更新的博客、即时信息和网络论坛。

内容呈现的快节奏可能导致了观众注意力时段的缩短。正是由于意识到这一点，政治领导人面对大众谈话的"同期声"通常只有10秒钟。电视和互联网同时还是强大的礼仪、习俗和梦想的传播者。例如，《美国偶像》和真人秀节目，使得成名的梦想看似触手可及，但仅仅只有15分钟，如艺术家安迪·沃霍尔在1968年预测的那样。

受众有时会因为某些具体问题而联合在一起。部分人因过于积极地支持或反对某一问题而无法保持社会和政治的平衡，而这种平衡对于民主社会而言又是至关重要的。动物权利和生命权社会活动分子就经常遭到指责，说他们太过分了。例如，2008年，动物保护团体"制止亨廷顿动物暴行"的七名成员因为胁迫亨廷顿生命科学研究机构的管理人员而在英国被判敲诈勒索罪。该团体使用的方法有对工作人员进行人身攻击，向车辆投掷燃烧弹，破坏通信和发出炸弹威胁。

社会非常重视名人。体育明星、影视明星、歌手几乎都是人们崇拜的对象。如果明星表态支持某些事业，人们往往就会对那些事业予以关注。越来越多的名人被聘为代言人或筹款人，尽管其作为表演者的专业知识未必能够证明他们有资格成为专家或意见领袖。

另一个对于公关实务有影响的现代趋势是对于当权者的不信任，以及哗众取宠的调查性报道导致的阴谋论疑云。例如，安然、泰科、世界通信、安达信会计师事务所等大公司管理人员的不当商业行为导致了最近这种对公司的不信任的氛围。摩根大通和美国国际集团（AIG）等银行和保险公司的合法（但非常值得怀疑的）做法，如不受监管的信用违约互换和各种各样的金融衍生品是导致2008年经济危机的主要原因。更加令人不安的是，伯纳德·马多夫和艾伦·斯坦福制造的庞氏骗局被大肆宣传，这一严重违法行为使得投资者和普通大众对金融经理和整个华尔街的动机和诚信产生了怀疑。人们已经听了太多言过其实的政治诺言，见了太多金融欺诈，得到了太多误导性甚至相互矛盾的信息，以至于许多人已经不再相信他们在新闻中的所见所闻。许多消费者认为任何想向他们推销任何东西的人都动机不纯，他们反而更愿意相信小道消息和流言蜚语。通过公共关系项目创建正当合法、理性信任的环境的需求是显而易见的。

公共关系在实务层面势必更具战略性。受众被精准定位，在有些情况下信息甚至依据个人情况定制。例如，在保健领域，电子邮件信息可根据某一位病人最近的检查结果来量身打造。公关人员不但可以精确地锁定某一受众，在许多情况下，公关人员实际上还可以绕过大众传播媒介，通过定制的信件、个性化电子邮件或广播传真等方式，直接和预先选定的受众进行沟通。这种直接通往受众的传播渠道称为可控媒体。可控媒体的例子还包括接受赞助的电影或视频和活动，我们将在本章后面部分讨论它们。

尽管美国的人口构成仍在继续发生巨大变化，但是一些主要的目标受众已经出现并值得给

> **思考**
>
> 电视如何塑造了现代美国受众的特点？

> 影视明星安吉丽娜·朱莉、布拉德·皮特、乔治·克鲁尼、亚历克·鲍德温、苏珊·萨兰登，以及U2乐队的主唱博诺和酷玩乐队的主唱克里斯·马汀都曾公开支持政治事业；其他名人，如导演罗伯特·雷德福和老鹰乐队的歌手唐·亨利都曾默默无闻地在幕后为一些事业效力。演员罗纳德·里根、阿诺德·施瓦辛格、克林特·伊斯特伍德，歌手桑尼·波诺和职业摔跤手杰西·文图拉都曾利用自己的名声获得政治职位。

予特别关注。其中之一是老年公民，或者简称为老人。通常情况下，这一群体的定义是 65 岁及以上的公民，但也有部分社会学家、营销专家和美国退休人员协会之类的组织将老人定义为 50 岁以上的公民。其他可用于比较的群体还有：所谓的少年市场，由 7～12 岁的少年构成；界限清晰的青少年群体；以及 1946—1964 年出生的婴儿潮群体。

其他新兴的具有独特性的受众群体包括性别和生活方式群体，例如女性群体、宗教群体、同性恋群体，以及少数族裔群体，尤其是非裔和拉丁裔群体。在美国种族市场多元性之外的国际市场上，随着全球市场力量的明显增强，类似的趋势则变得愈加明显。

不同年龄的受众

青年人

公关人员很早以前就认识到了青年人市场的重要性。对于市场营销人员来讲，儿童和青少年不仅能影响家长的购买决定，拥有自己的购买力，并且会成长为成年消费者。整体事实市场研究公司称，当今的青年人（15～24 岁）拥有超过 5 000 亿美元的购买力。

由于家庭人口减少、组建家庭的时间推后以及双份收入增多的社会趋势，许多美国家庭的可支配收入越来越多。同样，孩子的养育被提升到一个前所未有的重要位置。电视谈话节目、育儿网站、育儿书籍和杂志文章，加上将品牌忠诚度与好的育儿方式关联在一起的广告信息，导致父母在孩子身上的支出增加。负罪感也起到了一些作用：紧张忙碌的父母可能会给儿童和青少年提供更多的物质，以弥补自己对孩子关注的缺失。

和前几代的孩子相比，这一代的孩子在家庭中拥有更大的自治权和决策权。纠缠不休的孩子常常会让父母改变主意，为他们购买原本可能不会购买的商品。营销出版物《儿童影响力》指出，孩子的纠缠可分为两类："不依不饶"型的纠缠和"强调重要性"型的纠缠。不依不饶型的纠缠（不停地重复自己的要求）没有强调重要性型的纠缠那样复杂，因为后者与父母想把最好的都给孩子的愿望相契合。与之前的每个新生代一样，这一代孩子也让成年人为他们的性格操心，但同时也有迹象显示他们有能力应对成长道路上的各种挑战。

> "仅从数量上讲，青年人与婴儿潮不相上下，他们拥有惊人的全球购买力。"
>
> 凯旋公关　玛丽安妮·弗里斯

当前的青年人被称为 Y 一代，专指 1981—2003 年出生的青年人。他们排在 X 一代之后。X 一代指生于 1965—1980 年的一代人，通常大家认为这一群体生活独立、技术娴熟、足智多谋。

思考
今天的青年人市场与其父辈以及祖父辈的市场有何区别？

因为 Y 一代是电子媒体的忠实拥趸，部分学者又把 Y 一代称为 "E 一代"。福蒂诺集团（匹兹堡）预测，典型的 Y 一代一生中将有 23 年的时间是在网上度过的。

婴儿潮一代

婴儿潮一代指 1946—1964 年出生的人。这一时期正值第二次世界大战后，美国的出生率高涨，经济空前繁荣。与其父辈不同，婴儿潮一代没有经历过长期的经济萧条，并因美国国际地位的不断上升而受益颇多。因此，他们更乐于将可支配收入用在消费品和奢侈品上。但婴儿潮一代的观念又因在 1946—1964 年的出生年代不同而有巨大差别。40 年代末 50 年代初出生的人曾经历了越南战争的动荡；而之后出生的人因没有直接经历战争，在许多方面和 X 一代非常相似。在 1956—1964 年出生的人有时被称为"影子婴儿潮一代"。

婴儿潮一代是电视出现后第一代成熟的人，因此他们的消费习惯和生活方式深受视觉广告的影响。同时，作为一个群体，他们较父辈而言更具怀疑精神和辨别力。健康信息、负责任的育儿方法以及积极的生活方式更容易引起婴儿潮一代的共鸣。

最早出生的婴儿潮一代 2011 年将年满 65 周岁。到 2030 年，约五分之一的美国人口（7 150 万人）将是 65 岁及以上的老年人。医疗技术的进步以及婴儿潮一代对健康的关注意味着他们将是最长寿的一代。据估计，他们的购买力约为 500 亿美元，这使他们成为美国规模最大、经济能力最强的群体。婴儿潮一代进入老年期将进一步增强已经拥有巨大影响力的美国退休人员协会的地位，该协会为推动医疗保健和其他政治议题方面的立法而游说。

老年人

医疗技术的进步和更好的生活条件延长了人们的预期寿命。美国人口普查局 2008 年的数据显示，美国 65 岁及以上的人口有 3 780 万，占美国总人口的 12.8%。美国人口普查局预测，到 2050 年，21% 的美国人口将为 65 岁及以上的老年人。美国的老龄人口将在 2025 年达到 5 000 万的峰值；届时，二战后婴儿潮中的多数人将达到 65 岁以上。

老年人是重要的意见群体，是一个有着特殊利益的消费市场。与其他年龄群体一样，他们也不是一个"大一统"的群体，而是在个性、兴趣、金融状况、健康问题和生活方式方面呈现出许多差异的群体。

互联网流量监测机构尼尔森的资料显示，2003 年美国网民中增长最快的群体是 65 岁以上的老年人，年增长率约为 25%，而 2000 年，美国网民中的老年人仅为 5.6%。2004 年，22% 的老年人已成为网民。皮尤研究中心的调查表明，到 2008 年这个数字增长了一倍多，达到了 45%。值得注意的是，2009 年 Facebook 报告说其增长最快的用户群是 50 岁以上的老年人。但总体说来，在使用社交媒体方面，老年人要落后于年轻一些的年龄群体。毫无疑问，老年人也是最大的电视、杂志、书籍和报纸的消费群体之一。

不同性别/生活方式的受众

公关人员应对新兴受众例如女性群体、宗教团体、同性恋群体的特征予以特别关注，以便能与这些日益壮大的人口群体进行有效的沟通。

女性

从营销和公关的角度讲，女性一直都是重要的、与众不同的目标受众。她们是一个规模庞大、多种多样的人口群体。女性占世界人口的一半以上，她们有着不同的利益和观念。在许多全球性场合中，女性已经开始行使她们20世纪在美国、欧洲和部分亚洲地区获得的政治权力和社会权力。

> "今日的女性拥有绝大部分消费购买影响力。有80%的家居用品购买决定是由女性做出的，每年的消费金额超过3.3万亿美元。"
>
> 凯旋公关全球品牌营销总监
> 凯利·斯科洛德

除了巨大的购买力以外，女性比男性更容易发挥意见领袖的影响力。研究表明，与男性相比，女性的社交圈更大，与朋友和熟人的联系也更频繁。她们更重视朋友、专家和媒体的意见，而不是营销信息。公关巨鳄凯旋公关已经成立了一个名为"25～54岁的女性"的分部，来满足那些希望影响这一群体的公司和机构的需求。凯旋公关还新造了一个词"一心多用"（multi-minded）来描述女性如何协调她们职业女性、母亲、妻子、照料员等诸多角色。由于女性面临时间压力，各种厂商又在争夺她们的注意力，所以她们被认为只能小块地接收和吸收信息。

公关案例　女性——特殊的受众：巴基斯坦的乳腺癌防治宣传

妇女赋权团体是巴基斯坦的一个非政府组织，该组织曾面临巨大的公关挑战。统计显示，巴基斯坦是亚洲乳腺癌发病率最高的国家。但是，巴基斯坦是一个保守的伊斯兰社会，公开讨论任何与女性身体相关的话题都是非常敏感的。事实上，因为害羞和社会习俗，多数巴基斯坦妇女不愿意接受医生的检查。

鉴于这种情况，妇女赋权团体想要通过时任第一夫人的贝格姆·沙巴·穆沙拉夫的支持打破这一禁忌，并发起了首次全国性的乳腺癌防治宣传活动。该活动的主要目的是打破乳腺癌不可在公开场合讨论的禁忌，提高全国城乡女性对于乳腺癌的认识，推动女性对乳房的自我检查。

该组织采取的策略和措施如下：（1）借助水电开销账单、诊所和女子学院发放简单易懂的手册；（2）在媒体上发布新闻稿、撰写文章和进行采访；（3）建立一个双语互动网站，以便女性获取和交流信息；（4）在调频电台和国家电视台直播讨论乳腺癌防治的节目；（5）成立支持团体；（6）在多个城市组织女性团体专题讲座和研讨会。

由于代言人的显赫地位，以及照顾了文化特点的宣传材料的发放，这项活动成功地冲破了保守的伊斯兰社会的限制，使得乳腺癌防治被列入国家医疗计划。巴基斯坦政府多个部委成为乳腺癌防治活动的合作单位，地方卫生部门甚至启动了一个试点项目，培训了 3 700 名当地的健康志愿者来指导妇女进行乳房自我检查。当地的传统印刷、广播和电子媒体都对该活动和乳腺癌防治进行了大量报道。BBC 等国际媒体也对这一新闻进行了报道。

资料来源：International Public Relations Association (IPRA), Golden World Awards 2005.

同性恋

作为一个新兴的群体，同性恋群体规模近来年增长迅速。奥普斯科姆集团、雪城大学的纽浩思公共传播学院和史卡布洛研究公司的年度普查显示，美国的男女同性恋、双性恋和变性人（GLBT）约为 2 200 万到 3 000 万。

与福音派基督教团体的成员一样，GLBT 消费者倾向于选择能够反映和支持他们的观点的公司和品牌。为此，人权运动组织发起了 "2010 为平等而购买"活动，来帮助他们找出支持 GLBT 的公司。

格伯公司的资料显示，同性恋群体具有较高的品牌忠诚度，他们会购买对同性恋问题持支持态度并且以同性恋消费者为受众的广告中的产品。1996 年，斯巴鲁轿车率先打出了针对女同性恋消费者的广告，邀请同性恋网球明星玛蒂娜·纳芙

思考
公关人员应该如何利用不同社区成员所起的非正式意见领袖的作用？

拉蒂洛娃作为代言人。在线旅游网站 Orbitz、Absolut 伏特加、金宝汤、迪士尼、福特和宝马公司也都曾直接向同性恋受众示好。

尽管新兴的 GLBT 受众对于营销人员有着巨大的吸引力，但公关人员在发布信息时应小心谨慎。GLBT 群体可能会对与其价值观和生活方式相冲突的常规理念感到不快。与其他任何目标受众一样，公关人员在开展公关活动时，需要考虑这些受众的身份特征。

> 同性恋家庭的平均年收入为 6.5 万美元，他们通常受教育程度较高。卫特康公关与广告公司与哈里斯互动和市场调研公司预计，GLBT 人群每年的消费为 7 120 亿美元。

公关案例　发布同性恋旅游的信息

国际同性恋旅游协会（IGLTA）指出，美国同性恋旅游市场每年的规模超过了 645 亿美元。超过 75 个城市和多个州都发起了公关活动，吸引男女同性恋、双性恋和变性人（GLBT）前来旅游。例如，纽约市发起了"彩虹朝圣之旅"①，借助纪念纽约市同性恋平权运动史上具有里程碑意义的"石墙暴动"② 40 周年的名义来推广该市的同性恋旅游。

国际同性恋旅游协会于 2009 年 8—11 月在十多个城市开展了 GLBT 骄傲游行活动。人权运动组织表示，骄傲游行活动为 GLBT 团体成员提供了一个"围绕关键问题进行庆祝和动员的难得机会"。2008—2009 年的一个关键问题就是同性婚姻。加利福尼亚州虽然挫败了旨在反对同性婚姻的 8 号提案③，但并

---

① 彩虹旗是 GLBT 的标志，这里的彩虹之旅汲取了这个含义。——译者注
② 石墙暴动，又名石墙事件，是 1969 年 6 月 28 日凌晨发生在美国纽约市格林尼治村石墙酒吧的一连串自发性暴力示威冲突。警察对该同性恋酒吧进行惯常的检查，酒吧外面的人开始向警方投掷硬币，导致了冲突的发生。石墙暴动常被认定为美国史上同性恋者首次反抗政府主导的迫害性别弱势群体的实例，亦被认为是美国及全球同性恋权利运动发迹的关键事件。——译者注
③ 实际情况是加利福尼亚州先"投票"通过了 8 号提案，但该法案后来被美国最高法院宣布为"违宪"。8 号提案失败后，加利福尼亚州并未接着通过支持同性婚姻的法案。——译者注

未使同性婚姻合法化,佛蒙特和艾奥瓦等州却通过了支持同性婚姻的宪法修正案。佛蒙特州一直极力宣传该州是 GLBT 的旅游天堂。佛蒙特同性恋旅游协会强调,该州不仅有"适于度蜜月的秀丽景色和田园风光",并且"即便是老一辈见到手牵手走进当地商店和饭店的同志伴侣,眼睛也不会眨一下"。

当然,并非所有的居民或者政客都急于将其所在的州宣传为 GLBT 情侣的理想目的地。在伦敦同性恋骄傲游行周内,一幅宣称"南卡罗来纳州太同性恋了!"的海报出现在地铁站里,一名曾在支持倡议上签字的南卡罗来纳州公园、休闲和旅游局"低阶"职员立刻被解雇了。南卡罗来纳州众议员大卫·托马斯担心纳税人如果得知税款被用于推广同性恋时会"发怒"。"我们很同性恋吗?"查尔斯顿居民文特菲斯·斯塔福问道,"不,找错地方了。你应该去加利福尼亚。"考虑到同性恋市场的巨大规模,人们不禁要问托马斯、斯塔福或是旅游局局长如此干脆地将 GLBT 情侣给该州国库带来的滚滚财源拒之门外是否明智。

1. 组织机构如何才能从关注 GLBT 群体等小众市场中获益?
2. 针对小众市场的信息如何才能避免遭到强烈抵制或避免增强刻板印象?
3. 哪些公关战略可以有效地影响新兴的性别和生活方式群体?

不同种族的受众

历史上,美国接纳了数以百万计的移民,并使他们融入主流文化。移民为美国带来了不同的个人价值观、习惯、生活方式和观念。这些都被缓慢地、有时是不情愿地吸收到美国的文化之中,形成了一个兼收并蓄的混合体。

近年来,少数族裔群体——主要是拉丁裔美国人、非裔美国人、亚裔美国人和美洲原住民——总体来讲增长速度比总人口的增长速度快 5 倍。非白人种族群体现在已经占加利福尼亚等州人口的一半以上。美国人口普查局表示,2008 年,有 34% 的美国人宣称自己有少数族裔背景。

公关人员要始终牢记的一个基本点是，这些少数族裔构成了多个目标受众群体，而不是一个规模庞大、利益一致的同质化群体。迈阿密的拉丁裔美国人和得克萨斯州或亚利桑那州的拉丁裔美国人的文化和关切可能不同。更确切地讲，即便是少数族裔群体的通用术语，例如亚裔美国人，也未能准确表明不同种族之间的文化多样性。例如，洛杉矶的第四代日本裔美国人在生活方式、价值观和兴趣方面就与来自菲律宾的新移民大相径庭。公关人员在识别和界定受众时必须格外细心和敏感，不仅要考虑种族，还要考虑细分目标受众的文化和种族自我认定。

> 高加索白人占美国总人口的比例从2000年的77%下降到2007年的66%。美国人口普查局预测，到2050年，美国的人口结构将会发生更大的变化，届时拉丁裔美国人将占美国总人口的四分之一。

多元媒体

随着少数族裔选民数量的增长，可用来传递信息的少数族裔媒体的数量和传播范围都在扩大。尽管在2008—2009年，针对一般市场的报纸数量减少了，但同期却新出现了近200份西班牙语报纸。西班牙语电台和非裔美国人电台的数量也有所增长。阿比创市场研究公司表示，2008年美国境内共有872家电台以西班牙语广播。阿比创还表示，每个人口群体中都有90%以上的拉丁裔美国人每周收听西班牙语电台。两个西班牙语电视网——联视和Telemundo——拥有数以百万计的观众。黑人娱乐电视网（BET）在全国拥有数量庞大的观众群——2007年最多时每天的观众为35万人。在亚洲人占当地人口约20%的旧金山地区，每晚有9.1万说粤语的观众收看硅谷华人电视台KTSF的新闻节目。许多有线电视和卫星电视的运营商都提供多语言的优惠套餐。只要新闻通稿和故事情节已经翻译完毕而且文化上并无不妥之处，公关信息就有大量的媒体出口。作为重要的公关信息发行商，美国商业新闻社认识到了不同种族或少数族裔群体之间的兴趣差异，在美国设立了独立运作的拉丁裔、非裔和亚裔美国人媒体圈。

> **思考** 为什么绝对不能以为所有母语为西班牙语的美国人都有相似的价值观？

公关从业人员还应留意混合种族的个体，他们在媒体上的代表和体现可能更为复杂。巴拉克·奥巴马，美国首位承认自己是混血儿的美国总统，经常被简单地描述为非裔美国人的媒体代表——他被称为首位"黑人总统"。比如，佩吉·努南在奥巴马当选总统之前就在《华尔街日报》上撰文称他为"才华横溢的黑人小伙子"。与此类似，老虎伍兹的非洲血统也经常被提到，但他的泰国血统却鲜有提及。要描述或体现一个复杂的血统，看起来需要艰苦的努力和巧妙的策略；并且想要总结出一套明确的做法，既能保持敏感性又能把事情做成，是非常困难的。

全球受众

随着贸易（以及相应的公共关系）在全球的拓展，俄罗斯、中国、印度和拉丁美洲等地的受众引起了公关人员的注意。公关人员如果想要推行适应当地文化并为当地所接受的公共关系，就必须克服语言障碍，并考虑社会的差异。生活方式、习俗、价值观和文化的差异并非唯一的挑战，当地政治、经济和工业结构的独特性也会影响公关活动的战略规划和实施。

中国是一个成长中的市场，自从 1978 年中国对西方市场重新开放以来，该国商业机会的增长十分惊人。显然，美国和欧洲的公司已经欣然接受了中国市场。想要把握这些商机，了解当地的习俗和商业惯例是非常重要的。"你必须要适应文化的差异，"中国搜索引擎百度的投资者关系经理何新霞在接受《时代周刊》杂志亚洲版记者比尔·鲍威尔采访时表示，"我以前常在开会时直截了当地指出问题，接下来就会有一两秒钟尴尬的沉默，然后就有人礼貌地说：'嗯，这是以典型的美国方式看问题。'这句话的意思其实是'嗨，你说话的语气能不能柔和一些？'。"在中国，个人的影响力在商业、社会和媒体方面都是非常重要的。例如，如果公关从业人员想要发新闻，他们首先要和记者建立私人关系。

一些公司在进入国际市场时偶尔会犯错误。例如，索尼娱乐在 2007 年曾因使用一只被砍掉脑袋的山羊在希腊雅典推广电脑游戏《惊天战神Ⅱ》而招致激烈批评。事后,索尼为此发布声明致歉:"我们认识到,在游戏推广中使用死羊是低级趣味的,没有达到我们为自己设定的行为的高标准。"索尼还因为允许子公司失眠者游戏公司使用曼彻斯特大教堂作为《抵抗:灭绝人类》的背景而招来抨击。游戏中,玩家在这一神圣的历史建筑内进行枪战。

> **思考**
> 在抵达有文化、社会、经济和政治差异的全球受众时会有哪些挑战?

补充说明……

  1991年苏联解体后,麦当劳立刻在俄罗斯开了第一家连锁餐厅。媒体对此好评如潮,将其作为与苏联文化相比西方文化先进一面的象征。但随着西方资本主义的新鲜感逐渐消退,俄罗斯的公共关系又重拾苏联宣传部门的陋习。腐败愈演愈烈,为了换取有利的媒体报道,所谓的公关"技术专家"要向记者行贿数百万美元。在媒体上大肆散布关于政治对手或竞争企业的谣言和小道消息——所谓的"黑公关"手法——成为一种常用的伎俩。

  新千年到来后,俄罗斯的公关人员开始认识到现代公关手法的益处。例如,他们帮助德国制造商博世发起了一场声势浩大的宣传运动,向俄罗斯人介绍洗碗机的优点。通过艺术家和音乐家的广告代言,博世的销量在短期内增长了70%。一个名为"纪念在洗碗上浪费的时间"的艺术装置,在帮助公众了解他们对洗碗机的需求方面尤其成功。因为文化差异,这样一个艺术装置在美国或加拿大可能丝毫无助于说服消费者购买洗碗机这类产品,但在俄罗斯却成功了。

挑选适合受众的媒体

  鉴于市面上存在着印刷、音频、视频和新媒体等一系列媒体类型,公关从业人员必须明智地选择这些媒体,才能有效地运用自己的时间和预算,获得理想的结果。在选择与受众相匹配的媒体方面,有一些基本的指导原则可供遵循。在这一部分,我们将简单地介绍不同的媒体类型;在第11章和12章中,我们将详细介绍每种主要的媒体、准备媒体材料的方式和将各种媒体形式用于公关活动的最有效方法。

🎙 印刷媒体

印刷媒体是传递需要读者了解细节又需要引发读者思考的信息的最佳选择。印刷媒体可反复阅读，也可留存参考。报纸可以较快地传播信息，是印刷媒体中影响范围最广的。杂志尽管在发布主题信息方面相对较慢，但更适合抵达具有特殊兴趣的受众。书籍出版耗时更长，也更需时间来阅读和消化，但从长期来看能够发挥更大的影响。就目前的趋势而言，传统媒体吸引的主要是老一辈或是受教育程度较高的群体。

报纸主要面向教育程度和经济收入不等的受众群体，且适于家庭阅读。报纸努力刊登男女老幼咸宜的内容；报纸编辑广泛撒网，以捕捉尽可能多的人的阅读兴趣。报纸对成人读者具有广泛的吸引力，可以处理电视所无法企及的复杂内容或深度内容。《纽约时报》《华盛顿邮报》或《华尔街日报》等纸质版报纸影响的主要是老一代的舆论领袖；相比之下，年轻一代阅读纸质版报纸较少，他们更倾向于网络媒体。

杂志和报纸在内容、出版周期和运营方式上有较大差异，因此也给公关从业人员带来了不同的机遇和挑战。日报有严格的截稿时间限制，而杂志则不同，可以是周刊、月刊或是季刊。由于杂志在处理主题时通常比报纸更有深度，所以杂志编辑可以安排数月来撰写一篇文章。公关人员如果想给杂志提供选题或是已经就绪的材料，就必须更早计划，比给报纸供稿提前更多。

因为书籍的写作和印刷过程比较耗时，从产生想法到最终印刷成册往往需要耗费数年，所以书籍一般不被当作一种公关工具。不过书籍也可以成为一种公关工具。书籍，尤其是印刷出来的书籍，在读者的心目中有一定的地位。书籍可以传播理念——通常是比新闻报道或杂志文章需要更多细节和分析的复杂概念。作为传播渠道，书籍影响的是有思想深度的受众，包括有意在研究方面投入时间的意见领袖。书籍的出版通常会引领一种趋势，或是引发某一问题的全民讨论。此外，电子书是一个新兴的市场。

> 公关从业人员主要通过以下四种方法在杂志和行业出版物上刊登材料。
> 1. 以直接或巧妙的方式提供可以推进公关从业者的事业的新闻选题，督促编辑安排写稿人（自由撰稿人或杂志员工）接受任务、撰写稿件。
> 2. 通过电话或电子邮件向编辑询问，并简要叙述文章梗概，以获取编辑的预先批准。
> 3. 提交由公关从业者或独立合约撰稿人撰写的文章，希望编辑能够接受和发表文章。在这种和前两种情况下，都应该让编辑充分了解写作建议或文章的来源。
> 4. 对于使用这类材料的行业杂志和其他期刊，通过电子邮件或美国商业新闻社等数字发行公司提交特写文章或新闻故事。

广播

广播最大的优势是其影响特定目标受众的能力和灵活性。准备广播信息和在广播上播发信息比电视更快，成本也更低。美国的电台数量是电视台数量的9倍，因此广播更容易抵达受众。不利的一面是电台的受众数量较电视台要少。

速度和移动性是广播区别于其他主要媒体的主要特征，尽管博客和播客等网络传播媒体大有取代广播这一优势地位的势头。如果情势紧急，信息几乎可在电台收到的那一刻即行播出。因为广播节目的结构比电视节目更为松散，在节目中插播紧急通知的内部决策过程也更短。

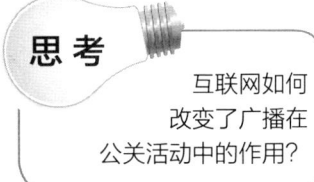

> **思考**
> 互联网如何改变了广播在公关活动中的作用？

电视

在所有的大众媒体中，电视的情感冲击力最强。电视播音员的生动性和个性造成的影响力是印刷媒体无法匹敌的。电视目前的受众数量最大、覆盖面最宽。

使电视区别于其他媒体并赋予电视普遍影响力的根本因素是其视觉因素。娱乐节目、新闻播报和电视广告制作人均把电视屏幕上的运动视为基本要素——必须采取有效的方法来保持观众的注意力。电视新闻节目中主持人在单调的背景前说话的特写镜头一度司空见惯，但近年来已经让位于大胆的图像、不断更新的新闻标题、体育比分和股票报价——有时甚至会对核心信息的传达造成干扰。

视频是另一种重要的公关工具。企业和非营利性组织或对内使用影片和视频，作为培训员工或是向员工通报情况的视听活动的一部分，或对外使用影片和视频，用于知会和影响公众、金融界或是前来参观的访客。例如，当利惠商业有限公司想要向员工介绍一项名为"团队精神"的新的人事管理制度时，公司为员工准备了一段视频材料。与其他企业一样，圣迭戈天然气与电力公司也制作视频期刊《员工视频新闻志》，内容从公司年会到员工反对涂鸦的活动等无所不包。

网络媒体

网络媒体一度仅被视为影响受教育程度较高、相对富裕的受众的一种辅助工具。然而近年来，网络媒体的作用突飞猛进。现在，80%的美国家庭有计算机，并且其中92%的家庭接入了互联网。在可以预见的将来，电子媒体传送系统，如互联网和无线通信，将取代印刷媒体甚至是电视，成为最主要的信息来源。

对于公关从业者而言，个人计算机是一种正在快速增长的重要工具。电子邮件和互联网传递客户项目信息、联系记者、交流观点的能力在短短15年的时间里给知识和娱乐版图带来了巨大改变：回想电子邮件在20世纪90年代早期还没有被广泛应用，而首个万维网网页1991年才出现，这是多么令人惊奇啊！

互联网和万维网提供了难得的机会，使公关从业者可以按照预先的构想将信息传递给受众。数以百万计的公司、非营利性组织和个人在万维网上设有网站，通过网站介绍他们的公司和品牌，推销他们的产品和服务，并且还经常直接向消费者出售他们的商品。他们在自己的网站上发布文字、音频、视频新闻和其他公司信息，以便人们都能方便地获取这些信息。尽管多数网站对公众开放，但也有些网站要求登录密码或者有其他访问限制。通过参与在线讨论组、聊天室以及类似的在线交流平台，公关人员往往能够用对其事业有利的事实和意见来影响某一特定领域的意见领袖。他们甚至能够直接影响目标消费者、投资者、社区成员和员工，而无须经过任何媒体把关人。通过电子邮件和联系人列表，公关从业者能够向精确锁定的目标受众发布特别定制的信息。

公关人员在与 X 一代和 Y 一代沟通时尤其依赖网络媒体。X 一代和 Y 一代会在电脑前花很多时间，用于搜索网页、与朋友聊天、打电子游戏或是网上购物。网络的虚拟环境为他们提供了同时处理多项任务的可能性，让他们可以一边搜索论文材料，一边与可能永远也不会见面的人交朋友，甚至在某些极端的情况下，与地球另一端的网友约会、结婚。

社交媒体

公关从业人员较多地使用社交媒体是相对较新的趋势。社交媒体工具为以全新的方式抵达各色受众提供了机会和挑战。Facebook、YouTube、MySpace 以及类似的网站为人们交流思想、结交网友、寻求浪漫关系提供了平台。当然，不利的一面就是这些工具可能会被滥用。在互联网上，鉴别信息来源的准确性通常比较困难，个人信息的泄露也可能会造成危险的后果。

全数字公关计划的实现近在眼前，公关人员最好牢记多元文化受众是最热情和最饥渴的社交媒体消费者群体之一。MEE Productions 公司①的一项调查显示，96% 的城市青年使用互联网，拉丁裔群体是现在增长最快的网络群体。11% 的互联网用户是非裔美国人，90% 以上的亚裔美国人接入了互联网。

> "使用社交媒体对于许多公司而言仍是一种新的尝试。当你把在社交媒体中的蹒跚学步与在多元文化（媒体）中的蹒跚学步结合在一起时，就意味着你在前进时会更加小心谨慎。"
>
> 美通社多元文化服务部总裁　曼尼·鲁伊斯

---

① MEE Productions，主营传播、研究和营销，主要面向城市和少数族裔受众。——译者注

显然，社交媒体是一种新兴的公关传播渠道。少数公司和机构已经在使用这一渠道方面取得了很大的进步。例如，柯达公司最近开发了一个互动网站，鼓励拉丁裔消费者参与网站的贴图活动，在一个叫作《秀出你的遗产》（Mutestra Tu Herencia）的虚拟剪贴簿上晒出自己的照片。本田公司则使用MySpace来推广著名的乐队龙虎榜活动，该活动每年在历史悠久的黑人大学举行。

当然，在公共关系中应用社交媒体需要克服许多困难，其中最主要的是需要找到方法来确保文化关联性，避免陈旧做法和超越标准手法。

第10章

互联网和社交媒体

- 互联网如何引发了通信革命？
- 互联网的哪些特点使其成为强大的公关工具？
- 如何在公关活动中有效地使用网络广播？
- 公关人员可使用哪些社交媒体技巧？

你不能离太阳更近了

菲尼克斯太阳队是接纳了社交媒体的几支 NBA 球队之一，该队将社交媒体作为建立球队知名度以及联系球迷的渠道之一。

由于太阳队的社交网站大受欢迎，球队管理层决定将社交媒体纳入球队的整体传播战略，当时太阳队已经拥有一个获过奖的网站了。球队于 2007 年组建了一个专属的社交网站"橙色星球"，并在 Facebook 和 Twitter 上加入了球迷网页。截至 2009 年年底，太阳队的 Facebook 页面已经拥有了约 6 万名粉丝，Twitter 上的关注数量约为 2 万。

2008 年太阳队的明星球员奥尼尔（THE REAL.SHAQ）为了应对网站上的"李鬼"，正式加入了 Twitter。Twitter 上对他的关注数量迅速达到了 250 万，这让太阳队意识到 Twitter（@SunsWebmaster）的巨大潜力。太阳队的副总裁杰拉米亚·麦克皮克对 Ragan.com 的林赛·米勒说："我们全都爱上了 Twitter，因为它把我们同球迷联系在一起。我们的球迷不一定会去我们的网站 Suns.com，但他们却会去 Facebook、MySpace 和 YouTube。我们也要在这些地方出现，我们需要在球迷出现的地方出现。"

Twitter 在构建粉丝群以及与粉丝沟通、互动方面尤其成功。太阳队有一个主要的 Twitter 官方推送账号、一个球队球员和工作人员的账号、一个球队拉拉队员的账号，还有一个球队吉祥物"大猩猩"的账号。为了增强互动，球队还会在账号上征求球迷的意见，例如在比赛时放什么音乐等。此外，球队经理和球员还在 Twitter 聊天室实时回答球迷提出的问题。Ragan.com 的米勒说，聊天互动信息可以是"比赛实况推文、简短有趣的逸事、现实中的直接引语、'太阳队历史上的今天'等小知识，甚至是给球员或前球员的生日祝福"。

> 当然，更为重要的是使用社交媒体帮助球队建立并维持了粉丝群。球队会确保 Twitter 推送的均为独家内容。一般来讲，在 Twitter 上发布的都是有趣或者好玩的事情，球队自产的信息篇幅不长但数量不少；球队 Facebook 上的消息更新不多，只有非常重要的信息才在 Facebook 上发布。

互联网无处不在

今天的学生是伴随着互联网长大的，因此对于他们来讲，没有互联网的日子是很难想象的。即便是他们的父辈，恐怕许多人也无法理解互联网是一个革命性的概念，它改变了自 15 世纪古腾堡发明印刷机以来形成的媒介系统。

500 多年来，一种大众媒介形态主宰了这个世界的版图，它主要有以下特征：（1）中央集权/自上而下；（2）出版成本高；（3）受编辑和出版商等专业把关人的控制；（4）通常是单向传播，反馈渠道有限。互联网出现后，这一格局被彻底改变：目前有两大势力范围，这两大势力范围经常进行互动。纽约的库珀卡茨公关公司将这两个领域称为媒体圈和博客圈。

> 古腾堡的《圣经》是欧洲最早印刷的书籍之一，它是约翰尼斯·古腾堡于 15 世纪 50 年代在德国印刷的。这本书具有里程碑式的意义，标志着"古腾堡革命"的开始和印刷书籍时代的到来。

与传统媒体截然不同，新媒体有以下特点：（1）宽带普及；（2）廉价或免费，是易用的网络出版工具；（3）是新的发行渠道；（4）是可移动的设备，如照相手机；（5）是新的广告模式。互联网实事上强制完成了世界范围内史无前例的信息民主化。

> **思 考**
> 互联网是如何使媒体变得更加民主的？

互联网一开始是作为学术研究工具出现于20世纪60年代的，后于90年代被广泛用于民用领域——剩下的就是历史了。事实上，互联网在全球的普及所花费的时间比任何其他大众媒体都要少。互联网和万维网的发展速度惊人，今天我们这里给出的任何数据几乎在出版前就已经过时了。

利用网络的力量

万维网的指数级增长在很大程度上要归功于IE等浏览器和谷歌等搜索引擎，它们使得数十亿大众用户能够方便地访问互联网。网站具有一些十分吸引人的特征，使得公关人员在各种信息的传播方面表现更佳：

- 用户可快速更新信息，而无须重新印刷手册或其他材料。在发生重大新闻事件或处理危机时，这是一个需要考虑的重要因素。
- 网络可以互动。用户可就产品或服务提出问题，下载对他们有价值的信息，并反馈他们的想法。
- 网络读者可以通过链接了解其他网站、其他文章或其他来源提供的信息，对他们感兴趣的主题进行深入钻研。
- 可发布大量信息，没有空间或时间限制。
- 网络是一种成本效益比较高的向全球公众和记者传播信息的方法。
- 机构用户可直接抵达细分市场和受众，而不必经过传统大众媒体把关人（编辑）对信息的过滤。
- 媒体和其他用户可在任意地点、任意时间了解某一机构的详情。

从公共关系的角度来看，网站其实是网络空间的发行系统。组织机构可通过自己的网站推销产品和服务，发布新闻稿、企业背景材料、产品信息、意见书乃至主要高管的照片或工厂位置图。普通民众或媒体人员可访问这些信息，将特定的材料下载到自己的计算机上，并且打印出来。网站的互动性近年来也有所增强，这可为公关人员提供来自消费者或普通民众的有价值的反馈信息。

> **思考**
> 为什么互联网被当作一种双向传播方式？

多数情况下，组织机构的网站与其他网页和信息来源有超级链接。用户只需将鼠标指针停在相应的图标上并点击鼠标，即可快速跳转到相关网站。例如，美通社的网站就有链接指向使用其发行服务的各家组织机构的主页。

多项调查显示，记者也大量运用网站来获取时事新闻和其他材料。网络行销公司的调查显示，今日的公司倾向于将更多的资料放在网站上，因此发放的媒体资料包更少，接到的询问电话也更少。正如国会山软件公司总裁里克·路德曼对《公关策略》所说的那样："仅仅把新闻稿贴在网站上（就能搞定）的日子已经过去了。现在，记者、投资人和所有的受众都期待在你的新闻中心找到媒体资料包、照片、年度报告以及关于公司的多媒体演示文稿。"的确，人们不禁要问，在这个网络时代，是否还有必要提供纸质材料？

> 温彻斯特医疗中心在网站上提供了一部关于疾病和保健知识的虚拟百科全书，并免费向公众开放。通过介绍医疗中心的多个科室和医疗服务，该网站同时把这个医疗中心塑造为一家一流的医疗机构。

组织机构网站的一个普遍目标是营销传播。从小型夫妻店到大型跨国公司的组织机构都有网络端口，直接面向公众销售产品和服务。其他的营销方法包括网页链接销售，潜在的客户通过链接可了解到该企业的信息，以及企业生产环境友好型"绿色"产品的方式。

吸引用户再次访问以了解更多信息
1. 高质量的内容。
2. 简单易用。
3. 高速下载。
4. 经常更新。

△ 美国市场研究机构弗里斯特公司调查显示的访客再次访问一家网站的四大主要原因。

在创建网页前，所有用户都应该完成的一个准备步骤是确定潜在的受众及其特定需求。焦点小组讨论、个体采访和调查通常有助于组织机构设计一个用户友好型网站。

> **虚拟公关**
>
> 组织机构使用网站的方法多种多样：
>
> - 联邦快递使用其网站来维护投资者关系，使得投资者可以随时获知公司股票价格、公司运营分析、公司年度报告以及其他财务信息。
> - 加利福尼亚的罗塞夫山酒庄在网站上提供了酒庄的在线全景视频。
> - 宾永户外用品公司的网站展示了公司的历史，特别是展示了公司著名的纯手工缝制的鞋子精美的制作工艺细节。此外，网站还为访客提供了900个州公园和国家公园的旅游胜地名录。
> - 全球公司IBM在网站上辟出一块区域来专门展示公司在各个大陆的活动。例如，非洲系列中包括了PDF版的案例研究以及视频短片。
> - 为了复兴品牌，星巴克咖啡启用了一个网站来征求顾客对公司产品和连锁店的建议。这个网站是仿照社交网站构建的，它允许用户针对其他用户的意见发表评论。

> "改进网站导航几乎是所有网站最重要的当务之急。改进目标是让用户以较少的点击次数即可获取想要的信息，因为导航每增加一步，用户数量就会减少。"
>
> 《网络内容报告》

关注受众的需求也有助于组织机构确定其主页上应显示的链接。例如，英特尔公司的主页上仅列出了三类链接：工作、娱乐和英特尔简介。在每个类别下又有索引链接到具体的领域。例如，在"工作"栏下，有索引指向产品、支持、下载、在线社区和技术。在"英特尔简介"栏下，索引可以使用户链接到关于企业历史、高管简介、新闻中心、RSS推送以及英特尔新闻简报订阅注册等更多的信息。事实上，网站导航方便易用是提高网站效率的关键。

互动性

互联网和万维网的特点之一是传受双方之间的互动性，这正是传统大众媒体无法提供的。互动性的一个主要方面是"拉"（pull）的概念。在网络上用户会主动搜索（"拉"）能够回答特定问题的网站，而在网站上，访问者也可主动从其提供的不同链接中"拉"出信息。换言之，用户与网站始终处于互动之中，并主动"拉"出他们最想要的信息。用户完全能够控制检索的信息内容，以及他们针对某一问题所要探索的深度。与此相对，在"推"（push）的概念中，用户只是被动地接收所提供的信息，缺乏主动参与。传统大众媒体——电台、电视、报纸、杂志——都是应用"推"的概念的具体体现，就像自动发送给媒体的新闻通稿一样。

互动性的另一个方面是赋予了个人与组织对话的能力。例如，许多网站都提供电子邮件地址，鼓励用户提出问题或提供反馈，用户只需点击该邮件地址就可以发送信息。

不幸的是，在许多网站上，互动性以及鼓励反馈的想法和现实相去甚远。《华尔街日报》的记者托马斯·韦伯称："许多大公司都在网站上邀请消费者与它们对话，但它们自身在对话的回应方面却准备不足。"他表示："《华尔街日报》给 20 多家具备电邮能力的大公司发送了咨询邮件，发现多数网站果断地沉默不语。其中有九家根本没有予以答复，有两家三周后才给回复，其余的则是固定格式的回复，根本没有回答所提出的问题。仅有三家网站在一天内针对提出的问题给予了回答。"

对邮件咨询的延迟回复或是根本不予回复有损机构的声誉和信誉。理想的情况是机构在收到电子邮件后的 24 小时内给予回复。尽管征求公众的反馈是一个不错的公关策略，但如果网站的基础设施无法应对用户咨询，组织机构在网站上提供电子邮件的反馈方式时也应三思。

成本效益比

建立网站需要人员和资金。使管理层相信网站值得投资并有助于提高企业利润的最好办法之一是计算其投资回报率（ROI）。在投资回报率分析中，你可以比较通过网站以及通过其他方式达成类似目标所需的成本。例如，惠普公司就表示通过允许用户从网站上下载打印机驱动程序，而不是给用户邮寄驱动光盘，公司每月可节省 800 万美元。思科公司表示，通过其网站 NEWS@Cisco 发布新闻稿，每年可节约大概 12.5 万美元的电讯发送成本。通过减少或是完全取消手册或其他印刷材料，也可以节约大量成本。

奥科数字商务公司的高级客户经理特里·科尔根向《互动公关》表示："因为我知道打印/仓储和分发数据表、商品目录和其他售前材料的成本，所以我能够计算出文件下载或通过传真订购的投资回报率。事实上，奥科建立网站的第一年的投资回报率即为 285%。"米德伯格公司互动传播主管埃米·杰克逊表示，计算网站的投资回报率是评估网络建设是否成功的最佳途径之一："如果媒体能够在网上随时找到它们所需的材料，那么公司投资建设一个功能全面、管理妥善的网络媒体室就可以节省数千美元。"

网络广播：实时互动

通常情况下，网络广播是对网站的增强和补充。随着网络带宽的增加和技术的进步，网络广播也变得越来越普及。事实上，一项调查显示，90% 以上的上市公司使用网络广播，用途从员工培训到发给财务分析师的经营简报，再到新品发布会，无所不包。网络广播的一大优势是不需要参与人员长途奔波，可以节约时间和资金。

数据服务供应商汤姆森金融公司将网络广播定义为"信息通过网络从一个个人或一家机构向更多听众或实况或存档的传输。简单的网络广播可以是总裁的音频讲话，复杂的可以带有音频/视频，并涉及从多个位置播放的幻灯演示文档，以及听众的追问"。

有一个著名的例子证明了网络广播的力量。美国联邦印钞局（BEP）以网络广播的形式召开新闻发布会，发布改版的 5 美元纸币。网络广播邀请了美国财政部、美国联邦印钞局、美国联邦储备局和美国特勤处的官员，向全球 250 名记者解释了新版纸币的防伪措施。这个网络广播还帮助联邦印钞局提高了访问量：

> **思考**
> 网络广播如何为企业节省时间和金钱？

联邦印钞局网站的访问量增长了 1 000%；解释新版纸币防伪措施及其他特征的材料下载次数也达到了 10 万次。除了网络广播之外，联邦印钞局及其公关公司博雅公司还策划了多家媒体的卫星连线访问，并将制作的播客上传到网站上。

在另一范例中，克拉克森大学则使用网络广播向校友及其他支持者实时播出校园活动，其中之一是诺贝尔奖获得者保罗·克鲁琴博士在访问该校时谈论全球变暖问题的一次演讲；另外一个活动是"戏剧之夜"。这类活动的观众数量不一定很多，但克拉克森大学的媒体主管卡伦·圣希利亚认为，相对于这些活动的推广价值而言，网络推广所投入的人力和物力是值得的。她对《互动公关》表示："我们相信，网络广播未来会成为我们与校友沟通最有效的工具之一。这是一种与无法亲自参与活动的人沟通的有效方法。"

社交媒体的兴起

第一代互联网（通常称 Web 1.0）的信息传输模式主要是信息提供者向信息接收者的单向流动。尽管网站的功能依旧，但第二代互联网（Web 2.0）的互动体验要好得多，因为有了更多实时对话工具可用。随着 Web 2.0 时代的到来，"社交媒体"逐渐成为主流。凯旋公司的保罗·兰德将社交媒体称为史上最重大的变革之一。

> **思考**
> 社交媒体能够在哪些方面帮助公关机构更有效地开展研究？

维基百科是这样描述社交媒体的："社交媒体是一种人们用来交流意见、见解、体验和观点的网络技术和行为。"大卫·鲍恩在《金融时报》上撰文写道："社交网站是网络垂直沟通向扁平沟通的转变。"技术咨询机构 IDC[①] 的说法则更实际，称目前全球 70% 的数字信息是由消费者创造的。

---

① IDC 是国际数据集团旗下的子公司，全球著名的信息技术、电信和消费科技市场咨询服务提供商。——译者注

社交媒体有几个不同的类型。博客是主流应用，而MySpace、Facebook、YouTube之类的社交网站已经成为当今世界的主要代表，而且几乎每天都有新的社交网站出现。Twitter、播客和维基网络的兴起推动了全球用户间的对话。这种社交媒体的对话并不是有组织的或者受控制的，也并非刻板的说教。相反，这种对话充满活力、灵光闪现、有趣且引人注目，充满了偶得的真知灼见。有专家将社交网站称为世界上最大的焦点群体。马科夫斯基公司说得更加直白："总体上讲，社交媒体包括博客、社交网站、RSS订阅、播客、维基、网络评论、电子公告板和新闻群拥有支持或是摧毁品牌或声誉的力量。透明性是其关键因素；但这是一个高危行业，需要有新思维和新工具。"

> "多数在线讨论的那种直接、未被过滤和直言不讳的性质是黑金——这对于想要了解消费趋势或是了解消费者真实想法的企业而言无疑是得克萨斯茶[①]。"
>
> 《经济学人》

社交媒体在2007年得到了爆炸性发展，并已大范围改变了公共关系的版图。和以前相比，现在的公共关系更需要把注意力集中在倾听上面，并以此来推动组织机构及其受众之间的对话沟通。

这种沟通是无法控制的。这意味着组织机构及其公关人员必须习惯于这样一种理念，即组织机构所做的事情必须要更加透明、公正，这样才能赢得正面的评价。《纽约时报》技术专栏作家大卫·波格认为这是一件好事。他写道："当一个公司接受了Web 2.0这种可能性，它与公众交流的方式就更加随意，对内容所做的净化处理就更少，因而受到的批评也会更少。Web 2.0提供了一种前所未有的更加直接和更加值得信任的沟通方式。"

博客：人人都是记者

博客诞生于1998年，之后一个阶段无论是就数量而言还是就影响力而言，

[①] 得克萨斯茶（Texas Tea）意为宝贵的财富。在美国建国之初，重要的进口产品是茶。后来，美国在得克萨斯发现了大油田，而石油又是重要的工业原料，于是美国人就把石油叫作得克萨斯茶了。——译者注

博客都已成为主流媒体。起初，博客被称为网络日志（weblogs），这反映出博客的根源于个人维护的网站，人们可以就不同的主题在博客上发表评论和意见。网络日志的简称博客（blog）被广泛用于描述这种形式自由的网站。

尽管绝大多数博客主要是个人领地，用于发表个人意见，但公关人员已经普遍认识到发博客是一种极具成本效益比的抵达大量网民的方式。

目前博客的数量约有 1.35 亿。但博客搜索引擎科技文人（Technorati）表示，在特定的时间段，如过去的 120 天中，仅有 740 万博客得到了更新。即便如此，据《华尔街日报》估计，约有 50 万美国人以写博客作为主要收入来源。许多博主都有数量庞大的粉丝群，因为他们率先发布的重大消息为他们赢得了声誉，而传统媒体通常都是在博客报道后才跟进的。公共关系撰稿人通常关注三类博客：企业或机构博客、员工博客以及第三方博客。

企业或机构博客

企业博客通常由行政人员撰写，代表企业的官方声音。多数情况下，博客内容实际由公关部门人员代笔。部分企业甚至将博客外包给公关公司，尽管有人批评这是一种导致博客内容不实、充斥胡言乱语的做法。

《博主和播主》杂志的出版人拉里·吉金为企业博客描绘了一幅理想的画面："最好的方式是，企业通过博客对其客户、合作伙伴和内部人员变得更加透明。通过鼓励员工说出真实想法，企业能够展示出精神品格。这对于没有面孔的实体而言并非易事，但这有助于企业同员工建立更巩固的关系，并能成为企业运营的'润滑剂'。"

> "相互链接、评论、引用将个人博客织成了一个相互参考和宣传的密集网络，这大大增加了那些做得好的博客的访问量。"
>
> 本·金
> 《金融时报》

尽管所有的企业博客都应该为公众提供发表评论的机会，但提供对受众有用的信息和有内容的信息也是非常重要的。当全国性的劳动就业律师事务所福特&哈里森开设博客，来从其独特的法律角度解决职场问题时，这正是其要达到的目的。律所博客名为"她是这样说的"，它以图片和幽默的方式探讨职场问题，说明如果企业被迫在法庭上为自己的行为辩护，博文主角的行为将会让企业付出多么高昂的代价。这个博客以用户友好的方式展示了福特＆哈里森的法律专长。《公关周刊》评价说："当流行文化遇上保守的法律时博客火了。"

员工博客

许多单位鼓励员工写博客。例如，昇阳电脑公司有4 000多个员工博客，占其员工总数的15%。昇阳公司表示，其中一半以上的博客是"高科技"和"与项目有关"的，仅对同行的计算机程序员和工程师有吸引力。其他博客如总裁、人事经理和销售经理的博客所涉及的主题相对更为宽泛。甚至连这家公司的法律顾问都写博客，他最新发表的一篇博文标题是《我确实不喜欢"合规"这个词》，然后他解释了具体原因。

> **思考**
> 个人博客和机构博客各有哪些可能的优缺点？

> "网络赋权使消费者称王，同时也使存在已久的企业声誉和个人声誉变得极度脆弱。在 Web 2.0 时代，声誉可在瞬间建立，也可在瞬间崩塌。"
> 美国公共关系协会顾问学院院长
> 罗伊·沃恩

许多机构不欢迎员工写博客，因为担心这会带来法律问题，或是担心会使公司商业机密外泄。也有一些沟通和管理更为开放的机构，相信员工博客是反馈和思路之源，且有助于提高员工的参与热情。

通常多数企业至少会出台一些员工博客的管理措施。例如，思科公司这样告诉员工："在对公司业务的任何方面进行评价时……你必须要在博文中清楚地表明你是思科的员工，并在免责声明中明确这仅是你的个人观点，并不代表思科的观点。"戴尔公司也表示，希望员工在参与任何博客、社交网络、维基百科条目编辑之类的活动，或参与其他代表公司或与公司相关的网络活动时，都要表明自己的身份。

> **思考**
> 企业员工在博客中发布信息时，必须要解决哪些法律问题？

博客的优点

博客的格式和机制使其独具优势,原因如下:

- 几乎任何人都可以通过开放源代码的软件创建博客。无论是中小企业或是大型企业,博客都是一个理想的传播媒体。
- 几乎无须启动成本。
- 非正式的形式和写作风格,赋予了开设博客的机构以友好、青春的面孔。
- 可嵌入其他网页和博客的链接。
- 读者可以在博客上发表评论或直接做出回应。
- 可对材料进行即时更改或更新。
- 大量使用整合技术,能够同时汇集数以百计的博客信息,从而使机构可以迅速评估客户和公众对其的评价。
- 博客提供了一个渠道,使机构可以通过留言板参与其他博客正在进行的在线讨论。
- 博客允许机构发表自己的观点,而不受传统媒体编辑过程的束缚。

我们为什么写博客

苏珊·巴尔科姆·沃尔顿在《公关策略》上撰文表示,组织机构进入博客圈有四个原因:

1. 实现与重要利益相关方的实时沟通。
2. 促使有热情、有见识的人(员工、主管和客户)讨论组织机构及其产品和服务。
3. 推动对组织机构有好感或有关联的受众之间的对话。
4. 促进更多的互动沟通,鼓励受众提供反馈。

第三方博客

除了自己开设博客和为员工博客提供指导外,企业今天还必须要监测其他博客网站的博文并做出回应。企业的产品和服务很容易受到博主的攻击和批评,负面的评价通常会通过其他博客网站的链接和搜索引擎而迅速传播。

例如,戴尔就曾感受到博主的愤怒。它因客服问题受到猛烈批评,而这也最终导致公司销量的下滑。《纽约时报》指出,今天人们"很难发现任何一条关于戴尔的新闻或博客后面没有戴尔公司的评论"。电信巨头康卡斯特也曾遭遇消费者在博客上的抱怨,但它也在之后加强了对互联网的监测,其中就包括要求客服代表跟进处理任何顾客在网上发表的不满言论。

> "通过参与在线对话,企业向其客户表明公司关注他们的意见,珍视他们的尊重,而且打算以适当的方式吸引他们再次光顾。"
>
> 达伦·卡茨《奥德维尔公关服务报告》

"你还应该与那些谈论你的公司的关系最密切、影响力最大的博主建立关系,"高诚公关公司互动媒体主管里克·威恩对《公关策略》的苏珊·沃尔顿说,"对待他们要像对待其他记者一样。多数情况下,他们会感谢你对他们的承认。通过对博主有利的方式直接给他们提供材料,你会很快和他们建立积极的关系。"

> **思考**:如何有效地将博主纳入与媒体的公关关系之中?

采用这一做法的范例是万博宣伟与代表餐饮业客户的约20位有影响力的美食博主的合作。万博宣伟定期监测博客,以此来了解博主的观点以及当前讨论的"热点"话题。这样,公司一方面与博主建立了关系,另一方面也为博主提供了博客素材。万博宣伟的食品与营养主管珍尼特·赫尔姆向《公关周刊》表示:"他们(博主)是有影响力的资源,我们不能将他们排除在营销组合方案之外。"

> 麦当劳就企业的社会责任问题开设了一个名为"开放讨论"的博客。公司负责企业社会责任的副总裁鲍勃·朗厄特就麦当劳的这一项目表达了自己的观点,并邀请消费者参与对话,讨论这家快餐巨鳄行为的对错。朗厄特在博客中表示:"我们希望听到你的想法,因为我们时刻在学习和尝试改进。不听取别人的意见就无法学习或改进。"

博客关键词

佩珀科姆公关公司执行经理史蒂夫·科迪为员工或客户博客总结了下列要点：

1. 对博客中提及的任何前客户、现有客户和潜在客户要保持透明。
2. 对于个人评论，无论是表示赞成的、反对的还是无所谓的，都要及时回复。
3. 要尽可能地提供原始材料，而不是仅仅对当前的新闻事件进行评论。
4. 仅提供与你的帖子相关的博客的链接。
5. 确保读者知道博客仅代表你的观点，而不一定是你的雇主或客户的观点。

在 MySpace 和 Facebook 上交朋友

尽管目前有许多网络社交的社区，包括商务社交网站领英（LinkedIn），但成立时间较早的 MySpace 和 Facebook 的普及程度较高，并且就用户数量而言排名一直大幅领先。2010 年，Facebook 以全球 4 亿用户的数量超过 MySpace，成为了最受欢迎的社交网站，其中 70% 的用户居住在美国以外。

MySpace 和 Facebook 之类的社交网站的普及也引起了广告人员、营销人员和公关人员的关注。他们将这类网站视为以多种方式交"友"的良机。例如，美国 TNS 媒体情报公司和西莫尼公司的一项联合调查显示，营销和公关人员认为交友网站对于了解顾客的想法、增强品牌认知度和建立消费者忠诚度是至关重要的。

但要实现这些目标需要大量的想法和创意，因为你要使信息对你的"朋友"具有关联性和吸引力。要实现这个目标通常需要幽默感，以及制作视频短片、音乐，组织竞赛和激发受众参与等技巧。美国运动服装品牌冠军在 Facebook 上建立了一个群，叫作"冠军粉丝区"，来吸引大学生的兴趣。萨拉·佩林也大量使用她的 Facebook 主页推销她的新书《胡闹》，书中描写了她以共和党副总统候选人的身份参与 2008 年大选的经历。一百多万 Facebook 用户将她"加为好友"。

> "我们根据工具的优点来选择要使用的工具……社交媒体空间中的每一种媒体都有自己的优点和缺点、可能性和局限性。"
>
> 霍尔兹通信技术公司主管谢尔·霍尔兹在国际商业传播者协会一次研讨会上说道。

库尔斯啤酒也利用社交网站拓展了传统的广告和产品宣传。一个创意就是让 Facebook 的访问者（当然年龄在 21 岁及以上）给朋友发一个"蓝色代码"，邀请他们共饮银子弹啤酒。他们甚至可以使用 Facebook 地图来指引伙伴到最近的酒吧。库尔斯 2 000 个粉丝中一位叫亚伦的给了网站五星好评，他说："这个应用太绝妙了。我用它举办了我的生日派对，轻而易举就可以邀请到人。"

俄勒冈州波特兰市的一家广告公司的创意总监蒂姆·斯普劳尔这样告诉《纽约时报》："如果你想在社交环境中推介产品的话，啤酒是一种不错的选择。我们感觉自己在网络中不太具有侵入性，因为我们通过给人们建立关系的机会使自己的产品具有了关联性。"

> **思考**
>
> 根据 Facebook 所影响的群体的特征，还有哪些产品适合在 Facebook 上推销？

即使是销售奢侈品的公司也在 MySpace 和 Facebook 上发现了客户群和建立销售主页。卡地亚珠宝建立了一个 MySpace 主页来推销其"爱情"系列珠宝，网站浏览者不仅仅浏览这些珠宝以及它们昂贵的价格。埃里克·普凡纳在《纽约时报》报道中说："访问者也可以试听来自艺术家卢·里德和大国民乐队的音乐，包括为卡地亚谱写的以爱情为主题的曲子。他们可以观看以爱情故事为主线的视频，当然，他们也可以点击任何这些朋友的照片来浏览他们的个人主页。"

YouTube：视频短片和争议

视频短片是非常受欢迎的传播媒体。尼尔森在线视频统计数据显示，美国的互联网用户每月观看网络视频的时间通常在 3 小时以上。在另一项调查中，全球知名的互联网流量跟踪分析公司康姆思科揭示：谷歌旗下的 YouTube 是全美最大的视频网站；2008 年 11 月用户观看的网络视频中有 40% 来自这家网站，数量约为 50 亿。其他大的网络视频网站包括 MySpace、维亚康姆数字 MTV 频道、雅虎、微软和葫芦网。

尽管许多视频都是由个人用户上传的，但机构用户也制作和上传网络视频，以此作为营销和公关手段影响网络用户群体。一般来讲，网络用户群体受教育程度较高，经济条件也相对较好。另外，互联网流量监测机构尼尔森发现，35 ~ 64 岁年龄组约占 YouTube 受众人数的 50%。另一数量较大的群体是大学生，研究显示，95% 的大学生定期观看网络视频。

> **思考**
> YouTube 是否既可用于严肃目的，也可用于娱乐目的？

上述群体特征数据促使穿越航空公司决定使用 YouTube 来推销其 X-Fares 折扣机票——一种面向大学生的待机机票。穿越航空一开始先推出了"AirTran U"活动和吉祥物——一只名为尤妮斯的母羊——来吸引学生参与品牌互动，并吸引他们以一种有趣的方式参与公司组织的网络视频大赛。《公关周刊》报道说，穿越航空鼓励学生录制一段"跳舞（或长或短）、唱歌、吟诗或任意干什么"的视频，然后将视频上传到 YouTube 上的指定位置 youtube.com/airtranu 来参与评选。此外，穿越航空的公关公司 CKPR 在 MySpace、Friendster[①] 和 Facebook 上创建了尤妮斯的个人主页，成功地在目标受众中吸引了 600 多位"好友"。这个视频大赛吸引了 2.4 万名不同的观众，尤妮斯甚至还登上了美国全国广播公司（NBC）的《今日秀》栏目。这个活动被《公关周刊》评为"2008 年互联网/新媒体最佳使用奖"。其中一位评委这样评价道："这真是调动容易感到腻味的大学生的一种大胆、聪明和不拘一格的方式。"

YouTube 上的模仿视频也可以成功地提升产品和品牌的知名度。例如，斯米诺公司[②] 在 YouTube 上发布了一段名为"茶话会"的两分钟说唱模仿

---

① Friendster 是老牌社交网站，通常被认为是社交网站的鼻祖。——译者注
② 斯米诺公司是世界十大洋酒品牌之一。——译者注

视频，来推出公司的新款冰茶麦芽饮料。在视频中，三位金发男人身着马球衫，嘴里唱着"直接去科德角，我们是说真的"（Straight outta Cape Cod, we are keepin' it real）之类的歌词。这一营销手段获得了成功，因为槌球、游艇和白人并不是典型的说唱形象。这段模仿秀的点击率超过 50 万次，它还被人们通过电邮转发给朋友和同事，为斯米诺制造了口口相传的轰动效应。

公关案例　披萨连锁店对 YouTube 视频做出回应

对于达美乐披萨外卖连锁店来讲，这可不是一个十分美好的复活节周末。一个无聊的周日晚上，北卡罗来纳州科诺弗镇达美乐披萨店的两名员工拍摄了一段制作三明治的视频来自娱自乐，而这个制作过程违反了所有的卫生标准。这导致这家披萨外卖巨头品牌的声誉遭受了严重打击。这一段令人作呕的恶搞视频被上传到了 YouTube 上。24 小时内，就有 50 万人观看了这个视频；48 小时内，观看这个视频的人更是超过了 100 万。不可避免的是，多个博客转载了这个视频。最后，主流媒体也对该事件进行了报道。

视频也引起了达美乐的警惕。事件发生后的 48 小时内，达美乐便开始重建声誉。首先，达美乐往 YouTube 上传了一段两分钟的视频，在视频中达美乐的总裁帕特里克·多尹尔就这一事件向公众致歉，并向顾客保证达美乐严格坚持食品的质量和卫生标准。他强调："尽管当事人表示这仅仅是一个恶作剧，我们仍非常严肃地对待此事……涉事的两名员工已经被解雇，并将会因重罪而被逮捕。目前，涉事的披萨店已经停业进行全面消毒。对我们而言，没有什么比顾客的信任更重要、更神圣。"

达美乐的公关人员也采取了一系列措施，其中包括：

1. 创建一个 Twitter 账号来与消费者沟通。
2. 在达美乐公司网页上就这一事件添加"顾客关爱"链接，以回应消费者的关切。
3. 通过电子邮件与旗下所有披萨连锁店和员工沟通，向他们通报情况。
4. 接受重要博主和主流媒体的采访。
5. 通过电子新闻服务的方式向媒体和社交网站发布新闻稿。

> 6. 利用公司的 Facebook 主页吸引和聚集"好友"。
>
> 线上调查显示,达美乐的危机处理措施是成功的。在丑闻过后,达美乐的声誉重新建立,品牌又重新获得了消费者的喜爱。
>
> 1. 达美乐选择事发媒体 YouTube 对恶作剧做出回应,这是一个好主意吗?
> 2. 在重建声誉的过程中,达美乐是否有效地使用了所有的社交媒体?
> 3. 你认为是否还有必要就此事件联系印刷媒体和广播媒体?或者这样做只会让更多人知道丑闻?

BBH 广告公司的创意总监凯文·罗迪向《华尔街日报》透露,斯米诺视频的制作成本约为 20 万美元,但却物超所值。一段 30 秒的传统电视广告的平均制作成本为 35 万美元,这还不算成本可能高达 6 位数的播出费用。罗迪说:"斯米诺了解这一点。他们明白,广告不再是对着人讲话,而是重在消费者的参与。要做到这一点,你必须按另一套规则出牌。这要求你具有更多的娱乐精神。"

并非所有的 YouTube 视频都必须是幽默搞笑的。美国钢铁工人联合会举行反对固特异轮胎橡胶公司的罢工时,在 YouTube 上发布了一段 30 秒的车祸事故照片剪辑视频。一辆运动型多功能汽车翻车的画面上打出了这样一个问题:"你想买什么轮胎?"工会通过这一视频来反对顶替工生产的轮胎。视频上传到 YouTube 的当天点击排名就到了第 24 位。即便不是每段视频都有很高的直接下载量,组织机构认为发布视频还是值得的,因为视频可能最终会被某个博主捡起来重新发布,并因此重获新生。视频还可能会最终引起传统媒体的注意。

乐于分享

在热门网站 Flickr 上,人们可以与世界各地的人分享照片,无论是度假的照片、孩子学步的照片还是 21 岁生日的照片。这个网站主要供个人使用,它不支持企业在这里推销产品或服务。但是,公关人员却找到了创造性方法,利用 Flickr 社交网站的一面,来提升企业或品牌的认知度。

例如，蒙特雷水族馆鼓励游客分享在水族馆拍的照片。为此，水族馆赞助了一场与世界海洋日有关的摄影大赛。水族馆的公关人员对博客进行浏览，如果发现游客上传的某个展品的照片质量很高，就会请拍摄者将这张照片上传到 Flickr 网站上。蒙特雷水族馆的公关主管肯·彼得森向 Ragan.com 表示："我们已经事先告诉一些人，我们希望把他们的照片用在水族馆的网站或其他地方。这造成了人们口口相传，因为拍照的人会请他们的朋友到水族馆的网站或 Flickr 的照片群里去查看展示的照片。"

水族馆的例子说明 Flickr 之类的社交网站也可用于公关目的，只是公关的重点在于扩大消费者或公众的参与。在这类活动中，组织机构主要起到了推动人与人之间的联系的作用。

维基、推特和播客，噢，天哪！

推特（Twitter）是 2009 年成长最快的网络品牌，它的诞生宣告了另一种短信形式的出现。从本质上讲，这种社交网络和微博都允许用户（即所谓的 twits）在电脑或其他移动设备上发送一篇 140 字以内的信息。信息显示在用户的个人主页上，并发送给其他订阅用户（即粉丝）。推特是建立在网络之上的，因此和短信相比推特最大的优点是帖子可用谷歌检索，任何互联网用户均可看到。

> **思考**
> 短信和推特有什么区别？

下面的例子说明了组织机构及其公关人员是如何使用推特的：

- 奎斯特电信公司使用 @TalkTo Qwest 来处理顾客的问题、关切和投诉。
- 星巴克咖啡使用推特消息来驳斥有关该公司因为反战而不再向驻伊拉克美军提供咖啡的谣言。
- 巴拉克·奥巴马在总统竞选中使用推特向志愿者和支持者公布有关动员信息和竞选情况的最新消息。

- 美国计划生育联盟有两个推特账号，用于回答提问和提供关于避孕的基本信息。

维基促进了某一特定项目下不同个体之间的互动。维基实际是一个开放的网页集合，任何人均可以参与其中，提供甚至是编辑网页的内容。《维基之道：基于网络的快速合作》一书的作者之一沃德·坎宁汉这样总结维基的精髓：

- 欢迎所有的用户使用基本的网页浏览器编辑网站的任何网页。
- 推动不同网页之间的主题以一种有意义的方式关联起来。
- 让访问者参与到创造和合作的过程之中。

通用汽车也为员工和顾客创建了一个维基网站，作为公司百年庆典的一部分。公司鼓励个人以第一人称视角提供与公司历史相关的故事、图片、视频和音频。维基的优点是每个人都可以对其他人贡献的内容进行评论、纠错，甚至根据自身经验和观点补充信息。通用汽车原计划出版一本标准的"咖啡桌书"[①]来简述公司的发展历史。最后，公司如其发言人斯科特·凯勒告诉《媒体邮报》那样："我们觉得一种更具社交性和包容性的方式更合适，而且最好的讲故事的方法不是让公司或者媒体来讲，而是通过当事人的嘴巴讲出来。"作为这次活动的衍生品，通用汽车还计划将各种故事和素材打包起来，发送给其他社交网络社区和网站。

维基也被公关公司和部门用来向员工和客户发送活动日程和计划的最新情况。

播客是一个或一系列的数字媒体文件，它通过互联网分发，可供移动媒体播放器和个人计算机回访。多数播客仅以音频方式存在，但智能手机、网站、YouTube 和其他社交网站上也有视频播客。

用播客发布信息有三大优点：成本效益比高；具有移动性；用户可随时随地访问。用户可以一边收听音频播客，一边做别的事情，如驾车去上班，沿着山间小径下山或是在花园里劳作。事实上，播客拥有许多和传统电台一样的优点。

---

① 咖啡桌书（coffee table book），即品味咖啡美味的同时也让视觉和思想得到美的享受的休闲书，它通常图文并茂。——译者注

制作播客所需的设备比较简单。你只需（1）一台计算机，（2）一支优质麦克风，（3）Audacity 之类的音频录制、编辑和生成软件，（4）一个可将文件存储到文件夹中的网络服务器，（5）一个用户可从中下载播客的网站或博客。

但是，制作出既有趣又符合目标受众需求的播客更具挑战性。播客既非信息广告（infomercial），也非照着稿子念的管理人员的空洞讲话。和电台节目一样，播客也得是非正式的和谈话式的。关于播客内容的其他要求如下：

（1）节目时长不要超过 15 分钟。

（2）要包括几个故事或片段。

（3）不要照着稿子念。

（4）制作 RSS 推送新闻。

（5）每周制作新的播客。

有迹象表明，作为公关人员的一种主要传播工具，播客将继续发展。2007 年，美国的播客受众总量为 1 850 万，在这些听众中，有 2 500 万人是每周至少收听一次播客的积极用户。推动播客以及其他社交媒体增长的因素主要有两个：智能手机的持续发展，以及移动数据套餐负担能力的不断增强。

播客 & 公共关系

组织机构使用播客的目的多种多样——分享公司新闻，提供对主管或其他专家的深度访谈，告知消费者产品或服务的使用方法，或是为员工提供培训材料。

- 惠尔浦电器制作了名为"美国家庭"的播客系列，主题包括带孩子旅行的建议和讨论、减肥、女性中风乃至雪地摩托的安全。惠尔浦规定，不在播客中讨论公司的产品，仅在每次播出的开始和结束时提到公司的名字。这个播客系列旨在建立客户的忠诚度，并与公司的主要受众女性建立联系。惠尔浦互动营销主管丹·库克这样说："我们覆盖了消费者日常生活中重要的主题，这是把我们的品牌与消费者联系在一起的良机。"

- 宠物食品制造商普瑞纳制作的一个播客系列给宠物的主人提出了建议。普瑞纳网站上对于这个播客系列的介绍揭示了播客的内容精髓:"猫咪使用厕所是不是不正常?你的狗是不是无聊至极?猫和狗也会得心脏病吗?想了解这些问题以及更多问题的答案,请看《宠物饲养建议》第二季,在这里兽医将回答像您这样的宠物爱好者提出的问题。"这个播客系列中的片名有《夏日动物安全》和《猫狗的皮肤瘙痒》等。
- 迪士尼乐园在其50周年全球庆典活动中使用了播客来激发公众的兴趣。播客的内容包括迪士尼乐园历史中的趣事、目前的游乐项目以及对员工工作的深度访谈。
- 宾夕法尼亚大学沃顿商学院制作了播客,内容主要是商学院的教授对于当前趋势和问题的真知灼见。

下一代:Web 3.0

目前普遍预测,智能手机和移动互联网将是互联网演化过程中的下一个重大发展。随着资费门槛的降低,更多的用户将能够负担和使用先进的 Web 3.0 技术。目前,已有许多用户使用手机下载视频、浏览网页、接收邮件和 RSS 新闻、发博客以及接收大量手机支持的内容。

iPhone 和其他智能手机的新应用(App)每天都在出现,公关人员越来越善于运用这些软件来影响目标受众。金融软件公司 Quicken 就是其中一个范例。这家公司面向 25～35 岁的群体推出了一款可在 iPhone 上使用的预算 App,仅仅三天内,该软件在 iTunes 应用商店中的排名就上升到了第二位。

的确,新一代的手机已经成为新的便携式计算机,并且功能和今天的笔记本和上网本一

> **思考**
> 为什么这么多人认为智能手机和移动互联网将是通信革命的下一件大事?

样强大。手持设备已经能够查看储存在网络上的视频、图片和 PPT。手持设备其他受欢迎的特征还包括配备了适用于全球任何位置的 3D 导航，它与 Facebook 等社交媒体联系起来，可以让用户告诉朋友他在任何时刻所处的确切位置。访问信息世界和进行社交互动尽在你的口袋之中。

公关策略 《金融时报》

蒂姆·布莱德肖 2009年4月7日

社交媒体为可口可乐注入活力

去年，两位可口可乐的爱好者为他们喜欢的软饮料设立了一个Facebook账号，他们大概没想到这个账号将会成为这个社交网站最受欢迎的账号之———仅次于巴拉克·奥巴马的账号。

这个账号的创立者是洛杉矶演员达斯提·索格，他和作家朋友迈克尔·杰泽祖斯基一起维护这个账号。索格先生说："我经常上Facebook，但是没有看到任何看起来比较官方的可口可乐页面。"于是他就在8月份设立了这个账号并邀请他的朋友关注，然后目睹它成长。

账号关注的人越来越多，到12月份账号的关注人数已经涨到了120万，一举成为Facebook上最受欢迎的品牌账号。目前，这个账号的粉丝数量为330万人。

到底是什么刺激了这个账号粉丝的巨大增长仍未可知。Facebook上本来已经有200多个与可口可乐有关的粉丝账号。可口可乐集团全球互动营销主管迈克尔·唐纳利自10月份以来一直在关注这个账号，他认为原因可能仅仅是因为该账号页面有好的视觉标志。"他们选了一个特别好的图像，"他说，"那是一罐冰可乐的高清图片，那张图堪称完美。"

不管怎样，这个账号现在已经成了可口可乐公司一项巨大的资产，而该公司也被Facebook强令与索格先生一起维护账号页面，以符合该网站对于商标的管理规则。"这个账号给了我们一个过去不曾有的机会。"唐纳利先生说，"对我们来说，这是一个好机会，不花一分钱就可以让特别多的人知道我们的动态。"

尽管可口可乐公司成功进军Facebook可能是无心插柳，但是越来越多的营销部门和广告机构正在试图找到途径，有意识地利用Facebook、Twitter、YouTube、MySpace这样的社交网络的力量。

对美国行销总监协会最近的一项调查显示，有三分之一的公司的市场部没有可以开展新媒体营销项目的内部人才。同样比例的公司不太了解社交媒体，但是几乎有三分之二的公司正在积极投资新媒体营销。

> Facebook现已是世界上最主要的社交网站，全球用户已逾4亿。

> 高质量的视觉元素，比如照片，是把"朋友"吸引到页面的关键要素之一。定期更新以及增加新的、有趣的信息是另一个重要的手段。

> 公司的标志和标语都是注册商标，在未经商标所有者允许的情况下就经常在博客或者Facebook页面上使用商标是违法的。

> 公关公司和广告公司一样，非常积极地使用社交媒体来向公众推送有关产品和服务的信息，而且也提供有关公司政策方面的信息。在很多情况下，出现危机时，社交媒体还被用来分享信息。

> 熟悉社交媒体的大学毕业生就业市场前景看好。

"这对（广告）机构而言，是个进入的绝佳机会。"行销总监协会项目运营部副总裁利兹·米勒说。经济衰退扩大了这个机会，因为许多品牌被迫重新评估其在传统营销形式比如付费广告上的支出。

尽管媒体策划和购买公司凯洛媒体预测今年全球广告开支将下降5.8%，社交媒体依然是企业在雇员而不是裁员的少数部门。

实际上，近几个月来，企业自身也在努力建立自己专门的社交媒体分部。如汉威士集团旗下的媒体公司MPG、英国克雷斯顿集团、数字公司LBi上个月都建立了社交媒体部门。1月，宏盟集团大创意机构DDB的数字分部恒美公司将其加拿大社交媒体专业公司雷达DDB搬到了英国。阳狮锐奇的媒体整合业务也创造出一套媒体策划工具，来帮助客户"在社交网络上发动消费者"。

利用社交媒体行销的第一步是找到消费者对于品牌的谈论焦点，这可以通过使用"在线分析"以及"品牌观测"等机构提供的"闲谈监测"（buzz-monitoring）服务来实现。专业社交媒体公司尼克松—麦金尼斯的经营主管兼联合创办人威尔·麦金尼斯说："要把事情做对，最好的方式是在开始前先学会倾听和理解。"

阳狮锐奇公司的合伙经营人大卫·肯尼说，广告人员和营销人员需要认识到数字媒体如何改变了营销的性质。"现在，不是从产品出发，而是从人出发——他们在哪里？他们是怎样学习的？他们是怎样娱乐他们自己的？"但是即便是评估社交媒体作为营销工具的效果……变得更容易了，对于营销机构及其客户而言，要想效仿可口可乐公司在Facebook上的那种走红，也并非易事。

索格先生粉丝页面的走红是竞争较弱、时机恰当和图片好看的综合作用的结果。这个页面自带动力，而且有一个忠于其古怪的创立者的群体。假如由可口可乐公司自己建立主页，或者完全接管这个页面，可就不能保证它还会有这样的人气了。

实际上，可口可乐公司做得最有效的事情——可能对其他公司也是一个经验——就是不挡道。

> 经济衰退时，公关开支倾向于增长，因为公关比付费广告更划算。

> 爱德曼、凯旋以及博雅等大公关公司也已经开展社交媒体实践并建立社交媒体分部来为客户服务。

> 谷歌快讯是公关从业者用来监测有关公司及其产品和服务的网络舆论的一种方法。一些商业服务机构也提供博客、Twitter、YouTube以及聊天群监测的收费服务。

> 公关人员花了大量时间在分析目标受众的特征上面，这有助于他们构想出合适的信息，并采用适合目标受众的语气和语境。

> 机构无法控制社交媒体。最好的方式是合作、保持开放的沟通以及与"粉丝"和批评者保持对话。可口可乐公司的所作所为就是一个好的例子。

第11章

公关策略

- 为什么新闻通稿是最常用的公关手段？
- 媒体通告、资料单、媒体资料包和推介信如何运用在公关活动中？
- 哪些公关手段是抵达电视观众和广播听众的最佳方法？
- 公关人员应该采取哪些步骤来安排个人在电视谈话和电视杂志节目中的露面？
- 如何使用植入式广告来推销产品和服务？

一箱子工具

发布新闻通稿和媒体通告依然是最常见的公关手法。此外，安排发言人参与《乔恩·斯图尔特每日秀》或 MSNBC 的《瑞秋·麦道秀》，或者利用 Twitter 来维持同记者的联系也是常见的做法。公关专业人士利用新工具影响关键受众的机会一直在增多。

老虎伍兹因婚外性行为的曝光陷入争议时，并没有向外界发布新闻通稿，而是在他的个人网站上发表了一则声明。

丹尼斯连锁餐厅[①]则找了媒体公关公司来助其提升品牌形象。为了展示丹尼斯餐厅在经济困难时期与美国人同舟共济，该公司在"肥美周二"向全美顾客提供免费的"大满贯"早餐。丹尼斯餐厅通过一系列方式将这一信息广而告之——例如，将这个免费早餐和超级碗的广告捆绑起来，并充分利用社交媒体的优势。丹尼斯的 CEO 尼尔森·马乔力在美国公共关系协会（PRSA）的期刊《公关战略家》上说："那一天，对我们的公关报道完全改变了我们的品牌形象，特别是在美国媒体和记者中。我从没想到哪个活动可以达到那种效果，但是那个活动做到了。"丹尼斯餐厅的媒体闪电战迅速传播了消息——在 8 小时内，这家餐厅总共提供了约 200 万份免费早餐。

老虎伍兹和丹尼斯餐厅的例子不足为奇。数字和社交媒体在公关、营销和广告中的作用越来越重要，连《公关周刊》都说，如果公关人员不能继续像现在这样使用新工具，他们就面临着把这块重要的数字蛋糕拱手让给广告和营销人员的危险。

戴尔公司全球市场、社区和对话部副总裁安迪·拉克在《公关周刊》上说："我们必须找到一种方式，来改变那种（仅）把公关人员看作媒体关系人员的观念……是否具备数字技术更多关系到人们如何看待公关，以及（客户）是否认为公关人员具有（数字时代必备的）办事能力。"

[①] 丹尼斯是美国最大的家庭连锁餐厅企业，其店铺大多位于高速公路的出口附近及其他距市区稍有距离的场所。——译者注

新闻通稿

公关人员有一个工具箱，里面装满了各种公关工具：新闻通稿、公共服务声明、媒体会议和特别活动只是其中历史最悠久、最为人所熟知的几种。本章我们将介绍这几种方法以及其他一些公关手段。

新闻通稿也叫媒体发布稿，是最常用的公关手段。这种简单的文件以向报纸、广播和杂志等大众媒体传递信息为主要目的。周报和日报的大量信息就来自宣传人员和公关人员为其客户和雇主准备的新闻通稿。

近年来，新闻编辑部被迫大量裁员，这给公关人员提供了为新闻媒体提供有价值的内容的绝佳机会。一家大型日报的编辑曾说公关人员是报纸"不付报酬的记者"。然而，需要谨记的是，新闻通稿不是付费广告，新闻记者和编辑没有义务在新闻中使用任何新闻通稿里的信息。判断新闻通稿价值的唯一标准是其内容是否具有新闻价值和时效性，以及是否具有吸引读者的潜力。

> **思考** 为什么一些编辑把公关人员称为"不付报酬的记者"？

准备好写新闻通稿了吗？

在开始写作新闻通稿之前，公关人员应该首先问自己下列问题：

- **核心信息是什么？** 问题的答案应该用一句话来概括。
- **主要受众是谁？** 是可能购买某个产品或某项服务的消费者，还是公司的采购代理？这个问题的答案决定了新闻通稿应该送到一家社区日报还是一本行业杂志。
- **目标受众可以从产品或服务中得到什么？** 潜在的好处和回报是什么？

- **新闻通稿要达到什么目的？** 是为了增加产品销量、提高机构的声誉，还是吸引更多人参与一项活动？

回答完以上关键问题后，下一步就是像记者那样思考和写作一篇精心设计的新闻通稿了，要包含新闻的 5 个 W 和 1 个 H，即 who（谁）、what（做了什么）、when（何时）、where（何地）、why（为何）和 how（如何）。

新闻通稿的内容

新闻通稿要像真正的新闻一样。导语段是文稿的一个重要的、不可或缺的部分，因为它是新闻"倒金字塔"写作方式的顶层。在这种写作方式中，第一段简洁地概括了新闻中最重要的内容，接下来的段落按照重要性递减的顺序来补充细节。倒金字塔结构也适用于多媒体新闻通稿。与那些不起眼的文字新闻通稿不同，多媒体新闻通稿可能包含了高清照片/图表、视频和音频组件。这种多媒体新闻通稿通常经由商业新闻社、美通社、市场电讯社这样的大通讯社分发，而且还通过掘客（digg）和各种博客这样的社交媒体转发。搜索引擎，如谷歌（Google）和雅虎（Yahoo！），也提供关键词索引，这样公众通过单词或主题词搜索就可以很容易地搜到新闻通稿。

新闻通稿写作

新闻通稿必须遵循既定的标准格式。在写作新闻通稿时需要注意以下小技巧：

- 使用标准的 8.5×11 英寸的纸张。新闻通稿应该印在白纸或者带有机构信头的纸上。
- 在页面的左上角写明发信人（联系人），提供发信人的名字、地址、电话号码、传真号码以及电子邮件地址。

- 在文稿开始前空出 2 英寸的距离，方便编辑。至少保留 1.5 英寸的空白。文稿要使用双倍行距，给编辑留出编辑材料的位置。

- 使用粗体字标题标明新闻通稿的关键信息，以便编辑看一眼就能准确了解新闻通稿的内容。

- 使用电头，如"明尼苏达州明尼阿波利斯市，2010 年 1 月 21 日"，来标明新闻通稿的发稿地点。

- 使用一个表述清晰的概要作为正文的开头，这个概要须包括你想要传递给读者的最重要的信息。导语段最多只能有三到五行字。

- 使用 10 到 12 号标准字体，如 Times New Roman 字体或 Courier 字体。

- 不要把一段内容分开印到两页纸上。在新闻通稿每一页的底部写上"未完"字样（最后一页除外）。

- 第一页之后的每一页的页面顶端，都要写上用于识别的词条（一个简短的词组或者标题，用于表明新闻内容）。

- 使用美联社的写作手册。绝大多数报纸、电台和电视台都使用美联社的写作手册作为指南。

- 注意简洁性。编辑文稿以去掉多余的字眼和"浮夸的"字眼。要避免陈词滥调和滥用词组。没什么新闻通稿长度需要超过两页。

- 避免技术术语。大多数情况下新闻通稿是写给一般公众看的。

- 复查所有的信息，确保新闻通稿的标题和每一项事实都绝对准确。

- 删除黑体字和全部用大写字母拼写的单词。

- 在新闻通稿的末尾附上一个小段落，简要提供文中的组织机构是做什么的、有多少员工等诸如此类的信息。

- 尽可能地本地化。大多数研究显示，本地角度的新闻通稿比一般的地区性或者全国性角度的新闻通稿更容易刊发。

倒金字塔结构

使用倒金字塔结构的三个理由

1. 如果编辑或记者发现新闻通稿的前三至四行没有有意思的内容，就不会采用它。

2. 编辑可以从下往上删减新闻。商业电讯社估计，超过90%的新闻通稿都被改写得比原稿短很多。如果新闻的主要细节出现在开头，即使绝大多数新闻通稿的正文被删减了，稿件的内容依然有信息含量而且容易理解。

3. 读者也不总是读完整条新闻。有数据显示读者平均每天花在一份都市日报上的时间少于30分钟。读者一般只是浏览新闻标题和新闻的开头几段，其余的不怎么看。

网络新闻通稿

通过电子邮件和网络发送的新闻通稿，格式和内容都与传统的通过邮寄或者传真发送到媒体的 8.5×11 英寸、双倍行距的新闻通稿有所不同：

要使用具体的主题行来标明新闻通稿的内容。

整条新闻通稿的字数要控制在 200 字以内。使用 5 个短段落，每段只用两到三句话。使用项目符号来引导关键信息点。

切不可使用附件发送新闻通稿。

要像你只有 10 秒钟来表明你的观点那样来写，因为在网络上，你就只有 10 秒钟。

宣传照片

新闻通稿通常带有照片。研究显示，更多人"阅读"照片，而不是文章。广告研究基金会的研究发现，注意到一般单栏大小的照片的人数，是读一般新闻的人数的三到四倍。俄克拉何马州立大学的韦恩·旺达的另一项研究发现，人们认为那些配有图片的文章比那些没有配图的文章重要得多。

跟新闻通稿一样，宣传照如果对媒体把关人没有吸引力也不会被刊发。虽然需要雇用职业摄影师来拍照，公关人员也必须监督摄影师的工作并挑选出最适合媒体使用的照片。

> "把电子新闻通稿当作吸引记者或者编辑到你的网站寻求额外信息的广告。"
>
> —— B. L. 奥克曼

拍出好照片的 6 个小技巧

1. 照片必须对比度高、细节鲜明，这样可以方便人们用各种格式复制它们，包括使用颗粒感较粗的报纸印刷。

2. 好照片的画面都很干净。构图要紧凑，背景要简化，要强调细节而不是全景。另外要通过缩小被摄人物或物体之间的距离来避免浪费空间。

3. 有时候情境也很重要。环境肖像应使被摄体处于其正常所处的环境中，例如实验科学家应处于实验室里。

4. 动作可使画面生动有趣。照片最好能展示人物的动作，如谈话、做动作、笑、奔跑或者操控机器等。

5. 强调规模。例如，苹果公司在展示其最新的 iPod 时，可能会通过描述一个手持 iPod 的人周围环绕着一大堆 CD 的方式来展示其音乐储存能力。

6. 大多数网站使用分辨率为 72 dpi（每英寸点数）的照片来保障较快的下载速度，但是报纸和杂志至少需要分辨率为 300 dpi 的照片来用于复制。因此，很多机构通常有一个网络新闻编辑室，为记者提供 JPEG 格式的高清照片。

媒体通告、资料单、媒体资料包和推介信

公关公司员工有时也会给记者或编辑发送有关新闻发布会或者即将到来的活动的通知。用公关行业的术语说，这些通知被称作媒体通告或者媒体通知。通告可以让媒体得知采访到访专家的机会，或者提醒媒体某个当地人将出现在某电视网的节目中。通知可以单独发送，也可以随新闻通稿一起发送。

媒体通告最常见的格式是短小的带项目符号的清单，而不是长段落。一个典型的单页媒体通告可能包含以下要素：一个单行标题、一个简短的交代新闻大意的段落、对新闻5W1H问题的回答以及一个简短的联系人段落，告知记者如需更多信息或需安排相关采访，应该联系谁。

资料单通常作为媒体资料包或者新闻通稿的一部分发放给媒体，用以提供关于产品、人物、服务或者活动的额外背景信息。资料单的一个变体是FAQ（常见问题解答）。

资料单的长度通常为1~2页，可以作为记者写稿时的"小抄"。有关某个机构的资料单可以分项列出以下信息：（1）该机构的全名；（2）提供的产品和服务；（3）公司的年收益；（4）公司员工数量；（5）公司高管的名字以及一段话人物介绍；（6）公司服务的市场；（7）公司在行业中的地位；（8）其他相关细节。

媒体资料包通常用在大型活动或者新产品推广中为编辑和记者提供各种信息和资源，方便他们报道新闻。媒体资料包的基本组件有：（1）新闻通稿；（2）有关产品开发或类似内容的新闻特写；（3）关于产品、机构或者活动的资料单；（4）背景信息；（5）配有说明的照片或者图片；（6）发言人或者主要行政人员的个人介绍；（7）基本联系方式，如电子邮件、电话号码、网址链接等。

尽管大多数组织机构仍然提供纸质媒体资料包，但多数资料包已经变成

> 媒体通知是对某个产品以及与其发布相关的特别活动的简略描述。正如其字面意义那样，它的作用是"通知"媒体，以便它们报道这一通告或者活动。

了数字格式，通过网络或者以 CD 的形式发送给媒体。这样做不仅可以减少树木砍伐，还可以让组织机构在资料包里插入视频短片，展示其产品的使用或其他相关信息。

另一种公关手段是给编辑写短信或者电子邮件来引起他们的注意，在公关行业，这种做法被称为"推介"（pitch）。很多时候，推介信里还会附上产品样品。公关人员也使用推介——不管是采用邮寄、电子邮件、电话还是推特——来请求编辑派记者出席某项特殊活动，或看看某件事或者某个趋势是否有特写角度，甚至是预约某个即将举办的展示活动的发言人。

推介可以让编辑大致了解媒体资料包的内容，同时还可以说明某家期刊或者广播媒体为什么可以把资料包里的信息当成新闻稿、新闻照片或者视频特写来看待。推介是一项高超的艺术。在开始推介前，公关人员必须首先对目标出版物或广播节目做一些基本的调研。熟悉某出版物通常刊发的新闻类型，以及经常出现在某特定广播谈话节目中的嘉宾类型是非常重要的，了解某个记者的专业口以及他（她）过去所写的新闻的类型也是很有帮助的。另外，由于媒体总是对流行趋势表现出极大的兴趣，如果能把某个特定的产品或服务同某个已经确定为某种时尚风潮或者生活方式的事物联系起来，总是不错的点子。

> **思 考**
> 什么是"推介"？

> 资料单是一种有用的公关工具，集中于介绍某个产品或服务的优点和长处。某些资料单给出了配料表，某些则介绍如何使用产品。

补充说明……

好的产品推介信非常有创造力，可以成功地抓住编辑的注意力。《拉甘媒体关系报告》列举了一些让人过目不忘的推介信的开头，它们均成功引起了媒体的兴趣并催生了新闻报道。

- "换一个灯泡需要几个学生？"（一封关于某个居民楼大厅维护项目的推介信，这个项目由一些接受经济援助的学生运营。）
- "你愿意用一株植物来替换你前夫吗？"（一封关于某个摄影师的推介信，这个摄影师专门为人把"前任"和其他人从旧照中抹除。）
- "我们的总裁跑过 16 场波士顿马拉松……现在他觉得我们可以沿着一条河走一英里了。"（一封关于某个总裁的推介信，他每天带领员工以步行的方式健身，而不是为昂贵的健身卡或健身教练买单。）

造福世界　成就公司

消费者越来越在意企业环境安全和可持续发展方面的政策，那些能证明自己真正致力于解决环境问题的公司赢得了忠实顾客。饮料业巨头可口可乐公司针对环境问题推出了"可持续性项目"。该项目以"积极生活"为主题，并有如下使命宣言："我们承诺积极生活：通过重新设计我们的工作和生活方式，使我们做的每件事都具有可持续性，并以此来积极地改变世界。"

2009年末，可口可乐公司宣布该公司新的饮料包装瓶——植物环保瓶——将在世界范围的目标市场正式亮相，而且该公司到2010年末要实现生产20亿个环保瓶的目标。

在新闻通稿中，可口可乐公司这样描述这种新包装："PET植物环保塑料瓶的材料部分取自植物，这减少了公司对石油这种不可再生资源的依赖性。这种包装瓶可100%再回收利用，而且初步研究显示，从植物材料的生长过程到树脂的生产环节，植物环保瓶的碳排放量比传统PET材料制作的包装瓶要少得多。"

新闻通稿引用可口可乐公司董事会主席兼总裁穆泰康的话说："从可口可乐公司在哥本哈根的品牌到美国西部的达萨尼矿泉水，我们正在生产第一代未来的包装瓶。"

除新闻通稿外，可口可乐公司的新闻资料包中还有几张可乐和达萨尼矿泉水包装瓶的高清照片，瓶身上有可回收植物环保瓶的标志。此外，资料包中还包括一段植物环保瓶的信息视频、背景视频（资料画面，本章稍后讨论），以及一个内容详细的网络媒体资料包。所有这些推广材料都可以在可口可乐公司网站的媒体编辑室找到。

类似这样的倡议带来的好处远远不止增加顾客的忠诚度，或者因为革新而引起媒体即时的关注。2009年，《新闻周刊》杂志首次对美国的500家大公司进行"绿色排名"，可口可乐公司位列其中；可口可乐公司还出现在道·琼斯可持续发展世界指数中，并且获得了世界环境中心（WEC）颁发的可持续发展国际企业奖第25届年度金奖，因为其"在具有巨大影响的水资源项目、可持续包装、能源管理和气候保护领域执行了战略性商业措施"。这种正面的媒体曝光吸引了消费者、投资者、员工、社区成员以及其他意见领袖的注意力。

1. 列举这个案例中你能找到的所有公关手段。你认为哪些最有效？为什么？

2. "行善"是有效的公关战略和策略吗？为什么？

3. 想一想有没有其他企业在环境政策方面得到了媒体的公认，不管是正面的还是负面的。这个企业是如何传达其环境政策的？都使用了哪些公关手段？

记者采访和新闻发布会

采访

报纸记者的采访可能在午餐时间或者咖啡馆等非正式场合进行，持续一个小时左右。这种面对面的谈话一般会形成一篇 400～600 字的报纸新闻报道。在报道中，采访者会用直接引语或间接引语的形式提取部分谈话内容，加入背景材料，还有可能插入自己对被采访对象的观察。被采访对象虽然可以控制答问的环节，但却无法控制公诸报端的内容。

新闻发布会

新闻发布会的交流是双向的：某家公司或者某项事业的发言人通常在发布会上有一个简短的开场白，然后才接受记者的提问。新闻发布会使信息或者观点可以通过新闻媒体得到迅速、广泛的传播，它避免了逐个向新闻媒体提供信息这种耗时的做法，并且保证了竞争激烈的纸质媒体和电子媒体可以同时得知新闻。从公关的角度看，这些是新闻发布会的主要优点。这些优点必须同新闻发布会的缺点做权衡，因为在发布会上，发言人也必须面对直接的甚至可能是带有敌意的提问。

从公关战略的角度来说，新闻发布会可以是进攻型的，也可以是防守型的，这主要取决于客户的需求。大多数新闻发布会——或者通常所称的媒体发布会——带有积极的意图：它们是推介主持人的计划或者观点的积极行为。例如，某公司可能以新闻发布会来推出一款新产品，而生产这款新产品可以增加就业；或者，一位民间领袖也可以召开新闻发布会，来宣布他即将主持的全国性慈善筹款活动的目标和计划。这种类型的新闻发布会需要提前进行周密的计划和安排。

> 在探讨一个主题时，杂志上的采访通常比报纸上的采访更有深度，因为杂志撰稿人有更多的版面。大多数杂志上的采访与报纸上的形式相同，还有一些杂志采访则以问答的形式呈现。问答类型的采访需要一个或多个记者和编辑对被采访对象进行提问，并进行长时间的录音。

如果一家公司、一个协会或者一位政客陷入某种轻则令人尴尬，重则可能锒铛入狱的困境，媒体和公众将会要求他们做出解释。一个草草的书面声明是不足以平息民愤的，而且如果这个机构看起来推三阻四、逃避责任，还可能引来更大的媒体声讨。如果召开新闻发布会，由一位准备充分的发言人在开头宣读一份措辞严谨的声明，或许还能够获得一丝理解和同情。

> 被采访人或公关代表都不能要求在一条采访新闻刊登前对其内容进行审核，这种要求会被当作一种新闻审查而被记者或编辑主动回绝。

不管发布会的环境多么困难，召开发布会的人都必须表现出一种合作的态度，并展现出一种真诚的、希望能提供帮助的姿态。最糟糕的事情是发言人对提问表现出愤怒或者仇视的情绪。比较好的态度是承认情况很糟糕，但也表示该机构已经在尽最大努力来改正错误了——这就是东伊利诺伊大学蒂莫希·寇姆斯教授所说的"悔恨"（mortification）策略。

还有另外两种值得注意的新闻发布会。一种是伴随某新闻事件自发出现的，如诺贝尔奖得主与媒体见面，解释其获奖作品，或者一个刚刚创造了世界纪录的跑步运动员上气不接下气地表达感想。另一种是政府官员

思考：在什么情况下仅书面声明就足够了？在什么情况下必须召开新闻发布会？

定期举行的新闻发布会，即使会上并没有什么特别的内容要宣布。这种发布会通常也叫情况通报会，美国国务院每日的情况通报会就是这种类型的。

媒体交流会和媒体参观旅行

召开新闻发布会通常是为了以一种公事公办、省时高效的方式将信息和观点从某个机构传递到新闻媒体。然而，某些公司、协会或者政治人物也时常希望通过一种更加个人化的方式来传递信息或者同媒体建立融洽的关系。在这种情况下，就比较适合采用媒体交流会或者媒体参观旅行之类的社交方式了。

新闻交流会可以采用午宴、晚宴或者招待会的形式，但不管采用什么形式，标准的做法都是主办方在社交阶段的末尾进行"推介"——可以是宣布一条硬新闻，发表一个简短的政策声明外加一个问答环节，或者仅仅是一个致谢形式的软推销，感谢嘉宾到场，给了主人进一步了解他们的机会。嘉宾通常会在抵达或者离开时得到一个新闻信息包。媒体交流会还可以给媒体提供诸如提前参观一场艺术展览或者一个新的总部大楼的机会。

不过，即便主办方希望美食加美酒可以助其买通媒体，做出对其有利的报道，但结果也可能事与愿违。有良心的记者和编辑不会为这种"吃喝赢好感"的行为所动。在他们看来，他们肯抽出时间来参加交流会就是给主办方面子了。他们接受媒体交流会的邀请是因为他们希望在主办机构内部发展潜在的新闻联系人，以及进一步了解组织机构的官员。

媒体参观旅行可以采用三种形式。最常见的形式是外出旅行，通常叫作公费旅游（junket）。例如，编辑或者记者受邀参观一家公司在各个城市的生产设施，或者体验一条新航线的首航，或者在好莱坞或纽约提前观看电视网的秋季节目。主办方通常会支付记者的食宿和交通费用。

第二种媒体参观旅行是熟悉业务的旅行（familiarization trip），简称熟悉旅行（fam trip）。这种旅行通常由旅游业提供给旅行撰稿人和编辑（见第15章），由会议与观光局以及主要的度假酒店支付所有的费用，希望撰稿人可以对其旅行体验美言几句。杂志和报纸上的旅行文章通常就是这种熟悉旅行的产物。

第三种媒体参观旅行形式是机构的行政人员到关键城市出差,同挑选出来的编辑会谈。例如,诺基亚的行政人员可能造访东海岸,同主要杂志的编辑会谈,并向他们展示公司最新的智能手机的性能。按照编辑们的喜好,行政人员既可以造访一家出版物,为这家出版物的主要编辑举行背景通报会,也可以在酒店的会议室举办专门的会议,这样出差的行政人员就可以同时与多个出版物的编辑会谈了。

思考 记者为什么会出席媒体交流会?

行为道德　谁买单　为什么

近些年来,媒体人和公关人进行了自我反省,他们认为提供奢侈的旅行和礼物是不道德的,这导致这两个群体在以下两方面加强了自律,即在何种情况下可以参加媒体参观旅行或者公费旅游,以及应该花多少钱。

大型日报政策上都禁止员工接受任何礼物、房产或交通馈赠;派出记者时也由报社支付所有的媒体参观旅行费用。与此形成对照的是,一些小型日报、周报或者行业杂志则接受了包揽了费用的旅行。这些小型出版物的经理认为他们缺乏大报的资源,无法支付这些费用,并宣称这种旅行在记者报道一项有新闻价值的活动时是合法行为。

一些报纸虽然明令禁止记者接受旅行和礼物,但并未将禁令延伸到报社的所有部门。例如,虽然报道硬新闻的记者不可以接受礼物和旅行,但这一禁令可能不会强加给体育、旅行和生活版面的软新闻记者。比如,几乎没有报纸会为报道职业足球赛的记者提供记者席的费用,通常也没有旅行编辑会为旅行文章所写的海滨度假村支付全部房费。

鉴于不同媒体在政策方面混乱不清的现状,公关人员在给记者提供"免费品"时必须依靠常识和判断力。首先,不能违反美国公共关系协会倡导的道德准则,该准则禁止在合法的新闻事件报道之外提供奢侈的礼物和免费的旅行。其次,公关人员要考虑到新闻机构的政策,要在政策允许的范围内策划活动。一个比较明智的做法是给记者提供偿还媒体参观旅行中的旅行费用和酒店费用的机会。

广播和电视的传播范围

广播及其各种变体，包括网络广播，之所以非常重要，原因是它们每天都有大量的美国听众。据估计，12 岁及 12 岁以上的美国人中，每周有 92% 的人收听广播，受众总数达 2.34 亿。美国人平均每个工作日要花将近 50 分钟在上下班的路上，所以大部分的听众是在车里收听广播的。

> 为广播和数字媒体写稿和准备材料需要特殊的思考方式。从业者不是为用眼睛阅读而写作，而是要转换方式，思考如何为新闻添加视频和音频要素。

广播

为广播准备的新闻通稿和为印刷媒体准备的新闻通稿有很多不同。尽管基本的标识信息相同（信头、联系人、主题），但写广播新闻通稿的标准做法是全部使用大写字母，并使用双倍行距。

打印出来的广播新闻通稿还应该标明时长。口播广播稿的长度应该在 30 秒或者 60 秒以内。时长非常重要，因为广播电台必须将信息内容严格控制在以秒为单位计算的时间范围内。

广播新闻通稿也同印刷媒体通稿一样，必须有新闻价值而且不能太商业化。与一般新闻通稿不同的是，广播新闻通稿要求新闻要在 60 秒（大约 125 个单词）内讲完。

思考　给广播写稿和给电视或者报纸写稿有什么不同？

60 秒的广播新闻特写

以下是一则 60 秒的广播声明的例子，由芝加哥菲尔德自然博物馆提供，内容是该博物馆的一场特殊展览。

> 地图不仅可以告诉我们，我们在哪里；更重要的是它可以告诉我们，我们是谁。菲尔德自然博物馆的展览"地图：寻找我们在世界上的位置"，让参观者有机会看到人类曾经制作出来的一些弥足珍贵的、具有历史价值的地图。除了标示方向，地图还可以让我们瞥见一个民族、一个国家、一个政府或者一个机构看待世界的方式。通过各种现代的、历史的、平面的或者立体的地图，本次展览将探索一系列主题——从地图的历史到制图者的政治、文化或者精神世界。欲知详情，请致电（312）922-9410，或者访问 www.fieldmuseum.org。

报纸新闻通稿使用规范的英语语法和标点符号，句子通常包含主句和从句。而广播新闻通稿使用更加口语化的写作风格，更强调使用短而有力的句子。这种写法使播音员可以在意群间停顿呼吸，也有助于听众理解新闻的内容。理想的目标是使句子的平均长度为 10 个单词左右。

🎙 音频新闻通稿

尽管广播新闻通稿可以发送到广播电台，由播音员来宣读，但最常见和最有效的方式是给广播电台发去新闻公告的录音。

音频新闻通稿有两种形式。第一种简单的形式是由一个拥有广播声线的人来宣读整条通稿，而宣读人不说出自己的名字。用行话来说，这种音频新闻通稿叫作现场录音（actuality）。第二种形式是由播音员来宣读通稿，但是加入一段引语，叫作同期声（sound bite），由一个对产品感到满意的客户或者由一个公司发言人来说。这种方式比直接的通稿好一些，因为信息是来自一个"真实的人"，而不是一个没有名字的宣读人。这种方式的通告也更容易被广播台接受，因为广播台的员工可以选择或使用整条录音通稿，或只使用同期声。

> 全国性的发行机构通常使用卫星或者万维网来发送音频新闻通稿。

一则音频新闻通稿最合适的长度是一分钟，但也可以短一些。音频录音应该附有文字稿，这样新闻部主任不用听录音就可以判断录音带的价值。

跟报纸一样，广播电台对如何接收音频新闻通稿也有偏好。DWJ 电视台的一项调查表明，将近 75% 的广播新闻主任喜欢通过电话来接收现场录音，尤其是在广播电台服务区域内的最新突发新闻事件上，更是如此。例如，一场森林大火威胁到加利福尼亚纳帕谷的葡萄园时，一家大的葡萄园联系了当地的广播电台并提供了一则音频新闻通稿，里面有这个葡萄园园主的一段同期声，跟大家说葡萄的收成不会受到影响。大约有 50 家广播电台接到了电话，其中有 40 家接受了音频新闻通稿并用于广播。

公益广告

在非营利组织工作的公关人员经常要为广播电台准备公益广告。公益广告是不花钱的广告，用以推广政府或志愿者机构的项目，或者为公众利益服务。作为其服务公众利益职责的一部分，广播台和电视台要为慈善机构或市民组织提供播出时间，将诸如心脏病、心理疾病或者艾滋病这类话题的信息告知公众。

广播公益广告跟广播新闻通稿一样使用大写字母和双倍行距的格式，长度可以是 60 秒、30 秒、20 秒、15 秒或者 10 秒。跟广播新闻通稿不一样的是，公益广告的规范做法是就同一主题提供各种不同时长的公益广告，从而给予广播电台一定的灵活度，使其可以根据具体的播出时间限制来使用不同时长的公益广告。公益广告一般以 CD 的形式递交给广播电台，同时附上打印出来的文稿。

很多全国性的机构，如美国癌症学会和美国红十字会，为了使他们向全国分发的公益广告更有意思，都会在其中加入音乐、同期声和其他音响。主要的非营利机构也会把他们的公益广告上传到 YouTube 网站上。

> 几乎任何话题或者问题都可以成为公益广告的主题，虽然广播电台似乎更喜欢某些特别的话题。公益广告制作公司韦斯特格兰对广播电台公共事务主管的一项调查发现，有关本地社区的问题和事件比较容易出现在广播中，接下来是儿童问题。受访者也表示更青睐有关健康、安全、服务机构、乳腺癌和其他癌症的公益广告。

🎙️ 广播媒体旅行

另一种针对广播的公关方法是广播媒体旅行。在广播媒体旅行中，发言人在一个中心位置同全国各地或者某个地区的广播播音员进行一系列一对一的访问。由公关人员（在这种情况下通常叫作宣传员）同各个电台的DJ、新闻部主任或者谈话节目主持人预约好电话采访后，发言人只需要通过电话接受采访即可，而采访可以用于直播，也可以录下来供日后使用。广播媒体旅行的卖点之一是它的成本相对较低，而且比较便捷，因为发言人可以在一个中心位置接受无数简短的采访。

> "这是一种特别好用的、灵活的媒体。我们可以在酒店的床上采访明星，并向全国广播。广播太美妙了。"
>
> 羚邦公司总裁
> 劳伦斯·莫索维茨

电视

有四种方式可以使一家组织机构的新闻和观点出现在当地的电视节目中。第一种方式比较简单，就是把发给当地印刷媒体的新闻通稿同时发给电视台。如果电视台的新闻部主任认为通稿的主题有新闻价值，那么它就可能变成新闻节目中一条10秒钟的口播简讯。采访主管也有可能在看过通稿后认为有必要对该主题做视觉化处理，然后派出记者和摄像来跟进。

第二种方式是采用媒体通知或者通告（本章前面已经讨论过了）来通知采访主管，某个活动或者某个场合适合进行视频报道。

第三种方式是给采访主管打电话或者发电子邮件，对活动进行推介，并请电视台来做节目。向电视台新闻部主任成功推介的秘诀是强调新闻的视觉效果。

第四种方式是制作视频新闻通稿。视频新闻通稿跟音频新闻通稿一样，最好是立等可用的格式，不需要电视台工作人员再花气力。视频新闻通稿可以被地区、全国乃至全球无数的电视台使用。

视频新闻通稿

据估计，美国一年要制作 5 000 条视频新闻通稿。它们主要由一些大的机构制作，用来提高公众对其品牌、产品、服务或者事业的认知度。如果有可能在全国发行，或者被电视台、闭路电视等多家媒体采用，就更有理由制作视频新闻通稿了。

制作和发行一条 90 秒的视频新闻通稿通常至少要花费 20 000～50 000 美元。不过，视频新闻通稿的制作成本也有差异，主要取决于外景镜头、特效、名人数量的多少，以及制作达到播出标准的高质量录影带所需的人工的数量。

公关部门或者公关公司必须仔细分析信息潜在的新闻价值，思考主题本身是否适合快节奏的、动感的视觉呈现。如果只有一些"说话的人"和图表，就没必要制作视频新闻通稿了。需要考虑的另一个因素是当视频制作完毕时主题是否还有时效性。一条高质量的视频新闻通稿从写作、制作到发行平均需要 4～6 周的时间。不过，出现危机或者时效性极强的新闻事件时，一条视频新闻通稿也可能在几小时或几天内就制作出来。

例如，三共制药公司在上午 11 点得知美国食品药品管理局（FDA）批准了该公司可以监测消费者糖尿病和血糖水平的"腕表"装置，当天下午 3：30 韦斯特格兰传播公司就制作发行了一条视频新闻通稿，这条视频新闻通稿最终在包括美国有线电视新闻网（CNN）和福克斯新闻网在内的电视台播出了 243 次。

由于需要专业知识，公关部门和公关公司一般会把视频新闻通稿外包给专业的制作公司，但公关人员一般需要作为联系人向制作公司提供一个大纲，说明视频新闻通稿需要实现的效果。公关人员也需要和制作方一起确定外景镜头、道具和出镜人物。

视频新闻通稿资料包还应该包括两到三分钟的背景视频（B-roll）或者背景图片，供电视新闻制片人重新打包新闻使用。典型的背景视频应该包括额外的采访、同期声和资料短片。比如，尼尔森媒体研究公司对 130 位新闻部主任的一项调查就发现，70% 的受访者喜欢带有背景视频的视频新闻通稿。

视频新闻通稿资料包还应该附带通告，或者在通过卫星给电视台传送视频之前发送通告给新闻部主任。通告采用印刷形式，要包含新闻的关键要素、视频的背景和描述、编辑和技术联系人、卫星传送联系人以及传送的日期和时间。很多电视台更愿意通过传真,而不是电子邮件或者电信来接收这种通告,因为传真便于在新闻编辑室里传阅。

卫星传送是在全国乃至全球发行视频新闻通稿最划算的方式,也是大多数新闻部主任最喜欢的接收此类信息的方式。

> **思考**　什么是背景视频?为什么它在视频新闻通稿里比较重要?

今天,视频新闻通稿通过 YouTube 可以比通过地方电视台传达给更多的受众。经过一些技术调整,大多数机构都会定期把他们的视频新闻通稿上载到 YouTube 或者公司的网站上。

补充说明……

写视频新闻通稿比写音频新闻通稿稍微复杂一些,因为写稿人必须想象所写的场景,如同剧作家或剧本作家一样。亚当·谢尔在《公关策略》里描述了写视频新闻通稿的必备技能:

制作视频新闻通稿需要专业的采访技能、快速的视频编辑能力、创造性的视觉眼光和政治头脑。视频新闻通稿制片人的工作同广播记者并无二致,性质是相同的。好的同期声是好问题的结果,好的画面是创造性拍摄的结果,而简洁、有新闻价值的视频新闻通稿来源于好的写作和剪辑。此外还得在截止日期前完成。此外还有一些细枝末节和需要当场拍板的决定,更别提还得想方设法让客户的标记巧妙地出现在视频里,而又不至于让新闻部主任不想用它。

卫星媒体旅行

广播媒体旅行的电视对应体是卫星媒体旅行。广播媒体旅行是一系列事先预定的、在某个固定地点(通常是某个电视演播室)、通过卫星与一系列电视记者或者谈话节目主持人进行的一对一的采访。韦斯特格兰传播公司的一项调查发现,全美近 85% 的电视台都会参与卫星媒体旅行。

进行广播媒体旅行最有效的方式是让机构的发言人在指定的时间接受采访。虽然名人很受欢迎,但是机构也可以使用善于表达的专家担任发言人。发言人通常坐在电视摄像机前的椅子上或者桌子旁。另一种常用的做广播媒体旅行的方式是走出演播室,在外景现场进行采访。如美国猪肉生产者协会在推广冬季户外烧烤时,公关人员就雇用了新闻广播网的一支团队,在科罗拉多州的阿斯本支起一个户外烧烤架,并且让一个有名的厨师穿着风雪外套一边烤肉,一边通过卫星接受采访。

视频新闻通稿制作小技巧

羚邦公司是一家大的视频新闻通稿制作和发行公司,它就如何制作出符合电视新闻主任要求的视频新闻通稿给出了一些提示:

1. 要允许电视新闻主任有编辑视频新闻通稿的权限,这样他们可以使用自己的主持人和导演。
2. 要使视频新闻通稿看起来像一般的新闻短片,要避免看起来像广告的镜头。
3. 不要在视频新闻通稿里使用出镜记者,电视台希望使用它们自己的记者。
4. 如果有可能,请使用本地化的视角。
5. 好的图标和动画可以锦上添花。

电视露面

电台和电视台越来越昼夜不停地运转,它们需要大量的节目来填满时间。如果想让发言人出现在谈话节目或电视杂志节目中,你应该联系的就不再是新闻部门,而是这些节目的导演和制片人。联系他们最好的工具是电话或者通过电子邮件或 Twitter 发送的有说服力的推介信。

不过,在联系节目导演和制片人之前,公关人员必须先做足功课。他们必须熟悉电视节目的形式和内容,以及节目的受众类型。他们应该观看节目并研究其形式,这种调研有助于判断某个节目是否适合某个发言人,以及如何有针对性地写作推介信以达到最佳效果。

🎙 谈话节目和电视杂志

广播和电视谈话节目多年来一直是一种主要的电视节目形态。洛杉矶的 KABC 电台在 1960 年开创了谈话节目的先河，成为美国第一家转变为全天候新闻和谈话节目的广播电台。那以后，全美国有超过 1 110 家广播电台采用了这一节目形态，而一些音乐台也可能把谈话节目作为节目的一部分。据估计，美国现在实际上有超过 4 000 个广播谈话节目。

电视的情况也如此。菲尔·唐纳休 1967 年开创了电视谈话节目，给后世带来了深远影响。如今，美国有超过 20 家全国性谈话节目辛迪加以及大量本地制作的谈话节目。过去 10 年，排名第一的辛迪加日间谈话节目是《奥普拉·温弗瑞秀》，该节目每天吸引的电视观众约为 800 万人。电视网方面，以下三个节目是公关人员的"圣杯"：NBC 的《今日秀》、ABC 的《早安美国》和 CBS 的《早间秀》。这三大节目在每个工作日的早 7：00—9：00 一共可以吸引大约 1 400 万电视观众。

> **思考**：一个好的谈话节目嘉宾具有哪些特质？

谈话节目的一个优点是它有机会让电视观众看到组织机构的发言人、听到其谈话，而不必经过新闻记者和编辑这一过滤器，由他们来解读和决定什么东西有新闻价值。另外一个优点是发言人在电视上出现的时间与新闻节目中通常只有 30 秒的同期声比起来要长一些。

🎙 预约嘉宾

谈话节目的联系人可能是节目的执行制片人或者制片助理。如果是电视网或者全国性辛迪加节目，联系人的头衔可能是演员统筹（talent coordinator）或者演员主管（talent executive）。不管是什么头衔，这些人在广播业都被叫作预约人（bookers），因为他们负责预约嘉宾，保证节目有源源不断的嘉宾及时出现。

想让嘉宾出现在谈话节目中，方式之一是给预约人打电话，简要介绍想推荐的谈话人的条件和资格，说明为什么这个人可以成为合适的嘉宾。公关人员也可以从新闻的角度发去一封一页纸的短信或者一封电子邮件，解释这个角度跟电视节目的观众有什么关系，以及想推荐的谈话人为何有资格就这个主题发言。很多情况下，预约人会要求提供发言人以前出现在电视节目中的视频片段，或者接受媒体采访的剪报。如实说明发言人的经历和性格十分重要，这样如果发言人表现不佳，既不会让预约人感到失望，也不会影响你的信誉。

一般来说，谈话节目会提前3～4周预约嘉宾。除非某个话题或者某个人物特别具有时效性或者争议性，很少有嘉宾是提前一两天才预约的。公关战略制定人员在全面规划一次大型公关活动时必须牢记这个时间提前量。

广播采访

谈话节目在地方广播电视台和辛迪加卫星网大受欢迎，使得它在广播和电视上露面的机会增多。在广播或者电视上接受采访要想获得成功，必须符合以下三点：

1. 准备。嘉宾必须知道自己想说什么。
2. 言简意赅。嘉宾在回答问题或者发表声明时要准确、简洁，不要有过多的细节或者多余的材料。回答应该控制在30秒以内，因为采访者必须在严格的时间限制下完成节目。
3. 放松。"麦克风恐惧"是一种无法自愈的常见病。如果嘉宾集中精神，以一种随意的私人谈话的方式与采访者交谈，症状就会减轻。嘉宾说话时要语气坚定，如果必要，控制室可以调低嘉宾音量。

公关顾问可以在以下方面协助采访嘉宾：进行模拟采访，由公关人员担任主持人来对嘉宾提问；想好可能会被问到的问题，并对答案进行润色。

在谈话节目中，经常出现主持人对当天广播里的采访嘉宾不甚了解的情况。为了解决这个问题，公关顾问可以提前给主持人发去一个资料页，总结出重要信息并列出主持人可能会有兴趣问的问题。在大的电视网和城市电视台节目中，助理人员经常会协助嘉宾做前期准备工作，然而上百家小地方电视台或广播台的采访人员却缺乏这样的员工资源。如果公关人员不自告奋勇地给他们提供信息的话，这些电台电视台的主持人可能几乎得"清凉"[①]上阵。

[①] 原文为"cold"，意为毫无准备地。——译者注

植入式广告

电视剧、喜剧节目和院线电影往往是推销产品和服务的良好载体。在侦探系列剧里,男主角开着一辆雷克萨斯轿车,或者女主角登上了一架美国联合航空公司的航班,这绝非巧合。

> "20世纪初期,亨利·福特与好莱坞有密切关系,他的T型车是出现在那个时代的首批电影中最主要的交通工具或许就不是巧合了。"
>
> 国际公共关系协会
> 《前线》

这种植入式广告,或者叫产品植入(plugs),一般由产品推广人员和演员经纪公司协商安排。这种做法虽然已经屡见不鲜,但植入式广告真正蔚然成风是始于20世纪80年代早期的电影《E.T.》。当时,生产M&M巧克力豆的公司不同意小主人公在电影中使用该公司生产的巧克力豆摆出一条轨迹,来吸引他的大眼睛外星朋友到他家里去,这犯了一个经典的营销错误。而好时公司得到在这部大片里使用里斯巧克力豆的机会时,简直喜出望外。里斯巧克力豆的销量因为这部影片而激增,甚至在电影首映20多年后的今天,在流行文化以及整整一代ET迷的心中,里斯巧克力豆都始终和主人公联系在一起。

零售商在寻求植入式广告的机会方面尤其积极,因为研究显示今天的年轻人在购物方面极易受电视的左右。这就是为什么《美国偶像》的三个评委——西蒙、宝拉和兰迪——每人面前都摆着一个可口可乐的杯子;汤姆·克鲁斯在《乖仔也疯狂》中戴着雷朋眼镜,在《碟中谍》中用着苹果电脑;詹姆士·邦德开着宝马车;《剑鱼行动》的主人公喝着喜力啤酒;《双面女间谍》中特工布里斯托使用诺基亚的手机。

思考 为什么电影制片人会同意在影片中植入广告?

《华尔街日报》是这样解释《美国偶像》如何安插植入式广告的:

> 这个选秀节目2002年夏天刚推出时只有屈指可数的几个赞助商,如可口可乐公司花钱让一个大的可乐杯在每一集里都出现在三个评委的面前……在目前这一季里,福克斯电视台更是连细枝末节处都毫不掩饰。可

乐杯还在那里……但是现在可口可乐那著名的标志可是作为节目的一部分频繁闪现在屏幕上——每当参赛者介绍他们每周要唱的歌时，碳酸泡沫就充满了他们身后的大屏幕。参赛者每周还要为福特车拍一个新广告。此外，每一集都装载了一卡车其他需要强行推销的商品，从辛格勒电话和短信服务到肯尼·罗杰斯的新CD。

另一个让产品在电视上出现的机会是在竞赛类节目中。例如，《价格竞猜》会使用各种各样的产品作为参赛者的奖品。在其中一集里，奖品是一个帐篷、一张露营桌和几张露营椅，还有手提灯——这是用不到200美元给科尔曼公司做了一个好的低成本植入式广告。

补充说明……

电视杂志节目是指一种由各种各样的视频片段组成的电视节目形式，与印刷杂志提供的多种多样的文章类似。这种节目可能会有嘉宾与播放的电视特写有关，但主要还是聚焦于一条3～10分钟的视频新闻。CBS的《60分钟》、ABC的《20/20》和NBC的《日期线》是电视杂志节目的代表。许多具有人情趣味的电视杂志节目是在地方电视台制作的。随机抽取几期某个大城市的电视杂志节目，其报道的主题有：一个存活下来的一磅重的婴儿、神经性厌食症的治疗方法、一对成功开办曲奇饼公司的夫妇、背痛的疗法、训练狗的小技巧、黑带空手道专家、蓝领的工作压力，以及某位成功作家的工作习惯。这些新闻特写，不说全部，绝大多数也都是有人向节目制片人推介的结果。

第12章

活动和推广

- 哪些策划和后勤步骤可以保障会议与活动的策划和执行获得成功?
- 在为会议和活动做预算时必须考虑哪些因素?
- 为什么对大多数组织机构而言会议和活动的投资是合算的?
- 公关人员如何发挥创造性,才能策划和实施让人难忘而又卓有成效的推广活动?

值得回忆的夜晚

劳拉·李普顿在《纽约时报》一篇文章中报道说，纽约妇女基金会在曼哈顿中区举办首场秋季慈善活动时，组织方考虑了很多因素，包括时间、地点、餐饮、餐桌中心摆设、娱乐活动、嘉宾名单以及座位安排等。"仅为了这几小时的欢乐，五位负责人和一大堆幕后工作人员花了几个月时间，来审查从开胃小吃到受邀嘉宾的每一个细节。要想让一个晚会在各个机构举办的林林总总的募捐晚会中脱颖而出，这些细节非常关键。"

晚会组织方为这一活动设定的预算是 17.5 万美元，主题是"走出来 走上去"。他们雇用了 CMI 活动策划和筹款公司来处理邀请信和餐饮合同的细节，并帮助负责人掌握一切细节。CMI 的凯西·麦克纳马拉对李普顿说："我们是行家里手。"

其中一位负责人描述了她是怎样在劳动节那天给 70～100 封邀请函写个人注释的。她说她这样写道："'纽约妇女基金会对我特别重要，请帮我支持这些杰出的女性。'然后我可能会写'向你丈夫问好'或者'希望你们一切安好'。"

基金会跟餐饮公司说有 300 位客人。临近活动举办日时，所有的负责人碰头，一起品尝和选择开胃菜（迷你汉堡），挑选花艺布置（铜碗被选，但是某个花饰里的编织绿芦苇被否定了）和餐巾的颜色（橄榄绿最终获得了首肯）。

李普顿这样描述那天的慈善晚会："在曾经是一家银行总部的高登厅里，客人们聚集在宏伟空旷的大厅中，啜饮马丁尼并为演讲鼓掌。一群学生舞者的曼波表演瞬间让整个房间的人沉浸其中无法自拔。"当晚，280 位客人共为基金会捐款 67.5 万美元，在慈善活动领域激烈的竞争和当时低迷的经济状况下，主办方认为这样已经非常成功了。

满世界的会议和活动

会议和活动是非常重要的公关工具。它们最大的好处就是为受众提供了一个真实的、面对面聚会的机会。即使是在这个数字沟通和信息超载的时代，人类仍然有聚会、社交和参加团体活动的需求。

参与会议或者活动的个人在会议或者活动期间会调动全部五官：听觉、视觉、触觉、味觉、嗅觉，所以情感上更加投入。利用这种活动，营销人员和公关人员可以增强客户的品牌意识和品牌忠诚度。

会议和活动有多种形式和规模。一个市民俱乐部委员会议或者办公室员工会议可能只有 4～5 人，公司研讨会则可能有 50～250 人。天平的另一端还有贸易展览，如在拉斯维加斯举行的消费者电子产品展览（CES），三天可以吸引 13 万人参与。

> "活动为消费者和品牌提供面对面的交流，同时也把新产品介绍给消费者。"
>
> 《悦己》杂志副出版人　Yung Moon
> 《公关周刊》

成功的会议和活动不是凭空产生的。不管这个会议是委员会会议还是全国性会议，都必须要有细致的计划和会务保障来确保会议既定的目标得以达成。本章将探讨各种不同类型的会议和活动，以及公关人员应采取哪些步骤来有效地策划或者举办这些会议和活动。

思考　亲自参加会议和参加一个在线讨论小组或者访问一个聊天室有何不同？

团体会议

会议的大小和目的决定了会议策划方案的具体内容。即便如此，每个策划案都必须解决以下一些共同问题：有多少人参会？怎样参会？会议在何时何地举行？会议持续多久？谁会在会上发言？发言将覆盖哪些主题？需要哪些设备？谁来主持会议？会议的目的是什么？如何让人们参加会议？

会议地点

会议场地对预期参会人员必须大小合适。场地太大会让参会人员觉得会议没有吸引足够多的参会人员，场地太小又会让参会人员觉得不够舒适。大多数酒店都有许多大小不一的会议室。

选择好会议室以后，策划者还得保证参会人员可以找到它。会议或者团体的名称，以及会议室的名称应该登记在酒店或者餐馆当天的活动日程上。

成功策划和主持会议"必做之事"清单

以下是一般的"必做之事"清单。它是组织一个活动的起点，不管这个活动是本地社区服务俱乐部每周一次的晚餐聚会，还是某个职业协会的年度聚会。

会议前

- 决定最合适的日期和时间以保证出席人数最多。
- 实事求是地估计出席人数。
- 至少提前4~6周选好餐馆或者其他设备。
- 书面确定以下事宜：日期、时间、菜单、酒水、座次表、可保证的预定人数以及项目花费。
- 提前4~6周召集一个或者多个发言人。如果发言人的日程比较紧张，需提前几个月安排。与发言人讨论演讲的性质、长度以及是否有视频音频需求。
- 向会员以及其他兴趣方宣传会议，这项工作必须至少提前三周完成。

- 如果预约不足，需组建一个电话团队，在活动开始前72小时给会员打电话。
- 为晚上的活动准备一个时间表，会议的领导和会务人员对这个时间表应该心中有数。
- 为头桌确定一个座次表，准备好座位牌，当VIP抵达时要告诉他们坐在哪里。

会议当天

- 最后统计预定人数，并合理预估未经预约抵达的人数。
- 检查发言人的旅行计划，处理其任何最后一刻的问题或者需求。
- 给餐饮经理一个更新的最终用餐人数。大多数情况下，这个可以在会议开始前24～72小时内完成。
- 会议开始前1～2小时检查会议室的安排：桌子够用吗？桌子是否布置好了？麦克风系统是否正常工作？
- 在门外或者门内设好登记处。
- 指定3～4人作为迎宾员来迎接会议嘉宾和新到人员。

会议后

- 与餐馆结算，或者指明账目明细应该邮寄到哪里。
- 给发言人或帮助策划和主持会议的委员会成员写感谢信。
- 准备一个发言人发言总结，用作活动组织机构的活动简报，并在适当的情况下给当地媒体发一条新闻通稿。

会议设备

小型会议可能不需要很多设备，而大型正式聚会则可能需要大量设备和会场布置。需要考虑和必要时需要提供的设备包括以下这些：

- **会议标识**。会议名称和主办机构的海报是否张贴在大楼入口的公告板上了？
- **照明**。是否足够？是否可以控制？在哪里控制？谁来控制？
- **图表**。可以看明白吗？放图表的支架够多吗？谁负责处理图表事宜？
- **屏幕或者显示屏**。它们的尺寸对与会者而言足够大吗？
- **投影仪和视频设备**。它们是否都连接好了？是否正常工作？如果碰到技术问题应该找哪个设备联系人？
- **座位和桌子**。是否有足够的座位容纳预期的参会人员？座位安排是否妥当？
- **发言人讲台**。位置是否放置妥当？需要阅读灯吗？有扩音系统（PA）吗？扩音系统是否正常工作？
- **听众和发言人辅助设备**。安排有节目或者议程吗？有便签、铅笔和要发的材料吗？

会议邀请

对俱乐部而言，新闻简报中的一项活动声明、一张宣传单或者一封电子邮件就足以作为会议邀请了。对外部人员（那些不是必须得参加但是最好能参加的人）而言，必须有信件或者电子邮件的邀请函。这些邀请函必须尽早发出去以便人们可以把会议安排进他们的日程中，这一般需要三至六周的提前量。

会议邀请必须标明日期、星期几、时间、地点（包括房间名）、目的、节目亮点（包括发言人的名字），以及接受和拒绝邀请的方式。敬请回复（RSVP）信息必须包括电话号码、电子邮件地址、寄给活动组织者的回复卡片，甚至是在线登记服务，用来处理从预订到用信用卡付款的所有事情。最好还提供地图，显示活动地点的位置以及停车位信息。

> **思考**
> 团体会议的邀请函应该在几周前发出？

🎤 开始会议

如果所有的参会者都互相认识，登记和确认身份可以随意一些。相比之下，如果参会人员较多，习惯上应在入口处设立一个登记处，房间入口处也应该有会议主办方的代表。如果参会人员不多，可以逐个欢迎；如果预计有成百上千人参会，就不能这么欢迎了，这时会议主席就应该在开场白中欢迎来宾。

姓名牌几乎在任何会议中都很好用。标签印制机可以用来为预定的人制作姓名牌。姓名要使用大号黑体大写印刷字体，这样即使在 4 英尺的距离外也可以看清楚。如果参会者的单位也包括在姓名牌上，这一信息可以用小一些的黑体字印出来。对那些事先没有预约而出现的人，要准备毡头笔来当场制作姓名牌。

🎤 发言人

发言人应该尽早选择——可能的话至少提前一个月。选择发言人应该依据其专长、吸引力和谈话能力。在邀请发言人之前最好听一下他的发言，或者至少和一个听过其发言的第三人讨论一下发言人的发言能力。

补充说明……

打印出来发给出席专题讨论会和研讨会参会者的会议安排，可以告诉与会人员何时何地会有什么安排。会议安排列举了发言人、发言时间、茶歇、午餐以及其他与会者需要知道的重要事实。由于发言人的计划可能在最后一刻发生改变，会议安排应该在最后一刻印出来。

🎤 餐会

俱乐部会议和专题谈论会经常出现在用餐时间。事实上，许多会议都含有早餐、午餐或者晚餐。清晨早餐会的优点是可以吸引那些白天没时间来参加这种会议的人。

发言人须知

纽约市一家酒店管理公司的老板芭芭拉·尼科尔斯与《会议新闻》合作，制作了下面这个会议发言人必须知道的事情的全面核查清单：

- 有关会议发起人和参与者的信息。
- 会议目的和目标。
- 发言地点，包括会议室、日期和时间。
- 发言的题目和长度。
- 预期的参会人员数量。
- 会议形式，包括留给听众提问的时间长度。
- 同台发言的人的名字（如果有的话）以及他们的题目。
- 将要在会上介绍发言人的介绍人的名字。
- 发言人发言的酬金或者谢礼。
- 旅行和住宿安排。
- 会议室布置和舞台信息。
- 视频音频需求联系人。
- 着装要求（商务正装、度假着装、正式礼服）。
- 是否会对发言录音或录像的信息（可能需要发新闻通稿）。
- 对配偶的安排（如果配偶也受邀）。

你的会议效率有多高？

会议，包括为进行头脑风暴或者策划公关活动召开的委员会会议在内，是所有机构的常态活动。克里夫·萨弗兰在国际商业传播者协会的《传播世界》上建议通过打分的方式来评价一个会议是否卓有成效，即让参会人员按照一定的评判标准，从1（很少有效）到5（总是有效）给会议打分。按照以下评判标准，你如何评价自己的上一次会议？

- 会议有明确主题和议程，要达成某一结果。
- 与会者做出了决策，前进了一步，而不仅仅是争论不休。
- 会议氛围友好，没有产生冲突。
- 每个人都贡献了想法。
- 没有人支配会议讨论。
- 沟通过程开放而积极。
- 会议产生了很多有创意的点子。
- 会议打破了现状，探讨了一些别的想法和解决方案。
- 会议最大限度地发挥了所有与会者的知识和专长。
- 会议按时召开、按时结束。
- 会议总是达到想要的结果。
- 会议时间投入和回报产出比高。
- 每个人都享受会议过程。

午餐会可以采取自助餐的形式，也可以是安排就座、固定菜单的形式。在午餐会开始前，可以有一个30～45分钟的酒会，通常是在客人们抵达和登记的时段。一般的午餐会比较合理的时间安排是：11：30，登记；12：00，午餐；1：30，散会。有些情况下，可以拖到下午两点才散会，但是最晚不能超过两点。

晚餐会和午餐会的处理方式类似。一般的时间安排是：6：00，登记和酒会；7：00，晚餐；8：00，发言人发言；8：30—9：00，散会。发言人的发言大约持续20分钟。

出席餐会的准确人数很重要，酒店和餐馆至少需要提前24小时知道准确人数，以便准备食物和安排餐桌。标准的做法是先确保一定数量的用餐人数，再加上10%的浮动量。如果出席餐会的人数少于预期，组织机构也必须支付所有人的餐饮费用。

宴会

宴会是大型正式会议。宴会可以用来表彰个人，为某一慈善组织筹款，或者庆祝某个组织的周年纪念。一场宴会或者招待会的出席人员可达100人或者1 000人，因此成功举办一场宴会需要花时间好好计划。尤其是预算更需要密切关注。

如果能请到名人在宴会上发言，通常可以提高宴会门票的销量，但这也是宴会的主要开销之一。演讲人网络的总裁凯伦·肯迪格在《公关策略》上说，一场商业性质的"生计"谈话现在的行情是3 000到10 000美元；有名气较小的娱乐名人的话最少得15 000美元；如果有著名的政客的话，那就得50 000美元或者更多。

由于这笔费用不能完全从门票收入中获得，所以除了发出个人邀请外，主办者通常还会成立一个委员会来向一些公司或其他商业机构寻求赞助，或请它们为其员工、客户或朋友"购买"宴会席位。例如，一张8人的公司宴会桌，按宴会的规格和目的，可能需要25 000美元或更多。

在组织宴会时要至少提前三至四个月联系餐馆或酒店的餐饮或者宴会经理，这样他们才有时间和你讨论菜单、房间设备、可用空间以及其他各项事宜。

宴会开销单

- 食物
- 租房
- 酒吧服务员
- 餐桌及餐桌中心装饰
- 视听设备
- 发言人出场费
- 娱乐
- 摄影师
- 邀请函
- 门票
- 营销和推广

组织宴会需要大量的会务工作、时间安排和团队工作。首先，必须要为整个过程确定时间表——包括从联系餐饮经理到发出邀请再到安排发言人的时间节点。其次，必须起草一个几日或者宴会日的详细时间表来确保一切就位。再次，宴会本身的时间表也得到位，以便宴会可以在合理的时间开始和结束。除此之外，组织者必须安排好后勤接待工作，以保证登记处尽量不用排队，而且每个来的人都可以被带到指定的餐桌。

> **思考**
>
> 在策划活动时，提前计划和灵活处理可以怎样帮助主办方节省开支？

为某项特别活动做预算

所有的活动在总账目上都有两个大项：成本和收益。准备一个详细的预算非常重要，这样组织机构可以准确地了解一个活动的花费。预算过程有助于组织机构确认活动的收费标准。下面是一些要考虑的项目：

设备：
- 会议室或者接待场所的场地租金。
- 设置讲台、麦克风以及视听设备的费用。

食物
- 需要提供的食物数量。
- 人均成本。
- 小费。
- 酒会侍应生的服务费。
- 酒和饮料。

装饰
- 餐桌装饰。
- 方向指示牌。
- 设计和印刷。
- 邀请函。
- 节目单。
- 门票。
- 姓名牌。

邮费
- 邀请函和宣传单的邮寄费用。
- 邮局收费。

奖项
- 奖章、证书、纪念品。

杂项
- VIP 旅行花费。
- 发言人出场费。
- 安保费。

交通
- 大巴。
- 货车。
- 停车。

娱乐
- 相关费用。

宣传
- 广告。
- 新闻通稿。
- 标语、横幅。

办公费
- 电话。
- 办公设备。
- 赠券。
- 员工旅行费用。
- 数据处理。

招待会和酒会

在俱乐部的午餐会或者晚宴前可以有一个简短的酒会。酒会也可以是招待会的一部分。这种活动的目的是让人们放松和结交朋友，但它也可以是一种比较省钱的活动，用于庆祝某个机构或者个人的成就，或者向员工和社团介绍一位新的主管，抑或用于安排团体聚会，如大学校友聚会等。

不管聚会的目的是什么，聚会的焦点都应该放在互动而不是演讲上。如果有仪式或者演讲，也最多只能有5～10分钟。

招待会可以持续两个小时，一般的做法是在一个大房间里举行，大部分人都站着而不是坐着。这样的安排有助于促进社交互动，而且人们可以在房间里自由走动。尽管看起来比较随意，但这种聚会跟其他活动一样需要事先的计划和会务安排。

"不要使冗长的陈述成为活动的一部分，你会失去参与人员的注意力。"

易瑞卡·拉克诺

《公关周刊》

例如，很重要的一点是食物得包括开胃品、三明治、干酪盘、坚果和薯片。一来人们会饿，二来食物可以帮助解酒。酒吧间是招待会的核心，但是也要确保有大量不含酒精的饮料供应。这种预防措施可以避免承担某个客人饮酒过量在回家的路上发生事故的责任。还有一种避免责任的方式是设立一个无人看管的酒吧间，即让客人自己买饮品。

不过，大部分招待会的酒吧间都有人看管，也就是说饮品是免费的。这种设置在某家公司举办鸡尾酒会或者招待会来招待记者、客户或社区领导人时通常更受欢迎。不管在哪种情形下，酒吧间侍应生受过相关培训都很重要，这样他们可以发现某些看起来有些喝过头的客人，并礼貌地建议他们饮用非酒精饮料。

> **思考** 在策划鸡尾酒会的时候组织者应该考虑哪些特殊责任？

作为策划阶段的一部分，酒会的组织者都应该知道举办场地酒水的收费标准。如果是按瓶来收费，酒吧间侍应生在酒水供应方面可能十分大方，因为瓶子空得越多，餐饮提供商的利润越高，这可能会导致问题。

开始一场酒会非常容易——只要在公布的时间敞开酒吧间大门就可以了。然而结束一场酒会就不那么容易了，唯一实际的方式是关闭酒吧间。邀请函可以写明招待会结束的确切时间，但是别指望这种方式可以结束聚会，一般须口头宣布结束才起作用。

> 招待会和餐会一样，需要和餐饮管理人员合作，确定点心菜单和所需酒吧间侍应生人数。根据一般经验，每75个人需要配备一名侍应生。大型活动中，酒吧间应该安排在房间内的不同位置，以分散人群、减少排队。

开放参观和工厂参观

开放参观和工厂参观被用来制造对组织机构有利的舆论。一般来说，开放参观用于展示组织机构工作的场所，而工厂参观用于展示工作的完成方式。例如，某个工厂可以通过工厂参观来展示工厂将原材料加工成成品的过程，而某个医院可以通过开放参观来展示医院的急救设施、诊断设备、手术室和病房。

开放参观一般只持续一天，但是如果有很多人愿意参加活动，也可以延

> **思考**
>
> 组织机构为什么欢迎游客们参与开放参观活动？

长至一天以上。参观一般要得到邀请，但在某些情况下，参观活动也可以通过一般媒体宣布，任何想参加的人都可以参加。如果是社区开放参观，则要考虑为参加者准备一些娱乐活动。

成功策划开放参观活动

需要考虑的事情

在策划开放参观活动时要考虑的主要因素有：

- 开放日和开放时间。时间既要方便开放机构，也要方便访客。
- 访客。邀请员工家人、顾客、社区代表、供应商、竞争对手、记者或者其他想要给其留下好印象的人。
- 宣传和邀请函。材料至少需要提前一个月散发出去。

对于任何开放参观或工厂参观，都要考虑以下这些要点：

- 交通工具。必须有停车位。邀请函应该含有地图，说明乘车路线或者驾车路线以及停车位置。
- 接待。组织机构代表应该接待和欢迎所有抵达的客人。
- 洗手间。如果预计会有很多人参观，需要安排流动洗手间来作为正常设施的补充。
- 安全。危险之处应该明确标示并且有充足的照明。要设立路障来避免游客接触危险设备。
- 参观路线。参观路线应该明确标示并且合乎逻辑（工厂的参观路线应该是从原材料到生产步骤再到成品）。
- 导游。参观领队应该是受过专业训练的导游，对机构有充分的了解，并能详细解释游客看到的东西。

- 解说。可以在一些地方设置标志、表格和图示，来补充导游的解说。导游要接受训练，直到可以准确解说公众需要知道的内容。很多专家都不知道怎么解释他们的工作，所以提前准备好解说词十分必要。
- 保洁和着装。开放场所要尽可能干净，工作人员的制服应该干净、得体。
- 应急措施。参观过程中可能遭遇事故或者疾病，所有的员工都应该知道如何应对，以及如何寻求适当的医疗救助。

许多工厂在运转期间每日或定期开放参观。这些开放参观常见诸啤酒、葡萄酒、食品、服装和小电器等消费品的生产商中。这些每日的工厂参观是专门为一次接待一小部分人设计的。与此相反，工作场所的开放参观一般有很多访客，因此在开放期间想要正常运转是不大可能的。

因为开放参观和工厂参观的目的是制造对组织机构有利的舆论，所以必须要周密地计划、透彻地解释和顺利地实施。游客们需要理解他们所看到的东西，要实现这个目的就需要仔细设计参观路线、控制参观过程以避免拥挤，提供明确的标示和导游。所有的员工都必须理解活动的目的，并接受与其职责相关的培训。

大会

大会是一系列会议，通常持续两天或两天以上。人们参加大会的目的是交换信息，与志同道合的人相遇，就共同的问题讨论和采取行动，以及享受娱乐活动和社交活动。

大多数大会由全国性成员组织或者贸易协会举办。由于成员遍及全国，对许多参会者而言，大会几乎总是"不在城内"举行，大会安排时须考虑这一因素。

🎤 大会策划

对于大会，有必要在实际举行之前很早就开始策划。即便是规模最小的大会也要在预定日期前数月就开始策划；而一些大型的全国性大会，有可能提前几年就开始策划了，需要几百甚至几千个小时的工作。在策划大会时需要考虑的方面如下：（1）时间；（2）地点；（3）设施；（4）展品；（5）议程；（6）娱乐；（7）出席人员；（8）行政。

> **思考**
> 为什么在策划大会时会议举办地点是个特别重要的因素？

时间方面，在确定大会的日期时必须避免工作高峰期。暑假对教育工作者而言是合适的；收获后的时间对农民而言是合适的；节假日前的时间对零售商而言是不合适的。仲冬对北部州而言是不合适的，但是对南部州而言则可能是合适的。要知道参与人员是谁并按方便他们的方式来计划。

借用房地产中介的话，在考虑大会地点时最重要的是看位置、位置，还是位置。全国性的会议可以在国内任何地点举行，但是在阿拉斯加州的费尔班克斯市举行可能不大合适，而在火奴鲁鲁举行就可能大获成功，因为这个地方的魅力可能使人们不惜旅途的经济成本和时间。许多机构轮流从一个国家、地区、州到另一个国家、地区、州来举办大会，以平均旅行成本。

在选择会议地点时另一个要考虑的因素是食宿。举办地要有足够多的酒店房间来容纳参会人员，而且要有足够多的大小合适的会议室。考虑这个时就得考虑大会时间了，因为许多这种食宿设施都得提前数月甚至数年预约。一旦定好了备选地点，就需要弄清楚大会是否可以在选定的时间在那里举行。早点确定这个可以预防后期变化。

补充说明……

参加大会的组织机构经常需要展示他们的货品，这意味着大会负责人必须为这一目的提供适当的场地。大部分的会议中心有相应的设施，可以展示从图书到推土机等任何东西。需要估算使用这些展示场地的费用，让展示者自己承担费用。展示大厅可以位于举办大会的酒店里，也可以位于一个单独的建筑里。

作为大会组成部分的每一场会议，都必须有合适的会议室和必要的设备。大会可以先在一个大会议厅召开全体大会，会议厅要有剧院一样的座位，并配有扩音系统和带有大屏幕的发言人讲台。开场发言后，大会可以分成小组，分别在设施不同的会议室召开。例如，某间会议室可能需要电脑投影仪，另一间可能需要白板或者图表架，而还有一间可能需要录像机和显示屏。要想把一切安排妥当，组织者需要确切地知道会议的内容、参加者和时间。

大会议程

大会议程通常有一个基本主题。除了必要的组织业务交易外，大多数演讲和其他会议应该围绕着主题的各个方面展开。主题可以是比较具体的（如"艾滋病研究新进展"），也可以是比较宽泛的（如"质量管理和生产效率"）。有些大会团体采用更宽泛的主题，如"联结"或者"十字路口"等。

> 大会议程的印制要尽量拖延到最后一刻，因为经常会有最后一刻的变化和发言人因故不能到场的情况发生。

确定会议主题后，负责大会议程的人就可以开始寻找在某一话题上具有发言权的优秀发言人了。此外，大会有时也可能有组织讨论会、专题讨论会或者其他聚焦于大主题某些特定方面的分会的需要。

打印出来的大会议程是一个时间表，明确了每次会议举行的时间、会议室、发言人及其发言主题。大型会议通常在同一时间举行不同的分会，参会者可以自行决定参与哪一场分会。

几乎所有的大会都有娱乐活动，形式从非正式的聚会到正式的舞会不尽相同。鸡尾酒会、高尔夫锦标赛、观光游览都是备选项目。会议组织者也常为参会者及其重要的陪同者在一些有趣的场所，如画廊和博物馆举行晚会和晚宴。

组织大会是一件很费力的工作。组织人员一般很难享受会议的各项活动，他们要关注很多带着问题的会议代表。在众多要处理的工作中，安排大巴去机场接会议代表，并将他们送到会议举办地（如果地点较偏的话），或者带他们进行参观游览，是一项重要工作。接待发言人，并在合适的时间把他们带到合适的地点是另一项重要工作。

必须有人接待和登记抵达会议总部的人，并为他们提供所有会议用品（姓名牌、会议议程以及其他所需材料）。另外，还要对媒体做出额外安排。小型会议可能吸引一些行业出版物的记者，大型会议则可能会吸引大媒体的注意。这种情况下就要安排一间新闻室，配备电话、传真以及可上网的计算机。

要想吸引人们来参加大会需要两样最基本的东西：（1）有吸引力的议程；（2）主办方齐心协力说服团体成员参加。会议公告和邀请应该提前数月发出，以方便参会者做出安排。

网上预约

数码时代使活动策划变得更精准了。很多公司现在允许活动策划人通过网络来发出邀请，并追踪这些邀请的回复率。

电子邀请函，按照提供电子邀请函服务的一家公司，即cvent公司（www.cvent.com）的说法，要有吸引眼球的图片、有效的主题以及5W1H等相关内容。

大多数个人仅仅愿意对网络活动策划提供"是""否""不确定"的回答。俱乐部和职业或行业团体需要把电子邀请函和一些在线注册收费软件捆绑起来。在进行会议推广和宣传时，通过电子邮件、直邮和打电话等多管齐下的方式，会议策划人员可以收到三倍于平常的回复率。

软件程序和在线系统可以方便会议策划人员管理整个会议。例如，StarCite和cvent就提供一系列服务——从收集酒店投标到发送电子邀请函再到在线注册追踪服务。计算机软件甚至还可以收集个人不参加会议的原因方面的数据，这将为以后会议的策划提供参考。一旦参会者注册了，网站还可以根据其需要提供酒店预订、航班预订以及租车服务。

电子追踪有助于计算到底需要多少酒店客房。估计不准、取消预订和预订后不入住可能导致高昂的酒店预订取消费用。一些管理工具可以使会议举办团体追踪预订的情况。如果预订不积极，可以通过发送另一轮的电子邮件和直邮邀请来提高参会率。一旦大会开始，各场会议的出勤率也可以追踪，数据可以用来为将来的会议做参考。例如，如果早餐会的出勤不佳，明年的会议就可以少安排点清晨会议。

尽管电子邀请函比较经济和有效，但却最适合用于商务会议和活动。婚礼或者为社区事业而举办的重要筹款晚宴，如果用发电子邀请函的方式仍然显得很寒酸，在这种情况下，通常的做法还是邮寄邀请函和回复卡。不过，如果邀请函是邮寄的，倒是可以给收信人提供电子邮件地址或者电话号码，来代替回复卡。

贸易展

贸易展是终极营销活动。据《美国贸易展览周刊》报道，美国每年大约要举行6 000场贸易展。贸易展可大可小，既有超过10万个参展商的大型展览，也有只吸引几千人的面向特定行业的展览。据估计每年有将近6 500万人参加贸易展。

由消费者电子产品协会举办的国际消费者电子产品展览会（CES）展示了贸易展的力量和影响力。这个只对业内人士开放的展览，每年1月份可以为拉斯维加斯会议中心吸引13万参会者。大约有3 000家公司在会上展示其最新产品，占据了大约200万平方英尺的展览空间。比尔·盖茨是2008年展会的主题发言人，他做了离开微软公司总裁职务的告别演讲。松下公司也在国际消费者电子产品展览会上展示了其新的150英寸等离子电视屏幕，在行业和媒体中引起了轰动。

展位

尽管贸易展的食物和娱乐成本很高，但这种展会最主要的开销还是展位费。在全国性的贸易展上，一个基本的展位从5万美元起价一点也不稀奇，这其中包括设计、建造、运输和场地租用费用。大一点的更精致的展位很容

> **思考**
> 在展位设计方面，组织机构为什么愿意一掷千金或者要与人一争高下？

易花到50万~100万美元。

展位和展品的设计要达到视觉效果最大化。专家说在参观者走过展厅通道时，一个参展商只有大约10秒钟来吸引参观者的注意力，所以，每个公司在设计展位时都试图炫过其他公司。

大部分组织机构都认为投入大量资金在贸易展上设立一个展位是物有所值的，原因有两点。首先，贸易展可以使参展商和潜在客户进行一对一的交流，这有助于生成潜在客户名单（sales leads）。贸易展也会吸引很多记者，所以在提供新闻材料、安排一对一的采访和展示产品为什么值得报道方面也更容易和更有效率一些。其次，展位给参展商机会展示其产品如何与众不同，这种面向很多人的亲自上手演示比向潜在客户发放彩色宣传册更有效，也比挨个打推销电话更省时省力。

新闻中心和媒体关系

国际消费者电子产品展览会和苹果大会这样的贸易展会吸引很多记者。例如，每年有将近1 000名记者参加苹果大会。所以，每场贸易展都有新闻中心，参展商可以在此向记者提供媒体资料袋和其他信息。新闻中心一般都有电话、传真和网络设施，方便记者把新闻发给他们的雇主。

"要想在贸易展上引人注意，你需要有真正的新闻。"

乔治·约翰逊营销公司高级副总裁

大卫·里奇

《公关周刊》

公关人员经常负责为机构准备媒体资料袋。要确保媒体资料袋里的资料内容简短、切题，并且提供有价值的信息。记者对贸易展比较普遍的抱怨是媒体资料袋太厚了，而且只是各种销售手册的集合。

对于记者时间的争夺很激烈，所以在许多其他公司也在向记者推介的情况下，公关人员在推介观点和展示自己公司的产品或服务为什么值得记者花时间去了解方面必须更有创意。展会前要尽可能多地安排采访和发布会。

贸易展需要考虑的因素

如果你的公司正在考虑参加贸易展,以下是一些需要考虑的因素:

- 选择最适合的贸易展,即最有潜力签订合同和产生未来的销售的贸易展。
- 提前6～12个月开始计划和设计展览。展会设计者和建造者需要时间来建造展位。
- 要让展品或者展位具有视觉吸引力。使用鲜艳的色彩、大的标志并提供产品的模特展示。
- 要让展示充满动感。全程都要有视频或者幻灯展示。
- 要让参观者参与其中。组织有奖竞赛或者抽奖活动。在某次展会上参展商甚至为参观者提供免费足部按摩。要给人们操作设备或者做点什么的机会。
- 安排知识丰富、风度翩翩的销售代表在展会上回答提问和收集参观者的名片,以便后期跟进。
- 提供有用的纪念品。钥匙链、购物袋、行李牌甚至是一份受欢迎的报纸或者杂志都会吸引人流。
- 提前宣传展品。在展会前4～6周就给潜在客户发通知,或者有选择地给记者发媒体资料袋。

爱克萨思传播公司的一项调查发现,被派去采访展会的记者中超过90%的希望在展会开始前就听到有关公司及其产品的新闻。爱克萨思的高级副总裁麦克·杨在《公关周刊》上说:"记者在展会上的'带宽'有限。由于他们能做的有限,所以他们在抵达前就想知道新闻是什么。"换句话说,媒体关系工作在展会前就开始

展位要有接待区。参展商用它来接待重要潜在客户、详细介绍产品和商谈生意。有诚意的客户会在接待区一直待到听完所有的介绍,否则他们可能只在展厅待几分钟就走。尽管免费的音乐会和酒会可以为参展商赢得好感,设立接待区的主要目的还是挖掘销售机会并最终产生产品销售。

> **思考**
> 事先的准备可以怎样帮助公关人员在贸易展新闻中心的人群中脱颖而出？

了，它会一直持续到展会结束，并且会后还要和记者继续保持联系，提供额外信息。

在贸易展上与媒体共事

美通社贸易展市场总监萨拉·斯盖里克就如何在贸易展上与媒体共事给出了一些额外的小提示：

- 计划在展会上发布产品公告。
- 把展会的名称写在新闻通稿中，这样记者就可以用展会名称作为关键词来搜索数据库。
- 把展位号码写在所有的通稿和公告中。
- 在新闻材料中留下手机号码、传呼机号码和电子邮件地址，方便记者找到与产品有关的主要发言人和专家。
- 培训发言人使他们可以简要地介绍产品，并且为他们提供最有可能被问到的问题的答案。
- 考虑在展位使用可以循环播放的录像带，并给媒体准备好拷贝。
- 提供呈现产品使用、生产和研发过程的照片。
- 为那些不能参加展会和更愿意使用电子格式来减轻行李重量的记者在线提供公司标志、产品照片、管理人员介绍、媒体资料包以及 PowerPoint 演示文稿。
- 在展位和新闻中心准备好新闻通稿、产品资料单和宣传手册的复印件。

推广活动

推广活动用于促进产品销售、提高组织机构的知名度、结交朋友和为慈善事业筹款。推广活动也包括公司活动赞助这种类型。

组织推广活动的基本技巧之一是创造性。每个城市都有大量"哼哼哈哈"①的活动在竞相争取媒体的注意和到场，因此公关人员必须想出一些"与众不同"的主意来引起轰动和媒体的兴趣。

例如，商店或者酒店的开幕可能会相当无趣，导致城里出席活动的记者集体打哈欠，特别是那些参加这种活动的工商类记者。所以，如何让这些老套的活动焕发新意？首先，你得摈除剪彩这种旧想法。其次，你得想出一个既能应时应景，又不同寻常的主题或者创意。例如，得克萨斯州一家新酒店开幕时使用了著名钻石展，来表明这家酒店在优质的服务和住宿条件方面是一颗"宝石"。亚利桑那州的一家银行，用把现金放在冰块里，让顾客砸开冰块取钱的方式来庆祝其开幕。这一主题是围绕着该银行有"冷钱"②这一点展开的。

🎤 公司赞助：另一种推广活动

许多公司为了在媒体的混战中开辟一条道路来树立品牌形象，会赞助媒体报道的任何活动。仅北美地区，公司花在赞助各种活动上的资金就达到了20亿美元。据《经济学人》杂志报道，这笔资金中几乎有三分之二是各种体育活动的赞助费。

奥运会赞助是世界上最负盛名的企业赞助之一。可口可乐、通用电气、维萨卡和三星公司都位于奥运会的 12 大官方赞助商之列。实际上，可口可乐公司自 1928 年起就一直是奥运会的官方赞助商，2008 年北京奥运会是该公司赞助奥运会的 80 周年纪念。从 2005 年到 2008 年，作为其奥运承诺的一部分，官方赞助商们提供了价值约 10 亿美元的财政支持、货品和服务。除此之外，北京奥组委还从其他一些在中国运营的公司中筹集了 8 亿美元的资金。

> "活动让你和顾客面对面，而且活动经常可以作为通往决策者的筛选工具。参加活动的个人通常都是自愿到场的。"
>
> 活动策划集团　詹妮弗·柯林斯
> 《公关周刊》

---

① 哼哼哈哈（ho hum），意指无聊的。——译者注
② 冷钱（cold cash），即现金，这里是双关的用法。——译者注

如果雇主或者客户想要赞助一项活动，以下是一些需要考虑的问题。

- 这个公司是否可以负担得起履行赞助责任的资金？赞助费只是起点，把这个费用乘以二，这样这个公司才能进行充分的营销和公关活动来宣传这一赞助。
- 这一活动或者主办机构是否与该公司的宗旨和价值观一致？
- 这一活动是否可以影响到该公司的目标受众？
- 活动的主办方是否有经验？是否足够专业？
- 现场代表是否能够以活动作为增加销售的平台？
- 这一活动是否可以为该公司提供发展新合同和拓展业务的机会？
- 这家公司是否可以签订多年的赞助合同，以便在一个长期、稳定的基础上强化其品牌形象？
- 是否有机会让公司员工参与到活动中，以鼓舞其士气？
- 这一活动与该公司或其产品的特性是否一致？
- 产品交易和实物服务是否可以抵付公司赞助费用成本？

名人出场

如果有影视名人出场，推广活动的参与度可以得到提高。公关人员在为特定的产品或者场合选择适合的名人方面应发挥创造性。例如，一次为决策者、政府官员和健康专家举行的全国老龄化会议吸引了大量参会人员，因为前议员、宇航员约翰·格伦是主要发言人之一。当联合利华公司想要通过一系列活动在西班牙裔消费者中推广其丝华芙和可瑞丝[①]品牌时，该公司请来了造型师莱昂纳多·罗科和费尔南多·纳瓦罗来给参加活动的女性提供美容美发方面的建议。

虽然名人——或者业内所称的"人物"——并不是所有情况下都是最有创意的，但是雇请一位名人却是一种经过时间检验的方法，它可以增加媒体

---

① 丝华芙和可瑞丝为洗发护发产品品牌。——译者注

报道活动的可能性，因为"显著性"是新闻的基本价值之一。然而，名人出场费也可能是预算中最大的一笔支出。像奥普拉·温弗瑞、詹妮弗·洛佩兹和约翰·达利这样的明星，出场费一般高达 10 万美元。

推广活动组织保障

参与人数众多的活动需要与开放参观一样多的策划工作。策划人员必须考虑人流量、洗手间的数量、标识以及安保问题。必须雇请受过专业训练的安保人员来进行人群管制，防止名人或者政府官员被骚扰，并确保不出现其他破坏活动的干扰事件。

责任保险也是必需的。任何机构承办的任何公共活动都应购买保险，以防发生事故并产生玩忽职守导致的诉讼。慈善机构在举行筹款活动时也需购买保险，这在组织机构承办需要耗费体力的活动，如万米长跑、自行车赛或者热气球赛时尤其重要。

安排清理工作、提供饮水和医疗救助等基本服务，登记纪念品和食物商贩以及张贴标志等组织保障工作也必须安排妥帖。活动宣传通常可以通过请当地报纸或者广播电台共同承办活动的方式来实现。

> "公众活动的安保工作是非常重要的一个方面，应该给予同灯光、音响、标识一样的重视。"
>
> 伊文蒂吉活动组织公司经营合伙人
> 马特·格拉斯
> 《公关周刊》

公关案例　把上厕所变成一项活动

上厕所通常不是一项可以引起顾客兴趣或者激发顾客强烈品牌忠诚度的活动，然而宝洁公司却组织了一场很有创意的"活动"，使其恰敏卫生纸的品牌推广大获成功。为了让其产品引起轰动，宝洁公司在时代广场为匆忙的圣诞购物季顾客安装了 20 间豪华厕所。

这些厕所可不是普通的临时厕所。当游客们走进铺着丝绒地毯和挂着恰敏熊画像的房间时，身着华美制服的迎宾员就走上前，把他们带到接待处，在一份"冲水阀单"（flush-o-meter）上签名。安装的厕所，除了普通的居家风格外，还有一些以纽约为主题的特殊风格。其中一个百老汇风格的厕所，整个装潢看起来就像是一个剧院的更衣室；还有一个华尔街主题的厕所，里面甚至有一台可以使用的自动股票报价机。

厕所还只是整个体验活动的一部分，另有20多个电视显示屏在播放一个波蒂舞①的教学视频，鼓励路过的人在一块特别准备的地板上练习舞蹈。游客们还可以和两个巨大的毛绒恰敏熊合影，它们一个坐在长雪橇上，一个坐在白沙发上，带沙发的房间里甚至有一个真的壁炉。

从11月20日到12月31日，来自全美50个州和全世界100多个国家的40多万个家庭参观了恰敏豪华厕所，平均每个家庭的参观用时为22分钟。《公司活动》杂志称："顾客用在与某一品牌——特别是那些人们一般不会多想的产品——互动的这一用时量令人印象深刻。"超过400位游客在YouTube网站上分享了这些厕所的视频。

宝洁公司也乐享了传统媒体对这一促销活动的大量报道。这一被《纽约时报》称为"厕所迪士尼乐园"的活动大约给2亿受众（报纸发行量和广播受众数量总和）留下了印象，而且主要的早间电视节目如《早安美国》和《今日秀》都对其做了报道。

恰敏品牌经理亚当·李苏克点明了公司为什么要举行这种活动来引起人们的注意："广告我们会一直做，但是这种活动却可以与几十万顾客直接面对面，并让他们对自己的需求有一定的了解。"

1. 你认为这种活动给公共关系带来的好处主要是什么：宣传？还是品牌意识？为什么？
2. 这一活动对受众的影响力是如何超越时代广场地理位置的限制的？
3. 时机的选择是否是这一活动取得成功的重要因素？为什么？

---

① 波蒂舞（Potty Dance），指等待上厕所时跳的舞，模仿了憋尿时的动作。——译者注

公关策略 《公关周刊》

克雷格·麦克奎尔　2008 年 11 月 24 日

应对全球媒体可能很困难，但是如果处理得当，可以带来丰厚回报

应对全球媒体——掌握地方市场，化解文化敏感——面临很多挑战，但是有合适的合作伙伴，还是可以战胜挑战的。新闻通讯社的办公、合作和附属机构网络提供了坚实的国际发行专业服务。

美通社国际发行部副总裁科林·匹扎乐芙说，针对地方受众写作新闻通稿非常重要。这家通讯社在 14 个国家有办公室，用 40 多种语言为 170 多个国家和地区提供服务。她说："在韩国发送的一篇有关重要新客户的通稿或者产品公告在南美不一定是新闻，除非新闻稿在写作时解释了这个产品……为什么在南美本地市场也同等重要。"她说，尽管某些报纸有科技和健康版面，但某个国家的新产品上市、产品改善和行业奖项通常只有另一个国家的行业媒体感兴趣。地方媒体一般只对办公室或者工厂的开设、与生产商达成的交易这种与目标国员工和消费者有关的新闻感兴趣。

在某些市场上，视觉因素很重要。匹扎乐芙说："照片和多媒体视频在欧洲、亚洲和拉丁美洲越来越受欢迎。"她指出，一般媒体和行业出版物对有静态画面和短视频的信息都有需求量。

美国商业新闻社的新闻发行网络覆盖 150 个国家和地区，囊括了 45 种语言，在世界范围内有 31 个分社。该社全球媒体部高级副总裁尼尔·赫什博格说，翻译仍然是全球活动最大的挑战之一。他说："许多人对于做好翻译所需要的时间有不切实际的期望。专业的翻译公司有一个多步骤的质量监管流程……试图压缩这个时间……将最终体现在翻译质量上。"

赫什博格说，公关人员必须对时差和节假日安排保持敏感性。他推荐参考诸如 timeanddate.com 和 bank-holidays.com 这样的网站。商业新闻社布鲁塞尔高级业务主管鲁迪·迪赛斯特说要注意地方语言和文化的细微差别，

> 中国农历新年的庆祝将持续几周，很多办公室在这整个或者部分时间都会关闭。欧洲的 8 月份是主要的度假月，在此期间几乎不会有商业活动出现。此外，由于国际日期变更线的缘故，亚洲时间总是比美国时间早一天。

> 单词的意义在不同的文化中可能不同。例如，在英国，"scheme"（计划）这个词没有贬义，它仅仅指商业计划。

> 如这篇文章明确指出的那样，现在媒体关系都在全球范围内经营，公关人员必须利用国际发行公司来使新闻通稿有效地发送到所有受众那里。

> 新闻通稿应该总是根据特定市场和单个国家特别定制。

> 在当今竞争激烈的全球市场，带有照片、图表和视频的多媒体新闻通稿是重要公告和新产品上市公告最适合的形式。

> 在许多国家，即使是在一个国家内部，新闻通稿都必须翻译成几种语言。例如，在印度，新闻通稿经常使用英语、印地语和几种地区性的语言如孟加拉语等发行。

这包括在欧洲将货币和重量单位分别转换成欧元和磅，或者用其欧洲或者亚洲联系人，而不是美国联系人，来签署留言（signing messages）。市场电讯社通过其在全球9个国家（包括美国）的20个分社，用40种语言向其客户发送新闻通稿。

市场电讯社全球战略发展部高级副总裁汤姆·布罗德说，新的开展活动的技术手段特别适合扩展海外受众，因为它们没有地理界线。他说："这些工具已经变成实际的水准仪，你再也不能把社交媒体和搜索引擎对你的新闻的强调仅仅限制在北美。"

> 现在全球都可以使用博客、Facebook、YouTube 和 Twitter。

布罗德预计媒体监测将骤然转移到一个更加实时的网络媒体监测范式上来，在这种模式下你的反应时间既可能成就你的品牌，也可能毁掉你的品牌。他说："在海外新闻发行上采取密集火力的方式将不会产生最优效果，如同这种方式在北美市场不能奏效一样。"

> 监测其他国家的媒体如何评价你代表的组织机构，现在已经和监测美国媒体的评论一样重要了。

最重要的是，对你的全球传播工作要有一个统一的监管。布罗德说："如果你有太多个人或者团体来协调全球的实地工作……而不是有一个统一的监管，你就有可能丧失重要的协同效应，或者丧失精简、提高效率和实现投资回报最大化的机会。"

> 全球化运营的组织机构中的高级公关人员要负责确保核心信息在全球保持一致。

技术小技巧

应该做的：

- 量身定制你的信息，以吸引地方市场的受众。
- 首先集中于核心信息，然后再考虑全球发行。
- 设定统一的监管。

不应该做的：

- 试图单枪匹马地做事，即使你在当地有办事处。
- 指望同样的新闻在不同的国家都有良好的传播效果。
- 忘记运用可以支持信息的视觉元素。

第13章

全球公关

- 公共关系实践在全世界是如何发展的?
- 公共关系实践在全球市场的新时代是如何改变的?
- 什么是公共外交?
- 全球公共关系领域都有哪些就业机会?

自测"资助一个女孩，剩下的交给她做"

女孩效应网站（www.girleffect.org）的主页设计简洁，有一条引人注目但却令人困惑的大字标语："世界一片混乱。同意还是不同意。"

这一不同寻常的方式将访问者引入了一项非凡的活动中。如果不是这个吸引人的主页，这项运动很容易被当作又一个组织为某项事业提出的大家再熟悉不过的捐款需求而被忽视。作为减少世界混乱性的一种新方式，耐克公司2008年创立了女孩效应组织来发起这项全球性的活动。该活动采取了"差异女性主义"（difference feminism）的方案，认为女性的权利不仅应该作为一种简单的正义而得到保护，而且还应该被认为具有特殊重要性，因为健康的女性对于社会有成倍的正面影响力。这一立场得到了数据的支撑：当妇女和女孩有挣钱的机会时，她们会把收入的90%用于家庭，而在男性中该比例大约在30%到40%之间。

女孩效应组织体现了发展公共关系学——一门跨越国境、文化、宗教和司法制度来改善发展中国家的人类生存状况的专业学科——的精华。通过吸引大的捐款人，结合动员发达国家个人参与的基层工作，成千上万数额或大或小的捐款被募集起来资助贫困女孩的教育和支持发展中国家女性经营的小企业。

女孩效应的Facebook社区非常活跃，在这里个人可以分享他们在保护女孩方面的事迹和热情，如使女孩远离艾滋病感染、强制包办婚姻和被剥夺受教育机会等的危险。这一活动采用了很多本章将要涉及的战略和策略，从有创造力的特别活动策划和筹款活动，到通过如奥普拉·温弗瑞、乔治·克鲁尼和希拉里·克林顿这样的名人做宣传，以及运用Twitter、YouTube和Facebook这样的社交媒体。

什么是全球公共关系？

全球公共关系，也叫国际公共关系，是指公司、机构或者政府与他国公众建立关系的有计划有组织的行为。这里的公众是指受到某一特定公司、机构或者政府影响，或者能够影响某一特定公司、机构或者政府的运作的各种群体。

国际公关也可以看作公共关系在各个国家的实践。尽管公共关系通常被认为是20世纪初发端于美国的一个概念，但其某些要素早在19世纪中期就出现了。例如，德国铁路公司早在19世纪中期就通过宣传和年度报告来应对不利的公众态度了。

尽管如此，世界通用的，包括在许多集权国家通用的公关技巧主要还是来源于美国。今天，尽管某些语言中还缺少与公共关系相对应的词语，公关实践却已经遍及大多数国家，特别是那些拥有工业基础和大量城市人口的国家。公共关系范围的扩展主要得益于世界范围内的技术、社会、经济和政治变革，以及人们对公共关系是广告、营销和公共外交的一个基本组成部分这一认识的提高。

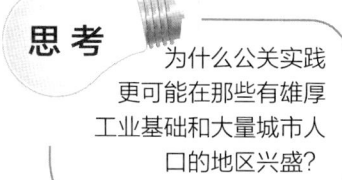

> **思考** 为什么公关实践更可能在那些有雄厚工业基础和大量城市人口的地区兴盛？

其他国家公关业的发展

作为一项职业和事业，公共关系在世界上的工业国家——美国、加拿大、欧盟国家和部分亚洲国家——最为发达。它更容易出现在那些实行多党制政治制度，存在大量私营工商业，城市化程度和人均收入较高的国家，因为上述因素会影响到居民的读写能力和受教育的机会。

随着中国逐渐工业化和采取相对自由的市场经济，中国的公共关系也出现了爆炸式增长。过去几年，中国公关行业的收入实现了两位数的增长，中国现在的公关市场位列亚洲第二，仅次于日本。

美国和其他欧洲国家从20世纪80年代起开始向中国输出公关专业知识。伟达公共关系顾问有限公司的三位美国专员和一位当地雇员在北京一家酒店的房间开始了经营，到今天该公司已经在亚洲地区活跃了三十多年。如今，几乎每个国际公关公司都设立了北京办公室，作为美国和欧洲国家公司在中国市场的代表。

此外，很多国际公关公司和广告公司都购买了成功的中国公司的股票，或者附属于一些中国公司。例如，培恩国际公关就附属于蓝色光标公司。蓝色光标公司有大约200名员工，是中国最大的公关公司之一。福莱国际传播咨询公司则附属于另一家大型中国公司帕格索斯公司。据回转仪公关咨询公司估计，中国大约有2 000家公关公司，尽管大多数公司只有一到两名员工，并且主要从事宣传和媒体关系业务。

> "不管客户需要什么，都至少有一家中国公司可以提供相应的服务。客户的问题是判断哪些服务可以真正实现，哪些仅仅是承诺。"
>
> 回转仪公关咨询公司

中国本土的广告公司、公关公司和营销公司已经发展到了可以从大型跨国公司抢走生意的程度。中国公司提供成本低、覆盖广的服务。更先进的中国公司则已经超越了产品宣传的阶段，开始提供分析、政府关系、社区关系乃至体育营销服务。

过去十年里，其他国家和地区也在不同的程度上发展了更大更先进的公关产业。以下是关于全球公关行业的概览。

- 泰国。泰国吸引了大量外国投资，而且已经变成了全球汽车组装中心。它也是东南亚国际旅游中心，大量公关公司、广告公司和其他公司都拥有能够处理媒体关系、进行产品宣传和举行特别推广活动的合格员工。尽管有公关业存在，但是泰国缺少一个统一的全国性公关从业者组织来促进公关业的发展。2006年年末的一次军事政变导致这个国家的国际形象受到了损害，但在进行了积极的旅游市场营销，公关活动大力推介了该国的旅游景点后，泰国的声誉有所恢复。2008年民选政权的回归也有助于泰国提高自己的国际声誉。

- 日本。日本的工商业仍然处于把公共关系主要等同于媒体关系的阶段。公关公司和公司的传播部门与400多家记者俱乐部保持着密切合作，这些俱乐部为日本150多家新闻采集机构过滤和处理信息。

- 澳大利亚、新加坡和中国香港。这些国家和地区的公关市场相对成熟，公关从业者提供从财政关系到媒体关系再到特别活动推广等多种服务。公关活动更多的注意力被放在为公司总体目标做战略策划和整合传播上面。随着新加坡不断兴建度假酒店和赌场，酒店服务业成为这个国家的一个主要增长点。

- 墨西哥。传统上，小的公关公司占据了墨西哥市场的主导地位，它们主要提供产品宣传服务。加入北美自由贸易协定（NAFTA）后，国际公关公司开始在墨西哥运营，并使用了更复杂的战略传播方法。

- 印度。人口超过10亿的印度是产品、服务和公关专业服务的一个主要市场。虽然次大陆上至少有1 000家大大小小的公关公司，但是培训和教育出合格的公关从业人员仍然是个主要的问题。

- 巴西。作为南美最大的国家，巴西有大约1 000家公关公司，主要位于圣保罗地区。到目前为止，仅有几家国际公关公司在巴西有办事机构，但是这种情形正在急剧改观，因为巴西蓬勃发展的经济已使其成为世界经济重要的一员。巴西举行2016年奥运会，这毫无疑问刺激了其公关业的进一步发展。到目前为止，问题管理、公共事务、内部传播和市场传播仍然是巴西公关市场比较不发达的领域。巴西的南美邻国阿根廷和智利的公关业则比较发达。

- 俄罗斯联邦和原苏联加盟共和国。市场经济和私营企业的出现刺激了俄罗斯公关活动的发展，但是俄罗斯经济持续的滞胀又阻碍了该国公关业发展。新闻界和记者仍然十分依赖工资以外的收入，新闻不费吹灰之力就可以"买到"。最近，俄罗斯石油和能源巨头俄罗斯天然气工业股份公司和好几家国际公关公司（包括总部在莫斯科的PBN公司）联合签订了一个几百万美元的合同来改善自己国有天然气垄断集团的形象，因为这家公司在与原苏联加盟共和国的"天然气大战"中形象受损。2009年，俄罗斯政府花了290万美元，委托凯旋公关进行了为期六个月的媒体关系活动，来提高该国国家领导和国家政策的形象，双方合同的内容包括了时任俄罗斯总理弗拉基米尔·普京在达沃斯世界经济论坛上的媒体关系。原苏联加盟共和国乌克兰的公关业处在发展中，尽管它在发展方面碰到了同俄罗斯公司一样的问题。

- 中东。中东地区包括 22 个国家，有超过 3 亿人口。总体说来，该地区的公关业相对不够成熟，没怎么建设，也缺乏受过专业训练的人员。总体上，政府对媒体的审查和对传播透明化的恐惧阻碍了这个地区公关业的发展。位于阿联酋的迪拜近年来把自己定位为一个商业中心，吸引了许多国际公司入驻。随着世界经济从大衰退中恢复，迪拜的公关服务有望继续扩展。

- 非洲。南非有相对成熟的公关市场，公关教育传统悠久，从业者有职业发展，大公司有国际业务。随着石油业的繁荣，非洲人口最多的国家尼日利亚在公关业的发展上取得了长足的进步。作为旅游业基地，肯尼亚的公关业也较为发达。不过，其他非洲国家的公关业依旧服务水平较低。

跨国企业公关

几十年来，美国几百家企业都在进行国际化商业运作，包括营销、广告和公关在内。所有这些行为在 20 世纪 90 年代达到了一个前所未有的高度，这主要得益于新的通信技术的发展、几乎覆盖全球的 24 小时的金融市场的出现、贸易壁垒的降低、传统"美国"市场上外国竞争的高度增长以及文化差异的缩小。所有这些因素都使马歇尔·麦克卢汉所说的"地球村"越来越接近现实。

今天，所有美国企业约三分之一的利润来源于国际业务。同时，海外投资者也转而投资美国工业，外国持有美国公司 15% ~ 20% 的股权也不是新鲜事了。比如，美国国务院的数据就显示，英国对美国的直接投资超过了 4 540 亿美元。

新的全球公关和全球营销的推动力是

在国际上获得成功

可口可乐可能是世界上最著名的品牌，国际销量占可口可乐公司收入的 70%。此外，大的美国公关公司，如博雅公司和爱德曼公关公司，有 30% ~ 40% 的收入来自为外国公司提供服务。

先进的传播技术——卫星电视、计算机网络、电子邮件、传真、光纤、手机网络，以及诸如综合业务数字网络（ISDN）的技术，该技术使用户可以在现有的铜缆上发送声音、数据、图表和视频。例如，伟达公关公司有自己的卫星传输设备。通用电气公司组建了自己的国际电信网络，其员工只要在电话上拨 7 个数字，就可以使用声音、视频和计算机数据进行世界范围内的沟通。通过三个卫星系统，140 多个国家超过 2 亿人口都可以收看美国有线电视新闻网（CNN）的节目。英国的 BBC 环球广播部也在许多国家，包括 40 多个英联邦国家落地。许多报纸和杂志通过其国际版也可以被上百万的读者阅读。

> **思考**　最近的技术革新如何使"地球村"成为现实？

大部分争夺新业务的较量发生在欧洲的地盘上，因为欧盟成立导致的欧洲市场扩大吸引了人们大量的兴趣。尽管受到了近些年经济衰退的影响，欧盟区公关支出仍然有较大增长。这一增长部分是因大规模的私有化、观众想看更多样化的节目的愿望、卫星技术和缓慢发展的欧盟商业关系导致的商业电视扩张引起的。卫星电视目前已经覆盖了欧盟超过 3 000 万的受众，他们大部分采用电视节目直接入户的方式接入卫星电视，从而避开了传统的电视网、地方电视台和闭路电视系统。印刷媒体方面，欧洲的商业新闻近年来每年大约增长 20%，西欧有大约 1.5 万种行业刊物。

尽管欧盟在解释其成立的好处时一再强调"统一的欧洲"这个词，但在这一地区运营的企业和公关公司依然面临着向 27 个国家操着多种语言的 4 亿多人进行有效传播的艰巨任务。国家间语言、法律和文化习俗的不同对文化上非常敏感的公关实践提出了挑战。公关经理和员工都有必要学习尽快用全球化的眼光来思考和行动。为了满足这个需求，办公区域遍布众多国家的博雅公司每年把 100 多万美元花在制作培训录像和向外派出培训人员上，用以训练员工采取统一的方式对待客户的项目。

语言和文化差异

在美国以外的国家经营的公司和那些服务于美国市场的公司一样，都面临着基本一致的公关挑战，它们的目的都是在竞争中获胜和有效地管理冲突。但是这一任务在跨国和跨文化的情形下更加复杂。

公关从业者需要认识到文化差异，适应当地习俗，并理解各个国家语言和非语言沟通的微妙之处。跨文化传播专家指出，许多文化，特别是非西方的文化，是"高语境"传播的社会文化。换句话说，这些文化里，说出来的话的含义通常是不明确的，其准确含义有赖于语境和个人关系，而不是清晰的、明确的陈述。例如，亚洲和阿拉伯国家就是高语境国家。

五个文化维度

国际大公司 IBM 的一位心理专家吉尔特·霍夫斯泰德在 20 世纪 70 年代研究了该公司世界各地员工的国别/文化差异，提出了五个基本的文化维度。今天，学生们仍然仰仗他的类型学来理解不同国家的文化。堪萨斯大学的大卫·古斯和查尔斯·马什教授在他们的著作《公共关系的风险：案例研究与批判思维》中总结了霍夫斯泰德的文化维度：

权力距离　衡量社会对于决策力分配不公的容忍度。对于权力距离容忍度较高的国家有墨西哥和法国，对于权力距离容忍度较低的国家有澳大利亚和美国。

个人主义　与集体主义相对，崇尚忠于个人而不是忠于集体。亚洲和拉丁美洲的国家倾向于集体主义，而美国、加拿大和大多数欧洲国家则倾向于个人主义。

男性特质/女性特质　用于对比竞争性（一般被认为是男性特质）以及同情心和养育性（一般是女性特质）。具有男性特质的国家有澳大利亚、德国和日本，具有女性特质的国家有瑞典和西班牙。

不确定性规避度　衡量社会对模糊性的容忍程度。在典型的不确定的环境下功能发挥有困难的国家有日本、比利时、希腊和中国，可以容忍不确定性的国家有英国、美国和瑞典。

长期导向还是短期导向　衡量社会考虑过去的传统并将传统带到未来的意愿度。中国和其他亚洲国家倾向于长期导向，而美国倾向于短期导向。

与此相反，欧洲和美国的沟通方式被认为是低语境的。这些国家十分重视词语的准确含义，接收信息的人被期望主要从文字或者口头陈述，而不是从非语言的暗示中获得含义。西方的法律文书是措辞明晰的终极体现。

美国人和其他地区的人不仅必须了解自己工作的国家的习俗，而且应该接受本土从业者的指导。媒体材料和广告需要经过翻译，而最好的方式就是雇用有丰富翻译经验的母语人士来翻译广告文本和公关材料。

补充说明……

不管你去哪个国家，文化差异都大量存在，如下例所示：

- 在中国，宴会桌从来不编号，因为中国人认为给桌子编号看起来像在把客人论资排辈，而且有些数字也不吉利。最好是把客人领到"报春花桌"或者"蜀葵桌"去。
- 美国人喜欢使用名而不是姓，但是在欧洲和亚洲，除非得到允许，否则使用名是不符合商业礼仪的。
- 清晨的早餐会议在拉丁美洲不太常见。同样，晚餐会议也可能直到晚上9点或者10点才开始。
- 在泰国，拍小孩子的头被认为是严重的冒犯，因为头被认为是很神圣的身体部位。而且，对皇室特别是国王说出不敬的话是犯罪。
- 在拉丁美洲，人们打招呼时可能会有身体接触，如拥抱或者抓住对方的胳膊等。在阿根廷和智利，不管是男人还是女人，一般都以互吻脸颊来打招呼。
- 马来西亚的新闻通稿一般用四种语言发行，以避免疏远新闻界的任何一部分。
- 送礼在亚洲文化中很普遍。行政人员第一次见面时都会交换礼物，以此作为一种建立社会关系的方式。
- 在伊斯兰国家，特别是中东，男性一般不能站得离女性太近、触摸女性或者直盯着她们看。

公关案例 罗马尼亚通过"虚拟"的方式修复形象

罗马尼亚政府推行了一系列的宣传活动来推广罗马尼亚的旅游业，由于对这些沉闷的政府宣传感到不满，一位罗马尼亚企业家雇用罗加利斯基·格里戈留公关公司，通过提供一个虚拟的体验罗马尼亚的机会，来吸引全世界的年轻人。公关活动的目标是产生对罗马尼亚有利的媒体报道，并且将其他欧洲国家 30 岁以下的人口对罗马尼亚的看法由负面转变为正面。

活动的核心是使用"第二生命"——一个用户可以注册、设置头像和体验虚拟场景及社交互动的虚拟空间——创造出"虚拟布加勒斯特"。活动一开始，"第二生命"就有了固定的追随者：例如，大受欢迎的电视剧《办公室》的几位人物做客第二生命，等等。

活动策划人员首先进行了声音形成研究（sound formative research），如对媒体有关罗马尼亚报道的内容分析。此外，他们还运用了更具创新性的研究技术，如在 Facebook 和博客等社交媒体上组织辩论，来进一步了解人们对罗马尼亚的一般看法。活动还组织了"交叉现实活动"：一些在"虚拟布加勒斯特"发生的活动，也在现实世界举行。如，虚拟世界的"自由拥抱"活动也反映在罗马尼亚 26 个城市的自由拥抱集会中。

网络一开始时被用于吸引年轻人并向他们"推送"类似"自由拥抱"活动的相关信息。一旦网络上有了大量的参与者，活动就转变为征求参与者见解的"拉进"模式。活动的持续性通过出租虚拟布加勒斯特市场场地的方式得到了保证。75% 的市场虚拟商业空间最终被当地业主实际租用。

这项活动和虚拟世界在罗马尼亚媒体上引起了轰动，而且得到了西班牙、意大利和英国等国家的媒体的大量正面报道。媒体报道覆盖了几百万读者和电视观众，有 4 万忠实"居民"入住了虚拟布加勒斯特。

1. 你认为类似"第二生命"这样的虚拟世界是否有持久力？有一天它们会被当作互联网早期一件稀奇古怪的东西，还是被视为对未来虚拟世界的探索性开拓？

2. 依据你所学的有关调查研究的可靠性和有效性的知识，以及调查研究的取样技术，你会如何评价使用 Facebook 的辩论来作为国家形象和声誉的数据库的做法？

资料来源：International Public Relations Association 2009 Golden World Award Winners, e-PR/Use of Internet category. www.ipra.org

第14章

企业公关

- 在重建公众对企业的信任方面公关起到了什么作用?
- 媒体关系、客户关系、员工关系和投资者关系对企业健康有什么作用?
- 什么是整合营销传播?
- 环境关系和企业慈善如何对企业的公众形象产生积极影响?

精明、贪婪、危险

2008年,著名的全球投资银行和证券公司高盛从问题资产救助计划获得了数十亿美元的纳税人资金,高盛公司很快将这笔资金返还给政府,而且纳税人也在交易中获得丰厚的回报,这家公司为什么仍然遭遇公关问题?或许是因为美国经济整体上在2009年陷入衰退时,《纽约时报》却报道说高盛公司当年的利润创造了纪录,而且这家公司3万名员工当年的平均工资是59.5万美元。高盛公司的总裁劳埃德·布兰克费恩对伦敦的《泰晤士报》说,他知道人们对银行业的混乱"生气、愤怒、大发雷霆"。他说:"我知道如果我割腕自杀,人们会欢呼。"

2010年1月,《名利场》杂志用下面这句话总结它对高盛的调查报道:"今天华尔街最大的分歧之一是高盛看待自己的方式(他们是最聪明的)和其他人看待高盛的方式(他们是最精明、最贪婪和最危险的)。"

高盛用不同的方式回应了公众的批评。2009年10月,高盛公司宣布将给旗下的慈善基金捐款2亿美元,使这个慈善机构的资金规模几乎翻了一番。高盛公司还宣布设立一个5亿美元的项目,被称为"一万家小企业项目","通过提供更好的商业教育、商业顾问、商业网络以及金融资本……释放10 000家小企业增长和创造就业机会的潜能"。此外,高盛还制订计划扩大了现有的要求行政人员和高级经理将自己收入的一部分捐献给慈善事业的项目。公关主管大卫·朗内斯对《公关周刊》说:"我们知道(高盛)因为负面报道经历了非常艰难的一年,最起码他们得做点什么。在这种民众对大企业的信任不断减少的情况下,企业社会责任宣传活动就上升到了公司事务的首位。企业社会责任宣传活动过去并不常见,但是现在已经是普遍做法了,它们是公关工具中的一种。"

这家投资企业还宣布调整公司前 30 位主管的报酬，并将公司的网站当作回应媒体批评的论坛。2010 年 2 月，《商业周刊》报道说："华尔街史上最赚钱的证券公司高盛今年把收入中用于支付员工工资的比例削减到上市公司 10 年来的最低水平。这家总部设在纽约的公司此举是为了减轻公众对它的愤怒，因为这家银行的利润和工资在接受政府救市资金的一年之内就反弹了，而当时美国的失业率大约是 10%。"

尽管道·琼斯媒体实验室说大多数媒体在 2009 年 10 月提到高盛时评价都是负面的，但是到 11 月中旬时，更多的正面报道开始出现。道·琼斯公司的马丁·莫特兰德对《公关周刊》说："数据显示，按百分比来说，对高盛的正面报道上涨了 4 个百分点，正面报道的指针从 14% 挪到了 18%，这是个重大成就。但是，这个例子也说明一家机构的声誉不可能在一夜之间重建。"

现代企业

今天，巨型企业在全世界都有业务和客户。这些公司同地方、地区、全国和国际性的政府打交道，其业务可以影响环境，控制数千人的就业，并且影响几百万人的财务和社会福利。

企业庞大的规模会使其和利益攸关方的关系疏远。一家企业有其"脸面"——企业的产品、标志和品牌频频出现在从阿塞拜疆到津巴布韦的广告和广告牌上；尽管这样，一般消费者还是无法真正理解沃尔玛或者埃克森美孚这样的企业规模到底有多大。沃尔玛是全世界最大的零售商，它在世界范围内的销售额是 4 010 亿美元，而埃克森美孚的全球销售额高达 4 590 亿美元。这些数字让人瞠目结舌,事实上,这比很多国家的国民生产总值(GNP)还高。

公众通常不信任这些巨型企业和一般商业企业的权力、影响力和公信力。例如,美国的汽油价格一旦猛涨,谣言就会四起,说石油公司合谋敲诈公众,而这种谣言石油公司永远无法完全消除。大的企业财务丑闻和公司高管的不当行为也对企业声誉造成了恶劣影响。

新闻报道强化了公众对贪婪和企业不当行为的印象。公司在接受政府的救市资金后,如果为其高管举办奢华派对,或者发放丰厚奖金,就会成为新闻,媒体上就会充斥着大量华尔街不当行为的报道。

公关的作用

过去几年对某些企业和一般企业的大量负面宣传使公司重新获得信誉和公众的信任变成了迫在眉睫的事情。塑造企业社会责任的概念在企业管理人员和负责提高雇主声誉的公关人员那里便成了当务之急。

为了达到这一目标,公关人员已经采取措施,勾勒出一项旨在重建公众对商业企业的信任的行动计划。一个由19家美国组织——包括公关公司协会、国际商业传播者协会和全美投资者关系协会在内——组成的联盟发表了题为《重建企业信任:行为模式》的白皮书,描述了这个计划。

这本10页的白皮书要求美国企业及其领导人(1)接受道德原则,(2)追求公开性和透明性,(3)使信任成为企业管理的一个基本准则。联盟将这本白皮书印刷后发给《财富》500强公司的总裁,以及联盟成员团体所代表的5万名公关人员。

西门子公司的营销和传播高级副总裁杰克·伯根简洁地解释了企业社会责任公关的重要性。他对《公关周刊》说:"我们是一家机构的眼睛和耳朵。最好的承担社会责任的方式是训练你的眼睛和耳朵,洞悉所有利益相关人对公司的需求。这些是典型的公关问题,如果有谁认为这些问题应该由别人来处理,说明他(对公关)缺乏了解。"

思考
公众有哪些理由不信任大企业?

企业公民责任的 4 个关键问题

成为良好的企业公民是一个崇高的目标,但是企业在做决策和制定政策时也面临一些压力和反压力。通用电气公司曾经指出了任何时候做决策都必须考虑的 4 个主要因素:

1. **政治因素**:政府法规和其他压力如何影响决定?
2. **技术因素**:我们是否具备完成目标的工程知识?
3. **社会因素**:我们对社会的责任是什么?
4. **经济因素**:我们可以盈利吗?

公司追求良好的声誉可能是出于多种原因。首先,负责任的商业实践可以避免政府过多的干预。下面的例子就说明了如果公司不能做到自我监管将会发生什么事情:21 世纪前 10 年出现了一些大的财政丑闻,导致美国国会通过了会计实践和信息披露方面的新法律。其次,员工的士气也是个问题:有良好政策和良好声誉的公司一般员工离职率低。公司声誉也影响企业收益。

> 许多战略和策略可以用于实现企业社会责任,这一责任涉及企业的表现以及有效的传播。

媒体关系

媒体是公众对于一般企业和个别公司主要的信息来源。近年来,媒体上出现的消息对企业不是特别有利。

负面报道会导致企业的声誉坍塌。沃尔玛公司的声誉曾经在西斯恩公司的一项年度媒体报道分析中位居榜首,但是在媒体报道这家企业雇用非法移民,以及它遭到涉嫌歧视女性员工的集体诉讼之后 6 个月,沃尔玛的排名就降到了第七。由于存在这种媒体冷遇的可能,企业管理人员对于记者报道企业的方式心存戒备，他们经常认为媒体太过关注企业的不当行为。

许多企业管理人员对媒体的报道有下列抱怨和不满：不准确、报道不全面、对采访和调查准备不足，以及带有反企业的成见。美国新闻学会的一项调查发现，受访的企业总裁中有三分之一的人对他们在当地报纸上看到的商业新闻感到不满。

但是商业新闻编辑和记者却辩解说，他们经常不能刊登或者播出全面、平衡的商业新闻，因为许多公司管理人员采取不合作和警觉的态度，还经常给他们设置障碍。撰稿人抱怨说他们不能直接接触公司决策人员，而大量的新闻通稿又没有他们所需要的信息。记者也证实说，一些企业领导人不理解新闻客观性的概念，并且认为任何涉及自己公司的不利新闻都含有负面偏见。

> "你们（企业主管）在沟通时应该真实、频繁、前后一致。记者们说，要好好利用这个时间给自己定位。"
>
> 唐·米德伯格
> 《公关周刊》

米德伯格灵智精实公关公司和哥伦比亚大学新闻学院对记者的一项调查发现，记者们认为公司应该致力于发布更倾向于以事实为基础的信息。

思考：企业对它们受到的媒体报道有哪些抱怨？

为企业服务的公关从业人员位于这场拔河比赛的中间。他们一方面必须向媒体解释他们的公司或者客户的情况，另一方面又必须向公司主管或其他高管展示公开、友好的媒体关系对他们如何有利。聪明的公关人员知道商业记者对企业报道经常准备不足，因此，他们会花大量时间和精力准备背景材料，并向记者简要介绍客户和雇主的商业经营情况。这是保证报道更加准确和全面的一种方式。

客户关系

当今社会，人们期望卖家可以诚实地提供质量过关的安全产品和服务。消费者权利受到联邦政府的保护，联邦和州的各个机构也强制保护这些权利。在美国，联邦贸易委员会监管广告的真实性，国家公路交通安全管理局制定汽车的标准，消费者产品安全委员会则监测其他产品的安全性。

从很多方面而言，消费者服务都是公关的前线。一次事故或者一系列事故会严重损害一家公司的声誉，削弱公众对这家公司的产品和服务的信心。由于互联网和博客的快速增长，一个不满意的客户现在仅发一个帖子就可以将其不快告诉几千或者几十万人。其中一个尴尬的例子发生在康卡斯特电信公司身上：一个康卡斯特公司的维修员在客户的沙发上呼呼大睡，被客户拍了下来并发到 www.snakesonablog.com 上。一个技术博客转发了这个视频，最后这个视频出现在 MSNBC 的电视节目上。在很短的时间内，就有大约 20 万人观看了这个视频。等到《纽约时报》说这个维修员在试图打通这家公司维修部的电话时又睡着了之后，这条新闻甚至传到了更多人那里。

> 由于"口碑"的力量，客户满意度一直被认为是重要的。调查显示，一个购物体验差的人，平均会把他或她的体验告诉 17 个人。相比之下，一个人平均只会把他或她愉快的购物体验告诉 11 个人。

> "我们的声誉可能更多取决于我们如何服务客户，而不是其他任何东西。如果我们在服务上没有好的声誉，我们就没有旅客。"
>
> 肯塔基州路易斯维尔地区
> 机场管理局公关部主任
> 兰德·斯万

《匹兹堡邮报》的记者特雷莎·林德曼进一步阐述了这个问题，她写道：

> 那些想对客户的不满置之不理的公司可能得看看宾夕法尼亚大学沃顿商学院公布的一项研究结果。研究者发现超过 50% 的美国人说如果他们的朋友在一家店购物体验很差，他们也不会去那家店。更糟的是，当某个人碰到问题时，每一次转述都会被添油加醋，很快这个店铺就会面临很大很大的问题。

习惯上，一家公司的客户服务部门和传播部门或者公关部门是分开的。罗德公关营销实践部主管鲍勃·萨尔茨对《公关周刊》说："我敢说没几个人能解释这里面的智慧：一家公司跟客户谈话的方式如果不是其最重要的传播，也是重要的传播之一。"

然而，公司越来越意识到客户关系是公共关系的晴雨表。许多公关部门现在采用一系列方式定期监测客户反馈，来确定哪些政策和传播策略需要修改。一种常见的监测方式是监测组织机构网站上的客户疑问，另一种方式是对打到公司客户服务中心的电话进行内容分析。

积极倾听客户反馈对公关人员非常重要，这样他们才能制定公司应该采取的战略步骤来保障公司的声誉。正如博雅公司东北区总裁安迪·霍普森对《公关周刊》所说的那样："对客户投诉置之不理会最终损害一家公司的声誉。"

> **思考** 网络如何改变了一家公司客户服务的声誉对该公司的成败所起的作用？

🎙 消费者维权

对于不满意的顾客，可以通过对其投诉给予及时、礼貌的关注，甚至采取公司提供替换产品或日后购买产品的优惠券的方式来安抚。那些要求企业改变政策的消费者维权人士对于企业声誉而言才是更严重也更复杂的威胁，而且他们的行为可以最终影响销售。

美国一家主要的肉禽类产品生产商泰森食品受到了包括善待动物组织（PETA）在内的各种动物权利保护组织的指控，说这家公司以不人道的方式对待动物。泰森公司的回应是建立了一个动物福利办公室，来向零售商和消费者保证自己会认真对待善待动物这件事。

肯德基也受到了善待动物组织和其他动物权利保护组织的攻击。这些组织的活动受到了广泛的媒体宣传。他们对肯德基对待动物不人道的指责影响了消费者的购买决定，特别是当动物权利保护分子穿着印有"肯德基虐待动物"字样的T恤衫站在肯德基门店外面时。在这种情况下，肯德基的公关人员面临着非常艰巨的任务，既要为公司摆脱它认为毫无根据的指责，又要向公众保证肯德基的政策确实保证采用人道的方式宰杀鸡。

因此，在肯德基的一家供货商虐待鸡而且虐待的情况还被拍下来曝光以后，肯德基立刻发表了一个声明，称这一虐待行为令人震惊，并要求这家供货商整改自己的行为，否则就会终止同它的合作。在这个例子中，由于肯德基公司做出了快速回应，媒体在报道时就可以把肯德基的反应放在有关虐待的新闻中了。

消费者抵制行为

拒绝购买违规公司的产品或服务的抵制行为由来已久，而且是一个广泛使用的消费者宣传工具。例如，善待动物组织就宣布消费者应该抵制西夫韦超市，直到这家超市改善肉类供货商饲养的农畜的生活条件为止。这次抗议活动的一个主要舞台是西夫韦的年度股东大会，在大会上社会活动分子摊开了一个条幅，上面写着"西夫韦意味着虐待动物"。《公关周刊》报道说，这是"一个公关人最可怕的噩梦"。

> 小公司比较容易监测客户评价的性质并及时做出回应，但是这种实时的沟通对大公司而言却很困难。例如，福特汽车的全国客户服务中心每天接到的电话多达7 500个。

西夫韦通过与善待动物组织协商的方式避免了噩梦。在召开年度大会的前几天，这家公司的公关员工就开始与善待动物组织合作，并且很快就宣布了监管肉类供应商的新标准。善待动物组织的支持者不但没有举行抗议活动，而且还带着一个大大的"谢谢你"的标语牌出现在年度大会上。而且，善待动物组织还结束了20个州的对这家连锁超市的抵制行为。西夫韦公关部经理说抵制行为没有给销售带来影响，但是善待动物组织则采取了不同的方式。这个组织的领导人对《公关周刊》说："你不想让你的企业成为社会活动分子的靶子，这是很明白的事。我觉得（西夫韦公关部门）打电话的时机绝非偶然。"

> **思考** 消费者维权组织可以怎样运用抵制行为来作为一种有效的谈判策略？

消费者抵制行为的效力大小不一。例如，许多社会活动团体多年来一直抵制宝洁公司，但是一直没能取得什么进展，因为宝洁公司旗下的产品和品牌实在太多了，消费者甚至弄不清楚哪些是宝洁公司的产品。

一个单一的产品品牌有时候比一家拥有众多品牌的产品和服务的大公司更容易受到抵制行为的影响。当 iPhone 进入加拿大市场时，加拿大的罗杰斯通信公司是唯一一家拥有支持这项技术的网络的公司。罗杰斯通信公司提供的数据流量包价格从每月 60 美元到 115 美元不等，比美国电话电报公司（AT&T）每月 30 美元的价格高了很多。加拿大消费者威胁说要抵制罗杰斯通信公司，有 5.6 万人在 ruinediphone.com 网站上一份反对这家公司的请愿书上签名。最后，罗杰斯通信公司做出了回应，同意在一段有限的时间内提供每月 30 美元的数据流量包，才避免了抵制活动。

> "不管是什么主题，如果一家机构的信息不被相信，那么这家机构就会发现想要动员、吸引和留住最优秀的员工都是很困难的。"
>
> 韬睿咨询公司　马克·舒曼
> 《公关策略》

社会活动人士指出，抵制行为不一定可以百分之百地改变企业的政策，但是哪怕是 5% 的销量下降都会迫使企业重新思考其政策和经营方式。

员工关系

客户是任何一家营利机构面对的主要受众，员工也是一样。在很多方面，员工是所有有效公关活动的前沿阵地。一家公司的声誉经常受到普通员工对雇主的看法的左右，并因此得到加强或者削弱。高诚公关对消费者的一项网络调查发现，70% 的受访者认为良好企业公民责任的第一个标准就是善待员工。

> 思考
> 公关部门怎样与人力资源部门合作，来确保一家机构有积极的员工关系？

员工被称为一家机构的"大使"，因为他们在家庭、亲戚和朋友这个大圈子里代表了公司。一方面，如果员工士气低下，或者员工认为公司没有善待他们，这种不高兴的情绪很可能会反映在他们跟其他人的谈话中。另一方面，热情的员工可以在一个社区里面卖力宣传某家公司是个很好的工作单位，从而提高一家机构的声誉。这样会吸引到更多的求职者，并提高公司员工的留职率。

因此，明智的公关部门经常同人力资源部门一起，努力搞好同员工的沟通，而且努力的程度不亚于其向外界传播企业新闻之时。尊重企业管理层的员工对企业产品会产生自豪感，而且员工认为他们受到善待是企业获得成功的关键因素。

一个从法律上和道德上影响员工和管理层的重要职场问题是性骚扰。美国最高法院在1986年梅里特储蓄银行诉文森一案中判定，即使一家公司有一般政策，谴责任何使员工感到"不舒服"或者认为工作场所存在"敌意环境"的语言或非语言的行为，而且公司的管理层也没有意识到问题，这家公司在性骚扰诉讼中仍然要负法律责任。为了避免法律责任和法律诉讼带来的不利宣传，组织机构不仅需要制定有关性骚扰的政策，还需要向员工解释清楚这一政策，并召开专题会议来确保每个员工都彻底明白什么行为会被认定为性骚扰。

> 调查显示各个组织机构沟通活动的成效大相径庭。在一项调查中，一半的员工宣称他们从直接主管那里得到的消息比从高级主管那里得来的消息更加可靠。不要低估同员工进行可靠的、值得信任的沟通的价值。有经验的公关人员都知道有效的员工关系可不是仅凭一系列文辞优美、内容翔实的信息就可以搞好的。

裁员会给一家机构带来一个大的公关挑战。在出现大规模裁员时，公关部门的专长需要强化，来确保员工的理解和支持。一个基本的原则是千万不要在员工尚不知情的情况下先对媒体宣布。另外一个原则是应该由员工的直接主管来通知员工本人停职或者终结雇佣关系的消息。那些职位得到保留的员工也应该由其直接主管叫去告诉他们有关情况。

由于在员工职位可能不保时谣言会长时间流传，所以对公司而言，尽快公开宣布裁员计划和讨论裁员的影响也十分重要。公司必须坦诚地对待裁员，这个时候可不是发表模棱两可的声明或者使用"或许"这种字眼的时候。

那些重视声誉和员工信任的公司应该采取各种措施，从各个方面努力减轻裁员带来的冲击。例如，美林银行通过给予员工一年的工资以及一定比例的年终奖金来交换员工"自愿离职"的方式裁掉了6 000名员工。其他公司还提供了再就业服务、免费使用办公空间以及其他一些扶持项目。这些措施有助于在裁员的情况下依然保留员工的善意。

一个有争议的问题是外包白领工作，这个问题近些年变成了一个政治和情感的皮球。这一做法通常被称作"离岸外包"。如今，很多美国公司都在印度以及其他亚洲国家雇用薪酬较低的职员来处理从客户服务到软件工程和会记在内的工作。离岸外包的增长趋势给公关部门的国际传播提出了大的挑战。

> "公司处理裁员的方式会对其声誉、股价及其招募和维持良好员工的持续能力产生重大影响，这对传播部门提出了一个大的挑战。"
>
> 《公关周刊》主编
> 茱莉亚·胡德

投资者关系

企业健康和财富的另一个主要指标是与现有股东和未来投资者之间保持良好的沟通。投资者关系（IR）是这个沟通过程的核心。有效的投资者关系需要融合传播学和金融学的学科知识，从投资的角度来精确地描述一家公司的前景。这些工作的主要受众有金融分析家、个人和机构投资者、股东、潜在股东和财经媒体。员工也渐渐成为重要的受众，因为他们有股票期权和 401K 计划①。

思考：为什么投资者关系领域的公关人员薪资这么高？

薪资调查显示，在投资者关系或者金融关系方面有专长的个人是公关领域收入最高的从业者。高收入的一个原因是他们必须十分了解金融以及美国证券交易委员会（SEC）在首次公开募股（IPO）、公司合并、会计要求、季度财政报告的内容以及信息的对外披露方面的大量法规。政府的财政法规十分复杂，而严格遵守这些法规至关重要。例如，美国证券交易委员会要求一家公司在第一次公开上市时必须遵守一个"缄默期"，在这个时期公司主管不允许对分析人士或者财经媒体谈论上市的

---

① 401K 计划是指美国 1978 年《国内税收法》新增的第 401 条 K 项条款的规定。该计划始于 20 世纪 80 年代初，是一种由雇员、雇主共同缴费建立起来的完全基金式的养老保险制度。20 世纪 90 年代 401K 计划迅速发展，逐渐取代了传统的社会保障体系，成为美国诸多雇主首选的社会保障计划。——译者注

事情，以避免"炒作"股票。

投资者关系的专业知识在符合 SEC 的规定和向各种公众披露信息方面都很关键。专家说，投资者关系在谷歌公司的 IPO 上本应该表现得更好一些，但是由于谷歌公司的创办人谢尔盖·布林和拉里·佩吉在美国证券交易委员会规定的"缄默期"，接受了一份主流杂志的采访并谈论了募股，导致该公司的 IPO 被推迟。这个差错使谷歌在股票定位以及在华尔街分析家中建立声誉这两方面开局不利。

负责投资者关系的员工主要与机构投资者、个人投资者、股票经纪人和金融分析师进行沟通。他们同时也是《华尔街日报》《巴伦周刊》和《金融时报》这类财经媒体的消息来源。在工作中，投资者关系从业者要做各种陈述，为分析家和投资经理人做实地考察，分析股东的人口统计学特征，监管企业年度报告，还要为潜在的投资者准备材料。

营销传播

很多公司利用公关工具和公关策略来支持其市场营销和商业销售目标，这种活动叫作营销传播，或者营销公关。《营销人员公共关系指南》一书的作者托马斯·哈里斯将营销公关定义为"通过令人信服的信息传播，以及公司及其产品与消费者的需求、欲望、关注和兴趣一致的印象传播，来鼓励购买和提高消费者满意度的项目的策划、执行和评估过程"。

在很多情况下，营销公关传递的信息要与一家公司在广告、营销、直邮和推广中的信息保持协调一致。在整合营销传播中，公司统一管理一项产品或者服务的所有信息来源，以确保信息渗透效果最大化。整合营销传播作为现代公关实践的一个重要概念在本书第 1 章中已经讨论过了。

在整合营销传播项目中，公关活动的意图是为一个产品制造先期意识和信誉。新闻形式的宣传被用于确保产品信誉、市场兴奋度和

> **思考** 公关策略如何有效地帮助一家公司实现销售和营销目标？

> 举办特别活动时可以制造宣传噱头。好时公司在庆祝旗下 Kisses 品牌巧克力诞生 100 周年时举办了一个盛大的活动，并在活动中推出了世界上最大的巧克力——高 12 英尺重 30 540 磅。好时公司的 Kiss 活动车也开到美国各地来为周年纪念造势。

消费者的期待心理。先期的信息使受众更容易接受营销活动后期的产品广告和产品推广。实际上，越来越多的调查研究证实了公关是产品或服务定位和品牌塑造的基石。营销传播（行业术语通常称之为 marcom）的目标可以通过几种方式实现，如产品宣传、病毒式营销（viral marketing）和企业赞助。

公关案例 库尔斯啤酒厂酿造了一个社区关系问题

2003 年末，英国莫尔森·库尔斯公司旗下的一个子公司库尔斯酿酒公司买下了波顿巴斯啤酒厂。一年以后，库尔斯酿酒公司把这个镇的主要旅游景点巴斯博物馆更名为库尔斯游客中心，公众对此反应不一。

在这个有着 230 多年历史的英国啤酒品牌的故乡，社区领袖对更名表示支持，他们说库尔斯酿酒公司同意投资 50 万英镑（大约为 84 万美元），表明了这家公司对博物馆和小镇的郑重承诺。但是一个波顿当地人却表达了另一种主要观点："库尔斯公司似乎要竭尽全力地消除巴斯在城里存在的所有印记……巴斯是一个品牌，已经同小镇以及酿酒业和酿酒业的传统联系在了一起，正因为如此，博物馆一直被看作一个可以探寻这种遗产的地方。"

2008 年初库尔斯宣布将关闭博物馆，因为博物馆每年的预算高达 200 万美元，这招致了过去的支持者和反对者的集体愤怒。当地报纸《波顿每日邮报》发起了一项活动来反对这个决定。波顿的议员珍妮特·迪恩组织了一次同英国文化和旅游部长会面的旅行。一份请愿书收集到了 2 万个反对这个决定的签名。Facebook 上出现了一个"挽救巴斯博物馆"的主页。社区成员和酿酒厂工人组织了一次保护博物馆的游行。伦敦《卫报》报道说："库尔斯科罗拉多州的主管被这一负面宣传吓坏了。这家公司……开始让步。"库尔斯答应把博物馆以较低的租金留在原地，并且承诺如果迪恩和她的指导委员会可以给博物馆找到买主，公司将每年给博物馆提供一笔拨款。支持者继续给库尔斯施压，以寻求更好的解决方案。

2009年11月，一家经营英国旅游景点的公司——规划方案公司——被雇请来经营博物馆，租期为25年。博物馆更名为国家酿酒中心，并计划于2010年春季开业。规划方案公司的总裁约翰·劳瑟在一份新闻通稿中说："波顿不仅在英国，而且在全世界的酿酒业中都享有令人尊崇的地位。我们很高兴在波顿开放国家酿酒中心，并庆祝这个镇在英国酿酒业和物质文化遗产上做出的重大贡献。"

莫尔森·库尔斯公司的约翰·波格拉斯说："莫尔森·库尔斯一直致力于找到一个能给波顿酿酒博物馆带来长期未来的机构，规划方案公司在经营旅游景点方面有非常良好的记录，我们非常乐意支持他们将波顿纳入英国旅游版图的激动人心的计划。"

1. 库尔斯公司的公关问题找到满意的解决方案了吗？这家公司有向当地社区妥协吗？
2. 库尔斯本来可以做什么来更好地理解巴斯和博物馆对当地社区的重要性？
3. 找出波顿社区维权分子运用的策略，并解释每一项策略在推动争议各方找到一个解决方案方面的作用。

产品宣传

随着广告成本的急剧上升和广告竞争的不断加剧，公司发现在招揽潜在客户方面，有创意的产品宣传是一种性价比更高的方式。哪怕是普通的居家用品，如果呈现方式得当，也可以变得很有新闻价值，从而吸引媒体的注意。

例如，高乐氏就通过赞助一场寻找美国蟑螂最多的五个家庭的比赛，成功获得了报纸和广播等媒体对于自家公司康百特杀蟑剂的报道。德芙香体露赞助了在纽约中央车站举行的一场"最美腋窝"的选美，佛罗里达小姐最终夺冠。这场比赛在《今日秀》和《Fox & Friends》播出，并且有400家电视网的新闻节目对此进行了报道。

公司也可以通过发起民意调查的方式来进行产品宣传，哪怕调查的是些无聊的小事，调查的方法也不科学。例如，《美食与美酒》杂志就与AOL合作进行了一项调查，并向世人宣布说超市款台排队结账的队伍是遇到伴侣的最佳地点。调查还发现受访者认为鲜奶油是最性感的食物，但是巧克力慕斯"比性爱还好"。

产品宣传还可以采用其他方式进行，如欧贝调味料采用赞助吃虾比赛的方式，生产割草机的百力通每年评选10块最美草坪，好时食品制造出了重达几吨的世界上最大的Kisses巧克力糖，创造了吉尼斯世界纪录。

产品植入是指通过让产品在影视节目中出现的方式来推广品牌。电影主人公们驾驶着奔驰车去机场，美联航的航班将他们带到目的地，他们在希尔顿酒店下榻，在酒吧喝灰鹅伏特加马丁尼，这些都是植入式广告的例子。

产品植入现在更多的是向电影公司和电视制片人付费的结果。有时候也是交换的结果。例如，Gap公司自愿为一个电视节目提供全部服装，这种交换既可以减少制片人的节目制作经费，又可以提高这家服装公司的知名度。

补充说明……

斯图尔特·艾略特和朱莉·波斯曼在《纽约时报》写道，在电视节目中推广产品的机会"以所谓的品牌娱乐（branded entertainment）或者产品整合（product integration）的形式出现，包括在对话中提及品牌，在场景中放置产品让观众看见，在剧情中给广告商安排角色等，不管是一位绝望的主妇在购物中心炫耀一辆别克车，还是一个未来的学徒试图推销一种新口味的佳洁士牙膏……品牌娱乐的目标就是用各种比传统广告更难跳过或者更难切换的方式向观众展示广告。一些设备，如数字录像机和iPod，使避免或者忽略传统的推销技巧变得更加容易"。

🎙 善因营销

一些公司的经营领域竞争激烈，产品和服务的区别也不大，这些公司要想努力让自己出类拔萃，往往会采用善因营销（cause-related marketing）的方式来增强自己在企业社会责任方面的声誉。在这种营销中，营利性的企业和非营利性的组织共同合作，既推进非营利组织的事业，又增加公司产品的销量。例如，优诺酸奶告诉顾客，他们每交回一个粉色的优诺酸奶瓶盖，该公司就将捐赠 10 美分用于支持乳腺癌的研究。

美国运通不是第一家进行善因营销的公司，但是 1984 年这家公司为维修年久失修的自由女神像和埃里斯岛进行了筹款活动并大获成功，为善因营销的效果树立了一个新的标杆。

> **思考**
>
> 善因营销为什么可以创造对企业及其所在社区均有利的双赢局面？

美国运通公司花了 600 万美元用于宣传，说顾客每使用美国运通卡刷 1 美元，就会有 1 美分捐赠出去，用于维修工作。美国运通为该事业总共筹集到了 170 万美元，公司信用卡刷卡量上升了 28%，新卡的申请量也上涨了 17%。此外，这次营销活动还成了一个绝佳的品牌战略——自动在公众心中树立了美国运通卡和美国标志之间的联系。

善因营销小提示

选择什么事业或者慈善活动支持需要有战略性思维。以下是进行善因营销的一些小提示：

- 寻找与你的产品或服务密切相关的事业，或者能够彰显产品质量的事业。
- 考虑能够吸引你的主要客户的事业。
- 选择一项还没有很多赞助商的慈善事业。
- 如果你的主要目的是建立当地加盟店的品牌知名度，应该选择一家本地的非营利组织合作。
- 出现大的丑闻之后，不要采用善因营销来挽救你所代表的机构的形象，这种做法往往适得其反。
- 要明白与某项事业或者某个非营利组织合作将是一项长期责任。
- 要意识到通过某项事业来引起公众的意识和建立品牌的认知度还需要投入额外资金。

企业赞助

公司赞助音乐会、艺术展览、竞赛和科学考察等活动是善因营销的形式之一。美国公司每年大约花费 100 亿美元来赞助各种活动，从印第安纳波利斯 500 赛车、肯塔基赛马会到格莱美颁奖礼、职业高尔夫球锦标赛，甚至是克里斯蒂娜·阿奎莱拉和凯莉·克拉克森的巡回演唱会。与其他事业不同，这些活动本身是挣钱的。即便如此，它们很大一部分经费也常常来自公司赞助。

企业赞助的活动可以起到以下四个作用：

（1）可以通过与活动的关联增强公司的声誉和形象。

（2）可以在主要购买人群中建立较高的产品品牌知名度。

（3）可以给企业的营销和促销活动提供焦点。

（4）可以产生宣传效果和媒体报道。

> "乔伊斯·朱利叶斯公司是一家对赞助价值进行估算的美国公司。据这家公司估算，（美国奥运会游泳金牌得主）迈克尔·菲尔普斯仅在美国 NBC 获得的报道时间就给速比涛公司带来了 360 万美元的价值。"
>
> BBC《世界新闻频道美国报道》

> 菲尔普斯在北京奥运会游泳项目中创纪录地获得 8 块金牌后，沃纳科公司总裁乔·格洛米克在纽约播出的《今日秀》节目中送给菲尔普斯一张速比涛公司提供的 100 万美元的奖金支票。菲尔普斯用这 100 万美元的奖金建立了迈克尔·菲尔普斯基金会。根据菲尔普斯和速比涛最近达成的协议，到 2013 年为止，菲尔普斯每创造一项世界纪录，该公司就为菲尔普斯基金会捐款 1 万美元。

与广告相比，赞助的成本更低。例如，维萨国际卡每年大约花费 20 万美元（大约是黄金时段一则 30 秒的电视广告的价格）用于赞助美国维萨十项全能队。而泳衣生产商速比涛（Speedo）通过赞助美国奥运会游泳队而使公司名字在电视观众中家喻户晓。在北京奥运会上，几乎 90% 的游泳选手都穿着速比涛的泳衣，这反过来也说明了这个品牌在销售市场的优势。

现在几乎各地的体育场和音乐厅都有企业的冠名。美国银行同意到 2024 年为止，每年支付 700 万美元冠名北卡罗来纳州夏洛特的卡罗来纳黑豹体育场。联邦快递每年花费 760 万美元（直到 2025 年）得到了华盛顿红皮橄榄球队主场联邦快递球场的冠名权。另外，这家公司还以每年450万美元的价格获得了孟菲斯灰熊队故乡孟菲斯联邦快递体育馆到2023年为止的冠名权。在费城，林肯金融集团获得了老鹰职业橄榄球队新体育场的冠名权。这个并非家喻户晓的公司认为此举将使在现场观看老鹰队比赛的球迷和1 000万在电视机前收看比赛的球迷把该公司认作一个大的品牌。

补充说明……

公司偶尔也会为了加强自己在舆论领袖和有影响力的决策者中间的声誉而赞助一场活动。例如，阿托菲纳化工有限公司一般赞助那些推进科学教育的活动，然而该公司却同意赞助费城艺术博物馆举办的一场德加芭蕾主题的画展，来凸显自己曾为一家巴黎公司的历史。这项赞助活动的目的之一是增加员工的自豪感。在展览正式对外开放之前，该公司费城的1 200名员工及其家人受邀参加了博物馆的专场展览。此外，公司还把展览和博物馆当作客户及其随行人员的娱乐中心。公司还为费城创作和表演艺术高中组织了活动，并捐赠了产品。

病毒式营销

早在互联网兴起之前，职业传播者就认识到了产品和服务的好评推荐和"轰动效应"的价值。公关活动的主要目标始终是加强或者保持一家公司或一个名人的声誉。今天，由于技术的进步，"口碑"可以用来增加一个网站的访问量，从而实现营销和公关的双重目标。病毒式营销（viral marketing）的主要目的就是刺激消费者的冲动购买或者下载行为，而越来越多的网站"转发"（pass-it-on）技术也意在帮助公关人员达成声誉管理和信息传播的目标。制造音乐家发行最新CD碟的兴奋感，为电影开幕造势，是病毒式营销应用在娱乐业中最普遍的两种形式。

病毒式营销采用了新的术语以及特殊技术，利用新技术来刺激人们同他人分享一笔好交易、一项好服务和一个好群体的天性。病毒式营销的一个经典案例是汉堡王2004年推出的小鸡侍者网站（www.subservientchicken.com）。这个网站上有一个身着小鸡服装的人，他可以执行网友输入的任何指令，让他蹦他就蹦，让他跳舞他就跳舞。这个网站跟汉堡王有两方面的关联：（1）它显示了餐馆的长

> 思考：病毒式营销是公共关系的一个新概念吗？

期口号"我选我味"（Have it your way）；（2）它推销了汉堡王的鸡肉三明治。

汉堡王的发言人布莱克·路易斯对《华尔街日报》说："这是特别针对20～30岁的年轻人的。这些人非常熟悉互联网，他们很积极。他们可能不会展现出许多岁数大一些的成年人所采取的传统的电视、报纸或者广播消费模式。"网站刚建立时，只有20个人知道，他们是活动设计机构员工的朋友。从这20个人起，网站的使用量呈指数级爆炸式增长，在投入使用的第一周点击率就达到了4 600万次。小鸡侍者的流行引发了2006年的Xbox游戏潮和2007年的万圣节服饰潮。这只小鸡现在仍然在汉堡王的网站接受顾客下单，并且通过"告诉朋友"的选项病毒式地扩散。

有些病毒式营销公司设计了一些方法，通过叫作**群组通信**（cohort communication）的金钱奖励来刺激推荐的自然散播。病毒式营销专家使用的策略更加巧妙，例如刻意传播好评等，超越了汉堡王的"告诉朋友"这种相对自发的信息传播方式。他们使用的软件系统还可以追踪跳转到某个网站的次数或者向朋友发送推荐的次数，发送者可以据此得到现金或者商品积分。例如，向朋友推荐一张CD可以为推荐人挣得积分或者免费下载音乐的机会。

批评者担心在坚定的爱好者之外，病毒式营销太容易被当作商业操控了。还有一些人说，本应该是互相信任的朋友之间互通信息、交换购物和网站心得的自然过程，被人为助长或者提供回报是具有欺骗性且不道德的。例如，当音乐行业招募乐迷登录聊天室和乐迷网站大肆宣扬一个乐队的新碟时，有些人把这比作广播业遭到质疑的"贿赂"（payola）行为，即付费给电台播音员让其播放特定歌曲。

病毒式营销公司辩解说这个方法只在观点、行动或者产品得到市场真正的支持时才起作用。公关人员需要做出考虑周全又符合道德准则的决策，来确定如何最好地利用网络来传递信息。

环境关系

另一个发展迅速的企业责任层面是企业对环境和可持续开发资源的关注。

20世纪末人们见证了企业和社会活动非政府组织之间在一系列环境和人权问题上的大冲突和大对抗。然而,如今的趋势更倾向于这些以前的对手之间的合作与伙伴关系。许多公司,如壳牌石油公司现在都公布年度公司责任报告,并与环保组织合作来清理环境、保护荒野和恢复过度开采的自然资源。

例如多夫·恰尼创立的美国服饰制衣公司一直以积极精神著称,但这家公司和恰尼却始终饱受与针对公司的性骚扰诉讼相关的负面新闻的困扰。此外,美国服饰制衣公司的公众形象是通过一些有争议的、前卫的广告活动打造的,一些批评人士认为这些广告品位低下。然而,这家公司模范的社会和环境政策带来的正面宣传却抵消了一直困扰着公司的时不时出现的负面新闻。

2009年,《服饰》杂志宣布美国服饰制衣公司为该杂志首批可持续发展全明星奖的获得者之一。该公司采取的环保措施之一是开发出一条产品线,完全用制造中的副产品——零碎料——生产。这些零碎料被制成了发带和腰带,而不是送到垃圾填埋场。零碎料还被制成了内衣。这个项目每周大约回收3万磅棉布。

该公司发言人瑞恩·霍利德说:"我们不是在思考'我们如何挽救环境',我们是在思考'我们如何用这些废料来做点时尚的事情'。这不是慈善活动,因为这些腰带可以挣钱。"

美国服饰制衣公司的服装也有可持续发展的版本。公司可持续发展产品线的服饰由100%纯天然和经过认证的无杀虫剂棉布制成。但该公司并未止步于此:该公司20%~30%的能量来自太阳能板,而且公司还回收硬纸板盒和手机。在没人使用的房间里,计时器和动作感应器可以帮助节约电能。公司员工被鼓励骑着公司的自行车上下班,他们还有公司配备的公交卡以减少开车次数。

企业慈善

机构社会责任的另外一个体现是企业慈善。这种行为实质上涵盖了向各种事业捐赠资金、产品和服务,从向当地少年棒球联盟队提供队服和设备,

> **思考**
> 什么是策略性企业慈善行为？

到向一所大学提供几百万美元的资助来升级其科学和工程项目。大多数情况下，组织机构的公关部门负责处理企业的慈善捐赠。

当然，企业长久以来也一直利用慈善来向社区展示善意，并为自己赢得好公民的声誉。也有证据显示企业捐赠行为有利于赢得和保留客户。在之前提到的伟达公关的调查中，79%的美国人宣称在购买产品时会考虑企业的公民责任。与此同时，76%的受访者认为，企业参与慈善活动是为了获得有利的宣传，仅有24%的人认为企业是真正致力于它们所支持的事业。

获得有利宣传毫无疑问是企业慈善的一个诱因，但是它不应该成为一家企业的终极目标。调查机构寇恩/罗普说，企业在宣扬它们做的善事时应该特别谨慎，这样公众才不会怀疑它们的动机。企业应该关注它们所帮助的人，而且企业展示的项目也应该不仅仅是"橱窗摆设"。

> "不要为了宣传而做慈善，要为建立你的企业、你的品牌价值和你的股东关系而做慈善。"
>
> 寇恩/罗普调查公司

向大量事业发起一系列小的资助会稀释捐款的影响力，有时候集中的捐款更加有效。例如，家庭银行抵押贷款公司过去每年都向各种事业提供总额为30万美元的小额资助，但这家公司后来发现现有的资金如果只投向一两项事业的话，可以产生更大的影响力（和知名度）。因此，这家公司现在将其大部分慈善资金都投向了仁爱之家，一家为低收入家庭建造住房的非营利机构。

> 2008年，美国企业向各种事业捐款达154亿美元。尽管人们普遍认为企业慈善占所有捐款的最大份额，但企业慈善捐款实际所占的份额却很小。在2008年3 080亿美元的捐款总额中，只有5%来自企业。最大的份额——75%——是由个人捐赠的。

公关策略 《纽约时报》电视体育版

理查德·桑铎米尔 2010 年 1 月 12 日

类固醇时代（Steroid Era①）的认错指南

周一，马克·麦克奎尔公开承认使用类固醇，他所采用的策略显示他已经从其他为此认错的棒球明星那里吸取了教训。

他只用一下午就做了所有的事情：先是发表了一个声明，发送给各家新闻媒体。这一声明下午3点抵达美联社。美联社随即发出了一条新闻，并在新闻中采访了麦克奎尔。接下来，麦克奎尔又接受了无数其他新闻媒体的采访，包括《今日美国》、《圣路易斯邮报》、ESPN 的蒂姆·柯吉恩和约翰·克鲁克（都是电话采访，没有播出）、圣路易斯的 KTRS 电台以及《纽约时报》。然后，他在美国东部时间晚上7点接受了美国职业棒球大联盟网主持人鲍勃·科斯塔斯的直播采访。

> 经典的危机传播策略是"尽快告诉公众全部事实"。

这个一天的计划是由前白宫新闻秘书阿里·弗莱舍和圣路易斯红雀队在过去几个月里共同设计出来的。弗莱舍目前经营着一家危机传播公司，而圣路易斯红雀队最近刚雇用麦克奎尔作为击球教练。这个计划与去年亚历克斯·罗德里格斯承认使用类固醇的情形形成了鲜明的对照。

> 这些采访的宽泛范围显示，麦克奎尔的个人形象塑造活动（a personality campaign）和媒体战略已经就位。

去年2月，SI.com 的赛琳娜·罗伯茨率先报道了罗德里格斯使用类固醇的消息；三天后，罗德里格斯在接受棒球评论员彼得·盖蒙斯的采访时向 ESPN 承认了这件事，但是采访中没有继续追问下去；八天后，罗德里格斯在洋基队春季训练营的一次新闻发布会上当着队友的面再次回答了记者的提问。

而所有这一切发生在罗德里格斯向 CBC 新闻主持人凯蒂·库里克否认使用类固醇一年多以后。

> 如果名人客户在媒体上认错的时间拖得太久，将导致认错经历几个新闻轮回，且造成坏消息反复出现。

罗德里格斯在认错时态度并不傲慢，不像罗杰·克莱门斯在否认使用药品时那样目中无人、怒气冲冲。2007年，安迪·派特提被调查棒球界使用药物情况的米切尔报告曝光以后，态度友好的他花了两个月的时间来陈述自己

---

① 类固醇是一种人体自然生成的化学物质。类固醇有不同的种类，可以用于治疗一些疾病，也被从事体育运动的人非法用来提高运动表现。"类固醇时代"是指美国职业棒球大联盟的一个时期，当时很多球员被认为使用了增强运动表现的药品，导致整场比赛的进攻率增加。与职业棒球大联盟的其他"时期"不同，"类固醇时代"没有明确的开始和结束时间，尽管普遍认为这一时期是从20世纪80年代到20世纪末。——译者注

使用人类生长激素的情况。

麦克奎尔自从五年前在一次国会听证会上尴尬地拒绝谈论他使用类固醇的事之后一直保持沉默。他那时候的策略，加上他想避免诉讼的想法，使他看起来十分倒霉，而且就像他已经承认了错误一样愧疚。而这一次，麦克奎尔和帮他处理这件事的人肯定知道，如果他在春季训练之前承认使用类固醇，并在周一周二两天广泛地接受采访，他的信誉就会得到加强。他必须接受ESPN的采访，但是因为这个采访不是独家采访，其效果会大打折扣。

> 为什么独家采访的效果更好？因为体育迷和其他媒体会更加期待这个采访，而且虽然其他媒体随后会报道这个独家采访，但是由于报道的媒体众多，信息会被稀释。

麦克奎尔的个性一直比较低调，他在新闻媒体面前也总是不怎么自在。

在他周一反复承认错误时，他没有目中无人或者怒气冲冲，而是悲悲戚戚、眼泪汪汪的。

前白宫传播主任凯文·苏利文说："我喜欢这种挨家挨户认错的策略，因为他（麦克奎尔）在详细讲述他的故事，而且在一种对抗性更小的情境下。"苏利文现在经营着一家战略传播公司，他说："他（麦克奎尔）需要在前往春季训练营之前撕掉他的创可贴。"

> "撕掉创可贴"是一个值得记住的危机传播的形象比喻。其含义是你越快处理的伤害就越小。麦克奎尔多年来任由他的问题溃烂，因为人们一直在猜测他是否使用了类固醇，但是当他决定"和盘托出"时，他一举就做到了。

苏利文补充说道："我怀疑麦克奎尔将很快召开某种形式的新闻发布会来回答提问。在满足积压的需求和回答一些提问前，他将不能彻底翻过这一页。"

麦克奎尔的采访对于历史悠久的职业棒球大联盟网是一个意外的成功，也对得起这个频道付给主持人科斯塔斯的薪水。在一个股权被联盟把持的电视台，这个采访给麦克奎尔提供了一个被接纳的舞台。而经过一段长久的告别，联盟也最终欢迎麦克奎尔重返他以前的队伍。职业棒球大联盟网的订阅用户虽然只有ESPN的一半多，但是在主持人方面却更占优势，如果麦克奎尔确实想接受一个像科斯塔斯这样聪明的提问人长时间的提问的话。

［有必要说明一下公司之间的关联：美国国际管理集团（IMG）①代表科斯塔斯，而IMG拥有弗莱舍公司一半的股权。］

> 通常公关人员会把独家新闻交给他们认为友善、会温和对待他们的客户的记者。科斯塔斯认为在这件事上情况不是这样。

在科斯塔斯坐下来同麦克奎尔谈话前，他在一个电话采访中说："是的，他们觉得这是马克说出故事的地方，但不是因为这里是他们最容易驾驭的地方。"

---

① IMG是世界领先的体育、娱乐和媒体公司，其业务涵盖了顶级体育赛事、赛事赞助、明星客户代理以及举办世界级体育训练学院等。同时，它还为诸多世界领先的体育管理机构、体育赛事和文化组织提供顾问服务。——译者注

科斯塔斯说他去年跟红雀队的经理托尼·拉·鲁萨谈论过采访麦克奎尔的问题。

他说:"我对托尼说,如果马克希望能够从事件曝光那天继续下去,他必须坦诚对待这个问题,回答所有合理的提问以及其他所有由此引发的问题。"

职业棒球大联盟网总裁托尼·派特提说,尽管在跟麦克奎尔的训练营交谈后他和科斯塔斯明确得知麦克奎尔将要说一件重要的事情,但是在麦克奎尔发布声明之前,他们并不知道是什么。

派特提说:"我们没有提前看声明,他(麦克奎尔)说什么我们也得做出反应。"

不管怎样,职业棒球大联盟网都获得了独家采访权。 ── 记者喜欢独家的东西。

第15章

娱乐、体育和旅游中的公关

- 成功的名人宣传活动有哪些基本要素?
- 如何增加广告宣传活动的参与人数?
- 公关在盛行世界的体育狂潮中起了什么作用?
- 公关在吸引游客去往目的地,并让他们在抵达目的地后感到开心方面有什么作用?

代价惨重的传染病

2009年4月末H1N1流感病毒席卷墨西哥城，给墨西哥价值130亿美元的旅游业带来了一场浩劫，直接影响了200万墨西哥旅游业从业者。危机爆发两周后，据墨西哥财政部部长估算，疫情已经给墨西哥的经济造成了22亿美元的损失。

墨西哥的首都墨西哥城是这场演变为传染病的疾病的中心。市政官员立即关闭了夜总会、电影院、博物馆、餐馆和其他人们经常聚会的地方。酒店入住率降低了85%。据墨西哥城贸易、服务和旅游商会主席估计，关闭这些场所每天给这个城市带来的损失为5 700万美元。

其他墨西哥旅游目的地也遭受了损失。邮轮改变线路，绕过了坎昆和其他港口城市。疫情暴发初期，邮轮公司就取消了64次港口停靠，导致了将近13.4万的游客损失。5月，邮轮上的游客也减少了95%。在坎昆，酒店的入住率下降了40%；在流感爆发初期后的一个星期内，墨西哥湾沿岸城市损失了240万美元的旅游收入。在墨西哥太平洋沿岸，度假胜地瓦图尔科的酒店入住率下降了46%，阿卡普尔科市市长不得不要求来自墨西哥城的游客待在家里，把病毒留在他们自己身上。墨西哥全国上下都在生产印有"我去了墨西哥，我得到的只有猪流感"字样的T恤衫。

"我们从来没有遭受过这么严重的打击，"墨西哥旅游局美国地区主任爱德华多·查伊洛对合众国际社说，"这比'9·11'或者飓风还要糟糕。"

为了重新激活墨西哥的旅游市场，官员们采取了一些措施。企业纷纷降低房间、膳食、饮料和纪念品的价格。联邦旅游官员向中国和加拿大的同行讨教这些国家在禽流感暴发后恢复旅游业的经验。联邦出资9 000万美元发动了一场广告攻势，画面上名人们纷纷出现在墨西哥的海滩上，称赞

> 西哥为旅游胜地。墨西哥城还雇请了跨国公关公司万博宣伟策划了一场耗资 140 万美元的活动，来增加墨西哥城作为美国人和加拿大人旅游目的地的美誉度。时间和公关活动帮助墨西哥摆脱了旅游业的灾难，邮轮、过冬游客、参会人员和放春假的人慢慢回到了墨西哥。

娱乐、体育和旅游中的公关

人们一般认为营利领域的公关工作是为企业工作。尽管营利性机构中有很大一部分比例的公关从业者的确在企业工作，但是也存在其他重要的营利性公关业务部门。本章，我们将深入探讨公关从业者在娱乐、体育和旅游公关专业领域面临的一些日常问题。公关专业的学生对体育、娱乐和酒店接待业的工作也越来越感兴趣。随着大大小小的联赛球队和大学球队——它们常与营利性俱乐部竞争人才——的渗透、名人崇拜的增强以及会议和旅游部门功能的强化，这些领域的工作也是坚持理想的应届毕业生可能的就业选择。

娱乐业

娱乐业是个大产业。娱乐公关可能涉及为名人或体育人物充当宣传人员，或者为一个体育队或者体育场馆效力。娱乐公关领域还包括旅行产业、特定地点或目的地的推广以及特定的旅游业务，如邮轮公司等。这些只是公关业与娱乐业的交集的几个例子。

> **思考**
> 我们现在对名人的公众狂热是如何体现的？

今日大众媒介的一个显著特点是名人崇拜。体育英雄、影视名人，电台脱口秀节目主持人、英国皇室成员、高调的罪犯甚至一些政客，都尤其受到关注，他们几乎被无休止地写到、拍到和谈论到。名人杂志的数量和发行量每年持续递增。《人物》杂志是行业翘楚，每周的发行量几乎达到了400万份。

> 在某些情况下，名人是公众对某个人的人生成就和地位的自然好奇心的产物。然而，多数情况下，名人是宣传人员为了商业利益而刻意培养出来的。

用于推销个人的宣传造势活动不属于主流的公关工作，一些公关从业者对那些所谓的俊男靓女的宣传人员使用的夸张手法和策略感到尴尬。然而，公关专业的所有学生都应该了解个人宣传行业是如何运作的。

损害控制 & 个人宣传

为个人处理宣传事宜牵涉到特殊责任。客户甚至可能会向宣传人员寻求个人建议，特别是当他们遇到困难时。处理个人客户的公关从业者不仅有责任不让客户受到负面宣传，还得负责制造正面报道。当客户因不当行为或不负责任的公众言论被置于不利报道中时，宣传人员必须努力将负面报道对客户个人形象的损害降到最低，这种情况下的目标就是损害控制。

客户个人的不当行为，或者不当行为的显现，会限制公关从业者的聪明才智，有时候甚至会损害他们的道德原则。有些从业者为了保护客户会直接说谎，这是种不诚实的做法；如果媒体把谎言曝光，情况就会更糟。有时候，如果客户说谎，一个出于对客户的信任而行事的公关从业者也可能成为牺牲品。

除非客户是某种情形下的牺牲品，充分、公开的谈论对其最有利，否则，通过发布事先准备好的声明来解释客户的行为，比让客户召开一个新闻发布会来得安全一些，尽管这会让记者和编辑感到有些不满。是否召开新闻发布会也取决于客户的语言表达力和自控力。在受到质问时，某些人可能会说出一些话来，给已有的问题雪上加霜。

名人宣传活动

尽管丑闻经常给名人带来不必要的不利宣传，大多数公关活动的目的还是使公众意识到某个刻意追求出名的个人的存在。这种活动应该像其他任何公关活动那样细致地策划。从事这种活动的公关人员也要遵循按部就班的步骤。

首先，客户应该回答一个详细的个人问卷。公关从业者应该是一个坚持不懈、刨根问底的采访者，努力挖掘客户个人生活、行为和信仰方面有趣的、可能有新闻价值的事实。在谈论自己时，很多人经常意识不到他们经验中的某些元素在合适的场合下是有宣传价值的，而发现这些元素是公关人员的工作。例如，假设客户是个女演员，在一部电影中饰演一个年轻的中西部农场主妻子。她在与宣传人员相互熟悉的交谈中，提到她在一个小镇长大的过程中，曾是四健会俱乐部①的成员。在这种情况下，通过发掘女演员不仅是这个青年组织的成员，还参与过电影中展示的实际农活这个事实，宣传人员就挖到了宝。

公关从业者不仅要能从他们的客户那里挖出这种细节，还必须有将这些事实转化到新闻角度的聪明才智。在这个女演员做客电视谈话节目时，宣传人员应该提示她回忆一下自己作为四健会成员时的故事。养猪或养鸡时发生的两到三个幽默小插曲，糅到采访里面，既给节目带来了活力，又给节目带来了真实性。

> **思考**：对客户进行刨根问底式的采访可以怎样帮助宣传人员更有效、更有创意地推销客户？

此外，公关人员还应该准备一份基本的四页纸（或更短的）客户生平介绍。适合新闻和特写角度的内容应该放在这个"传记"（bio）的前面部分，这样编辑或者制片人可以很快找到它们。客户的传记、照片，如果可能的话还有额外的个人背景信息，应该装在一个专门设计的媒体资料包里，方便通过印刷文件、CD 碟和网络帖子广泛散发。

---

① 四健会俱乐部（4-H Club）是美国农业部的农业合作推广体系所管理的一个非营利性青年组织，创立于 1902 年的美国。"四健"（分别对应英文的 4 个以"H"为首字母的单词）代表健全头脑（head）、健全心胸（heart）、健全双手（hands）、健全身体（health）。四健会的目标是通过大量实践学习项目来发展年轻人的品德、领导能力和生存技能。四健会的官方标志是绿色的四叶苜蓿。——译者注

作为宣传活动策划的一部分，公关从业者应该准确判断活动的卖点。活动的目的仅是增加个人在公众中的知名度，还是宣传客户的产品，如一部新的电影、电视剧或者是一本新书？公关从业者还应该判断哪些受众是活动最需要抵达的重要受众。

🎤 举行活动

在大多数情况下，最好的方式是让客户同时出现在多个媒体上。出现在广播和电视上可以引起公众的注意，而且也更容易出现在报纸特写中，反过来也成立。在给报纸编辑和广播电视节目导演打电话或者写电子邮件推介信时，宣传人员应该提议对客户进行报纸或者广播电视采访。每封推介信都应该有一个新闻或者特写的角度供采访者使用。由于杂志上刊发文章的周期较长，宣传人员应该尽早着手。

一份重要杂志的采访——例如，《时尚》和《造型》对一颗冉冉升起的电影新星的报道——在读者中有很大的影响力。在采访前通常应在后台排练一下。处在上升期的艺人的经纪人热衷于获得这种采访，但是对于"炙手可热"的明星，杂志编辑们则会争相去获取采访他们的特权。明星的经纪人会让编辑们互相争夺，他们可能会给某份杂志独家采访权，但带有附加条件，如让明星上封面、选择采访的人（当然是友好的），甚至要求文章最终的审批权。有些杂志会屈服于宣传人员的要求，但也有些杂志拒绝这样做。

如有必要，应该把客户的照片发给印刷媒体。媒体资料包通常应包括标准的包括头和肩在内的照片，一般叫作"面部照片"（mug shot）。客户在做某件有趣的事，或者出现在一个有新闻价值的群体中的照片可以在只有图片说明而没有相应的新闻故事的情况下刊登。公关人员和摄影师应该发挥创造力，将客户放在某种不同寻常的情境中。如果客户需要引起全国的注意，这种照片应该发到新闻通讯社，这样如果照片有新闻价值，就会被发送给几百家报纸，并发表在网络新闻网站上。

> 通过奥斯卡、金球奖和艾美奖颁奖典礼，娱乐业给个人和表演带来了大量的宣传。获得金球奖、艾美奖或者奥斯卡奖可以推动一个表演家的事业。

另一种增强客户知名度的方式是安排客户经常性地出现在公众场合。商业机构有时候会邀请或者付费雇请各种名人，来给晚宴、会议甚至是新店开张活动增光添彩。比如，某储蓄贷款公司在分公司开张时就雇请了一群早期的电视演员出席。一周中的每一天，都有一位艺人在两小时的时间内站在嘉宾席上为访客签名并与他们交谈。访客们都可以收到一本硬皮封面的书，里面有一些图片，回顾了电视的拓荒时期。席间还提供小吃。公司摄影师会拍下名人和访客交谈的照片，而出现在照片里的每一位访客都会收到一张照片作为纪念。这些名人的出现既给赞助者带来了大量访客，又有助于艺人留在公众的视野中。

一个应用很广、效果又好的方法是让客户获奖。公关从业者应该时刻关注有关即将颁发的奖项的新闻，并提名客户参与适合的奖项的评选。如果公关人员提供有说服力的材料，并跟奖项发起人进行后续沟通，或许可以说服他们将奖项颁发给客户。在某些情况下，也可以由公关人员向某个机构提议颁发某个奖项，这样公关人员的客户就自然而然地成了该奖项的首个获奖人。

那些雇请公关人员的客户希望他们花的钱能带来实际效果。为了证明他们的价值，公关人员需要整理和分析名人宣传活动的结果，并以此来判断所使用的各种方式的效果。样张、照片、新闻通稿副本，可能的情况下还有客户出现在公众面前的视频片段，都要提供给客户。简报公司可以帮助公关人员整合这些材料。在活动的末尾，或者在长期活动的间歇，公关人员要把已有成果的总结报告发给客户。

娱乐活动推广

要想吸引人们参与活动——不管是戏剧表演、为筹款举办的时装秀还是街头狂欢——需要一个策划周密的广告宣传活动。

任何娱乐活动的广告宣传，主要目的都是为了卖门票。前期的宣传造势让读者、听众和观众知道一项活动将要举行并刺激他们参与的欲望。除了在小城市宣传的社区活动这种情况之外，报纸新闻和广播新闻很少会包含门票价格和购买方式的详细信息，因为编辑一般认为这些信息太过商业化了。不过，表演日期一般会包括在宣传报道中。

关于即将举行的戏剧、电影、摇滚音乐会、签名售书或类似的商业活动的新闻应该聚焦于名人、风尚以及活动或产品的受欢迎程度。每提到一次产品或者表演，公众对其的意识就增强一些。精明的公关人员会寻找新的新闻角度来尽可能多地制造新闻。

"滴答滴"技巧

影视公司和电视网在拍摄电影或者电视节目时会按照"滴答滴"（Drip-Drip-Drip）宣传的原则运作。换句话说，就是持续不断地生产和输出信息。例如，在电影的制作阶段，一位公关专家——被称为制作单位代表（unit man/woman）——被派到片场，这个人会为一般新闻媒体和行业新闻媒体生产出一系列报道，并接待媒体的片场探班人员。此外，电视网每日也会向媒体的电视编辑传送有关新剧拍摄的新闻简报。它们每年还组织编辑提前预览它们的节目并对它们的明星进行采访。新剧即将上演前的宣传攻势更是火力全开。

> **思考**
> 为什么这种技巧被称为"滴答滴"宣传？

最受称赞的宣传策略是在明星的新电影或者新电视剧上映前，让他们在好莱坞的星光大道上揭幕自己的星星。2009年，已故披头士乐队成员乔治·哈里森获得了一颗星星。《利物浦每日邮报》报道说："在Capitol唱片和百代唱片宣布这位吉他手的一张新的遗作专辑的发行计划时，哈里森获得了这项荣誉。"2010年2月8日，哈里森的前乐队队友林格·斯塔尔在这条好莱坞著名大道破土动工50周年之际，获得了他的星星。斯塔尔在获得他的星星前不久，也发行了一张名为《Y Not》的新唱片。授星仪式和新唱片的时机是巧合，还是意在提高音乐销量的"滴答滴"宣传攻势的一部分？

过度推销一位明星的风险是观众期待可能变得过高，这样明星的表演可能就会让他们失望。有经验的宣传人员会远离这种可能导致反高潮后果的"炒作"。

🎤 电影业

电影的公关部门根据市场调研、人口分布学和消费心态学来确定他们的目标受众。大多数电影的宣传主要针对 12～24 岁的年轻人，他们在电影观众中的比例最高。

专业娱乐宣传工作集中在纽约和洛杉矶，前者是戏剧中心，后者是电影中心。美国电视节目的制作也主要分布在这两个城市，其中大部分是在洛杉矶完成的。

一个典型的洛杉矶名人娱乐专业公关公司有两类员工："栽培人"（planters）和"预约人"（bookers）。前者主要负责向媒体发送有关个人客户和电影项目的公关新闻，后者的主要工作是安排客户在谈话节目以及在其他公开场合露面。一些公关新闻是向一般媒体发布的，另一些则是为某些单独的媒体——如好莱坞某个辛迪加专栏作家或者某份大报——特别准备的。后者一般会标注"独家"字样，以使报道这条新闻的出版物、电台、电视台或者网站可以声称自己"突破"（breaking）了新闻。

娱乐公司可以给广播电台提供新电影或新演出的门票，电台 DJ 可以把这些门票当作广播中竞赛的奖品发给听众。在这个过程中，广播员会多次提到演出的名字。公司偶尔也邀请媒体嘉宾到很远的地方参加电影的首映式，利用奢华的度假来诱使嘉宾高度评价他们观看的表演。对于这种针对个人客户或者企业娱乐界客户的服务，大的好莱坞公关人员最少的收费是每月 3 000 美元，而且最少签三个月的合同。主要的电影工厂和电视网都有自己的公关员工。

娱乐公司也可能专门从事影视节目中的植入式广告。电影或电视制片人通常用影视节目中的产品植入来交换该产品的自由使用权。

快餐业为营销公关提供了绝佳机会，可采用随餐赠送人物玩偶的方式。像 2009 年的《星际迷航》这类电影，通过与快餐供应商合作，知名度和票房都得到了很大提升。例如,《星际迷航》是部万众期待的电影,在电影预告片发布后的头 24 小时,下载量就超过了 180 万次。快餐企业汉堡王同时给成人和孩子提供与电影有关的赠品:给成人提供的是收藏版水杯,给孩子的则是在儿童套餐中赠送的电影主题的玩具。电影中的人物还和汉堡王的吉祥物一起出现在 YouTube 的广告中。对这家快餐连锁企业而言,宣传活动的吸引力也非常明显:在竞争激烈的外卖业务中,电影主题的促销给年轻客户提供了重要的购买动机,为汉堡王在所谓的汉堡大战中提供了一个巨大而短暂的优势。不过,据《品牌周刊》报道,《星际迷航》的整合营销活动远远不止汉堡王的收藏版水杯和儿童玩具。家乐氏麦片的托尼虎在广告中闪着"生生不息"的手势;Apple Jack 和 Froot Loops 麦片粥的盒子里可以发现"闪光勋章";联想电脑也通过《星际迷航》彩票抽奖和价格促销跟电影捆绑在了一起。

体育宣传

在美国和全世界兴盛的体育热潮是被大量公关活动带动的。大学以及职业水平的宣传项目意在激起公众对球队和球员的兴趣、销售体育比赛的门票和推广资助比赛的企业赞助商。体育宣传人员也与营销专家合作来提高体育纪念品(booster souvenirs)和服装的销量,这是很多球队挣钱的副业。

> **思考**
> 体育宣传人员使用哪些策略来激发受众的情感?

体育宣传人员使用一般的公关工具——媒体资料包、统计数据、采访、电视露面等类似方法——来发布客户的信息。但是传递数据和事实只是他们发挥的作用的一部分——他们还努力激发人们的情感。对大学球队的宣传人员而言,这是指在校友中激起热情,并使学校看起来魅力四射、令人兴奋,这样他们才可以成功招募到高中生入队。职业球队的宣传人员则努力将球员塑造成家乡人民的骄傲,而不仅仅是为了高薪而比赛的球员。

有时候体育宣传人员的努力会大获成功，如果球队获胜的话。但是当球队失败时，宣传人员的日子就不好过了。他们必须找到方法来平息公众的不满，比如通过让受伤球员在操场就诊并派人去医院探望、慰问等方式。

新兴的体育运动越来越与已经成熟的体育运动争夺观众的关注度和体育迷的忠诚度。足球在美国年轻人中十分受欢迎，导致足球推广人员希望职业球赛可以引入美国体育市场。

在美国，体育是个大产业，每年带来4 100亿美元的总收入。不幸的是，体育报道中时不时冒出不体面的另一面来。在这种情况下，公关在体育上的作用就很关键了：其作用就远不止推广明星这么简单了，还必须包括体育危机管理。伟达公关体育部的约翰·埃克尔说，职业传播者必须应对媒体对负面问题的关注，如球员罢赛、门票价格过高以及球员粗鲁地否认他们是楷模时带来的认错成本（concession cost），尽管他们从自己的知名度上获益。

赞助商管理是体育公关的另一个主要方面。广告公司恒美广告研究了一种非常引人注目的赞助——夏季奥运会的赞助——的效果。恒美发现，一家赞助商要想从销售和良好印象两方面获益，必须在奥运会上投入1亿美元的巨额资金，外加一大笔资金用于推广这一赞助。

尽管每年花在体育比赛赞助上的资金估计有89亿美元，但是计算这些赞助关系带来的收益却仍然缺乏科学手段。考虑到这一点，阳狮集团开发了一项光学分辨技术来对品牌名称和形象的体育广播进行扫描。《华尔街日报》报道说："光学扫描对某个企业的标志单独出现在电视屏幕上、该标志出现在屏幕上的位置以及出现时屏幕上是否还有其他品牌的比例进行了追踪。追踪数据接着按照一个类似于计算电视广告时间成本的公式，被用于计算屏幕时间带来的经济价值。"比如，阳狮集团的研究就发现，在ABC播出的印地500汽车赛中，本田在曝光时间上是得分最高的品牌。数据显示，本田共获得了1 400秒的播出曝光时间，价值估计为133万美元。

> 凯维公关的杰伊·罗森斯坦将多数体育危机公关的原因归于"体育界的人为因素。在这个世界里自我膨胀脱离了现实，行为举止与娱乐界如出一辙，媒体的关注也无休无止"。

赞助可能还会影响到一家公司的股价。亚拉巴马大学的兰斯·凯尼教授对 61 项体育比赛赞助进行了研究,他发现赞助奥运会和棒球比赛的公司的股票价格有显著上涨。尽管不能证明这两者之间的直接因果关系,体育赞助和公司净值之间的关系却是一个有趣的持续被研究的领域。

公关案例　陷入麻烦的老虎[①]

体育、娱乐和名人是互相交织在一起的,这一点在老虎伍兹身上体现得再明显不过了。由于一场发生在凌晨 2:25 的奇怪车祸,这位高尔夫殿堂的神级人物从荣誉神坛上跌了下来。

据报道,车祸中伍兹的妻子艾琳·诺德格伦用一根高尔夫球棒砸开伍兹的凯迪拉克攀登者的车窗,挽救了不省人事的伍兹。车祸后,谣言迅速地传播开来。调查人员说车祸跟酒无关;相反,他们推断车祸的原因可能是婚姻纠纷。伍兹一开始拒绝跟佛罗里达州高速公路巡逻队的调查人员谈话,但是后来终于答应合作。

在这个《基督教科学箴言报》所称的"攀登者出轨行为"("Escalade escapade")的三天后,伍兹退出了一场将给他的泰格·伍兹基金会带来收益的联赛,有关他不忠行为的新闻开始浮出水面。到 2010 年初,"所谓的情妇"的数量已经达到了 14 个,而《名利场》杂志预测说这是"一个必定会增加的数字"。《今日美国》和盖洛普的一项联合民意调查显示,伍兹 2005 年 87% 的支持率在车祸以及不忠指控后已经降到了 33%。他曾经黄金一般的声誉直线下跌。

伍兹最初的公关战略是保持低调。他在个人网站写道:"造成这种局面是我的过错,这对我的家人和我自己显然都很尴尬……这是私事,我希望能保持这种状态。"

丑闻发酵还不到一个星期,名人杂志和体育评论员就翻遍了各个角落,四处寻找新的可能的婚外情信息,伍兹不得不在其个人网站上向他的家人和球迷道歉。他的这一举动出现在《美国周刊》的一则封面故事报道说他有多起婚外情之后。

[①] 本案例的标题使用 "Tiger" 一词可谓一语双关,所以翻译成 "老虎",但正文中有时也根据情况音译成 "泰格"。——译者注

伍兹写道："我让我的家人失望了，我对那些出轨行为真心感到后悔。我没有忠于我的价值观和我的家庭要求的行为规范。我不是没有过错，我也远未达到完美。我和我的家人正关着门处理我的行为和个人过错。那些感情应该由我们独自分享。"《纽约时报》报道说："他这个317个单词的声明大部分都是在恳求个人隐私权，部分在说'个人罪过不应该公布给新闻媒体，家庭内部的问题也不应该意味着要公开承认'。"

然后，就出现了伍兹的妻子计划起诉离婚，而伍兹很难应对这种情况的报道。伍兹的一些赞助商弃船逃跑——他们像抛弃一块烫手的山芋一样抛弃了伍兹——而另一些则去帮助他。最终，伍兹宣布他将中断他的职业高尔夫巡回赛。

在《纽约时报》的一篇评论中，山姆·泰纳豪斯引用了历史学家丹尼尔·布里斯丁的话来评价这件事。布里斯丁在1961年写道："制造名人的同一个机构最终又不可避免地毁掉了他。他将被宣传所毁，正如他被宣传所造。报纸造就了他，也毁掉了他。"

1. 老虎伍兹是否应该早些发表更加坦率的公开声明？为什么？
2. 如果你是伍兹的公关顾问，你会建议他怎么做？
3. 你认为对名人的崇拜是否自然就伴随着名人应该跟其粉丝分享其私人生活的责任？为什么？
4. 你怎么看待布里斯丁的话？宣传既能造就名人又能毁掉名人吗？如果是这样，作为一名公关人员，你将怎样帮助你的客户避免宣传的缺点？
5. 评估一下老虎伍兹今天的名声。你认为他已经从2009年末吞噬他的丑闻中恢复过来了吗？一些专家预测说如果他继续在高尔夫联赛中获胜，他将能走出阴影。情况果真如此吗？

旅游推广

人们兜里一有点钱，就想到处走走看看。刺激这种愿望并将它们转化为购买机票门票的行为就是旅游业的目标。公关在

> 对恐怖主义的担忧已使旅游公关将重点集中于一个关键的新要素——保证游客的安全。

这个过程中起了根本性的作用——不仅将游客们吸引到目的地，而且让他们在抵达目的地后感到开心。

一般来说，旅游公关活动包括以下三个步骤：

（1）激起公众到某地旅行的愿望。

（2）做出安排让游客抵达这个地方。

（3）确保游客到达这个地方后感到舒适、受到款待并得到放松和娱乐。

对旅游的兴趣可以通过报纸杂志的文章、旅行社和直邮广告发放的诱人手册、旅游电影和录影带以及网络上的介绍展示来激发。旅游场所也向组织和公司招揽生意，鼓励它们在某些特定地点召开会议，以此来促进团队旅游。

一些旅游出版物有自己的写作人员，另一些则雇用自由撰稿人和摄影师。公关人员写得好的有关旅游目的地的文章也经常被刊登出来，只要这些文章信息充足，不是赤裸裸的推销文章以及过于浮夸的散文。有感于公众对夸大之词的反感，《康泰纳仕旅行家》杂志在封面上印着"旅行的真谛"的口号。但是公关从业者要知道这一点——《奥德维尔公关服务报告》警告说，下列情形会导致"公关过犹不及"：不加区别地散发新闻通稿，不断给编辑打电话询问和催促稿件刊登；不知道文章的刊登要与故事联系起来；过度安排写稿人参与安排好的旅行，导致他们感到很难获得旅游目的地的完整景象。

> **思考**
> 公关人员如何激起游客对新地点的兴趣？

好好款待游客对旅游业而言十分关键。如果一个人花了一大笔钱去旅行，但是却碰到了简陋的食宿、粗鲁的饭店接待、放错了的行李和很差的观光安排，那么他就会气哄哄地回到家里。对目的地而言，更糟糕的是不高兴的游客随时乐意告诉他们的朋友旅行有多糟糕。

尽管如此，就算是最好的安排也有出现差错的时候。飞机会晚点，团队会有游客赶不上大巴，坏天气也会考验人的脾气，这就是为什么人性化的服务这么重要。一个殷勤的、开心的陪同人员或者酒店经理可以安慰顾客，一个"善意"的举动，如一杯免费的饮料或者免费的饭食，会创造奇迹。认真培训旅游接待人员十分必要。许多游客——特别是在外国旅行的游客——在陌生的环境中都会感到不自在，也会比他们在家时更依赖别人。

补充说明……

　　为了促进销售，美国3.8万家旅行社采取的方式有：散发文字材料、赞助旅游展以及通过在邀请会议上放映旅游影片来鼓励团队旅游。城市和州都设有会议和旅游部门来鼓励旅游。一种常用的旅游推销方式是熟悉旅行（familiarization trip），一般被称为"famtrip"。在这种旅行中，旅游撰稿人和/或旅游销售人员受邀前往一个度假地、主题公园或者其他目的地进行考察旅行。过去，熟悉旅行大多是组织松散的大队人马公费旅游。如今，这种旅行规模更小，焦点也更集中。

🎙 吸引目标受众

　　旅游推广人员要能发现目标受众，并为他们设计特殊的游览项目和游览行程。英国在美国的旅游宣传就是一个成功的例子。它向美国人发出了一个很有吸引力的邀请，邀他们去游览英国的历史名胜和绚丽景色。推广人员特别强调了伦敦戏剧之旅、苏格兰著名高尔夫球场的远足、寻找家族根系的宗谱探寻聚会以及著名教堂之旅。

　　"跟团游"是旅游公关的一个关键词。家庭团聚或学校团体的邮轮之旅、家庭滑雪度假游、高校校友访学团之旅、考古远征游甚至是遥远的西藏游，这些只是市面上已有的所谓特色跟团游（niche travel packages）的几个例子。跟团游费用通常包含预先付费的交通、住宿、大部分膳食以及娱乐休闲活动的安排，并配有一个专业的陪同来照顾各项细节。跟团游一般也提供一些额外付费的短途游览项目作为补充。

　　特色旅游最大的受众群是40岁以上的人，他们和60多岁的人一起构成了邮轮乘客的主力。很多退休人员都有时间去旅游，而且有些人还有很多钱去旅游。酒店、汽车旅馆和航空公司经常打折来吸引这部分受众。为了维持校友对母校的爱，很多大学都推出了校友参观旅行，老年人参与人数众多。有很大一部分邮轮乘客，特别是长线旅行的乘客，是退休人员。精明的旅游推广人员在设计旅游线路时都会为他们着想，甚至连这种细节都会考虑到：把情况差不多的丧偶人员安排在一个客舱里，以及安排走路少的岸上旅行。

行为道德　　接受多少"免费馈赠"？

报纸和杂志上有关旅游目的地的文章在旅游推广中是必要的，但却会给撰稿人和公关人员带来问题。应该由谁来为作者写稿时的调研费用买单？

一些大型的报纸禁止其旅行撰稿人接受免费或者打折的酒店房间、膳食和旅游门票。他们认为这种资助可能导致作者在写文章时不自觉地向有利方向倾斜。

然而，许多小型出版物和大部分自由撰稿人都不能承受这个规则的成本，遵守这个规则将使他们无法准备旅行稿件。旅行自由撰稿人杰夫·米勒在《编辑与出版人》杂志上指责出版业，说他们只给每篇报纸文章支付 150 美元，给每篇杂志文章支付 500～1 000 美元，但却禁止写稿人接受资助旅行。旅行撰稿人声称这条伪善的政策使出版物看起来很好，但是却经常被那些缺少资助旅行就无法生活下去的旅行撰稿人置之不理。撰稿人争辩说职业客观性的操守会防止他们受到资助人的"免费馈赠"的影响，有些人还举出了他们写的一些有关资助旅行目的地的批评性文章为例。

对于某个度假地、邮轮或者其他旅游项目的公关主管而言，这种情况带来了两个问题：（1）应该给予新闻界多大程度的招待才不至于使"免费馈赠"变成一种贿赂？（2）主管应该如何审查那些自称旅行撰稿人的人提出来的免费住宿或旅行的要求？

美国旅游作家协会设定了以下指导原则：

免费或者打折的交通和其他旅行费用必须只能在以下共识的基础上提供和接受：涉及报道性调研，而且任何因此产生的新闻报道都将在新闻的准确性上采取与戏剧、商业、金融、音乐、体育和其他为公众提供客观、有用信息的新闻版块上的类似报道和批评同样的标准。

你怎么看待旅游作家协会的指导原则？对于某些报纸和杂志"不允许资助旅行"的政策，你怎么看？

🎙️ 旅游的危机时刻

危机管理是旅游公关中的一个重要方面，如同它在企业公关中一样。危机以多种形式出现，从危险的政治危机到小而尴尬的插曲。

例如，阿鲁巴岛是美国游客很喜欢去的一个地方，每年有将近 100 万人访问这个加勒比海的小岛。但是 18 岁的亚拉巴马州女孩娜塔莉·霍洛威在班级毕业旅行时突然在阿鲁巴的一个度假地失踪，严重动摇了这个岛由清澈的海水、美丽的沙滩以及摇曳的棕榈树构成的形象。霍洛威的失踪——以及强烈的谋杀迹象——成为印刷媒体和广播媒体上的一条大新闻。到这个荷属小岛上报道这条新闻的外国记者曾一度达到了 60 人。《华盛顿邮报》的媒体评论员霍华德·库茨说："有线电视把这个当作世纪犯罪——或者至少作为当时困扰人们的事件——来对待。"他对《基督教科学箴言报》说阿鲁巴因为霍洛威事件所受到的媒体报道比过去 20 年受到的报道都多。

霍洛威的新闻对阿鲁巴的旅游业是个大危机。加勒比其他的岛屿担心霍洛威事件会殃及池鱼，因媒体的负面报道而导致他们的旅游业也受损。由于霍洛威的妈妈接受了大量采访并大声抱怨说阿鲁巴警察在寻找她女儿方面缺乏进展，这条新闻被媒体持续以大标题报道。亚拉巴马州立法机关甚至采取了行动，威胁说在案子解决前要拒绝与该岛来往。

💡 一种获取关注的"新奇"手法

当加勒比一家度假酒店想要获取媒体关注时，酒店的公关公司耐克传播公司建议了一种"新奇"的手法。

小迪克斯海湾度假酒店与美国领军的出版社合作，印刷了一些尚未出版的小说，只独家提供给小迪克斯海湾及其附属酒店的客人。在一份新闻通稿中，这家度假酒店这样宣布：

女士们先生们，你们可以在这里"先读为快"：知识界的头筹将位于小迪克斯海湾，一个紫檀木结构的度假酒店。该度假酒店已经和美国顶级出版社结成了独家合作关系，赋予度假酒店尊贵、有权势的客人们一项炫耀的资本：可以在最新一波畅销书上架销售以前就阅读它们。

这个叫作"热字印刷"[①]的活动结束了上流社会"在这儿，读那儿"的无聊生活（ennui）。位于风光无与伦比的英属维京群岛上的小迪克斯海湾度假酒店提供先期印刷的世界上最著名的作家——包括坎迪斯·布什奈尔、约翰·厄普代克、史蒂夫·马丁、斯蒂芬·金、安妮·普鲁和其他很多人——的虚构和非虚构新作。"热字印刷"图书馆每月都会有新书目抵达。

小迪克斯海湾度假酒店的客人一直都是如饥似渴的读者，激发他们的阅读兴趣的不是只有新书。度假酒店美得令人窒息的休闲泳池有一个诱人的、雾气腾腾的瀑布，完全是一张特殊的"图书菜单"的绝配。在停留期间，客人们可以从这个"图书菜单"选择一本先期图书来细细品味。

《公关周刊》的一则报道说，这个活动得到了《财富》杂志、《纽约时报》、《华尔街日报》、《旅游与休闲》杂志、《康泰纳仕旅行家》和《今日美国》的报道。

阿鲁巴的公关公司——纽约的奎恩公司——开始是被雇用来推广这个岛的海滩和度假地的，但是在霍洛威事件后不得不立即转向做危机管理。奎恩公司采取的一个策略是集中有关警方调查的信息，并定期公布案件调查进展。奎恩公司还与邮轮公司、旅行社和航空公司合作，向他们保证阿鲁巴是安全的，而且仍然是一个引人入胜的度假地。阿鲁巴政府也发表了一个声明说："这件事对阿鲁巴是个打击，因为这里针对游客的犯罪几乎不存在。"声明还指出这个岛的回头客的比例是40%，是所有加勒比地区中最高的。

2009年，一生电影网向320万观众首次放映电视电影《娜塔莉·霍洛威》时，还没有找到霍洛威的踪迹，也没有人被指控犯有谋杀她的罪名。这个故事从此就淡出了新闻，媒体的注意力也转移到了别的事情上。阿鲁巴的旅游业几乎恢复了正常。

[①] Hot Type 本意为"热字印刷"，但在这个活动中，因为读者可以抢先读到普通读者不能读到的新书，所以该词也有书刚热乎乎地从印刷机上下来的含义在里面，可谓一语双关。——译者注

旅游公关人员需要做好准备应对各种危机。2009年，一艘皇家公主号邮轮在为期12天的圣地巡游的第5天突然发生引擎失火，打乱了整个巡游。邮轮停止了服务，公司发言人留下来解释说："我们将给受到影响的乘客提供……全额退款，外加相当于邮轮旅行费用25%的未来邮轮旅行的折扣。我们目前正在确保皇家公主号上所有现有乘客回家的航班，他们将在周末返回家中。"

在需要关注的众多领域中，旅游公司需要确保自己能够对所有游客提供同样的设施和服务，同时还要确保自己的设施和实践对环境无害，也没有负面宣传的风险。

行为道德 豪华邮轮在海地搁浅

一家豪华邮轮公司该不该继续使用海地的一片私人海滩来供其乘客娱乐？而仅仅50英里之外，2010年1月12日的一场毁灭性的地震却造成27.5万海地人死亡，几百万人流离失所。

这是皇家加勒比邮轮公司当时面临的道德困境。这家公司的邮轮过去几年来一直频繁造访拉巴迪这个戒备森严的私人度假地。在这场几乎将海地首都太子港整个夷为平地的地震过后一周，有着4 370个铺位的海洋独立号造访了这个度假地，乘客们在这里享受游泳、帆伞活动和送到他们吊床边的朗姆酒。

一边是游客们在享受着"好生活"，一边是数量惊人的海地人缺水少食，这一公众形象导致许多批评人士指责皇家加勒比邮轮公司麻木不仁，将利润置于人类痛苦之上。就连邮轮的一些客户都感到良心不安。例如，一位乘客就在邮轮评论家网的论坛上发表了一个帖子说："在地震前，在拉巴迪坐下来吃顿野餐就够艰难的了，因为想到有多少海地人正在挨饿；我无法想象现在还得在那里咽下一个汉堡。"

是否继续造访海地在皇家加勒比公司内部也是个争议性话题，但是公司最终决定继续将拉巴迪列入停靠计划中，因为这将有助于邮轮公司帮助更多的海地人，理由是度假地雇用了230名海地人，而另外还有300人从这种雇佣关系中受益。邮轮还可以被雇用来向这个岛运送食物。最终,邮轮公司宣布把造访获得的全部利润捐出去帮助海地人民。皇家加勒比还宣布捐款 100 万美元用于救援工作,并将其中的一部分作为资助发放给公司的 200 名海地员工。

你认为皇家加勒比邮轮公司不顾地震带来的巨大破坏,继续造访拉巴迪这个决定正确吗?如果有什么应该做的事,这家邮轮公司对于公众的看法本来应该做什么?

Authorized translation from the English language edition, entitled Think Public Relations, 1e, 9780205781690 by Dennis L. Wilcox, Glen T. Cameron, Bryan H. Reber, Jae-Hwa Shin, published by Pearson Education, Inc., Copyright © 2011 by Pearson Education, Inc..

All rights reserved. No part of this book may be reproduced or transmitted in any form or by any means, electronic or mechanical, including photocopying, recording or by any information storage retrieval system, without permission from Pearson Education, Inc.

CHINESE SIMPLIFIED language edition published by CHINA RENMIN UNIVERSITY PRESS CO., LTD., Copyright © 2020.

本书中文简体字版由培生教育出版公司授权中国人民大学出版社出版，未经出版者书面许可，不得以任何形式复制或抄袭本书的任何部分。

本书封面贴有Pearson Education（培生教育出版集团）激光防伪标签。无标签者不得销售。

图书在版编目（CIP）数据

对世界说话：公共关系与传播/（美）丹尼斯·L.威尔科克斯（Dennis L. Wilcox）等著；尚京华，张毓强，郭娟译. — 北京：中国人民大学出版社，2020.10
书名原文：Think Public Relations
ISBN 978-7-300-28595-5

Ⅰ.①对⋯　Ⅱ.①丹⋯　②尚⋯　③张⋯　④郭⋯　Ⅲ.①公共关系学　Ⅳ.①C912.3

中国版本图书馆CIP数据核字（2020）第195346号

对世界说话：公共关系与传播
[美] 丹尼斯·L.威尔科克斯（Dennis L. Wilcox）　格伦·T.卡梅伦（Glen T. Cameron）
布莱恩·H.雷伯（Bryan H. Reber）　申才和（Jae-Hwa Shin）　著
尚京华　张毓强　郭　娟　译
Dui Shijie Shuohua: Gonggong Guanxi Yu Chuanbo

出版发行	中国人民大学出版社
社　　址	北京中关村大街31号　　邮政编码　100080
电　　话	010-62511242（总编室）　　010-62511770（质管部）
	010-82501766（邮购部）　　010-62514148（门市部）
	010-62515195（发行公司）　010-62515275（盗版举报）
网　　址	http://www.crup.com.cn
经　　销	新华书店
印　　刷	涿州市星河印刷有限公司
规　　格	170mm×240mm　16开本　　版　次　2020年10月第1版
印　　张	23.75　插页2　　　　　　　　印　次　2020年10月第1次印刷
字　　数	357 000　　　　　　　　　　　定　价　79.80元

版权所有　　侵权必究　　印装差错　　负责调换